国家社会科学基金资助项目

权力盛宴的黄昏

美国“亚太再平衡”战略与中国对策

阮宗泽 等·著

时 事 出 版 社

目　录

前　言

中美关系是21世纪最令人着迷和牵挂的故事。

1979年1月1日，中美正式建立外交关系。36年来，中美关系一路风雨兼程，走过了一段不平凡的历程。中美关系今后如何走、如何演变，将决定21世纪的亚洲与世界格局。

2015年2月6日，美国宣布邀请中国国家主席习近平对美国进行国事访问。美国总统国家安全事务助理苏珊·赖斯在布鲁金斯学会宣布这一消息时说，美中关系是对21世纪“起决定性作用”的伙伴关系之一。当天中国驻美大使崔天凯在华盛顿表示，从安纳伯格庄园会晤到瀛台夜话，中美元首密切接触，对两国关系起到“不可替代”的引领作用。今年是羊年，说一句比较通俗的话，希望羊年中美关系能够“多一点喜羊羊、少一点灰太狼”。

中美提前七个多月就宣布习近平主席访问美国，这是一罕见的外交行为，反映出北京与华盛顿均希望以此为中心规划2015年的中美关系。

当前中美致力于共同构建新型大国关系。2013年6月，习近平主席与奥巴马总统举行了历史性的“庄园会晤”，面对面承诺要共同致力于构建“不冲突、不对抗、相互尊重、合作共赢”的新型大国关系。这是一条不同于历史上大国争霸的新路。

2014年11月，奥巴马在北京参加亚太经济合作组织（APEC）领导人非正式会议后对中国进行国事访问，期间穿插的“瀛台夜话”为中美关系再添佳话。同时，双方在应对气候变化、签证互惠安排、建立两军互信机制等方面取得重要成果。习近平同奥巴马举行会谈时指出，双方要朝着6个重点方向推进中美新型大国关系建设。[①] 中美构建新型大国关系迎来早期收获。

然而，中美之间总有一些分歧与矛盾，让人才下眉头，却上心头。

面对中国的崛起，美国迫不急待地从伊拉克和阿富汗战略中抽身，推出“亚太再平衡”战略，情不自禁地向中国示威：美国并未衰落！美方抱怨，中国推行“示强外交”，不守规则，称中方提出的亚洲新安全观是在“去美国化”，要把美国从亚洲挤走，甚至质疑中国的和平发展道路。从这一意义上说，美国的亚太政策实为“中国制造”。近年来，美国的“再平衡”战略无疑是导致亚太地区紧张的“游戏改变者”。它本身缺乏明确的定义、模棱两可，向外发出了混乱的信息。这从美国的用语变化可窥见一斑。从一开始的“美国回来了”、“重返”，到“转向”，再到“再平衡”，越描越黑，连美国人自己都如坠烟海，遑论外界。“五年来，美国的‘再平衡’战略一直饱受诟病，实质上折射出美国战略调整的困境，印证了美国已从唯一超级大国蜕变为特殊大国，沦为一个摇摆的力量”。[②] 美国“亚太再平衡”战略已经是食之无味、弃之可惜的鸡肋。

而中方担心的是，美国言行不一、自相矛盾，一边说“欢迎一个和平与繁荣的中国崛起”，一边却不停地对中国使绊子、明枪暗箭。尽管美国一再否认“再平衡”战略旨在“遏制”或“包围”中国，但针对中国的意图不言而喻。美国国务卿克里在参加第六轮中美战略与经济对话前接受记者专访，否认“再平衡”战略针对中国，并称中国应当抛开所谓的美国阴谋论。而美国在“再平衡”旗号下

---

① 这6点包括：第一，加强高层沟通和交往，增进战略互信。第二，在相互尊重基础上处理两国关系。第三，深化各领域交流合作。第四，以建设性方式管控分歧和敏感问题。第五，在亚太地区开展包容协作。第六，共同应对各种地区和全球性挑战。见习近平强调从6个重点方向推进中美新型大国关系建设，http://news.xinhuanet.com/politics/2014-11/12/c_1113220972.htm。

② 阮宗泽：“美国‘亚太再平衡’战略前景论析”，《世界经济与政治》，2014年第4期，第4页。

的所作所为，比其外交辞令要复杂得多。美国不仅宣布在2020年前将60%的军舰与战机部署到西太平洋地区，推进“前沿部署”，并针对中国量身打造“空海一体战”。而且，美国还在涉及中国领土主权及海洋争端问题上以联盟划线，罔顾事实，偏袒盟友，怂恿日本修宪扩军，解禁集体自卫权等。美国还企图将自身错误归咎于中国，甚至把在其他地方积攒的怨气，撒到中国身上。这增加了中国对美国摇摆立场的担忧。

美国是“重返”还是“失去”亚洲？

事实上，美国的自我认知与外界对美国的认知之间，存在着相当大的温差。美国往往为其对外政策行为涂上一层厚厚的道德色彩，可是，在别人眼里，那是故意的伪装和掩饰。美国对中国的“恐惧”从来不乏想像的成分；而对盟友的“过度承诺”，必将加速美国的坠落。

过去36年的历史表明，中美关系取得的每一点成就，都凝聚着双方的艰苦努力，来之不易，然而，要伤害这一关系却不难。如今影响中美关系发展的因素多种多样，其中，第三方因素挑战日益突出。随着中美之间利益融合的加深，矛盾摩擦也进入高发期，需要两国各层级及时沟通、对表，消除误解、减少摩擦。差不多每隔半年，中美就需要进行高层接触与对话，而不能让其随波逐流，不能任由分歧与摩擦主导中美关系，反之，这种互疑就会如滚雪球似的越滚越大。

美国咄咄逼人的“再平衡”攻势，可能干扰但不能定义中国与周边国家的关系。

中国不以物喜不以己悲，既不惊惶失措，也没有高枕无忧，将压力转化为动力，采取“反平衡”，更重要的则是升级自身发展战略，集中精力走自己的路，徐图长远。中国以实现“中国梦”为最高目标，以“一带一路”为两翼翅膀，开拓创新，深化改革，以便在未来国际秩序新一轮的演变中占据制高点。

未来10—15年将目睹世界秩序发生历史性变化。如何面对和调适这一即将来临的变局，对中美两国来说，均是严峻挑战。中美两国学者曾组成联合工作组，围绕“2030年的世界与中美关系”进行研究，认为世界在2030年之际将出现大致三种前景：漂移和侵蚀的世界；零和世界；振兴与合作的世界。然而，可以肯定的是，“没有中美的合作，就不可能实现世界的‘振兴与合作’”。①

全书共七章，第一章回答什么是美国“亚太再平衡”战略；第二章从不同视角对“再平衡”进行分析评述；第三章探讨美国推动“再平衡”的动因；第四章主要分析亚太主要国家对美国“再平衡”战略的反应；第五章集中分析“再平衡”可能遭遇的掣肘；第六章则深入观察“再平衡”战略对中国可能产生的影响；第七章阐述中国的对策。中国有自身宏大的发展战略，既有“反平衡”，又跳出针对美国的“再平衡”。中国追求的是“中国梦”的宏伟叙事，追求的是塑造合作共赢的新型国际关系和公正合理的21世纪国际新秩序。

为准确把握美国亚太战略的调整与变化，以及中国如何妥善应对这一主题，课题组努力在书中呈现最新的观察与分析。其中不足之处，希望读者批评指正。

阮宗泽

2015年4月于北京

---

① 中国国际问题研究所与美国大西洋理事会布伦特·斯考克罗夫特中心组成的“中美联合工作小组”撰写的研究报告：《中美合作：全球未来的关键》，北京，2013年9月，第15页。

第一章　何谓美国“亚太再平衡”战略

“亚太再平衡”战略是奥巴马政府全球战略调整的重大标志性举措，目的是把美国全球战略资源配置的重点转向亚太地区，重点应对亚洲尤其是中国等新兴大国崛起给全球及地区格局带来的巨大变化。这一战略试图通过塑造和影响亚太政治、经济及安全秩序的发展演进，确保美国在亚太及全球事务的主导或优势地位，以维护和增进美国在 21 世纪的地区及全球利益。本章将就美国“亚太再平衡”战略的目标设定，分别从外交、经济、军事及推行美式民主与价值观几方面，探讨其内涵。

一、目标框架

美国“重返亚洲”和推行“亚太再平衡”战略的根本动因是维护和增进美国在亚太的战略利益并防范来自中国的挑战，因此美国亚太新战略的根本目标同样是双重性的，即一方面要塑造亚太的整体战略环境，另一方面也要塑造中国的地区及国际行为，二者互为目的又互为手段，即通过塑造亚太整体环境达到影响和规范中国行为的目的，而影响中国行为的目的一旦达到，也可以说美国塑造亚太战略环境的主要目标大体实现。

(一) 重构亚洲战略环境

“亚太再平衡”战略的出台经历了一个逐步调整的过程，而且至今仍在不断的演进变化之中。最初奥巴马政府将其亚太政策称为“重返亚洲”(back to Asia)，其后又称之为“战略重心东移”(pivot to Asia)，最后确定为“亚太再平衡”战略(rebalance to Asia-Pacific)。与此同时，美国亚太战略目标的确立也经历了一个从模糊到清晰、从局部到均衡的发展过程。

奥巴马政府自上任伊始便加大对亚太的战略关注。早在2009年2月，新任国务卿希拉里·克林顿在美国亚洲协会发表亚洲政策演说即称，美国不仅是“跨大西洋国家，亦是跨太平洋国家”，初步确立了美国将以“跨太平洋国家”身份加强与亚洲国家接触的政策基调；11月，奥巴马总统在日本发表演说时称“亚洲和美国并没有被太平洋阻断，而是被太平洋联系在一起，美国虽然发源于大西洋沿岸的一系列港口和城市，但世世代代始终是一个太平洋国家”，并高调宣示他是美国历史上第一位心系太平洋的总统。

2010年1月，希拉里·克林顿在夏威夷演说时进一步明确提出“重返并常驻亚洲”,[①] 称美国将以“常驻大国而不是临时过客”的身份参与亚洲事务。2010年10月28日，希拉里·克林顿在夏威夷再次发表“美国的亚太接触政策”演说，提出了实施“前沿部署外交”(forward-deployed diplomacy)的构想。

2011年11月，希拉里·克林顿国务卿在美国《外交政策》杂志发表《美国的太平洋世纪》提出了向亚太进行“战略转移”(a strategic turn)的构想，而常务副国务卿伯恩斯在美国世界事务委员会全国年会上进一步提出亚太地区是美国“战略重心”(strategic

---

① “Remarks on Regional Architecture in Asia: Principles and Priorities,” January 12, 2010, http://www.state.gov/secretary/rm/2010/01/135090.htm.

pivot）这一引人注目的概念。其后，美国国防部于 2012 年 1 月发布《新军事战略报告》正式提出“亚太再平衡”（rebalance to Asia-Pacific）概念，[①] 确立亚太、中东双重战略重点及资源部署将向亚太地区倾斜的战略指针。

就上述政策宣示而言，奥巴马总统、希拉里·克林顿国务卿等政要多次发表亚洲政策演说，提出了美国强化与亚洲接触的一系列原则和措施，解释了美国重视亚洲的一系列原因，但就美国亚太战略的总体目标并没有系统清晰的论述。

美国亚太战略目标的模糊性不仅在美国国内引起了争议和分歧，也使亚洲国家质疑美国“重返”亚洲和推行“亚太再平衡”战略的真正用意，这也推动美国政府更加系统地规划其亚太战略目标。

2012 年 1 月，美国国防部发布新的军事战略报告，也只是规定了“再平衡”战略下美国的军事优先任务及目标，仍没有触及综合性和全局性的战略目标设计。2012 年 11 月，美国总统国家安全事务助理多尼伦在美国战略与国际问题研究中心（CSIS）就美国的亚洲政策发表演说，首次明确提出，美国“亚太再平衡”战略的“总体目标是维持稳定的安全环境，和基于经济开放、和平解决争端、民主治理和政治自由等原则的地区秩序。”具体而言包括以下几个要素：“新兴大国和平崛起；出入海洋、天空、外空和网络空间的行动自由和充满活力商业活动；多国论坛能够促进共同利益；公民越来越多地拥有影响政府的能力；尊重普遍的人权”。[②]

奥巴马二任开始后，美国政府对“亚太再平衡”战略目标的表述进一步清晰。2013 年 3 月，代理助理国务卿约瑟夫·云在参议院外交关系委员会东亚和太平洋事务小组委员会听证会上，把美国“亚太再平衡”战略的目标进一步细化为“深化美国在这一地区的

---

① “Sustaining U. S. Global Leadership: Priorities for 21st Century Defense,” http: //www. defense. gov/news/defense_ strategic_ guidance. pdf.

② Thomas Donilon, “President Obama's Asia Policy and Upcoming Trip to the Region,” http: //csis. org/files/attachments/121511_ Donilon_ Statesmens_ Forum_ TS. pdf.

同盟，促进经济增长和贸易，强化美国与新兴大国的关系，扩大善政、民主与人权，建设区域架构以及通过威慑防止冲突”等六项具体目标。

2013 年 11 月，国家安全事务助理赖斯发表“美国的未来在亚洲”的演说，更加清晰和明确提出，美国在亚洲的最终目标是“建立一个更加稳定的安全环境，一个开放和透明的经济环境，一个尊重所有人普世权利和自由的公允的政治环境。实现这样的未来将必须是连续几届政府持久的努力。在近期内，奥巴马总统将继续在四个关键领域为持久的进步奠定关键的基础——加强安全、扩大繁荣、增进民主价值观以及促进人类尊严”。[①]

至此，美国政府公开言明的目标框架可以大致概括为塑造亚太安全环境、经济环境和政治环境三大支柱，致力于构建美国主导的亚太未来新秩序，而深化同盟关系、促进经济增长、推进民主与人权、防止地区冲突则是近期致力于实现的基础性目标。

（二）塑造和影响中国

从美国对华基本战略定位看，“再平衡”战略框架下美国对华政策目标是“对冲”而非“遏制”。美国对华战略定位涉及对中国基本身份的认定，即中国到底是美国的敌人还是朋友，或者非敌非友，或者敌中友。对华战略定位是美国对华战略选择的基本依据。

从奥巴马第一任期宣布“重返”亚洲到正式出台“亚太再平衡”战略，美国对中国的定位经历了从相对积极到消极，再到相对积极与消极并存的变化。2009 年 4 月，奥巴马总统与前国家主席胡锦涛伦敦会晤期间达成了构建“21 世纪积极合作全面的中美关系”的共识，时任常务副国务卿斯坦伯格还提出了“战略再保证”的概

---

① 苏珊·赖斯：“美国的未来在亚洲”，2013 年 11 月 20 日，http：//iipdigital.usembassy.gov/st/chinese/texttrans/2013/11/20131126287931.html#axzz2niX4dmNf。

念，试图为中美全面关系的构建寻找一个切实可靠的落脚点和出发点，即美国及其盟国要明确表示欢迎“繁荣、成功”的中国，而中国则必须保证其发展和全球作用的上升不会以他国的安全和福祉为代价。[①] 同一时期，美国民间还提出了“美中共治”（G2）构想，主张美国与中国构建与其欧洲和日本盟国平行的中美全面伙伴关系，建议两国最高领导人定期举行非正式私人会晤，就双边关系和世界上的其他问题进行深入讨论。[②] 这一时期，美方对中美关系虽然也有不确定感，但定位相对积极，总体期望较高。

此后，随着美国“重返”和“再平衡”战略相继出台，美国对华战略定位的负面因素上升。前国务卿希拉里·克林顿认为，中美关系从正面而言仅是美国同盟体系之外、与众多新兴国家伙伴关系的一支，但从反面或消极层面来看却是“美国从未管理过的最具挑战性和后果最重大的双边关系”。就经济问题而言，奥巴马表示随着中国的发展和经济影响力的扩大，外部世界希望中国能够成为世界经济中一名负责任的领导者，即共同制定规则，并且都按规则行事，由此大家“可以展开激烈的竞争，但是不要试图玩弄这个制度”。[③] 尤为显著的是在军事上，美国新《军事战略报告》明确把中国列为对美国军力输出构成挑战的“潜在敌手”，并称“中国崛起为地区大国将使其具备从不同层面影响美国经济和安全的潜在能力。”[④] 总之，战略上中国被视为不确定的力量和美国全球领导地位的潜在挑战者；军事上则是美国潜在的敌手；

---

① James B. Steinberg, “Administration’ s Vision of the US-China Relationship,” September 24, 2009, http://www.state.gov/s/d/former/steinberg/remarks/2009/169332.htm.

② Zbigniew Brzezinski, “The Group of Two that could change the world,” January 13, 2009, http://www.ft.com/intl/cms/s/0/d99369b8-e178-11dd-afa0-0000779fd2ac.html#axzz2qtvwC1I9.

③ “Remarks by President Obama APEC CEO Business Summit Q&A,” November 12, 2011, http://www.whitehouse.gov/the-press-office/2011/11/12/remarks-president-obama-apec-ceo-business-summit-qa.

④ “Sustaining U.S. Global Leadership: Priorities for 21st Century Defense,” http://www.defense.gov/news/defense_strategic_guidance.pdf.

经济上是不守规则的竞争者。

奥巴马第二任期以来，从一些政要的言论观察，美国对“再平衡”框架下的中美关系的定位有转趋积极与消极并存的迹象。多尼伦在亚洲协会演说时，把建立建设性的中美关系首次明确列为美国“再平衡”战略的第三大支柱并对中国关于构建新型大国关系的倡议做出了明确和积极的响应，称“致力于构建现存大国与新兴大国之间的新型关系是中美两国的共同责任”。[①] 时任国防部常务副部长卡特在美国智库战略与国际问题研究中心演说时亦称，“与中国建立并维持积极合作的关系对美国‘再平衡’战略的成功至关重要。”[②] 以往美国无论是官方还是民间都不曾把中美关系视为美国“再平衡”战略的支柱，这些表态显示美国日益认识到，能否处理好中美关系是关乎其亚太战略未来能否成功的重大关键因素之一。

但自 2013 年 11 月中国宣布设立东海防空识别区以来，美国对华政策的批评与指责明显增多。不仅如此，美国还在钓鱼岛、南海问题上加大介入，偏袒日本、菲律宾，与越南眉来眼去，加强对中国的对冲、防范。

不过，美国对华战略定位虽有起伏和变化，但基本上是在非敌非友的区间内波动。一方面，尽管现实中中国并非美国的挑战者，也不是美国公开的敌人，但在美国看来，中国如何使用其“日益崛起的力量”还存在不确定性，这也决定了“亚太再平衡”战略必然会有防范和针对中国的一面。另一方面，中国虽不是美国的盟友，但在许多地区及全球性问题上，没有中美两国的合作几乎无法想象。中美竞争是现实的，有时还是不可避免的，但也是可

---

① Thomas Donilon, “The United States and the Asia-Pacific in 2013,” March 11, 2013, http://www.whitehouse.gov/the-press-office/2013/03/11/remarks-tom-donilon-national-security-advisory-president-united-states-a.

② Cheryl Pellerin, “Partnerships Highlight U.S. Rebalance within Asia-Pacific Region,” http://www.defense.gov/News/newsarticle.aspx? ID = 119733.

以控制管理的，总体而言，中国仍是一个具有可塑性的竞争者，在此框架下美国确立的对华政策目标可分解如下。

1. 外交竞争：有限“推回”中国不断扩大的影响力

西方一种流行的观点认为，金融危机以来中国的傲慢情绪上升，认为“经济上精疲力竭的美国在亚洲越来越待不下去了”，[①]因而在外交上转向强硬，引起了亚太国家的普遍担忧，而正是这些对中国心存疑虑的国家把美国“请回了亚洲”。美国波士顿学院政治系教授陆伯彬（Robert S. Ross）也认为，美国很大程度上是要向其亚洲盟友证实“它能够维持亚太地区的均势”。[②] 从西方学者政要的解读可以看出，“再平衡”针对中国的直接和短期的目标是，抑制金融危机以来中国影响力持续快速上升的势头，防止美国主导的地区及国际秩序受到破坏性冲击。正如前助理国务卿坎贝尔所言，“只有根植于美国的亚洲战略，一项好的对华政策才是真正意义的好政策”，也就是说，“好的对华政策并不意味着仅仅是去北京，而是在（中国）周边进行工作，确保其他国家在事关共同关切的对话和会谈中与美国保持一致。”[③] 这种外交的确与冷战时期的“零和外交”有所不同，比如，美国与缅甸、柬埔寨、老挝等与中国具有传统友好关系的国家改善关系，并不意味着中国与这些国家的关系会同等程度地削弱，但这的确确影响着它们对南海等地区事务的态度。

2. 军事竞争：防止中国打破地区安全现状

打破亚太地区安全现状意味着美国主导的亚太安全秩序的崩

---

① Kevin Rudd, “Beyond the Pivot—A New Map for U. S. -Chinese Relations,” *Foreign Affairs*, March/April 2013, p. 9.

② Robert S. Ross, “The Problem with the Pivot: Obama’s New Asia Policy Is Unnecessary and Counterproductive,” *Foreign Affairs*, November/December 2012, http://www.foreignaffairs.com/articles/138211/robert-s-ross/the-problem-with-the-pivot.

③ “China-US ties face challenges in coming decade,” November 3, 2012, http://www.thenews.com.pk/Todays-News-3-140682-China-US-ties-face-challenges-in-coming-decade.

溃，对于亚太安全秩序的威胁主要来自中国日益壮大的力量，但也可能由其盟国造成，这在亚洲领土争端问题上表现显著。

美国军事“再平衡”的种种动作，被普遍解读为“围堵”中国，“尽管美国的政治领导人通常否认，但事实上美军正致力于在亚太地区遏制中国”。[①] 在美国宣布“重返”之初，由于国务卿希拉里的强势外交风格，以及军事“再平衡”需要强有力的抓手，美国在介入中国与周边国家领土争端时一度非常高调。比如，希拉里公然把南中国海称为“西菲律宾海”；在钓鱼岛问题上，突破在主权归属上不持立场的传统政策，宣称美国“承认钓鱼岛在日本行政管辖范围内，反对任何寻求破坏日本行政管辖的单边行动”。美国福布斯网站将此称为希拉里送给日本的“分手大礼”，而且是有损美日两国战略利益的“分手大礼”。[②] 在中越南海争端上，美国国务院首次发表南海问题声明，片面指责中国设立三沙市和三沙警备区的做法“加剧”了南海地区局势的紧张，再度突破美国政府一直声称的对南海问题“不介入”和“不选边”的立场。

美国的军事“围堵”政策和在领土争端问题上的偏袒盟国的立场，使一些与中国存在领土争端的国家误认为，借助美国的力量，挑战中国的机会窗口已经出现。菲律宾挑起黄岩岛对峙事件以及日本上演“购岛”闹剧，都是这种心理的反映。可见，由于美国发出的错误信号使这些国家对美国产生了过度的期待，它们希望美国不仅在口头上，更要在实际行动上力挺盟友，哪怕它们铤而走险。

美国因第三方因素而与中国发生冲突的潜在风险增大，这与美

---

① Justin Logan, “China, America, and the Pivot to Asia,” January8, 2013, http: //www. cato. org/publications/policy-analysis/china-america-pivot-asia.

② Stephen Harner, “Hillary's ‘Parting Gift’ To Japan In The Senkaku/Diaoyu Dispute Should Be Left Unopened; Obama and Kerry May Ask For It Back,” http: //www. forbes. com/sites/stephenharner/2013/02/07/hillarys-parting-gift-to-japan-in-the-senkakudiaoyu-dispute-should-be-left-unopened-obama-and-kerry-may-ask-for-it-back/.

国在亚太维持现状的初衷不符，迫使美国在亚洲领土争端问题上以采取向中国施压为重点，以约束盟国为辅助的双向管控策略。奥巴马第二任开始以来，这种转变尤其显著。2013年初，日本外相岸田文雄访美，国务卿克里仅对日本在钓鱼岛问题上保持克制表示赞赏，而只字未提《美日安保条约》；安倍访美屡提钓鱼岛问题，但始终未获奥巴马公开回应。克里访日就钓鱼岛问题阐述的完整立场可以概括为：美国关于钓鱼岛的最终主权不持立场，但承认其在日本管辖之下；希望各方通过和平方式处理领土问题；任何升级紧张或是导致误判的行动，都会影响整个地区的和平、稳定与繁荣；反对任何可能以改变现状为目标的单边或是强制性行动。国防部常务副部长卡特访问印尼时亦称，"美国在相互抵触的领土和历史主张问题上不持立场，但在依据国际法和平解决争端问题上持有立场"，"呼吁保持克制并以外交途径解决争端，反对挑衅，反对强制施压，反对使用武力"。[①] 美国企业研究所日本问题专家奥斯林在《华尔街日报》上撰文，一方面鼓励日本坚持自己的主张，但同时也呼吁安倍在钓鱼岛问题上承诺日本不开第一枪。[②]

但是，随着中国在钓鱼岛以交叉控制打破了日本单边实控，美国施压重点转向中国。克里访日时表示，美国关于钓鱼岛的最终主权不持立场，但承认其在日本管辖之下。美国、日本、澳大利亚第五轮战略对话发表涉及东海和南海的联合声明，称"三国外长反对任何可能改变东海现状的胁迫性或单边性行动"，[③] 其矛头明显指向中国。2013年11月23日，中国国防部宣布设立东海防空识别区以后，美国做出强烈反应。克里称"美国对中国宣布设

① Deputy Secretary of Defense Ashton B. Carter, "The U. S. Defense Rebalance to Asia," http://www.defense.gov/speeches/speech.aspx? speechid = 1765.

② Michael Auslin, "An Open Letter to Shinzo Abe," http://online.wsj.com/article/SB10001424127887323495104578311651565558658.html.

③ "Trilateral Strategic Dialogue Joint Statement," http://www.state.gov/r/pa/prs/ps/2013/10/215133.htm.

立东海防空识别区深表关切，这是试图改变东海现状的单边行动；升级行动只会加剧地区紧张，制造事故风险。”[①] 美国防部长哈格尔在声明中亦称，“美国对中国设立东海防空识别区深表关切，并视此举为试图改变地区现状的行为。这种单边行动增加了误解误判的风险。”[②] 哈格尔还再次重申《美日安保条约》第五条适用于钓鱼岛。奥巴马2014年4月访问日本时也多次表达了这一立场。这是美国在任总统第一次如此明确地声称《美日安保条约》第五条涵盖钓鱼岛。美国集中向中国施压的倾向明显。

3. 经济竞争：打造有利于美国的竞争新平台

在“跨太平洋伙伴关系”问题上，美国最初声称其目标是一个以亚太经合组织为目标范围的区域合作机制，但是2012年12月，前国务卿希拉里·克林顿在新加坡发表演说时却披露了一个更加宏大的构想：美国在亚太推进完成“跨太平洋伙伴关系”的同时，将启动与欧盟国家的“跨大西洋贸易与投资伙伴协定”(TTIP)，而“印太经济走廊”与“新丝绸之路”经济带的推进，将把欧亚两大自由贸易区连成一体。[③] 显然，美国的真正意图是撇开停滞不前的世界贸易组织多哈回合谈判，另起炉灶，打造欧亚一体的新的世界贸易秩序。中国要想对打造新一轮世界经济秩序拥有发言权并分享由此开来的好处，就必须满足美国在环境、劳工、知识产权、政府采购等领域的一系列高标准、高门槛，这势必对中国新一轮的经济改革提供新的压力或动力，即形成以前世界贸易组织对中国构成的“倒逼”态势。

总之，美国无论“重返”还是“再平衡”都具有明显针对中

---

① John Kerry, “Statement on the East China Sea Air Defense Identification Zone,” http: //www. state. gov/secretary/remarks/2013/11/218013. htm.

② Chuck Hagel, “Statement on the East China Sea Air Defense Identification Zone,” http: //www. defense. gov/releases/release. aspx? releaseid = 16392.

③ Hillary Clinton, “Delivering the Promise of Ecnomic Statecraft,” November 17, 2012, http: //m. state. gov/md200664. htm.

国的内涵，但就此断定美国的目标是要遏制中国也不符合现实。美国真正的长远目标是，通过构建或完善亚太政治、经济及安全秩序，制定美国人所说的“交规”，打造一种影响、塑造和规范中国未来发展方向的总体战略环境。对此，中国面临的战略抉择有两种：要么通过自身的调整和改变，争取融入新体系；要么游离于这一新的体系之外。

二、外交：巩固和扩大同盟及伙伴网络

前国务卿希拉里·克林顿曾指出，美国强化亚太同盟体系应遵循的目标和原则是：美国与其亚太联盟在核心目标上保持政治共识；确保美国的联盟具有灵活性和适应能力，以便成功应对新的挑战和把握新的机遇；保证美国联盟的防御能力和通讯基础设施在运作上和物质上能够切实阻遏各种各样的国家和非国家实体的挑衅。[①] 其具体内容及路径设计如下。

（一）强化传统“轴辐式”同盟体系

所谓“轴辐式”同盟是指二战结束以来，贯穿整个冷战时代，直至目前仍然维系的美国与亚洲国家的双边军事同盟，包括美日、美韩、美澳、美菲、美泰等军事同盟关系。

这些传统的条约联盟成为美国实施“再平衡”战略的支点。美日同盟仍被定位为美国亚太战略以及亚太和平与安全的“基石”

① Hillary Rodham Clinton, “America's Pacific Century,” *Foreign Policy*, October 11, 2011, http://www.state.gov/secretary/rm/2011/10/175215.htm.

(cornerstone)。[①] 进一步强化美日同盟的主要步骤包括：确立对地区秩序的共同愿景，如航行自由、开放市场和公平竞争等基本规则；调整驻日美军部署，确保美国军队长久驻防日本；扩大情报、监视和侦察活动合作，共同应对地区及网络安全挑战；在气候变化、防扩散、人道主义和发展援助项目上确立具有前瞻性的长远目标；加强美日在阿富汗等其他地区安全问题上的合作。

美韩同盟被定义为维护东北亚地区稳定与安全的“关键”(lynchpin)，[②] 韩国也是美国在该地区至关重要的盟国。强化美韩同盟的主要方向是超越地区安全同盟，建立真正具有全球意义的全面伙伴关系，包括鼓励韩国更多参与阿富汗重建，在国际维和、打击海盗、防扩散和发展援助领域扮演更加积极的角色。

澳大利亚不仅仍然是地区稳定的“战略依托”（strategic anchor）而且在维护全球安全上发挥着令人难以置信的重要作用。[③] 深化美澳同盟关系的主要目标是扩大美澳军事合作，尤其是扩大美军在澳大利亚的存在，使美澳安全同盟从“一种太平洋伙伴关系扩展到跨越印度洋和太平洋的伙伴关系”。[④]

菲律宾和泰国是美国在东南亚地区的两个传统签约同盟。冷战时期，菲律宾曾是美军围堵苏联的重要基地，伴随着冷战结束，美军于1992年撤离苏比克湾海军基地，菲律宾作为美国海上战略支点的作用下降。新世纪以来，美菲同盟强化了打击恐怖主义的合作，非传统安全合作的色彩一度很强，但随着美国“重返”和“再平衡”战略实施，菲律宾作为美国在西太平洋战略支点的地位重新上升，因此，美菲军事同盟的更新方向表现为恢复和强化传

---

① Kurt M. Campbell, “Testimony Before the House Committee on Foreign Affairs Subcommittee on Asia and the Pacific,” March 31, 2011, http://iipdigital.usembassy.gov/st/english/texttrans/2011/04/20110401105304su0.7041371.html#axzz2ikiA8r1Q.

② *Ibid.*

③ *Ibid.*

④ Hillary Rodham Clinton, “America's Pacific Century,” *Foreign Policy*, October 11, 2011, http://www.state.gov/secretary/rm/2011/10/175215.htm.

统安全合作，实现美国军事的变相重返。泰国是美国在东南亚历史最长的签约同盟，美国的目标是将其打造成太平洋地区的区域人道主义和赈灾活动中枢。两国军队已经开展了打击海盗和参与联合国国际维和层面的联合军演、军舰互访、情报交换、后勤支援以及联合训练等传统安全和非传统安全意义兼具军事合作，未来调整的方向同样是适度强化传统安全合作内容和色彩。

（二）拓展伙伴关系

奥巴马政府致力于与印度尼西亚、马来西亚、蒙古、新西兰、新加坡、越南和印度等国家构建伙伴关系，试图形成辅助其同盟体系的伙伴关系网络。

就印度而言，美国的亚太新战略在地缘政治上是涵盖太平洋和印度洋的两洋战略，印度是美国两洋战略的一个关键支点。2010年奥巴马总统访问印时表示，“印度与美国的关系是基于共同的利益和价值观的21世纪具有决定意义的合作伙伴关系之一。”[①] 2011年7月，美国国务卿希拉里·克林顿在访印时称，要在共同利益和价值观基础上鼓励印度进一步扩大在东南亚、太平洋地区的影响力。为此，美国邀请印度成为亚太经济合作组织观察员国，为印度进入亚太搭台唱戏。

2012年6月，帕内塔访问印度时称，“21世纪美国国防战略的核心特征是向亚太地区再平衡，尤其是美国将扩大从西太平洋和东亚到印度洋和南亚这一弧形地带的军事存在和伙伴关系，与印度的防务合作是该战略的一个关键。”[②] 2013年9月《美印联合

---

① BarackObama, “Remarks by the President to the Joint Session of the Indian Parliament in New Delhi, India,” November 8, 2010, http://www.whitehouse.gov/the-press-office/2010/11/08/remarks-president-joint-session-indian-parliament-new-delhi-india.

② “The U.S. and India: Partners in the 21st Century,” http://www.defense.gov/speeches/speech.aspx? speechid = 1682.

声明》进一步提出美印关系是“全面的全球战略伙伴关系”。[①]

美国对印度未来的基本判断是，“印度在国际舞台上发挥更大作用将有助于推进和平与安全；印度向世界开放市场将为实现地区乃至世界进一步繁荣铺平道路；印度的科学技术进步将改善人民生活并在各地促进人类知识进步；印度充满活力、多元的民主体制将带来实际成果，改善本国人民的生活，同时激励其他国家走上相似的开放与宽容之路”。[②] 美国加大对印度的战略依托的主要途径是推动印度“北上”和“东向”，所谓“北上”，是将印度－巴基斯坦－阿富汗－土库曼斯坦天然气管道建设纳入“新丝绸之路”计划；所谓“东向”战略，是指推动“印度－太平洋走廊”建设，让印度在东亚经济和区域安全问题上发挥更大的作用。

对印度尼西亚而言，2010 年，奥巴马总统访问印尼，两国决定构建“全面伙伴关系”。印尼地处太平洋和印度洋、亚洲和大洋洲的交汇点，扼守马六甲海峡，战略地位显赫。在美国看来，印尼还是“世界第三大民主体，是世界上穆斯林人口最多的国家，同时也是 20 国集团成员”，[③] 因此，印尼不仅是美国对东盟进行“民主接触”的桥梁，也可能成为美国与穆斯林世界能够友好合作的“范例”，同时还是美国解决气候变化、能源安全等问题的“潜在的全球伙伴。”当然，奥巴马对印尼情有独钟，还缘于小时候曾在印尼生活的经历。

对于其他亚太新兴国家美国也有不同层次的伙伴关系定位，比

① “U. S. -India Joint Statement,” September 27, 2013, http://www.whitehouse.gov/the-press-office/2013/09/27/us-india-joint-statement.

② Hillary Rodham Clinton, “America's Pacific Century,” *Foreign Policy*, October 11, 2011, http://www.state.gov/secretary/rm/2011/10/175215.htm.

③ *Ibid.*

如，奥巴马政府第一任期曾致力于推动美越构建“战略伙伴关系”，[1] 但由于双方在人权等领域的分歧而搁置，2013 年越南国家主席张晋创访美，双方最终将两国关系定位为“全面伙伴关系”，层次虽大幅下降，但反映了美越关系发展的现实与局限。不过，美越安全合作仍在紧锣密鼓地推进。2010 年和 2011 年，美国“乔治·华盛顿”号航母两次访问越南；自 2010 年美越举行首次联合军演后，双方联合军演的内容不断扩大，从最初的联合搜救向海上勘测、船舶修理等内容扩展。2011 年，美越还签署了军事医疗合作协议，这是自 1995 年两国外交关系正常以来的第一份军事合作协议，极具象征意义。美国对越南更为重大的战略举动是，不顾核扩散风险，允许越南进行铀浓缩活动。

此外，美国还视马来西亚为重要的地区和全球伙伴，尤其是参与 TPP 谈判的经济和贸易伙伴；新加坡和新西兰两国均被定位为美国的战略伙伴，拥有准盟友的地位。此外，蒙古国也是美国在东亚的一个“可靠的、拥有光明前途的民主伙伴。”[2]

（三）实现同盟及伙伴关系的网络化

关于同盟体系的进一步整合，美国的目标是在其“轴辐式”同盟体系和伙伴体系基础上，率先推动和实现美国与其盟国和伙伴的三边协调，最终实现构建类似北约的亚太集体安全组织的长远战略目标。自宣称“重返”亚太以来，美国极力推动的三边协调主要包括：美日韩、美日澳、美日印等三个主要的小多边协调。

---

① Kurtext M. Campbell, “Asia Overview: Protecting American Interests in China and Asia,” Testimony Before the House Committee on Foreign Affairs Subcommittee on Asia and the Pacific, Marchц31, 2011.

② *Ibid.*

1. 试图构建美日韩“虚拟同盟”(virtual alliance)①

早在1999年，由美国前国防部长、时任朝鲜政策协调人威廉·佩里牵头，美日韩三国宣布成立“三边协调与监督小组”(the Trilateral Coordination and Oversight Group）以协调对朝鲜立场和政策。受此鼓舞，美国战略与国际问题研究中心太平洋论坛执行主席科萨建议美日韩结成“事实同盟”，但受慰安妇、教科书以及独岛（日本称竹岛）争端等问题的困扰，后续无明显进展。2009年朝鲜进行了第二次核试验，2010年又相继发生了“天安舰事件”和“炮击延坪岛事件”以后，中日之间也发生了“钓鱼岛撞船事件”，东北亚安全变数似乎一度增大，增加了美国借机推动和提升美日韩安全合作的紧迫性。

2010年12月，美日韩举行三国外长会议并发表联合声明称“作为拥有共同价值观的世界的三大经济体，三国在维护亚太和全球稳定与安全方面具有共同的目标和责任”。② 同月，美国参谋长联席会议主席迈克·马伦访日时高调宣扬美日韩三边合作的重要意义，称鉴于朝鲜半岛紧张局势不断加剧，他看到了美日韩开展合作的“真正意义的紧迫性”，并称“乐见三国尽可能多地开展地区安全合作，其中联合军演是一项重要内容”。③ 2011年3月，助理国务卿坎贝尔在参议院对外关系委员会作证时表示，“在加强美日、美韩同盟的同时，美国将采取更加雄心勃勃的步骤加强三边合作以建立一个整合度更高的东北亚安全架构”，“三边合作的机制化将是美国未来一年工作的重中之重。”④

---

① Ralph A. Cossa, “U. S. -Japan-Korea: Creating a Virtual Alliance,” December 12, 1999, http: //csis. org/files/media/csis/pubs/pac9947. pdf.

② “Trilateral Statement Japan, Republic of Korea, and the United States,” December 6, 2010, http: //www. state. gov/r/pa/prs/ps/2010/12/152431. htm.

③ Kosuke Takahashi, “Testing times for Japan South Korea ties,” http: //www. atimes. com/atimes/Japan/MA12Dh01. html.

④ Kurt M. Campbell, “U. S. Policy toward North Korea,” March 1, 2011, http: //www. state. gov/p/eap/rls/rm/2011/03/157472. htm.

在美国的直接推动下，2011 年 1 月日本防务大臣访问韩国，提议日韩签订《军事情报保护协定》和《军需相互支援协定》两项军事合作协定，以共享关联朝鲜的军事情报以及参加维和行动时相互提供后勤支援。2012 年 6 月，日韩宣布签订军事协定的谈判接近尾声，但韩国在最后时刻表示暂缓签订韩日军事合作协定，引致美国学者感慨“日韩错失增强安全关系的良机”。[①]

进入 2013 年以后，随着日韩权力过渡完成，由于日本安倍政权在历史问题、与韩国领土争端问题以及防务政策方面奉行极端右翼民族主义政策，日本首相安倍与韩国新任总统朴槿惠在将近一年的时间里未能实现任何形式的会面。美国推动日韩合作的努力遭冷遇，日本甚至表示“一旦朝鲜半岛发生战争，美国有可能无法自由使用日本基地对韩国提供援助。”[②]

日韩虽然没能正式结盟，但在美国的竭力撮合下，联合军演等实际合作项目仍然缓慢推进。2012 年 6 月，美日韩在半岛海域首次举行实质意义的三方联合军演，改变了过去日韩两国须有一方以观察员身份参加的惯例；同年 8 月，三国海军又移师夏威夷海域，举行海上搜救及打击海盗等科目的联合演习。2013 年 5 月，美日韩三国在日本九州西部海域秘密举行联合军演；8 月，韩国空军首次参加了美日澳在阿拉斯加举行的空军联合演练；10 月，三国在韩国南部海域再度举行联合救援演习，美国“乔治·华盛顿”号航母，驶入釜山港参加“机会军演”，韩国海军的“宙斯盾”舰、驱逐舰、护卫舰和日本海上自卫队的“宙斯盾”舰、护卫舰也参加演练。美日韩联合军演逐步走向机制化；2014 年 12 月，美

---

① 杰弗里 W 霍尔农：《日韩错失增强安全关系的良机》，http：//www. cetin. net. cn/cetin2/servlet/cetin/action/HtmlDocumentAction；jsessionid = FCD17DFE2E9131D98DB2BE4D663F544E？baseid = 1&docno = 497739。

② Daniel Sneider，“A dangerous stalemate between Japan and South Korea，” November 1，2013，http：//www. washingtonpost. com/opinions/daniel-sneider-the-us-can-facilitate-healing-between-japan-and-south-korea/2013/10/31/d4db3d84 - 40b3 - 11e3 - a751 - f032898f2dbc_ story. html.

日韩情报合作迈出实质性步伐，三方签署了《情报共享协议》，根据协议，韩国与日本通过美国共享有关朝鲜核与导弹威胁的情报，而韩日之间不会直接共享军事情报。协议还规定，美日韩可以口头、电子、文书等形式共享、互换军事情报，并且必须遵守美韩及美日双边协议中明确规定的保护条款。[①] 尽管如此，韩日两国因在历史、慰安妇以及领土争端问题上的分歧而出现疏远是不争的事实。

2. 试图强化美日澳三边协调的战略制衡作用

美日澳三边战略对话机制创始于2002年，开始为事务级对话，2006年提升为外长级对话，至2008年布什政府第二任期最后一年，该对话共举行了三次，主要议题是人道主义救援、反恐、援助太平洋岛国等内容，非传统安全合作的色彩很浓。

2009年奥巴马政府上任以后，该对话机制得以保留。同年9月，美国国务卿希拉里·克林顿、日本外相冈田克也、澳大利亚外长史密斯在联合国大会期间举行了第四轮三边战略对话，主要内容是巴基斯坦局势与阿富汗重建、朝核、伊核、缅甸政治和解等问题。与以往对话议题对比，本次美日澳三边战略对话的关注重点明显转向全球及地区的传统安全问题。

此后三年，三国虽没有以三边战略对话形式开展协调，但三国之间的双边协调，即美日、美澳以及日澳协调明显加强。2013年10月，美国国务卿克里、日本外相岸田文雄、澳大利亚外长毕晓普利用在印尼巴厘岛举行亚太经合组织部长会议时机举行了第五轮美日澳三边战略对话，会后发布的联合声明谈及叙利亚化武问题、伊核问题以及朝核问题，尤其引人注目的是该联合声明重点谈及中国东海和南海的安全和稳定问题：“三国外长反对任何可能

---

① U. S Department of Defense, “Trilateral Information Sharing Arrangement Concerning the Nuclear and Missile Threats Posed by North Korea,” http://www.defense.gov/releases/release.aspx? releaseid = 17090.

改变东海现状的胁迫性或单边性行动。他们强调通过包括改善海上通信联络等手段努力缓解东海紧张局势，避免产生误判或发生意外事故。三国外长确认，在南中国海维持和平与稳定、遵守国际法、维护商业和航海自由的重要性。他们呼吁声索国避免采取加剧紧张局势的行动，依据包括 1982 年的联合国海洋法公约在内的国际法澄清和提出要求，并作为东盟与中国达成具有实际意义的《行为准则》的依据。"① 该宣言具有明显偏袒日本和部分东南亚国家的意向，美日澳企图联手制衡中国的战略意图昭然若揭。

美日澳提升三边合作战略涵义的途径还包括启动三国国防部长之间的对话。2012 年 6 月，美国国防部长帕内塔、澳大利亚国防部长史密斯、日本防卫副大臣渡边利用香格里拉对话会的间隙举行了首次美日澳国防部长三边对话，会后的联合声明称，"三国将通过改善和巩固三边防务关系，支持现存的联盟、论坛和对话网络，以应对各种各样的共同的安全挑战"，声明还称三国将"基于共同的民主价值原则、养成已久的合作习惯、相似的战略观点，以及促进安全与稳定以维护基于规则的世界秩序的共同目标，寻求建立正面、积极的三边防务关系。"② 美国把这种三边协调视为其在亚太地区"基本联盟框架的组成部分"。③

2013 年 6 月，美国国防部长哈格尔、日本防卫大臣小野寺五典、澳大利亚国防部长史密斯同样利用香格里拉对话间隙举行了第二次三边对话。这次对话规划了美日澳三边合作的战略目标："建立该地区的利益共同体，推动依据国际法和平解决争端，并把

① "Trilateral Strategic Dialogue Joint Statement," October 4, 2013, http://www.state.gov/r/pa/prs/ps/2013/10/215133.htm.

② "Joint Statement of the US-Australia and Japan Trilateral Defence Ministers Meeting Shangri-La," June 6, 2012, http://www.minister.defence.gov.au/2012/06/06/joint-statement-of-the-us-australia-and-japan-trilateral-defence-ministers-meeting-at-shangri-la/.

③ "Background Briefing on Secretary of Defense Hagel's Upcoming Trip to Shangri-La Dialogue from the Pentagon Briefing Room," May28, 2013, http://www.defense.gov/transcripts/transcript.aspx? transcriptid = 5247.

防务合作确立为一种地区规范；增强各国能力以应对地区挑战，包括通过扩大务实合作，提供人道主义援助与灾难救援；推进航行自由和维护该地区海上航道的安全；提高地区防务能力以长期维护地区和平与稳定。”①

3. 美日印三边战略对话

2011年12月，也就是美国借亚太经合组织夏威夷峰会高调宣布“转向亚洲”之后仅一月有余，美国、日本、印度三国即于华盛顿举行了首次三边对话。对话由美国助理国务卿布莱克和助理国务卿坎贝尔共同主持，日方的主要代表为综合外交政策局局长鹤冈公二，印度派出负责美洲事务的联秘阿什拉夫（Jawed Ashraf）和负责东亚事务的联秘巴姆巴维尔（Gautam Bambawale）参会。会后发表的声明说，三国拥有共同的价值观，并且在亚太地区和全球拥有许多共同利益。

2012年4月，美日印三方在日本东京进行了第二次对话，主要就地区形势、中国作用、朝鲜半岛、缅甸、阿富汗、巴基斯坦、人道救援、打击海盗、海上安全等问题交换了意见。10月，美日印在新德里举行第三次三边对话，美国负责南亚和中亚地区事务的助理国务卿布莱克、日本外务省综合外交政策局局长平松贤司和印度外交部东亚司司长班浩然分别率团出席。会议主要议题是海上安全合作、阿富汗问题以及中亚事务，涉及南中国海以及中国与周边国家关系问题。三方一致认为，它们在西起波斯湾、经由印度洋与马六甲海峡直至中国南海的国际航道上拥有共同利益。

4. 美日菲、美澳韩、美澳印三边协调

三边协调是指相关国家之间加强互动合作、协调立场，但还没

① APSM, “Australia-Japan-United States Defence Ministers Trilateral Meeting,” June 3, 2013, http://www.asiapacificsecuritymagazine.com/australia-japan-united-states-defence-ministers-trilateral-meeting/.

形成固定的合作机制。

美国提出“亚太再平衡”的一个重要理由就是，平衡中国在该地区日益上升的影响力，利用与中国有芥蒂的国家对中国进行牵制，使“再平衡”战略发挥最大效应。日本和菲律宾作为美国的盟友，分别在东海和南海与中国存在海洋争端，怂恿这两个国家对中国发难，可使中国外交和军事力量困于南海争端与东海钓鱼岛纠纷中，从南北两个方向对中国进行有效牵制。美国通过公开的外交支援和在实质行动上纵容日菲单独或联手向中国叫板，助力这两个“桥头堡”建立新的合作框架，打造日菲制华轴心。在美国撮合下，菲律宾与日本的联合终于从南北暗相呼应转入公开外交军事同盟。

美国操弄日菲军事合作的意图明显。美菲两国 2012 年 4 月在菲律宾举行“肩并肩”联合军事演习，日本自卫队参加桌面模拟演习部分。这是美菲自 2000 年起每年举行一次此代号联合军演后首次有第三国参与。日本自卫队的参加，向外界传递一个信号，日本将帮助菲律宾进取南海。美国鼓动日本发挥在海上安全方面的优势，帮助菲律宾提高海洋防卫能力。日本不仅向菲律宾派遣安全专家，还在冲绳设立“地区海岸警卫队训练和信息中心”，帮助菲律宾提升海岸侦察、警戒和应对海上突发事件的能力。美国力促菲律宾将海军基地向美军和日本自卫队开放。2013 年 6 月，菲日达成两国军事合作协议，允许日本使用菲律宾港口，给予日本海上自卫队船只与美军一样的待遇。美国默许日本政府大幅放宽“武器出口三原则”，使日本能向菲律宾等国出售或者转让防卫装备。7 月，日本首相安倍晋三访问菲律宾，答应动用日本官方发展援助（ODA），向菲律宾沿岸警备队提供 10 艘巡逻舰和协助构筑情报通讯系统，协助提升菲律宾海上装备。

美国鼓励日菲在外交上相互配合。在海上争议问题上，美国不分是非地公开支持日本和菲律宾。奥巴马政府声称，美方承认日本对钓鱼岛的管辖权，重申美日安保条约适用钓鱼岛。美国也公开表示，支持菲律宾将南海问题提交国际仲裁及其他法律机制解决争端。2013年7月，美国参议院通过一项涉及南海、东海问题的决议案，声称中国为“改变领土现状”，在钓鱼岛周边及南海“威吓和动用武力”，并称亚太地区的航行自由“事关美国国家利益”。

日本和菲律宾以美国为靠山，在与中国海上争议问题上有恃无恐、相互呼应。2013年7月，日本首相安倍晋三亲自前往钓鱼岛附近的石垣岛视察时，菲律宾外交部则公开在南海问题上向我叫板，表示“不可能”与中国继续进行双边磋商，并称国际仲裁法庭已启动审理南海主权问题的程序。安倍晋三访问菲律宾时，日菲发表联合声明称，海上合作是两国战略合作伙伴关系的一个重要支柱。日本防相小野寺五典和菲律宾海军总司令阿拉诺举行会谈时表示，决不允许中方单方面改变现状，中国应该遵守国际法。小野称，日本政府“支持”菲律宾通过“国际仲裁”来解决同中国的领土争端。作为回报，菲律宾则公开支持日本行使集体自卫权。菲律宾外交部长德尔罗萨里奥在接受英国《金融时报》采访时竟称，一个重新武装的日本有助于在亚洲地区实现力量均衡。[①]菲律宾被眼前的利益蒙蔽了双眼。

美国还推动澳大利亚与韩国之间的互动。2011年，美国国务院和国防部高官密集访问澳大利亚和韩国，促成韩澳举行第一次国防部长会议，双方就军事和国防关系签署了谅解备忘录。2013年7月，澳大利亚与韩国首次举行“2+2”（双方外交部长和国防部长）会议。除美国之外，澳大利亚是第二个与韩国举行“2+2”会议的国家。

美国、澳大利亚和印度尽管没有正式的机制，但三边战略互动正在紧锣密鼓地进行。2011年，三国智库联手推出《目标共同，

---

① David Pilling and RoelLandingin, “Philippines backs rearming of Japan,” *FinancialTimes*, December 9, 2012.

利益交汇：美澳印在印度和太平洋合作计划》，提议构建安全对话机制和三边安全条约。2013 年 6 月，印度国防部长访问澳大利亚，双方发表联合声明称，拟通过加强军事人员交流、经常举行防务对话以及 2015 年首次开展联合海上军演等方式，加强两国双边防务与战略合作。

（四）设置亚洲多边议程

应对亚洲区域主义发展是奥巴马政府从推动“重返”就已确立的重要战略任务，并迅速出台了一套影响和塑造亚洲区域合作进程的基本原则和目标。2010 年 1 月 12 日，国务卿希拉里·克林顿就亚洲的区域架构发表专题演说，详细阐述了美国的立场和原则：美国对亚太国家的双边承诺与对亚洲多边组织的承诺完全一致；地区机制应致力于推进共同的目标，包括增进安全与稳定、扩大经济机会和增长、促进民主和人权；机制必须切实有效，注重成果；保持并增强灵活性，实现多边和小多边、常设和非常设机制的灵活运用；亚太经合组织应作为推进亚太经济一体化的基本目标框架。①

具体而言，美国参与和影响亚洲区域合作进程的原则体现在以下方面。

1. 以亚洲常驻大国的姿态参与亚洲区域机制建设

长期以来，亚洲地区由于政治、经济及文化的多元性，加之各国之间普遍存在历史积怨，美国并不看好亚洲区域主义的发展。布什政府时期，国务卿赖斯多次缺席东南亚相关论坛，给亚洲国家特别是东南亚国家，造成了美国忽视亚洲的印象，亚洲区域主

---

① Hillary Rodham Clinton, “Remarks on Regional Architecture in Asia: Principles and Priorities,” January 12, 2010, http://www.state.gov/secretary/rm/2010/01/135090.htm.

义发展出现排斥美国的倾向，如近年日趋活跃的“东盟+3”、“东亚峰会”、“中日韩领导人会议”等区域机制，尤其是2008年日本鸠山政府抛出不含美国的“东亚共同体”倡议后，引起奥巴马政府的高度警觉。奥巴马在东京演说时高调宣称美国是太平洋国家，自称是美国首位心系太平洋的总统，美国作为一个亚太国家“期待着参与事关本地区前途的讨论，并随着有关组织的建立和发展全力参与”。前白宫国安会亚洲事务高级主任贝德亦称，随着亚洲持续发展，新的集团和架构正在形成，美国将做亚洲事务的参与者，而非遥远的旁观者。希拉里·克林顿借用国防部长盖茨的话称“美国在亚洲不是一个来去匆匆的大国，而是一个常驻大国”。以上言论表明，美国已改变“旁观者”姿态，准备以“亚洲常驻大国”的姿态全面参与亚洲区域进程。

2. 确保主导作用，防止被边缘化

在战略目标上要保证不会出现排斥美国的对亚洲未来具有决定性意义的区域机制，确保美国对亚洲区域合作进程发挥有效影响甚至是主导作用，防止美国在亚洲区域合作进程中被边缘化。希拉里·克林顿明确提出，美国的前途与亚太地区的前途紧密相连，而亚太地区的前途有赖于美国，因此美国十分愿意在经济上和战略上继续在亚洲发挥领导作用。为此，美国必须对那些对亚洲未来具有决定作用的机制做出抉择。美国尊重亚洲国家组建的各种区域机制，但对美国来说更重要的是，需要界定哪些区域组织能够最有效地服务于美国与亚洲共同的未来，确保美国不被排除在对亚洲未来具有决定性意义的区域体制之外。

3. 奉行同盟优先和双边优于多边原则

2009年2月，美国战略与国际问题研究中心发布《关于亚洲区域主义的战略看法》的报告，认为亚洲的权力正加速向中国转移，但亚洲国家仍把中国视为对该地区安全与稳定构成最大潜在威胁的国家。美国将继续渲染和利用亚洲国家的这种情绪，维系并巩固美国在亚太地区的“轴辐式”军事同盟。希拉里·克林顿称，“随着中国的崛起，人们希望美国全面参与亚洲事务，美国在亚洲担当维护和平与稳定的力量，为亚洲提供安全保证。”她因此强调，美国与日本、韩国、澳大利亚、泰国及菲律宾的同盟关系具有共同的价值观和战略利益基础，仍是维护亚太地区安全与稳定的关键所在。美国参与亚太区域机制建设将以双边同盟为基础，以不损害上述双边承诺和义务为前提，同时致力于与其他地区参与者加强关系，包括与印度开展战略对话，与中国进行战略与经济对话，与印尼建立全面合作伙伴关系，与新加坡的长期伙伴关系以及与越南的新伙伴关系。

4. 亚洲区域机制建设须符合美国的利益，并体现美国的价值观念

希拉里·克林顿提出，亚洲建立区域机制的目的应与美国的利益目标一致，并逐步得到亚洲国家的认同。这些目标包括加强安全与稳定、扩大经济机会并推动经济增长、促进民主和人权。在安全层面，亚洲区域机制的建设必须致力于应对核扩散、领土争端和军备竞赛等21世纪亚洲面临的持久威胁。在经济层面，区域机制必须致力于减少贸易和投资壁垒，提高市场透明度，推广更加平衡、包容和持久的经济增长模式。在政治层面，区域机制必须支持保护人权和促进社会开放。

5. 灵活务实原则

以实现美国的外交和战略目标为标尺，在应对具体问题时灵活选择正式或非正式区域机制。美国对外关系委员会在《美国在新兴亚洲的存在》报告中建议，美国不要把思维局限于组建正式组织，认为合作习惯的养成源于共同的利益和目标，以及应对现实问题的具体合作。因此，美国应重视形式灵活、临时组建的各种非正式多边机制，如“海啸核心集团”，用以解决亚洲国家和美国共同面临的挑战。希拉里·克林顿称，当大型多边机构缺乏处理具体问题的必要工具时，应寻求利用以应对具体挑战为目标的非正式机制或次区域机制，如六方会谈机制、湄公河下游合作机制、美日韩及美日澳三边战略对话、马六甲海峡磋商机制及美澳“2 + 2”对话机制等。

亚洲区域机制建设同样须遵循有效及实用原则。希拉里·克林顿提出，区域机制必须切实有效，重点是要能够产生看得见的成果；亚洲区域组织的组建和运作应遵循具体和务实的原则，应侧重于行动而不是组织形式；应具备有效的决策程序并适时发挥不同的作用和承担不同的责任。亚洲区域组织必须强调共担责任，抵制或反对“搭便车”行为。

从上述原则可以看出，塑造亚洲区域合作进程，确保美国的领导地位仍是其亚太战略的核心目标：

一是通过全面参与亚洲各种多边机制，彰显美国在亚洲的存在。美国已正式加入《东南亚友好合作条约》，向东盟委派了大使，举办了首届美国东盟对话会。美国希望以此为契约，全面参与并积极出席亚洲各种正式或非正式多边会议，以彰显美国在亚洲的常驻大国地位。美国对外关系委员会《美国在新兴亚洲的存在》的报告将此定义为“不缺席原则”，含义是尽管亚洲的各种多边机制形式大于内容，但如果美国总统或是内阁部长总是缺席亚洲的多边集会，美国将在象征意义上付出政治代价，因为每一次缺席都会加深亚洲国家对美国信誉的怀疑，从而降低美国另辟亚洲区域框架途径的能力。希拉里·克林顿同样认为，“亚洲的各种多边机制对于参与者非常重要，美国如果不参与就是缺乏尊重、缺乏接触意愿的表现。”因此，她明确主张参与东盟地区论坛等亚洲多边集会。

二是通过推动亚太经合组织与东亚峰会的整合，分化和瓦解亚洲区域合作出现的排美苗头。在日本鸠山政府推出东亚共同体、澳大利亚推出亚太共同体的背景下，美国力推 APEC 共同体，并主张亚太经合组织与东亚峰会实现整合。希拉里·克林顿认为，亚太地区需要一个以共同的原则和目标为基础，促进地区经济稳步融合的统一机构，美国将努力使亚太经合组织扮演这一角色。希拉里·克林顿还建议就亚太经合组织与东亚峰会的合并展开磋商和协调。美国对外关系委员会的报告提出了类似建议，即支持将APEC峰会与东亚峰会合并，把东盟地区论坛变成亚洲安全部长级会议，APEC变成亚太经济部长会议，由此形成一个峰会加两个功能性论坛的架构。由此，美国此前不曾参加的东亚峰会将不复存在，从而实现美国全面参与的目标，有利于对美国对亚洲一体化进程发挥有效的影响。

三、经济：分享经济成果，主导规则制订

奥巴马政府对美国在亚太经济利益的认知集中体现为亚太经济崛起的地缘经济影响、美国对亚太经济体的依赖性增强、以及塑造亚太区域经济机制走向上的话语权和规则制订权。2012年11月，希拉里·克林顿在新加坡发表演说时称，“无论在亚太还是在全世界都是经济在塑造世界的地缘政治版图”，“国家成长为主要全球大国却没有同时成为全球军事大国，这在现代史上尚属首次，因此为了维护美国在该地区的战略主导地位，美国也在强化其经济主导地位。”①

（一）搭上亚洲经济快车

诚如希拉里·克林顿国务卿在《美国的太平洋世纪》一文中直言，“利用亚洲的增长和活力是美国的经济和战略利益的核心，也是奥巴马总统确定的一项首要任务。亚洲开放的市场为美国进

① Hillary Rodham Clinton, “Delivering on the Promises of Economic Statecraft,” November 17, 2012, http://m.state.gov/md200664.htm.

行投资、贸易机会、获取尖端技术提供了前所未有的机遇。我国国内的经济复苏将取决于出口和美国公司开发亚洲广阔和不断增长的消费基群的能力。”①

美国之所以把利用亚洲的经济增长定为美国外交的首要任务，是基于经济危机背景和亚洲经济地位上升而做出的战略选择。自2009年国际金融危机以来，亚洲一直扮演着全球经济发动机的角色。美国经济自2007年12月开始衰退，至2009年第三季度触底回升，经历了17个月的衰退期，失业率一度高达10%，美国实体经济和国民士气均受到严重打击。金融危机还加大了美国的财政赤字，美国政府债务加速逼近上限，并于2011年8月濒于陷入主权债务危机。

比较而言，亚洲遭受冲击相对较轻，亚洲新兴经济体经济增长由2007年的9%下降到2009年的5.1%，但2010—2012年中国经济维持8%—9%的高增长率，成为引领全球经济复苏的发动机，奠定了亚洲在世界经济格局中的重要地位。从区域对比看，2008年，欧盟、北美、亚太（东亚、南亚和澳新等）各占全球GDP的29%、27.5%、25%；在世界商品贸易额中各占38%、15%、27%；在全球FDI流入量中各占30%、20%、22%；在全球FDI流出量中各占45%、20%、20%。世界经济形成欧盟、北美和亚太三足鼎立格局。当前，亚太经合组织21个成员经济体拥有27亿消费者的市场，贸易额占世界总额的44%，国内生产总值（GDP）占全球的55%。② 亚太作为全球经济发展引擎的作用和地位更加突出。

面对上述趋势，奥巴马政府自上任之初就明显流露出格外重视亚洲的姿态。2009年2月，希拉里·克林顿改变以往国务卿首次

---

① Hillary Rodham Clinton, “America's Pacific Century,” *Foreign Policy*, October 11, 2011, http://www.state.gov/secretary/rm/2011/10/175215.htm.

② 骆家辉：“APEC 2011：走向一体化的亚太经济”，《第一财经日报》，2011年11月16日，http://finance.ifeng.com/opinion/hqgc/20111116/5070640.shtml。

出访访问欧洲传统盟友的惯例，首次即锁定亚洲。出访前，她在亚洲协会以“美国与亚洲：我们未来不可或缺的关系”为题发表演说，认为“亚洲处在世界诸多创新潮流的前沿，是全球文化和经济动力的贡献者，是对美国当前和未来都至关重要的一个地区”。她还明确表示，她要借助亚洲之行表明，美国“如同需要强大的大西洋伙伴一样，美国也需要强大的太平洋伙伴。毕竟美国既是一个大西洋国家，同时也是一个太平洋国家。”①

2010 年初，奥巴马政府推出“国家出口倡议”，提出了五年内美国出口翻番，新增 200 万就业岗位的目标。为此，奥巴马政府专门成立了由国务院、商务部、财政部等 15 家政府或机构负责人组成的出口促进内阁，定期举行会议并向总统报告倡议进展情况。同年 5 月，奥巴马政府出台了新的《国家安全战略》，把重振美国经济及确保全球领导地位定为美国的核心任务。从奥巴马政府决策者和执行者的角度而言，仅出于完成这一指标性任务的需要，他们搭乘亚太经济快车的愿望都会大大加强。也正是因为这些现实而迫切的需要，美国政府领导人会在不同的场合，反复强调加强与亚洲经济接触的重要性。2011 年 11 月，奥巴马在亚太经合组织夏威夷工商领导人峰会上指出，“我们认为世界上没有比亚太更加至关重要的地区，我们想与环太平洋的伙伴国家在一系列问题上合作，以促进各国的就业、经济增长、繁荣与安全。”②

为实现经济搭车的目标，奥巴马政府自第一任开始，就针对性地采取了一系列投资促进和贸易自由化措施。主要的双边促进措施如：批准实施美韩自贸协定，到 2016 年 1 月 1 日，美国对韩国

① Hillary Rodham Clinton, “U. S. -Asia Relations: Indispensable to Our Future,” http://www.state.gov/secretary/rm/2009a/02/117333.htm.

② “Remarks by President Obama APEC CEO Business Summit Q&A,” http://www.whitehouse.gov/the-press-office/2011/11/12/remarks-president-obama-apec-ceo-business-summit-qa.

95%的工业和消费品出口将取消关税；通过给予台湾地区免签待遇及缩短中国大陆公民签证申请时间推动美国旅游业的发展；推动与中国以准入前国民待遇和负面清单为基础的双边投资协定（BIT）实质性谈判。多边促进的力度更大：2012 年美国针对东盟国家推出了“美国 - 东盟扩大经济合作倡议”（The U. S. -ASEAN Expanded Economic Engagement Initiative，E3），致力于贸易便利化措施谈判，共同制定信息通讯技术、市场准入、投资保护准则以及中小企业行为准则等。[①]

得益于亚洲经济的持续上升和奥巴马政府的贸易促进政策，美国与亚洲经济的相互依赖持续加深。从 2008 年至 2012 年，美国与东亚和太平洋地区的贸易量增加了 22%，大大高于美国全球贸易 13% 的增速。2012 年，美国对东亚和太平洋地区的商品和服务出口达到 5550 亿美元，比 2008 年上升了 33%，支撑了美国国内 280 万个就业岗位。与此同时，双向投资亦不断扩大，成为加深美国与东亚和太平洋地区相互依赖的另一个有力纽带。美国至今仍是该地区最大的外部投资者，2012 年美国对该地区的投资存量约 6220 亿美元，较 2008 年时增加了 35%，其中有一半集中在东盟国家。截至 2012 年末，该地区对美国的直接投资也高达 4220 亿美元，比 2008 年时增加了 31%。[②] 可见，美国经济的复苏与增长，不能没有亚洲。

（二）扩大美国的软实力影响

从美国的“重返亚洲”政策的提出到“再平衡”战略的出台，

① “Fact Sheet: The U. S. -ASEAN Expanded Economic Engagement (E3) Initiative,” November 19, 2012, http://www.whitehouse.gov/the-press-office/2012/11/19/fact-sheet-us-asean-expanded-economic-engagement – e3 – initiative.

② Scot Marciel, “Economic Aspects of the Asia Rebalance,” December18, 2013, http://www.state.gov/p/eap/rls/rm/2013/12/218291.htm.

发展议程始终是其亚太战略的一个重要方面。2009 年 11 月，奥巴马在日本发表演说时提出了保证经济实现平衡增长的新战略，并称新战略对美国而言意味着改革金融系统，降低长期赤字，扩大出口以拉动就业；而对亚洲而言，则意味着劳工阶层和消费者能够享受“由于他们大幅度提高生产效率而带来的更高的生活水平。”[①] 2010 年 11 月，他在印度议会发表演说时提出，美印作为全球性伙伴可以开展合作的第一个领域就是促进两国的共同繁荣，包括国防与民用高科技合作、通过联合研发创造绿色就业机会、抵制贸易保护主义以及启动“绿色革命伙伴关系”。[②]

2011 年 11 月，奥巴马在澳大利亚议会演说时进一步提出了经济增长的四原则：

公平增长——包括所有国家都依规则行事；尊重工人权利、公平的企业竞争环境、知识产权和新技术保护、市场主导的汇率制度；广泛增长——多数人共享、进行以保护消费者权益为宗旨的改革、反对妨碍增长的腐败行为；可持续增长——包括绿色能源、绿色就业及应对气候变化；良治——包括法治、制度透明以及公平执政。

2013 年随着奥巴马政府第二任期开始，“再平衡”战略的发展议程更加突出。国务卿克里在东京工业大学发表演说时提出了共同塑造亚太未来的“太平洋梦想”以及实现梦想应当遵循的四条原则：“强劲增长、公平增长、明智增长及公正增长”。所谓“强劲增长”是指发展所需要的和平、稳定环境；“公平增长”是指市场公平，即公开、透明和问责；“明智增长”是指开发新能源以应对气候变化并实现可持续发展；“公正增长”是指让该地区的人民

---

① “Remarks by President Barack Obama Santory Hall,” November 14, 2009, http: //www. whitehouse. gov/the-press-office/remarks-president-barack-obama-suntory-hall.

② 2010 年美国总统奥巴马访问印度时两国达成的农业合作项目，英文全称为“U. S. -India Cooperation In Agriculture-Partnership For An Evergreen Revolution,” http: //iipdigital. usembassy. gov/st/english/article/2010/11/20101108135836su0. 2312695. html#ixzz2pPS4U3z6"。

能够充分享受到民主的益处、法治和普遍人权。①

美国推进亚太发展议程的重点是东南亚和南亚地区，代表性的项目平台主要如下：

1. “湄公河下游倡议”

该项目是由美国前国务卿希拉里·克林顿于2009年发起的一项多国行动，主要内容是与柬埔寨、老挝、泰国和越南在教育、卫生、环境和基础设施方面开展次区域合作和能力建设。四个成员国分别承担和主办“倡议”的一个分论坛，其中柬埔寨负责健康论坛、老挝负责互联互通论坛、泰国负责教育与能源论坛、越南负责环境与水资源论坛。

美国推进倡议的主要方向和途径：一是实现合作制度化。2011年，“湄公河下游倡议”（Lower Mekong Initiative，LMI）的伙伴国家一致通过了一份概念文件（Concept Paper），汇总了这项倡议的远景及结构以及一项指明未来五年（2011—2015）的跨国挑战和合作领域的《行动计划》（Plan of Action）。2012年7月，缅甸正式加入“湄公河下游倡议”并负责农业和食品安全论坛，使参加这一倡议的东盟国家扩大至五个。同月，前国务卿克林顿宣布“亚太战略接触倡议”，在此新的援助框架下，美国宣布将在三年内出资5000万美元支持“湄公河下游倡议2020”项目，重点推动该地区认识和理解经济和基础设施建设对环境和健康的影响，并加强该地区政府、民间以及学术机构在此问题上的合作、协调能力。二是借用地区多边机制。美国加大对湄公河委员会的支持力度。启动了湄公河委员会与密西西比河委员会之间的“姊妹河伙伴计划”，通过增加援助方式加强同湄公河沿岸各国的关系。三是加强与盟国政策协调。美国推动亚洲盟友加强在该地区投入。日本建立“日本－湄公河峰会”机制，韩国举行年度“韩国－湄公

① John Kerry, “Remarks on a 21st Century Pacific Partnership,” April 15, 2013, http://www.state.gov/secretary/remarks/2013/04/207487.htm.

河国家外长会议”。“湄公河下游之友”把日本、韩国、澳大利亚等美亚太主要盟友都纳入其中。

奥巴马政府第二任期仍然把湄公河地区作为其东南亚战略的重点。奥巴马连任后，先后访问泰国、缅甸和柬埔寨。奥巴马借访问泰国之机邀请泰国参与 TPP 谈判。美国将越南作为“湄公河下游计划”优先发展国家。2013 年 5 月，美越在华盛顿联合举办“越美在‘湄公河下游倡议’框架内扩展合作”研讨会。7 月，越南国家主席张晋创访问美国，美越确定建立“全面伙伴关系”。

美国明显加强对“湄公河下游倡议”的投入。2013 年 7 月，美国与湄公河下游四个国家举行第六次部长级会议。美国国务卿克里表示，美国国际开发署将实施可持续的湄公河计划，在改善基础设施方面向下游国家提供技术协助，包括支持湄公河环境伙伴项目、网络基础设施建设等。美国国际开发署和美国国家航空航天局合作，共同支持下游国家更好地利用和规划土地。美国国际开发署启动一项名为“通过教育和培训连接湄公河”的新项目，加强美国和东盟各国的学校、政府和私营行业的教育合作，培训工人。美国与四国还签署了一份旨在扩大农业贸易和投资及增进与私营业接触的计划，批准了一项涉及地区市场开发、电力互连、能源效率、良好治理及研发方面的行动计划。美国一些智库加紧在湄公河下游调研，评估推广“湄公河标准”。

2. “美国—亚太可持续能源伙伴关系”

该项目由美国、文莱、印尼三国于 2012 年共同发起，将主要以“东盟美国能源合作工作计划”、“亚太经合组织能源工作小组”、“东亚峰会能源部长会议”等合作机制为基础，致力于该地区能源领域的务实合作，重点包括四个方面：可再生能源和清洁能源、市场及互联互通、天然气的新角色以及可持续发展。美国国务院、美国进出口银行、海外私人投资公司以及贸易发展署将为该计划提供60亿美元的资助。[①]

3. “东盟-美国善治、公平和可持续发展及安全伙伴关系”

该项目英文名称 ASEAN-U. S. Partnership for Good Governance, Equitable and Sustainable Development, and Security，简称 PROGRESS。

此项目在2013年7月的东盟-美国部长会议上提出，为期5年，重点是支持政治安全和社会文化合作以及东盟秘书处的能力建设，合作的领域将包括：打击跨国犯罪；促进人权，包括妇女和儿童的权利；立法和司法合作；灾害管理；科学与技术，以及人力资源开发。

4. “新丝绸之路倡议”

美国通过推动印度“西进东向”，[②]“新丝绸之路”（New Silk Road）将与“印太经济走廊”对接，并成为美国“亚太再平衡”战略的重要一环。

“新丝绸之路倡议”的前身是欧盟委员会于2008年提出的“南部走廊计划”，目的是通过天然气管网建设，获取里海和中亚地区的油气资源。2009年5月，欧盟国家在捷克首都布拉格举行“南部走廊”峰会，美国派特别代表与会并表示全力支持。2011年7月，希拉里·克林顿访问印度时首次公开提出“新丝绸之路倡议”，提议构建连接南亚、中亚和欧洲的交通和贸易网络；同年9月，由美国、德国和阿富汗三国外长共同主持的“新丝绸之路”第一次部长会议在纽约召开，会议发布的联合声明称，“新丝绸之

① “Fact Sheet on The U. S. -Asia Pacific Comprehensive Partnership For A Sustainable Energy,” November 20, 2012, http://www. whitehouse. gov/the-press-office/2012/11/20/fact-sheet-us-asia-pacific-comprehensive-partnership-sustainable-energy.

② Robert O. Blake, Jr., “Looking East, Looking West: U. S. Support for India's Regional Leadership,” April12, 2013, http://www. state. gov/p/sca/rls/rmks/2013/207497. htm.

路”将致力于构建“地区安全、稳定与繁荣”以及与此融为一体的“安全、稳定和繁荣的阿富汗”。[①] 至此，“新丝绸之路倡议”开始由构想正式转向实施。

“新丝绸之路倡议”包含两个层面的内容：一是能源和交通，主要是修建、改建连接东亚、南亚、中东和欧洲的公路、桥梁、铁路和油气管线；二是贸易自由化制度，包括降低关税、改善监管制度、跨境结算透明等加速货物和服务流通的政策。其中互联互通项目包括：（1）升级改造连接中亚和欧洲的铁路线，包括修建博斯普鲁斯海峡海底隧道以及阿塞拜疆、土耳其铁路升级；（2）出资1500万美元与世界银行和伊斯兰发展银行共同推动“南亚—中亚电力输送工程”（CASA－1000）建设，可将塔吉克斯坦和吉尔吉斯斯坦两国的剩余电力输往阿富汗和巴基斯坦；（3）推动修建连接土库曼斯坦、阿富汗、巴基斯坦和印度的天然气管线（TAPI）；（4）支持印度“东向”，构建连接印度、孟加拉、缅甸以及其他东南亚国家的“印太经济走廊”。推动贸易自由化和便利化的措施包括：（1）帮助中亚国家和阿富汗制定和实行国际通行规则，降低中亚区域经济合作交通走廊的通行费用和时间；（2）推动阿富汗重新加入《国际公路运输政府间协议》，签订阿富汗－巴基斯坦过境贸易协定以及吉尔吉斯斯坦－塔吉克斯坦－阿富汗过境贸易协定；（3）推动哈萨克斯坦、阿富汗、乌兹别克斯坦以及土库曼斯坦加入世界贸易组织；（4）签订《美国－中亚贸易投资框架协议》等。

（三）力推TPP扩员升级

打造美国主导的亚太经济合作新架构，参与并主导亚太区域经

① “Joint Statement of the Co-Chairs of the Ministerial Meeting on the New Silk Road,” September22, 2011, http://www.state.gov/r/pa/prs/ps/2011/09/173801.htm.

济合作进程是美国亚太经济“再平衡”的重中之重，可以有效化解亚洲区域经济一体化对美国贸易利益的损害。美国认为，东盟与中日韩“10+3”机制下的自由贸易议程将削弱美国目前享有的最惠国待遇，使美国公司处于不利地位。美国本来可通过推动多哈回合谈判，以多边自由贸易体制消除区域贸易优惠政策的负面影响。但在多哈回合谈判停滞不前的背景下，美国重点应以新加坡、新西兰、文莱和智利组成的“跨太平洋战略经济伙伴关系协定”为基础，组建包括美国、澳大利亚、秘鲁和越南的“无愧于21世纪高标准贸易协定的区域性协定”，此后逐步扩大并最终在亚太经合组织所有发达经济体之间实现贸易自由化。

“跨太平洋伙伴关系”（TPP）的前身是“跨太平洋战略经济伙伴关系协定”（Trans-Pacific Strategic Economic Partnership Agreement，TPSEP or P4）。2008年9月，布什政府宣布加入TPP谈判并从2009年初开始启动这一谈判，但由于美国政府进入过渡期，谈判未能如期于举行。2009年11月，奥巴马在东京发表演说时表示，美国“将与跨太平洋伙伴关系国家接触，以达成一项地区性协议，这项协议将拥有众多会员，并达到21世纪贸易协议所应有的高标准。”① 奥巴马在此首次表明了继续参与“跨太平洋伙伴关系”谈判的基本态度。

2010年3月，美国、澳大利亚、文莱、智利、新西兰、新加坡、越南等八个国家在澳大利亚墨尔本举行了首轮“跨太平洋伙伴关系”谈判。此后，马来西亚于2010年10月、加拿大和墨西哥于2012年6月、日本于2013年7月相继加入谈判，2013年11月韩国表达了参与谈判的兴趣，TPP谈判成员国呈进一步扩大趋势。其中，劝说日本加入TPP，是美国利用TPP主导东亚自贸区战略的关键一环。2012年4月，奥巴马在美日首脑会谈中对日本时任首

---

① “Remarks by President Barack Obama Suntory Hall,” November 14，2009，http：//www. whitehouse. gov/the-press-office/remarks-president-barack-obama-suntory-hall.

相野田佳彦强调：“TPP问题不单纯是经济问题，也是战略问题”。时任民主党政调会长前原诚司称，“日本参加TPP不但经济意义重大，政治意义也非常重大，我将之置于强化日美同盟关系的重要一环”。外务省前高官谷口智彦称，美国构建太平洋、印度洋的同盟关系网和以TPP为标志的自由贸易网，都是针对中国崛起的战略安排，日本应针对中国崛起，努力促成“海洋民主国家”的联合框架。[①]

TPP截至2013年底共举行了20轮谈判，但谈判并没有如期完成，这也是TPP谈判第二次错过奥巴马总统期待的最后期限。TPP谈判之所以一拖再拖，固然与日本新近加入使谈判难度加大有关，但核心的障碍仍是美国以所谓“高标准”为名，过度推行其单方面的意志所致。从目前已经披露的信息来看，难点主要包括：（1）美国要求制定过于严厉的知识产权保护规定，如延长医药产品的专利保护期，对电影、音乐、电脑游戏出售转让实施更加严格的限制，甚至要求对“非故意侵犯知识产权”的行为进行刑事处罚；（2）在投资争端机制问题上坚持投资人可依据国际法向第三方仲裁机构投诉；（3）禁止通过宏观资本控制，限制热钱进出；（4）推行具有强制性的劳工条款和环保条款；（5）要求取消所有农业出口补贴。

美国一再声称推进TPP谈判的目的是让陷于绝境的世界贸易组织多哈回合谈判以另一种方式重启，但从美国急于实现的目标看，其知识产权保护建议实质上是推行新的贸易保护主义，而不是促进世界贸易更加自由化。在TPP成员国资格问题上，美国最初采取了模糊性处理方式，也就是不明确说明资格条件，但有选择地挑选谈判伙伴；最近，美国又公开表示，只要是亚太经合组织成员国，都可以申请参加TPP。由此也可以看出美国推动TPP扩

---

① 吕耀东：“深化同盟机制：日美双边互动的战略愿景”，《日本学刊》，2012年第3期。

员至少有两个动机：一是以亚太经合组织为基础目标，打造新的区域经济合作架构；二是另起炉灶，创建一个与WTO不同的世界贸易新秩序。显然，后者日益成为其核心目标。

四、军事：维持优势地位

美国国会研究部的报告称“军事领域是政府宣称的‘再平衡’战略最为高调和最具实质性内容的部分。”① 事实的确如此。由于安全事务是美国推动“重返”和实施亚太“再平衡”的重要抓手，因此“军事重返”和“军事再平衡”在美国“重返”和亚太“再平衡”战略中占有非常显著和突出的地位。2010年7月27日，前国务卿希拉里·克林顿在河内参加东盟地区论坛时声称，“美国在南海的国家利益包括航行自由、出入亚洲海洋公域自由、遵守国际法、所有声索国以外交协调而非高压手段解决争端。”② 这是奥巴马政府高调介入南海争端的开始，同时也发出了美国试图以亚洲领土争端为抓手，推行军事“重返”的明确信号。2011年6月，前国防部长盖茨在香格里拉安全对话会上称，美国与亚洲开展军事接触的原则和目标是“自由开放的商业，强调国家权利与责任平衡的公正国际秩序，遵从法治，开放的全球公域（包括海洋、天空、太空及网络等）以及不以武力解决冲突的原则”。此后，从出台新的军事战略到强化和调整军事部署，美国“军事再平衡”的一系列措施持续且密集地出台。

---

① Mark E. Manyin, Susan V. Lawrence, etc.., "Pivot to the Pacific? The Obama Administration's 'Rebalancing' Toward Asia," CRS Report for Congress, March 28, 2012, www.fas.org/sgp/crs/natsec/R42448.pdf.

② "Clinton's Comments on South China Sea Territorial Dispute Press China-U.S. Relations," July 27, 2010, http://www.2point6billion.com/news/2010/07/27/clinton%e2%80%99s-comments-on-south-china-sea-territorial-dispute-press-china-u-s-relations-6528.html#sthash.m9u56RX5.dpuf.

（一）出台新军事战略

2012年1月，美国国防部发布新的军事战略指针“维持美国的全球领导地位：21世纪国防的优先任务”中，明确提出美国的全球存在将以亚太和中东为重点，并“出于必要向亚太地区再平衡”。这一新战略还提出“美国要在一个地区进行大规模作战的同时，有能力在另外一个地区使奉行机会主义的侵略国无法达到目的或是付出难以承受的代价。”① 在同年6月举行的香格里拉对话会上，美国时任国防部长帕内塔宣布，作为“再平衡”战略的一个组成部分，美国将在2020年以前把60%海军舰艇部署在亚太地区，这意味着需要在亚太增加1艘航母、7艘驱逐舰、10艘濒海战斗舰和两艘潜艇。2013年6月，时任防长哈格尔也是在香格里拉对话会上表示，美国已将其海外空军力量的60%部署在亚太地区，而且正在把太空和网络空间力量的60%向亚太集中。他还指出，美国正在增强驻守亚太地区的地面部队，包括从伊拉克和阿富汗撤出的美国海军陆战队第一和第三远征军以及美国陆军第25步兵师，将返回他们位于太平洋的基地。② 尽管美国受国防预算缩减的影响，不得不对全球的军事部署作适当调整，但在西太平洋地区，美国的军力不减反增，逆流而上。

（二）提出“空海一体战”新概念

“空海一体战”概念由美国国防部于2009年提出，并写进了奥

---

① “Sustaining U. S. Global Leadership: Priorities for 21st Century Defense,” January 2012, http://www.defense.gov/news/defense_ strategic_ guidance.pdf.

② Chuck Hagel, “The US Approach to Regional Security,” June 1, 2013, http://www.iiss.org/en/events/shangri%20la%20dialogue/archive/shangri-la-dialogue-2013-c890/fourth.

巴马政府于2010年2月发布的《四年防务评估报告》。同年8月，美国海军、空军及海军陆战队三军宣布成立“空海一体战办公室”，负责发展和规划海空军联合作战的概念和原则。“空海一体战”概念的提出主要是为应对反介入/区域拒止（A2/AD）能力不断扩散给美军带来的威胁，目的是确保美国具有进出全球公域的持续稳定能力和自由，为保卫美国及其盟军的利益投送军力。“空海一体战”的核心构想在空、海、陆、天、网络空间这5个互相依赖的领域中实施网络化、一体化的纵深打击，以“破坏、摧毁和击败”（Disrupt, Destroy and Defeat, D3）对手的各种反介入/区域拒止能力，为友军和联盟部队提供最大的作战优势。其中D3代表了实施“空海一体战”的三个关键环节，其中“破坏”是指瓦解敌人的指挥、控制、通信、计算机、情报、监视和侦察系统；“摧毁”是指毁掉敌人遂行反介入和区域拒止的作战平台和武器系统（包括航母、军舰以及导弹部署地）；“击败”是指战胜敌人已发射的武器和进攻编队。[①] 一般认为，“空海一体战”概念是美国为重返亚太，尤其是针对中国军事力量迅速上升而量身定做的一种作战理论。“空海一体战”的主要倡导者、美国战略思想家、国防部净评估办公室主任安德鲁·马歇尔认为，“转向不仅在于把注意力转向亚洲，还在于宣布了以‘空海一体战’这一新的战争形式解决如何挫败中国因掌握远程精确打击武器而在太平洋地区可能的军事野心。”[②]

（三）优化“第一岛链”军力部署结构

奥巴马政府的主要做法是优化沿韩国、日本、菲律宾、新加坡

---

① Air-Sea Battle Office, “Air-Sea Battle: Service Collaboration to Address Anti-Access & Area Denial Challenges,” May 2013, http://www.defense.gov/pubs/ASB-ConceptImplementation-Summary-May 2013.pdf.

② Winslow Wheeler, “Powering the Pacific “Pivot” With Leon and Chuck,” January 23, 2013, http://nation.time.com/2013/01/23/powering-the-pacific-pivot-with-leon-and-chuck/#ixzz2qbMyarp5.

等“第一岛链”的军力部署结构。美日早在2006年即达成驻日美军整编计划，包括向关岛转移8000名驻日美军海军陆战队员、归还美军嘉手纳基地（位于冲绳县嘉手纳町）以南6个美军设施及区域和普天间机场搬迁的问题。但由于当地居民反对，计划始终未能顺利实施。奥巴马政府把该问题当做“军事再平衡”的重点加以推进，2012年两国就修订搬迁计划达成新的协议，包括约1.9万名驻冲绳的美国海军陆战队官兵中，有9000名官兵将迁至关岛、夏威夷和澳大利亚，剩余约1万美军仍将驻扎在冲绳。2013年12月，普天间机场搬至边野古地区的计划得到冲绳地方政府批准，驻日美军的调整计划最终尘埃落定。美国还把最先进的舰机及武器装备优先向亚太集中部署，如12架“鱼鹰”侧旋翼飞机进驻冲绳普天间基地、F－35隐形战机和“海神”反潜巡逻机进驻冲绳的计划、动用美军驻关岛基地的“全球鹰”无人侦察机监控中国舰机等。

同期，驻韩美军基地搬迁计划取得进展。2004年韩美达成《龙山基地迁移基本协议书》，并计划于2008年搬迁完毕，但由于费用分担分歧，该计划先是推迟至2012年，后又推迟至2016年完成。依据该计划，驻韩美军28500人将从100多个基地集中到以平泽和大邱为中心的约50个基地内。另外，奥巴马政府已于2014年1月宣布美国陆军第1骑兵师第1骑兵营的800名官兵将进驻位于朝鲜半岛中西部的美军霍维营和斯坦利营，并明确宣称这是美国向亚太“再平衡”的一部分。①

在东南亚方向，美国的军事动作更具“重返”色彩。2012年6月，美军参谋长联席会议主席邓普西在参加香格里拉对话会时与菲律宾达成美军重返苏比克海军基地和克拉克空军基地的协议，美军可以在此存储装备并进行后勤补给，以“半永久性驻扎”形

① “United States sending more troops and tanks to South Korea,” January 7, 2014, http://www.reuters.com/article/2014/01/08/us-korea-usa-troops-idUSBREA061AU20140108.

式实现重返。2012年6月，美国与新加坡达成协议，确定美军将以轮换的方式在新加坡部署4艘濒海战斗舰，但这些战舰不会以新加坡为基地，母港也不会迁到新加坡，而且部署期间艇员会一直住在船上。2013年3月，首艘濒海战斗舰“自由号”已进驻新加坡开始轮值。2014年4月，奥巴马访问菲律宾前夕，两国签订为期10年的《美菲加强防务合作协议》，根据这份协议，美军可更广泛使用菲方一些指定的军事基地和设施，包括机场和港口；美军有权在这些地方新建设施，但一旦撤出，新建设施将归属菲方；美军可在这些地方部署装备、战机和军舰；美军在菲没有永久军事基地。菲律宾拟对美军开放的基地和港口包括麦格赛赛堡（Fort Magsaysay）、克拉克空军基地、苏比克湾、波罗港（Poro Point）以及位于马尼拉的阿奎纳尔多军营。此外，美国还与越南和印尼签订了不同形式的防务合作协议，拟定期举行海上联合演习等活动。

（四）增强“第二岛链”的军事存在

强化以澳大利亚和关岛为中心的“第二岛链”的军事存在是美国“军事再平衡”最具象征意义的动作。2011年11月，奥巴马访问澳大利亚期间，两国宣布了新的军力部署计划，内容是自2012年起，美国将向澳大利亚达尔文港和澳大利亚北部地区首批派驻250名海军陆战队员进行轮换驻防，轮驻规模将逐步扩大至2500人；双方还同意将澳大利亚位于印度洋沿岸的港口和基地在更大程度上对美国海空军开放。2012年11月，美澳又达成太空合作协议，美国将把部署在西印度群岛的一部C波段雷达和位于美国本土新墨西哥州的太空望远镜迁往澳大利亚西部，用于监测亚洲地区的卫星、导弹发射和近地轨道卫星的运行。① 2013年6月，

① 关于美澳军事合作参见 RichardTanter，“The Military Presence in Australia,” Global Research，November 11，2013，http：//www. globalresearch. ca/the-us-military-presence-in-australia-the-asia-pacific-pivot-and-global-nato/5357653。

两军还达成协议，将由澳大利亚派出一艘战舰参加美国在太平洋的一个航母编队。

关岛作为亚太心脏和美国本土最前沿军事基地，在这一战略重心转移中将承担更为重要的任务。为此，美国加紧调整关岛的力量结构。

一是基地升级扩建。美国拨巨资升级美军驻关岛的军事基地，使其成为集补给、指挥于一体的“多功能军事基地”。美国防部已投入超过 3 亿美元加强岛内建设，以容纳新增的美军。据英国《每日电讯报》报道，美国将耗资 126 亿美元在关岛修建核动力航母停靠的码头、导弹防御系统和实战演习基地等军事基础设施。这一项目是二战后美国在西太平洋推进的规模最大、开支最多的基地项目。[①]

二是兵力集结。2013 年 4 月，美日两国宣布，现驻冲绳的部分美国海军陆战队将转至关岛等地，届时冲绳美军部分设施和区域也将归还冲绳当地政府。其中包括美军牧港补给区、那霸军港、一处油库和两处兵营。美军计划在 2014 年前把近万名海军陆战队队员从冲绳迁至关岛基地。近期，驻韩美军也逐渐向关岛基地转移。

三是先进装备部署。经过扩建的关岛基地目前已部署了大量先进武器装备，包括 B－2 隐形轰炸机、KC－135 空中加油机、F－15E 战斗机和“全球鹰”无人侦察机。美国最先进的 F－22 隐形战斗机也已进驻关岛。美军还在该基地部署了一批 AGM－86C 型空射巡航导弹，并新建了容量达 2.16 亿升的燃油库。安德森空军基地还建立了一个专为远程快速打击行动提供支持的情报侦察中心。[②] 另外，2010 年曾有三艘“俄亥俄级”战略核潜艇现身关岛；

---

① Praveen Swami, “US to Build £ 8bn Super Base on Pacific Island of Guam,” *The Telegraph*, October 25, 2010.

② “美军扩建关岛基地或将入驻‘杜鲁门’号航母”，凤凰网，2013 年 8 月 9 日，http://news.ifeng.com/mil/3/detail_2013_08/09/28439720_0.shtml。

2012年6月，又有5艘“洛杉矶级”潜艇和1艘“俄亥俄级”潜艇同时现身关岛，关岛作为美国西太平洋军事枢纽的地位日益凸显。

（五）打造亚太反导系统

为配合“再平衡”战略，奥巴马政府将反导防御重心调整到太平洋沿岸。美国国防部宣布，取消欧洲“分阶段适应性导弹防御方案”最后阶段计划，将准备把在波兰部署的远程拦截装置转移到亚太地区。美国强化东亚反导体系，反映了美国在冷战结束以来不断强化东亚反导布局的基本轨迹，也反映了美国力图以打造反导体系，强化其在该地区的军事优势。

美国强化反导能力的监控、防御。2012年3月，美国国防部副部长马德伦·克里顿称，美国在亚太地区将通过两个“三边论坛”（即美日澳和美日韩），建立与欧洲反导防御系统相似的地区反导防御基础设施。持续发酵的朝鲜半岛危机，正成为美国积极经营亚太反导网络，迫使日、韩等国盟友加大购买美制反导装备的借口。美国还考虑让日本、韩国采购“爱国者-3”、“宙斯盾”反导系统，提高其中段反导能力。同时美国还不断为在韩国部署“萨德”反导系统造势。

2013年2月，美国借口“朝鲜导弹威胁”，与日达成最新协议，准备在日本南部增加部署X波段雷达，对来自朝鲜的导弹进行早期预警和初步跟踪。美国还考虑在东南亚某国（如菲律宾）部署另外一套X波段雷达。4月，美国国防部宣布，将在关岛部署一套末段高空区域防御系统，包括拦截弹和一部X波段雷达。X波段雷达探测距离达3500-6000公里，在亚太建立此型雷达系统，意味着美国将有足够能力监测东亚大部分地区的导弹发射活动，进而为美军在东亚的军力活动提供更可靠的安全保障。

美国加强在亚太反导能力演习。2013年2月13日，在朝鲜进行核试验的第二天，美国导弹防御局和“伊利湖号”巡洋舰利用太空跟踪与监控卫星系统，完成一次“宙斯盾”反导系统试验。美国国防部称，反导试验旨在测试太空追踪监控设备、为舰载“宙斯盾”反导系统传送数据的质量和能力，从而延展作战空间，扩大美国反导系统对朝鲜、伊朗等国导弹的拦截范围和防御区域。3月，美国国防部宣布将在太平洋地区增设14枚反导导弹，并派两艘配备“宙斯盾”防空系统的驱逐舰抵达西太平洋海域，应对导弹威胁。

（六）提升盟国军事能力

推动美日军事一体化。奥巴马第一任期开始，美日同盟深化“联合力量”和“互操作性”建设，通过加强共谋规划、分享情报、联合训练、共用基地等方式，整合两国军力。美国有意为日本强化防务力量松绑，让日本提高“机动防卫能力”，同时利用日本强化海空军力量，配合美国落实“空海一体战”和“联合作战介入”概念。2012年8月，美日同意将再次修改日美防卫合作指针，计划将重点放在提高海洋监视、潜水艇探知能力等情报搜集、监视、侦察的能力建设上。双方商讨包括联合军演、训练在内的重组美军军力结构计划及方式。奥巴马连任后，继续扩大美日军事合作。2013年1月，双方开始讨论修改日美防卫合作指针，重新定义自卫队的角色包括向海外派遣自卫队，着手建立美军和自卫队的全方位合作机制。4月，美国国防部表示，美日双方拟在新版的《防卫合作指针》中写入以下4个合作领域：防灾和救灾；打击海盗、保障海上交通线安全；保护太空和网络空间；援助中东和北非实现民主化。美日间建立一个新的防卫工作组，深化双方在上述领域的合作。10月，日美安保磋商委员会（2+2）会议发表共同文件，支持日本设立“国家安全保障会议”，考虑允许日本行使集体自卫权。2014年奥巴马访问日本，双方把“美国支持日本行使集体自卫权”写入联合声明，公开为日本的军事化撑腰打气。[①]

更新美韩军事合作内容。奥巴马第一任期开始，美韩双方加速军事同盟转型的步伐，同盟指向由单一针对朝鲜，转为针对更大的地区范围，韩国成为美国在东亚甚至于全球防务中的一个伙伴。2010年，美国借“天安舰”事件，提升与韩国的军事协同与互操作能力，为此美韩双方制定了“战略同盟2015”计划，以实现驻韩美军的轮番机动部署常态化和加强韩军的自主作战能力为核心的目标。奥巴马第二任期以来进一步提升与韩国的军事合作。美韩签署了一项协议，提升美军保护韩国免遭朝鲜挑衅的作用。依照协议，美国军队将支援韩国军队反击来自朝鲜的任何军事侵犯行为。此前，美国军队只有在韩朝爆发全面战争的情况下方可介入。美韩2014年10月23日再次同意推迟原定于2015年底的战时作战指挥权移交时间。

为提升亚太盟国或伙伴国家的作战能力，美国主要做法为出口先进武器和举行联合军演。

1. 出售先进武器和技术

在军售方面日本决定采购F-35联合攻击战斗机，2020年左右，日本将拥有40余架世界上最先进战机。美国承诺向菲律宾提供精确制导导弹，使其首次从海外获得此类武器。[②] 美国准备向亚太国家销售“濒海战斗舰”，该舰是美国进入21世纪后最新研发的一种可遂行多种任务的水面舰艇，其海军在2008年才开始装备。

出口军事技术。美国将导弹防御系统技术推销给日本。目前，

---

① “U. S. -Japan Joint Statement: The United States and Japan: Shaping the Future of the Asia Pacific and Beyond,” http://www.whitehouse.gov/the-press-office/2014/04/25/us-japan-joint-statement-united-states-and-japan-shaping-future-asia-pac.

② Rodriguez and Rufus Bautista, “HR00187,” Congressional Record, Vol. 1, August 17, 2010, p. 10.

日本已经建立起可用于实战的导弹防御系统，并与美国导弹防御系统形成一体。同样，在韩国导弹防御系统研发时，美国也积极参与，韩国的导弹防御系统明显打上了美国烙印。

扩大军售对象。美国军售对象不再局限于盟国、亲密的伙伴国等，开始向亚太陆海相邻地带的国家销售。印度、越南等国成为美国军火出口的重点。印度媒体 2014 年 8 月报道：美国过去 3 年已取代俄罗斯成为印度最大军火供应商。此外，美国还从战略利益出发解除对有关国家的武器禁售。2008 年，美国洛克希德·马丁公司决定向越南出售定位卫星。2012 年，美国国防部长帕内塔明确表示，美国已将向越南出售军火列入日程。

2. 强化联合军演

美国亚太军演无论是演习地点、军力规模，还是演习课目设置和参演国家范围，均发生重大变化，越来越多地呈现出鲜明的战术指向性。美国与盟国就一些战术细节和使用美式装备技术参数，举行反复演练，提高盟国的作战能力，特别是反恐和夺岛能力。

军演频率增加。仅 2010 年在下半年，美国与亚太盟国就总共举行了 20 余场军事演习。2012 年美国在西太平洋地区进行的演习，光代号就有 17 种之多，美国热衷在亚太炫耀武力的举动引人关注更令人担忧。

军演规模扩大。从演习兵力上看，美军参演兵力最多达几万人，足见美国的重视程度。为应对“天安舰”事件，美韩在日本海举行了规模空前的联合军演，出动了包括最先进的 F－22“猛禽”在内的 200 多架战斗机及 8000 多士兵来显示实力。[①] 美国还派航母参加黄海军演，将中国部分地区纳入其作战识别圈。美日也在冲绳海域举行了两国最大规模的联合演习，参加的官兵达 4 万

① Jung Sung-ki, “F－22 Raptor to Join Naval Drill in Korean Seas,” *The Korea Times*, July 20, 2010.

多人，美国“华盛顿”号核动力航母和B52轰炸机均参加了演习。[①] 从参演国家来看，2013年的美菲“肩并肩”联合军演已经开始突破以往单纯的双边或三方合作框架，日本、韩国、澳大利亚等国军队参加了桌面模拟演习，越南、新加坡等国代表也参加模拟指挥演习。

演习指向争议地区。近两年，美菲“肩并肩”联合演习的两栖作战等实战课目，安排在菲律宾巴拉望岛以西海域进行，逼近中国南沙群岛，属于争端频发区域。值得注意的新动向是，美军还单独在关岛附近举行“勇敢之盾”军演，其假想区域不再是台海而是南海，驻日美军基地抽调了大批兵力参演。特别值得关注的是2012年11月，美日举行“东方之盾”联合军演，时间选择在中日钓鱼岛主权争端最激烈之际。2013年5月，美日举行代号为“黎明闪电”联合夺岛军演，这次演习是首度在美国本土进行的夺岛演习。

（七）介入亚洲领土争端

亚洲领土争端，尤其是中国与周边国家的海上领土争端一度成为美国推动军事“重返”的重要抓手。

由于国务卿希拉里·克林顿的强势外交风格，以及军事“再平衡”需要强有力的抓手，美国选择高调介入中国与周边国家的领土争端，冀平衡中国日益壮大的影响。2010年7月，国务卿希拉里·克林顿在越南河内参加东盟地区论坛时宣称，“美国在南中国海拥有航行自由、进入亚洲海上公域的自由和遵循国际法等国家利益”。她还称美国的政策立场是：“支持所有声索国通过协作的方式解决各种争端；美国虽对南中国海地物争端不持立场，但

① Justin Mc Curry, “US and Japan Begin Joint Military Exercise,” *The Guardian*, December 3, 2010.

认为各声索国应依据《联合国海洋法公约》提出领土要求及其附属海上空间权利；依据国际惯例法，合法的海上空间声索只能来源于合法的地物声索。”① 希拉里·克林顿的言论可谓一石激起千层浪，让本来平静的南海一时风起云涌。

2011年11月，国务卿希拉里·克林顿在《美菲共同防御条约》签署60周年纪念仪式上，刻意弃用国际社会通用的“南中国海”名称而改用“西菲律宾海”，称菲律宾在“西菲律宾海面临保持领土完整的挑战”。② 在钓鱼岛问题上，美国虽然声称在主权最终归属上不持立场，但同时又明确宣布美国“承认钓鱼岛在日本行政管辖范围内，反对任何寻求破坏日本行政管辖的单边行动”。美国福布斯网站将此称为希拉里·克林顿送给日本的“分手大礼”，而且是有损美日两国战略利益的“分手大礼”。③ 2012年6月，越南国会通过《越南海洋法》，该法将中国的西沙群岛和南沙群岛包含在所谓越南“主权”和“管辖”范围内。出于对越南挑衅的反击，中国政府宣布设立三沙市和三沙警备区。美国无视越南挑衅事实，在美国国务院当年8月发表的首个南海问题声明中，片面指责中国设立三沙市和三沙警备区的做法使“南海紧张局势加剧的风险加大，与通过外交途径协作解决分歧的努力背道而驰”，④ 而对越南、菲律宾的挑衅行动只字未提，偏离了美国政府一直声称的对南海问题“不介入”和“不选边”的

① Hillary Rodham Clinton, "Remarks Press Availability," http://m.state.gov/md145095.htm.

② "Clinton, Philippine Foreign Secretary Joint Press Availability," http://translations.state.gov/st/english/texttrans/2011/11/20111116142331su0.4998852.html#axzz30qkxUMJ8.

③ Stephen Harner, "Hillary's 'Parting Gift' To Japan In The Senkaku/Diaoyu Dispute Should Be Left Unopened; Obama and Kerry May Ask For It Back," http://www.forbes.com/sites/stephenharner/2013/02/07/hillarys-parting-gift-to-japan-in-the-senkakudiaoyu-dispute-should-be-left-unopened-obama-and-kerry-may-ask-for-it-back/.

④ "South China Sea Press Statement," August 3, 2012, http://www.state.gov/r/pa/prs/ps/2012/08/196022.htm.

立场。

奥巴马第二任开始以来，美官方在亚洲领土争端问题的言行曾一度转趋谨慎。2013年2月，日本首相安倍访美期间，屡屡提起钓鱼岛问题，但始终未获奥巴马公开回应；3月，时任国防部常务副部长卡特访问印尼时亦称，“美国在相互抵触的领土和历史主张问题上不持立场，但在依据国际法和平解决争端问题上持有立场”，“呼吁保持克制并以外交途径解决争端，反对挑衅，反对强制施压，反对使用武力”；[①] 4月，日本外相岸田文雄访美，国务卿克里仅对日本在钓鱼岛问题上保持克制表示赞赏，而只字未提《美日安保条约》。克里访日就钓鱼阐述的完整立场可以概括为：美国关于钓鱼岛的最终主权不持立场，但承认它们在日本管辖之下；希望各方通过和平方式处理领土问题；任何升级紧张或是导致误判的行动，都会影响整个地区的和平、稳定与繁荣；反对任何可能以改变现状为目标的单边或是强制性行动。美国企业研究所日本问题专家奥斯林在《华尔街日报》上撰文，一方面鼓励日本坚持自己的主张，但同时也呼吁安倍在钓鱼岛问题上承诺日本不开第一枪。[②] 显然，美国试图在维持现状的基础上，通过两面施压进行争端管控。

2013年11月23日，中国政府依据国际惯例宣布划设东海防空识别区（ADIZ），[③] 美国在东海和南海领土争端问题上抑华压华的立场更加清晰。国务卿克里称“这是试图单边改变东海现状的行动”；国防部长哈格尔也称“这是试图改变地区现状的事件，这

---

① Deputy Secretary of Defense Ashton B. Carter, “The U. S. Defense Rebalance to Asia,” http: //www. defense. gov/speeches/speech. aspx? speechid = 1765.

② Michael Auslin, “An Open Letter to Shinzo Abe”, http: //online. wsj. com/article/SB10001424127887323495104578311651565558658. html.

③ “中华人民共和国政府关于划设东海防空识别区的声明,” 国防部网站, 2012年11月23日, http: //www. mod. gov. cn/affair/2013 - 11/23/content_ 4476911. htm; “中华人民共和国政府关于划设东海防空识别区的声明”, 见 http: //www. mod. gov. cn/affair/2013 - 11/23/content_ 4476910. htm。

种单边行动增加了误解和误判的风险”。其后，美国的立场也呈现更加强硬的趋势。2014 年 2 月 5 日，助理国务卿拉塞尔在众院外交委员会作证时称，“中国任何依据‘九段线’而不是地貌地物提出的海上权利都与国际法不一致”，这也是美国官方首次公开质疑“九段线”的合法性；4 月，奥巴马总统访日双方发表联合声明称，“美国在日本部署了最先进的军事设施和装备并提供了履行《美日安保条约》义务一切必要的能力。这些义务扩及包括钓鱼岛在内的由日本管辖的所有领土。在此背景下，美国反对试图削弱日本对钓鱼岛管辖权的单边行动。”① 这是美国历史上首次由总统出面，宣称其双边安保条约涵盖中国领土钓鱼岛。美国立场清晰化一方面是为安抚其盟国，另一方面是为威慑中国，但客观上怂恿了日、菲、越等国的挑衅性行为，给相关各方和平解决争端制造了更大的障碍。

五、传播美式民主与价值观

从“重返”到“再平衡”，促进美式民主与价值观的传播一直是美国亚太战略框架的内在成分。2009 年奥巴马访日时宣称，“对自由与尊严的向往是全人类所共有的，因为人类拥有 些共同的愿望：自由表达自己的思想，自主推选领导人；有获取信息的能力，能按照自己的愿望信仰宗教；对法治的信任及司法平等”，美国将“永远同追求这些权利的人站在一起。”② 希拉里·克林顿在《美国的太平洋世纪》中也称，与美国的军事力量或经济规模相

① “U. S. -Japan Joint Statement: The United States and Japan: Shaping the Future of the Asia-Pacific and Beyond,” http: //www. whitehouse. gov/the-press-office/2014/04/25/us-japan-joint-statement-united-states-and-japan-shaping-future-asia-pac.

② “奥巴马在东京发表演讲”（全文），2009 年 11 月 13 日，http: //iipdigital. usembassy. gov/st/chinese/article/2009/11/20091114010042ptellivremos0. 9463312. html # axzz2qjWxB0DV。

比，美国所拥有的“最具影响力的资产是其价值观的巨大威力，特别是美国对民主与人权的坚定不移的支持”，显示了美国人“最深厚的民族性格”，是美国“外交政策包括向亚太地区战略转移的核心”。[①]

（一）撬动缅甸

美国推进民主与价值观外交最显著的进展体现在美缅关系改善与缅甸国内政治转型两方面。自 1988 年缅甸军人政府执政后，由于美国对缅实施广泛制裁，美缅关系持续紧张。2003 年美国国会通过《缅甸民主自由法案》后，美国对缅实施包括禁止从缅甸进口一切商品的更加严厉的经济和金融制裁措施。2010 年 11 月缅甸举行多党制全国大选以后，在总统吴登盛的领导下，缅甸政府开始了包括释放政治犯、推动种族和解、实行新闻自由以及开放市场和投资等一系列改革措施。

为支持和鼓励缅甸改革，奥巴马政府对缅采取“校正接触策略”（a calibrated engagement strategy），以及时肯定缅甸已采取的改革步骤并鼓励其采取进一步的改革措施。美国一改过去一味孤立和打压缅甸政府的做法，加快与缅甸接触。白宫委派特使米德伟访缅，讨论解除经济制裁和对缅新外交等事宜。奥巴马与缅甸反对党领袖昂山素季通电话，强调对民主改革进程的支持。2011 年初，美国宣布将与缅甸恢复大使级外交关系，当年 7 月美国还宣布部分解除对缅经济和金融制裁。国务卿希拉里·克林顿于 2011 年 11 月出访缅甸，成为自 1955 年以来首位现职访问缅甸的美国国务卿，开启美国与缅甸之间的高层接触。

2012 年 11 月，奥巴马出访缅甸，成为美国历史上第一位在任

---

① Hillary Rodham Clinton，“America's Pacific Century，” *Foreign Policy*，October 11，2011，http：//www. state. gov/secretary/rm/2011/10/175215. htm.

访问缅甸的总统。奥巴马借此行程公开呼吁缅甸政府彻底改变政治体制，加快民主化进程，给予反对党更大的自由度与权限。为“奖赏”缅甸政治改革，奥巴马政府对缅甸出口解禁，给予1.7亿美元的经济援助，邀请缅甸一起参加军演。同时，奥巴马也暗示，援助资金的跟进和美缅关系进一步发展，将视缅甸的改革进程而定，也就是说一旦缅甸改革举步不前或倒退，美国仍可能再次恢复制裁、切断经济援助和外交关系。

奥巴马特别注意在缅甸民众中树立民主斗士的形象。奥巴马特意选择去了离首都内比都300多公里的仰光，并在军政府曾经镇压过的仰光大学作演讲，到昂山素季家里会见这位反对派领导人。奥巴马还参观了佛教寺庙。这些都显示，奥巴马在给自己留“后路”，即奥巴马是冲着缅甸的民主变化去的，而非支持某个政府。

2013年5月，缅甸总统吴登盛访美，两国领导人完成互访。为鼓励缅甸的民主转型，美国联合东盟国家派出贸易和投资代表团帮助缅甸融入世界经济全球化。美国不再干涉缅甸与世界银行和国际货币基金组织的合作，还邀请缅甸以观察员身份参与由美方发起的“湄公河下游倡议”。美缅关系升温带动美国盟国跟进改善对缅甸关系。原本对缅甸实施制裁的欧盟、澳大利亚、加拿大、日本等，也都相继取消了制裁，开始对缅甸提供援助，加快对缅的资本投入。

（二）盯住柬埔寨和越南

美国加紧对湄公河下游的越南、柬埔寨、老挝进行所谓的“民主改造”。通过密集外交接触和经济援助推动这些国家转向美式的“民主”和“人权”。

2012年7月，希拉里·克林顿在访问柬埔寨期间，借强调男女平等和提高女性地位批评柬埔寨的人权。奥巴马连任后访问了柬埔寨，成为史上第一位造访柬埔寨的现任美国总统。奥巴马以“教师爷”姿态，提醒柬埔寨，美国只愿同重视提高“民主”、“人权”的国家合作。奥巴马向柬埔寨首相洪森提出人权问题，包括释放政治犯、举行自由选举等，称美国议会对柬埔寨的民主、人权状况表示担忧，敦促柬埔寨改善人权状况。

美国对越南施加“民主”压力。尽管美越关系取得了很大进展，但美国不时指责越南侵犯宗教自由，并将其纳入“令人担心”的国家之列。2013 年 7 月，越南国家主席张晋创访美前夕，美国国务院官员表示，越南目前仍羁押 120 多名政治犯，也在多个领域加强限制，尤其是网路自由。美国国会通过《2013 年越南人权法案》，谴责越南人权问题越来越严重。美国议员与政治异见团体则要求奥巴马在会谈时着重讨论越南人权议题。美国驻越南大使称，“人权和民主不仅是美国的任务，也是希望完善与越南经济合作关系的所有西方国家的共同使命，我们历来批评河内政府的人权和宗教自由立场”。[①]

（三）敲打中国

民主人权一直是美国牵制中国、干涉中国内政的工具。美国除了在双边层次就中国人权问题说三道四之外，还利用其他机会含沙射影地批评中国。奥巴马在访问泰国时对中国、缅甸的一贬一褒，指责中国的政治制度，称为了达到经济增长而采取“回避民主”的捷径无法持续。奥巴马在泰国的讲话时称，美国确保稳定和繁荣的民主制度已经有 200 多年历史，这一模式可应用于亚太地区。奥巴马暗指中国体制是“另一种选择”，“是一种虚假希望，

---

① “Human Rights in Vietnam,” http://lowenthal.house.gov/uploadedfiles/07 - 09 - 2013.pdf; “The Vietnamese People Deserve Better,” http://thomas.loc.gov/cgi-bin/query/z? r113: E10JY3 - 0009.

并且随着时间推移，会在不满民众的重压之下遭侵蚀并最终瓦解。”① 在缅甸，他赞扬缅甸政府容许民众反对并成功阻止中国的水电站项目的作法。

① Remarks by President Obama and Prime Minister Shinawatra in a Joint Press Conference, released by Office of the Press Secretary of the White House, November 18, 2012, http://www.whitehouse.gov/the-press-office/2012/11/18/remarks-president-obama-and-prime-minister-shinawatra-joint-press-confer.

第二章 美国“亚太再平衡”经纬分析

奥巴马政府执政以来，大幅调整美国对外战略，其显著变化是退出全球反恐战略，加快战略重心东移。美国对其亚太政策进行了系统性、结构性的调整，使亚太战略环境发生深刻变化，对中美及亚太其他国家均造成极大冲击。为此，国际学界对奥巴马政府亚太战略调整展开了持续、广泛而深入的讨论。本章从美国亚太战略调整的理论视角、目标指向、攻守态势及优先选项四个方面，对中美学界研究成果进行系统梳理。

一、理论视角

国际学界从政策动向、成因和影响等多角度对美国亚太战略调整进行描述。本节从国际关系三种理论视角即现实主义、新自由主义、观念论，对学界研究的主要观点进行系统总结和梳理。

（一）现实主义视角

现实主义从国际结构中的权力因素分析国家对外战略和对外关系变化。现实主义对美国亚太战略调整的解释有两种推论：一种是防御性现实主义，认为扩张政策成本和风险较高。历史经验显示，霸权国家往往引发其他国家联手制衡，从而招致失败。为此，霸权国家多选择维持现状，利用多种手段确保国际结构中的基本安全需求。另一种是进攻性现实主义，认为由于国家无法确知他国意图是否不具侵略性，亦无法清楚确知本国实力是否足以维护国家安全无虞，这种双重不确定导致国家具有追求权力最大化的倾向。一旦取得霸权地位，就需采取“离岸平衡”，依赖其他地区的权力平衡格局阻止新兴霸权兴起，仅在平衡失败时亲自介入。

依照现实主义推论，奥巴马政府亚太战略调整旨在通过运筹各种资源和手段，维持美国在亚太既得优势，防止地区大国挑战。美国卡内基国际和平基金会发布《2030 年中国的军力与美日联盟：战略纯分析》报告称，未来 15 年到 20 年，中国对美国在西太平洋军事优势构成越来越大的挑战。美国霸权会逐渐被中国不断增长的军事实力和维护自身利益的意愿所侵蚀，出现一种被“侵蚀的平衡”状态。该报告撰稿人史文称，新对手的出现意味着目前以美国为主导的亚太现状可能不会长久，美国应讨论如何应对这种可能性，或是继续努力维持现状，或是考虑其他替代方式。美国前负责国际安全事务的助理国防部长傅立民认为，西太平洋地区实力平衡正在向中国倾斜，为应对地区战略版图可能出现的变化，奥巴马政府需要考虑亚太政策新思路。[①]

现实主义的拥趸者认为，为维护亚太优势地位，美国需重新调整在全球的军事布局，让亚太恢复“平衡”。奥巴马政府亚太战略调整，意在将全球主要军事力量投入到亚太地区，弥补小布什政府时期因将主要兵力投放于中东而造成在该地区严重不足的“失衡”局面。美国进步中心布瑞安·卡图里斯认为，美国如仍陷在伊拉克，将付出巨大的机会成本，丧失亚洲主导权。美国企业研究所卜大年等认为，奥巴马在澳大利亚达文尔港部署 2500 名海军陆战队士兵和提出“空海一体战”概念，一定程度上修复了“失衡”问题，但奥巴马亚太战略还做得不够。

---

① Michael D. Swaine, etc, “China’s Military and the U.S.-Japan Alliance in 2030: A Strategic Net Assessment,” Carnegie Endowment for International Peace, Report, May 3, 2013.

美国亚太政策调整的主要工具是运筹同盟关系，以同盟来达到“离岸平衡”。哈佛大学教授约瑟夫·奈认为，美国亚太战略调整既要拥抱中国，又要与中国周边国家一起制衡中国，通过同美国盟国合作“对冲”中国，重塑地区环境；“对冲”是一种谨慎，而非一种好斗。[①] 美国为盟友提供安全保障，鼓励其与美国合作，维系既有同盟的稳定运作。为使安全保障具备可信度，美国积极介入亚太区域内各类争端，以证明自身对盟友的承诺，但这一做法最终将使美国陷入过度扩张困境。

部分中国学者认为，美国“亚太再平衡”实际上是对中国的战略“围堵”，而“围堵”的理论基础是“中国威胁论”。戴旭等人认为，美国加强与日本、印度等军事合作，在中国周边形成一个“C 形包围圈”。美国重申军力优势的重要性，包括建构国家导弹防御系统和亚太导弹防御系统，并持续发展远程打击能力。在展现决心方面，美国不时提醒中国，错估情势将导致战争。阎学通教授认为，“围堵”政策的基本内容是，美国在各项与其有重大利益分歧的问题上对中国施压，并联合中国周边国家重新建立围堵中国向外发展的包围圈，还力图改变中国的政治制度。

（二）新自由主义视角

新自由主义认为，权力不再是国家行为的唯一目标，经济技术合作及全球相互依存正逐步占据国际关系主导地位，经济福利与国家安全同等重要，经济是和平的前提。在国际合作中，国家的目的是为了获取绝对收益，只考虑在合作中自己是否有所收益，不顾及收益比别人多还是少。国家是理性的，国际间建立的机制、规则、制度是解决国际无政府状态这一问题的有效手段。

---

① Joseph Nye, “Assessing China’s Power,” January 12, 2014, http://wcfia.harvard.edu/publications/assessing-chinas-power.

根据新自由主义的推论，奥巴马政府亚太政策的调整旨在维护以美国为主导的亚太秩序，军事力量只是维护目的的手段之一，经济手段和各类机制均不可或缺。经济繁荣是美国维护秩序的前提条件，而美国经济繁荣很大程度上取决于能否成功开拓亚太新兴市场。若亚太国家建立排美的区域经济一体化，将不利于美国一直追求的“门户开放”自由贸易价值理念，将使美国经济在全球竞争中陷入艰难处境。为避免上述情形发生，美国采取如下两个关键措施：一是充当区域稳定器，积极干预地区争议，以维护区域环境的稳定；二是重塑亚太地区经贸体系，说服和敦促有关国家尤其是地区盟国，融入美国搭建的经贸体系当中。

美国国家亚洲研究局负责人艾令思和美国威尔逊中心学者海萨威认为，奥巴马政府之所以高度重视亚太，与该地区经济强劲增长有着直接的联系。奥巴马政府上任以来首要任务是应对经济危机，尽快改善美国的经济形势，为此，提出出口翻番战略，扩大对亚太贸易出口。2011 年 11 月，奥巴马在亚太经济合作组织（APEC）领导人非正式会议开幕式致辞中明确提出，美国将致力于扩大亚太出口，以提升美国就业水平。为更有力地促进与亚太地区的经贸交流，奥巴马政府倡议建设新的自贸协定，着力打造“跨太平洋伙伴关系”（TPP）。美国以 TPP 为基础，在环太平洋地区推动全面性、制度性的自由贸易体系。

美国布鲁金斯学会李侃如认为，全球化改变了中美关系的性质，中国经济发展使得其制度、技术、金融等各个方面均加深与美国的关系，对美国而言，中国既是竞争对手也是战略伙伴。美中高层频繁互动和闭门交流，保证了中国对美国政策的了解和温和反应。美国亚太战略要成功首先在于把自己国内的事办好，即从金融危机打击中恢复过来，其次在政策宣示时言词一定要谨慎。包道格和韩磊也赞同美国必须要重振自己的经济，只有使自己成为一个自信而不断向前发展国家，才能在发挥自己影响力时不会碰到诸多障碍。①

中国国际问题研究院前院长曲星指出，当前国际关系游戏规则是非零和的，今天的国际社会是一个网络关系紧密联系的社会，利益相互高度依存，很难损害别人利益来谋求自己的发展，对冲突制约的因素大大增加，所以守成大国和新兴大国不能共存的理念必须改变。外交学院前院长吴建民等也认同当前中美关系高度相互依赖的说法，认为在当今和平与发展为主题的时代，各国经济相互依存度达到了人类历史上前所未有的程度，且人类所面临的共同挑战诸如气候变化、恐怖主义、跨国犯罪、流行疾病，没有一个国家能够单独应对，只有联合起来，人类才能生存下去。由于中美及其他亚洲国家和地区的相互依存，美国亚太政策内涵包括诸多方面内容，尤其注重经贸关系发展和运筹地区机制。

（三）观念论视角

观念论认为，观念的力量是影响国际事务的重要因素。观念论强调人们有学习和接受新观念的能力，通过改造认识和思维改变行为方式。国际事务并不仅由经济、军事因素而定，更为重要的是文化、意识形态及各国领导人和公众如何看待国际事务。国家对外政策应当考虑向对方传递什么样的信息，注重影响他国及其人民的思想。

根据观念论的分析，美国亚太政策调整是一个不断调试、与亚太国家互动逐步深入的过程。美国政策不应限于行动，尤其是不顾一切地采取利己主义行动，而应顾忌他国反应和感受，更多地

① Kenneth Lieberthal, “The American Pivot to Asia: Why President Obama's turn to the East is easier said than done,” Foreign Policy, December 21, 2011; The Brookings Institution, “Understanding the U. S. Pivot to Asia,” January 31, 2012, Washington, D. C.; Douglas H. Paal, Paul Haenle, “A New Great-Power Relationship With Beijing,” November 29, 2012, http://carnegieendowment.org/globalten/? fa = 50172.

注重思想引导。从最终目标看，还应将美国价值观贯穿于亚太政策，通过改造亚太国家制度体系，使其成为美国的志同道合者。

美国战略与国际问题研究中心高级顾问葛莱仪提醒奥巴马政府，美国战略东移要注意防止被中国误判。美国应设法消除中国被遏制和包围的疑虑，摒除反华言论，进一步吸引中国加入国际体系。美国自身的经济要恢复重振，对华外交要灵巧。美国前东亚事务助理国务卿希尔认为美国应精心照料美中关系，美中关系“大而不能倒”，且不能走“自我实现”的预言之路。美国战略东移的目标不是遏制或围堵中国，美国总统应亲自做沟通工作，并向美国人民做工作，而不应由低层级官员来做这件事。[①] 布鲁金斯学会卜睿哲认为，东亚是中国崛起发生地，但二战以来一直受美国控制，中美两国在该地区互动受国际社会广泛关注。有两种“认知”值得关注：一是对物质力量的认知。中美两国可能会将对方的经济和军事力量视为威胁，并不断增强自身实力加以应对，从而陷入一种安全困境；二是对历史经验的认识。如果两国将过去的敌视和对抗简单套用到当前的关系之中，那么未来将非常危险。[②]

布鲁金斯学会外交政策项目主任因迪克等认为，美国“亚太再平衡”战略不限于军事和经济，还包括推广自由民主价值观的内涵。2010 年版的《国家安全战略报告》指出：美国对普世价值的支持，将有助于促进安全与繁荣。那些接纳人权和民主等普世价值的国家，将是美国强大的伙伴，为此，美国将致力于强化国际人权法规、鼓励各地的和平民主运动、支持新兴民主政体的建

---

① Bonnie S. Glazer, "Pivot to Asia: prepare for unintended consequences," April 13, 2012, http://csis.org/files/publication/120413 _ gf _ glaser.pdf; Christopher R. Hill, "The Long March from Shanghai," February 14, 2012, http://www.project syndicate.org/commentary/the-long-march-from-shanghai. 2012 - 2 - 14.

② Richard C. Bush, "United States Policy towards Northeast Asia," SERI Quarterly, April 2013, http://www.brookings.edu/research/articles/2013/05/07 - us-northeast-asia-bush.

设，并与反民主人权的专制政府进行对话。[①] 美国前总统国家安全事务助理多尼伦指出，民主体制是美国与亚太国家合作的基本要求之一，当各国都接纳当代普世价值的时候，亚太地区的形势将会更趋安全繁荣。[②] 希拉里·克林顿指出，虽然东西方世界间存在历史与文化风俗的差异，但民主仍可在亚太地区蓬勃发展。美国深刻认识到在亚太地区推广民主的重要性，因为民主制度不仅能为国家带来更稳定的内部治理，在对外事务方面，也能促进国家与其他国家的和平共处与合作。因此，推广民主显然是“战略上的明智之举”，因此，美国未来的核心战略目标将是致力于使亚太地区成为一个更加自由的区域。

中国学者把美国搞意识形态渗透作为其亚太战略调整的重要内容。美国自建国以来笃信自己的理想具有普世价值，声称自己有义务传播这些理想。这一信念常常成为美国对外政策的驱动力。清华大学中美研究中心理事长于品海认为，中美根本分歧在于意识形态，因为彼此看待世界的方式不同，在国际政治方面存在完全不同的理念。美国喜欢输出意识形态，而且言出必行，但中国注重交流，通过武力输出并引发政权更迭的方式并不符合中国利益，因为在中国文化和文明中，有完全不同的东西。

二、目标指向

关于奥巴马亚太政策的中心目标为何的争论，大致有中国指向论、盟国指向论、地区指向论和规则指向论四种。中国指向论认

---

① “The National Security Strategy,” May 27, 2010, http://www.whitehouse.gov/sites/default/files/rss_viewer/national_security_strategy.pdf.

② Tom Donilon, “The United States and the Asia-Pacific in 2013,” Remarks in the Asia Society, March 11, 2013, http://iipdigital.usembassy.gov/st/english/texttrans/2013/03/20130311143926.html#ixzz2jRnwFhkc.

为中国与亚太密不可分，没有中国的亚太，美国亚太政策分量就远没有那么重大。该论认为美国亚太政策把中国作为主要的目标进行制衡与防范、接触与融合。盟国指向论强调美国亚太政策围绕盟国来进行谋划和运筹，没有盟国，美国亚太战略缺乏根基。地区指向论强调美国关注的是整个亚太走向，中国、盟国只是美国亚太战略南北两极，共同构成美国亚太政策的中轴，美国亚太政策就是要综合考虑中国、盟国对整个地区战略局势的影响和应对方针，两者进行平衡。规则指向论超越于具体的对象指向，认为不论是中国、盟国，还是整个地区都属于美国主导下的亚太秩序覆盖区域，决定秩序的是规则，因此，从根本上说美国亚太战略针对的是维护、强化美国规则。围绕以上四个指向进行辩论，构成美国亚太政策调整的四条主线，它们相互交错，时有主次，时而并进。

（一）中国指向

美国亚太政策“中国中心论”认为，中国崛起已达到改变中美关系性质的程度，美国亚太政策的制订很大程度上是以中国为参照系。无论是在经济、军事还是在外交上，美国对亚洲政策只要抓好中国这个龙头，就能起到事半功倍效果。美国时政评论员法里德·扎卡利亚指出，如果美国要继续繁荣，就必须调整自己来适应在中国领导下而崛起的亚洲。美国布鲁金斯学会中国问题专家李侃如认为，中国是亚洲的中心，任何地区战略不可避免地都会以中国为重点；但这与很多中国人的理解很不一样，很多中国人把该战略视为瞄准中国，旨在使中国的崛起放慢和复杂化，甚至是旨在干扰中国崛起。“中国中心论”分两个极端的模式：一种是“中美合作论”；一种是“中美对抗论”。

“中美合作论”的理论基础有四个重要概念，即“中美国”、美中共治（G2）、“战略确保”和“共同进化”。奥巴马上任之初，有关美中关系的性质和发展在美国出现了一些比较新颖的说法，包括哈佛大学历史学教授弗格森提出的“中美国”论，以及彼得森国际经济研究所所长伯格斯腾提出的美中共治“G2”论。① 上述两论主要从中美密切经济关系角度来分析。弗格森表示，美中两国已走进共生时代，美国作为全球最大消费国，而中国是世界最大储蓄国，两者合作方式是美国负责消费、中国负责生产。伯格斯腾认为，现行国际体系的有效性已经越来越差，克服困境的唯一方式就是创建一个美中主导的全球经济合作框架，美国要与中国分享世界经济的领导地位，让中国感受并成为国际秩序的合法建设者与维护者，承担更多的全球责任。中美国和美中共治 G2 论，得到美国一些有份量的学者、战略专家及政治家的认同。美国前总统卡特称，美中关系已成为世界上最重要外交关系。彭博社发文表示，现行世界的领导框架将日益失去作用，真正能起作用的只有美国和中国所组成的 G2 两国集团，而美国和中国也应帮助全球经济，并使美中两国的 G2 程序正式化。

另一个概念是美国前常务副国务卿斯坦伯格提出的“战略保证”。他在 2009 年新美国安全研究中心《中国登场：全球领导关系的战略框架》报告发布式上的讲话中，提出“战略保证”的对华战略新方针。他说，当今世界上没有一个国家可以单独应对挑战，大多数国家都面临同样的全球威胁，由于中国的实力和影响力不断增加，美国必须加强与中国合作，才能应对全球挑战。因此，美国不会遏制中国，并欢迎中国作为一个繁荣的大国崛起。但是，中国也应设法让其他国家放心，保证其发展和壮大不以他国安全和幸福为代价。②

美国前国务卿基辛格提出中美关系“共同进化”论。该论认

① 金灿荣：“从‘中国威胁论’到‘中国责任论’”，2010 年 8 月 23 日，http：//opinion. china. com. cn/opinion_ 25_ 1625. html。

② 郑安光：“新思想库与奥巴马政府的亚洲决策”，《当代亚太》，2012 年第 2 期，第 28 页。

为，中美两国都注重国内事情，尽可能开展合作，调整关系，减少冲突。任何一方都不完全赞同对方的目标，也不认为利益完全一致，但双方都努力寻找和发展互补利益。任何一方都很庞大，不可能任由对方支配。在冲突中双方都没有能力确保获胜。基辛格指出，“二战”后世界秩序重建最伟大成就之一就是大西洋共同体概念的提出，亚太需一个类似概念，以消除或至少缓和美中两国之间可能会出现的紧张态势。美国在亚洲强大的影响力是历史造就，许多亚洲国家也需要美国。与此相呼应的是，中国渴望在全球发挥作用，担心美国对华遏制。印度、日本、越南、俄罗斯等拥有大量资源的国家与中国接壤或相邻，它们与中国的矛盾不是美国政策造成。美国不寻求遏制中国，拒绝由美国牵头建立一个反华战略集团。在建立太平洋共同体的过程中，中美彼此之间以及和其他参加国将拥有建设性关系，而非敌对。亚洲的未来在很大程度上取决于中国和美国的远见，及两国在多大程度上认同对方的地区历史角色。[①]

根据中美合作论，美国亚太政策的核心是如何通过接触的方法，将中国引入美国所期待的战略合作轨道，使中国融入美国主导的亚太秩序当中。奥巴马政府应加强与中国对话，一方面让中国在朝鲜半岛、伊朗核问题、反恐等问题上主动承担责任，另一方面要促使中国澄清自身军力增长的战略意图、调整海洋争议处理方式及更加尊重人权。美国接纳中国崛起，认可中国在亚太发挥更大的作用，但中国亚太政策不应威胁美国利益，不应挑战美国在东亚的联盟关系。

中美对抗论从现实主义国际关系理论中得出结论，认为中美矛盾是结构性的，终难化解。该论对中国未来及中美亚太共处做出消极和悲观的判断，认为中美已参与到一场日趋激烈的战略竞争

① 亨利·基辛格：《论中国》，胡利平等译，中信出版社，2012年10月版，第36页。

中。中美对抗论有三个重要概念，即历史经验论、第三方因素论、异类论。

历史经验论从分析历史长河大国兴衰的现象出发，得出新兴崛起大国与守成大国冲突的结论。希腊历史学家修昔底德最早提出大国兴衰存在如此趋势。哈佛大学教授格雷厄姆·阿利森称之为“修昔底德陷阱”，认为像过去崛起国家和霸权国家之间关系一样，中美两国会因为国力日趋接近，战略上相互怀疑而发生对抗。美国哥伦比亚大学战争与和平研究所所长理查德·贝茨认为，中国保持持续快速增长，在亚洲地位上升的结果必然是美国地位相对下降。中国崛起意味美国单一超级大国的主宰地位行将终结，核心地缘政治问题是，中美两国如何处理这一转变。如果态势发展得非常糟糕，可能引发战争。哈佛大学亨廷顿教授称，对外政策服从于国内政治进程。第二次世界大战的发生就与德国国内政治有关。美国需要敌国来加强国内凝聚力。美国前国务卿贝克称，中国可能与其他崛起大国一样，需要在外部世界寻找敌人，以巩固其国内秩序。

第三方因素论认为，大国对抗原因并不一定来自于大国本身，也可能来自于第三方国家，大国对抗可能因第三方因素而卷入。美国卷入第一次和第二次世界大战的起因，并非一开始就是要挑战德国的强权地位，而是因为英国、法国等欧洲国家面临灭顶之灾，美国从维持自身安全利益出发，被迫卷入战争。葛莱仪认为，中美之间可能因为第三方因素而直接对抗。比如，中日两国关系因岛屿争议愈发紧张，有可能触发美国履行保障日本安全的相关承诺。美国前副国务卿阿米蒂奇称，日中关系紧张使美国政府也受到波及，美国需要致力于制订太平洋有事应对计划（虽然美国一点也不希望发生），为可能发生的冲突做好准备。另外，朝鲜半岛危机随时有可能让中美自动卷入战争。

异类论认为，中美两国在历史传统、社会形态、政治体制、经济模式、战略文化等方面存在巨大的差异，这种异质性是可能引发中美走向全面对立或对抗的根本因素。差异使得双方沟通存在诸多障碍，误解或误判在所难免，战略信任受到制约，经常会出现因为误判而导致的局部摩擦或对抗。美国总想让中国放弃社会主义制度和意识形态，实行美国的政治民主制度和意识形态，把中国纳入美国全球利益的战略轨道。[①] 社会制度、意识形态的不同，使美国始终把中国看成是一个潜在的敌人，而不是合作伙伴和朋友。改变中国的政权性质，始终是美国对中国的基本战略。这也从另一个侧面说明，为什么在美国“中国威胁论”有那么广泛的市场。[②]

根据对抗论，美国亚洲政策的最安全选择是防范、制约中国。美国企业研究所卜大年认为美国战略竞争对手就是中国。新华社世界研究中心研究员李长久认为，美国全球战略重心东移涉及到围堵中国的问题。中国国际问题研究基金会王嵎生也认为，美国战略重心东移首先是要防范和遏制中国。2012 年底，中国社会科学院出版的《全球政治与安全报告》黄皮书认为：“美国对亚太进行战略的‘再平衡’，说到底是要平衡中国不断上升的力量。”[③] 澳大利亚国立大学教授休·怀特认为，“遏制”带有冷战含义，美国要象对待苏联那样对待中国，完全不可能。所以美国退而求其次，一是塑造，“劝服”中国不要挑战美国；二是对冲，万一中国真的向美国发起挑战，要准备好站在一个有利位置。美国提出战略“转向”，的确有许多针对中国的地方，称不上“遏制”，但完全可以说是“抗衡”。[④] 无论如何，美国的“重返”、“转向”、“再平衡”都是和中国相关，中国因素不可回避。美国学者理查德·哈

① 胡波：“打破‘意识形态不同必冲突’迷思”，《人民日报》海外版，2013 年 6 月 13 日。

② 刘国平：《美国民主制度输出》，社会科学文献出版社，2006 年版，第 200 页。

③ 李慎明，张宇燕，李少军：《全球政治与安全报告（2013）》，中国社会科学院，2012 年，第 3 页。

④ Hugh White, “America's China Dilemma,” *Straits Times*, December 12, 2012.

斯指出，人人都知道奥巴马政府的亚太战略目标剑指中国，拒不承认只不过是礼貌的伪装。[①]

(二) 盟国指向

盟国指向论认为，美国对外战略始终以同盟为中心，利用同盟来增强自身权力或维护自身安全，约束其他国家及维持美国治下的国际秩序。美国建立了遍布全球三十多个国家和地区的同盟体系，其中以北约和亚洲同盟最为重要。这两个地区同盟网络使美国可以主宰欧亚两大洲的事务，从偏居美洲一隅扩展到全球大国。美国前国家安全顾问布热津斯基表示，若没有紧密的同盟关系，美国在欧亚大陆首要地位将不复存在。冷战虽已结束了20多年，但没有一个国家脱离美国的同盟体系；相反，美国同盟体系还不断扩大和强化。

美国“亚太再平衡”，就是减少先前对该地区投入不够而引起的盟友猜忌。美国亚太政策的中心是强化亚太同盟体系，以此为基础将其他国家吸收进來，进一步扩大权力。因此，美国要实现“亚太再平衡”，需更多地倾听同盟意见，更多地关注盟国关切，防止盟友离心倾向。新美国安全研究中心发布《美国和亚太地区：为奥巴马政府制定的安全战略》，提出美国亚洲双边同盟关系是美国参与亚太事务的基础，美国应该在处理类似朝核等议题时增加对盟国的透明度，减少盟友猜疑。

关于东北亚地区，华盛顿的德国马歇尔基金会亚洲问题专家丹尼尔·特文宁强调，美国将和地区盟国携手，加速扩建雷达和导弹防御计划，强化盟国防御能力，向盟友发出明确信号，即美国是靠得住的盟国。在日本和中国围绕钓鱼岛的主权争议中，美国

---

① Richard N. Haass, “Re-Orienting America,” November 14, 2011, http://www.project-syndicate.org/contributor/richard-n-haass.

“明确无误地表示，《美日安保条约》涵盖这些岛屿”。也就是说，美国把这些岛屿视为日本行政管辖领域，将帮助日本进行防卫。

盟国指向论把美日同盟提到极高的战略地位，认为其不仅是维护两国在亚洲地区利益的重要保证，更是通过民主、自由和法制等共同价值观维系的“自由秩序”的支柱。该“自由秩序”包括两个关键因素：一是对海洋、空域和数字等全球公域的自由利用；二是维持正式和非正式规制的亚洲地区安全架构。美日应该根据东北亚新安全要素，对传统的遏制和危机反应等“旧承诺”加以更新。建立美日中三边对话机制，以管理全球公共空间；通过重新分配同盟责任和义务来提升地区威慑力，以减少美国削弱核威慑作用导致的战略脆弱性。美日还要开拓非传统安全领域合作的“新边疆”。通过演习等提高日本海上自卫队和美国海军的协调能力，以应对人道主义灾难和救灾等需求；在加强和平利用核能合作同时，减少核扩散与核恐怖主义的风险等。[①]

美韩同盟是美最紧密的双边军事同盟之一。双方应克服对同盟未来发展的分歧，强化合作基础。一方面美国必须强化对韩国的安全承诺；另一方面要着力提升韩国自身的军力，使之具有应对包括朝鲜崩溃在内的各种事态的能力，而不再完全依赖美国军事力量的实际介入。为此，韩国必须改革和加强军队能力建设，更多地参与国际维稳和救灾等活动。

在东南亚，有学者认为，美菲联盟的重心应从传统安全转向非传统安全，驻菲美军应更多担当平暴任务和提供人道主义援助，这为双方未来合作提供了新的合法性和基础。泰国在美国盟国关系中的作用常常被低估，由于泰国重要的地缘战略位置，美泰联盟可以在广泛领域内发挥作用。美国必须采取措施加强泰国政府的能力建设，推动善治。新加坡虽非美国正式盟友，但双方有着胜似同盟的合作关系，尤其在“9·11”事件之后，美新关系在反

① 郑安光：“新思想库与奥巴马政府的亚洲决策”，第28页。

恐和海上安全领域的作用凸显出来。[①]

（三）地区指向

美国亚太战略并非针对具体国家，它既不是为了应对中国，也不是以同盟为中心，而是将整个地区纳入考虑范围。美国将亚太放在全球战略视野下运筹，重新配置全球资源，协调亚太地区各国，平衡处理与中国、盟国的关系，维护美国治下的地区秩序。[②]

中国国际问题研究院前院长马振岗大使认为，要全面看美国亚太战略再调整，某种意义上说，这种调整属于正常行为，因为这些年来亚太地区是世界发展最具活力、最有成就的地区。不仅是美国，俄罗斯、欧洲一些国家，甚至包括拉美、非洲等一些国家也更多地转向亚太，甚至亚洲一些比较靠西的国家，也把精力投到东北亚、东南亚来。中国现代国际关系研究院傅梦孜、袁鹏等学者认为，分析美国战略重心东移要从全球视角出发，避免把中国看成唯一关注对象。美国亚太战略调整着眼于全球地缘格局和美国战略全局的综合性部署，中国是其关注重点但非全部。新华社世界问题研究中心王发恩也认为，对美国亚太战略调整及美在亚洲活动，要客观、冷静、历史地看待，虽然有制衡中国的一面，但不要什么都对号入座。中国人民解放军军事科学院张世平认为，美国战略调整有针对中国的因素，但绝非因中国威胁美国所致，而更多的是出于重振美国经济、巩固全球领导地位的考虑。复旦大学吴心伯教授认为，奥巴马政府的亚太战略目标就是要保持美

① Abraham Denmark, et al., No Illusions: Regaining the Strategic Initiative with North Korea, pp. 43 - 44.

② Bonnie Glaser, “Pivot to Asia: Prepare for Unintended Consequences,” April 13, 2012, http://csis.org/files/publication/120413 _ gf _ glaser.pdf; Brad Glsserman, “No, Fear of China Isn’t What’s Driving U. S. Policy in Asia,” July 18, 2012, http://globalpublicsquare.blogs.cnn.com/2012/07/17/no-fear-of-china-isnt-whats-driving-u-s- policy-in-asia/? Iref = allsearch.

国对该地区事务的积极参与、发挥领导作用，更好地维护和促进美国利益。为此，奥巴马政府提出要建立一个更富有活力、更持久的跨太平洋体系，塑造一个更加成熟的安全和经济架构。在奥巴马政府看来，这样一个安全和经济架构应充分体现美国地区安全和经济政策所蕴含的基本原则。安全上，确保自由和开放的商业活动、以和平方式解决争端、所有国家畅通无阻地进入空中、外空和海洋这些全球公域。经济上，建立一个以规则为基础的、开放、自由、透明和公平的经济秩序，达成高标准、基础广泛的自由贸易协定。

奥巴马政府的亚太战略构想具有鲜明地区指向，采用的是“大亚太”的视野。传统上，美国亚太政策视野主要关注东亚和西太平洋地区，不包括中亚、南亚和西亚。随着亚洲力量对比和地缘政治环境的变化，美国亚太政策视野开始涉及中亚和南亚。奥巴马政府在思考亚太战略时，明确将南亚次大陆包括进来，将印度洋和西太平洋的安全联系起来。作为这一“大亚太”视野的体现，美国积极鼓励、支持印度参与东亚事务，并把其在西太平洋尤其是东南亚的军事部署与印度洋的安全形势联系起来。新美国安全研究中心报告认为，印度在经济、政治和军事方面的崛起正在重塑世界版图，印度将成为全球性大国。阿米蒂奇称，印度将成为欧亚大陆重要权力中枢，对美国在亚洲和中东利益具有非凡战略意义，美印是“天然的联盟”。该中心高级研究员罗伯特·卡普兰在《季风：印度洋和美国权力的未来》一书中，更深入全面地阐述了印度在美国全球战略中的重要地位，以及进一步强化美印关系的迫切性。

部分学者还提出“印太”战略。美国企业研究所的迈克尔·奥斯林、传统基金会瓦尔特·洛曼等称，“印太”囊括充满活力的东北亚、东南亚及中东和非洲，还包含世界上几个全球商贸咽喉要道。作为地缘学概念，“印太”兼具地缘经济、地缘政治和地缘战略的特性。作为地缘经济概念，“印太”所强调的是亚洲经济的快速发展，特别是中印经济崛起及其带来的海上贸易，由此使印度洋、太平洋海上通道对地区乃至全球经济具有重要意义。“印太”概念多次出现在美国官员讲话甚至政策文件中。2011 年，希拉里·克林顿在《美国的太平洋世纪》一文中写道：“我们将与澳大利亚的联盟关系从太平洋伙伴扩展为印太伙伴。”① 2012 年美国国防部公布的《战略指南》指出，“美国的经济与安全利益不可分割地维系于从西太平洋和东亚延伸到印度洋和南亚的这一弧形地带的事态发展”。② 作为地缘战略概念，“印太”代表着一个战略体系，将西太平洋和印度洋视为一个战略弧。太平洋与印度洋被看作一个战略整体，而不是两个分开的区域。“印太”是一个比“亚太”更有用的战略框架：它将印度纳入其中，并将印度洋、太平洋及两大洋间的海上走廊包含在一个无缝的运作区域。③

在这一战略视野的影响下，美国积极鼓励、支持印度参与东亚事务，并把其在西太平洋尤其是东南亚的军事部署与印度洋的安全形势联系起来。美国国务院东亚局代理助理国务卿约瑟夫·云称，“我们的行动基于对新的印太世界正在成为现实这一认识”。④ 卡耐基国际和平研究所维克拉姆·尼赫鲁认为：“覆盖了东亚和南亚的印太地区有潜力成为世界经济的发动机，其和平崛起应是美国外交政策的核心目标。”⑤ 在“印太”语境下，奥巴马“再平

---

① Hillary Rodham Clinton, “American's Pacific Century,” *Foreign Policy*, November 2011.

② U. S. Department of Defense, “Sustaining U. S. Global Leadership: Priorities for 21st Century Defense,” January 2012, http://www. defense. gov/news/defense_ strategic _ guidance. pdf.

③ 赵青海：“‘印太’概念及其对中国的含义”，《现代国际关系》，2013 年第 7 期，第 18 页。

④ “The Rebalance to Asia: Why South Asia Matters (Part 1),” Testimony of Joseph Yun Before the House Committee on Foreign Affairs Subcommittee on Asia and the Pacific, February 26, 2013, http://www. state. gov/p/eap/rls/rm/2013/02/205208. htm

⑤ “The Rebalance to Asia: Why South Asia Matters,” Testimony by Mr. Vikram Nehru Before the House Committee on Foreign Affairs Subcommittee on Asia and the Pacific, March 13, 2013, http://docs. house. gov/meetings/FA/FA05/20130313/100446/HHRG-113-FA05-Wstate-NehruV-20130313. pdf.

衡”战略的重点是东南亚，同时赋予印度更大的“重要性”。在传统亚太框架中，中国呈现一家独大的发展趋势，而在美战略设计中，刻意突出和抬升印度的重要作用。因此，“相比在排他色彩的东亚，中国的影响在印太概念下更多地被淡化”。[①] 这是拉拢印度平衡中国所期望的结果。

奥斯林提出美国在“印太”地区实施“同心三角”（concentric triangle）战略，外三角将美国与主要盟国日、韩、印度和澳大利亚连接，内三角将美国与南海周边的菲律宾、印尼、马来西亚、新加坡和越南连接。对外三角国家，美国提升与其军事合作，建立政治对话以应对地区安全问题、确立印太标准和规范；对内三角国家，美国扮演最终平衡者角色，并协调这些国家间的培训、联合军演，鼓励这些国家提升能力和推动进一步自由化。“同心三角”战略并非价值中立，而是在印太地区主要国家间寻求提供一套共同的地区规范、行为和协调机制。[②]

（四）规则指向

规则指向论认为，美国亚太政策谋求的是维护和强化以其为主导的规则制度，即利用其既有优势地位，在维护原有的有利于美国的规则、秩序和各种合作基础上，通过正式或非正式途径制订一系列隐含的或明确的新原则、新规范、新规则，为亚太国家建立一套行为模式，使美国能以最少成本获得最大收益。

规则论从美国国际政治学者的观点中找到了理论基础。国际政治经济学家罗伯特·吉尔平称，寻求新形式霸权要取得成功的必

① Rory Medcalf, “A Term Whose Time has Come: The Indo-pacific,” *The Diplomat*, December 4, 2012.

② Michael Auslin, “Security in The Indo-Pacific Commons: Toward a Regional Strategy,” December 15, 2010, http://www.aei.org/files/2010/12/15/AuslinReportWedDec152010.pdf.

要前提是，拥有支配性的政治霸权力量，有能力和意志强化自由商业的一系列规则，而这首先要使西方国家达成共识。新自由主义倡导者罗伯特·基欧汉认为，在总的国际体系中，比较强大的国家将建立游戏规则和支配国际制度，谁对制定规则拥有主导权，谁就可能拥有更多的利益。

规则指向论上升为美国政策目标，在美国政府高层对亚太战略的诠释中得到印证。副总统拜登强调，美国制订21世纪“交通规则”不仅要适用于经济领域，也延伸到安全问题。[①] 美国前总统国家安全事务助理多尼伦称，美国亚太战略中心是强化在这一地区制订规则的能力，为寻求安全与繁荣，美国要求每个国家按规则行事，遵守国际法和国际准则，确保贸易和航行自由不受阻碍。奥巴马在访问亚太时也提出了应对包括南海在内的海上安全挑战的指导原则，要求所有国家遵守共同的游戏规则。[②]

中美两国专家多认为，打造贸易规则是美国推动亚太规则的主轴，但两国学者视角明显不一。美国学者力图淡化针对中国的一面，强调贸易规则对地区经济和贸易相互依赖效应。美国东西方中心客座研究员、布兰代斯大学国际金融学教授彼得里认为，世贸组织多哈回合谈判失败，给国际贸易规则制订留下真空，美国恰好利用这一空档期加快推动与亚太地区合作伙伴制订地区贸易规则，着力推动制定有约束力的“跨太平洋伙伴关系协定”(TPP)。中国也利用这一机遇期牵头推动东亚自由贸易区协议进程。竞争有助于提升美中合作价值。两国在本质上是互相依赖的，均赞成亚太经济一体化，而TPP和东亚自由贸易区协议这两种方

① Remarks by Vice President Joe Biden on Asia-Pacific Policy, George Washington University Washington, D. C., July 19, 2013, http://www.whitehouse.gov/the-press-office/2013/07/19/remarks-vice-president-joe-biden-asia-pacific-policy.

② Tom Donilon, "America is back in the Pacific and will uphold the rules," *Financial Times*, November 27, 2011

案提供了通往一体化的充满活力的、互补的路径。[1] 随着时间的推移，美中会努力将这两个集团打造成区域性或全球性组织。

中国学者更多地认为，美国力推的TPP就是要制定新的规则，压缩中国贸易空间。中国社会科学院研究员张蕴岭认为，美国不满WTO多哈回合谈判进程，认为其在设计上就错了，解决不了在新一轮全球化竞争背景下，很多发展中国家特别是新兴经济体加入全球经济增长进程中已取得优势的问题。美国过去力推解决开放边界的问题，现在主要是要解决边界内的问题，这涉及到新兴经济体具有竞争优势的经济政策、劳动力以及其他方面。美力推高水平、高标准的TPP，就是要让新兴经济体遵循新规则，让中国遵守美国规则。美国过去称，将中国纳入国际经济体系，现在则认为纳入体系还不够，还得纳入新制定的规则。[2]

美国在亚太显著的优势是安全领域，巩固和维护美国主导的亚太安全规则是美国“亚太再平衡”政策的核心目标。美国兰德公司和新美国安全中心报告称，美国崛起是从海洋开始的，海洋是美国安身立命之地，应对中国海洋崛起的当务之急是推动建立新的海上交通规则。中美双方在专属经济区内军事活动自由权问题上存在争议。中国军队及海上执法部门的舰船及飞机拦截和阻止，使中美之间发生海上事件几率增加，美国需要就有关规则问题加强同中国的协商。美国学者尤其关注中国设立东海防空识别区。美国詹姆斯敦基金会《中国简报》主编戴维·科恩和尼克松中心《国家利益》主编哈利·卡兹亚尼斯称，划设防空识别区是中国“反介入战略”的一部分，意在拒阻美军的侦察行动，而这恰恰正是美国“海空一体战”要应对的目标。为此，美国必须保持高度警惕，对中国欲在南海设立防空识别区的情况要主动“打牌”。

---

① 彼得里：“谁将为亚洲书写亚太贸易规则?”2011年10月25日，http：//news. xinhuanet. com/world/2011－10/25/c_ 122195965. htm。

② 张蕴岭：“美没有主导世界新规则能力　未来竞争聚焦亚太”，2012年1月14日，http：//www. cnr. cn/zgzb/jjnh/photo/201201/t20120114_ 509059018. shtml。

美国维护亚太海洋规则主导权的重心在南海。中国人民大学国际关系学院庞中英认为，美国要求东盟基于美国声称的公海“航行自由”原则制定“南海行为准则”（COC），目的是为了迫使中国在参加和拒绝这一新规则之间做选择。中国如参加，就得接受这些规则，并付出有关让步和代价，美国对国际规则的主导性得以再次确认；中国如拒绝参加，美国就可指责中国不按照国际规则办事，借机利用多边工具打击、孤立中国。[①] 美国海军战争学院詹姆斯·霍姆斯称，“九段线”是中国的软肋，中国在南海根据“九段线”宣示海洋权益不符国际法原则，美国政府应要求中国明确阐释“九段线”的法律含义，美国不应在该问题上存在任何“暧昧”。美国支持菲律宾将南海争端提交国际仲裁法庭是明智之举，不管中国参与还是缺席，最终仲裁结果接受还是拒绝，都将迫使中国在南海问题上更加谨慎。

与前任政府相比，制订网络规则是奥巴马政府亚太政策的重要创新。美国舆论炒作所谓中国网络威胁，无端指责中国，将中国推到谈判桌前。布鲁金斯学会中国问题专家李侃如称，“世界上可能没有哪个双边关系比美中关系更能深刻影响未来的国际政治。而在这个双边关系中，没有哪个议题像网络安全一样快速升温，并且在很短的时间内造成了种种摩擦。对彼此在网络领域行为的不信任正在增加，而且开始给彼此长期战略意图的估计造成严重的负面影响。”李侃如主张将网络规则对话纳入中美战略对话重要内容。[②] 中国国际问题研究院副院长阮宗泽等学者认为，中国也是网络攻击的受害者，在维护网络安全问题上中美并没有根本性的分歧，中国愿意与美国对话，参与到制订网络安全新规则进程当

① 庞中英：“挑战性与复杂性：矛盾的美国新亚太战略“，《东方早报》，2012年11月6日。

② 李侃如，皮特·辛格：“网络安全与中美关系”，2012年2月23日，http://www.brookings.edu/zh-cn/research/papers/2012/02/23-cybersecurity-china-us-singer-lieberthal。

中去。网络规则不仅是中美讨论的重要内容，也成为美国与亚太伙伴贸易谈判重要内容。美国外交政策智库对外关系委员会在公布网络安全独立研究报告中建议，TPP谈判把规范“网络攻击”列入贸易游戏规则。[①]

三、优先选项

战略是一种选择，美国亚太战略调整首先面临的是方向选择问题。中美学界对美国亚太战略调整的优先选项大致分四种倾向，即军事优先、经济优先、价值观优先和全面调整。

（一）军事优先

中美学者认为奥巴马政府最初提出“再平衡”战略，更多的是关注其军事战略内涵。多数学者认为，奥巴马第一任期亚太战略调整过于注重安全和军事领域，给该地区造成一些不适。奥巴马第二任期虽强调政治、经济、军事等多线并举，但实则“明修栈道，暗渡陈仓”，美在亚太军事调整继续有条不紊地推进。

美国海军战争学院詹姆斯·霍姆斯称，奥巴马政府把战略重心转向亚洲，其关键是军事，尤其是部署前沿军事基地。美国即使面对国家财政紧缩和削减军费，但仍把国防预算着重在亚太部署；同时，美军准备把60%的海、空军力放在亚太。美国波士顿学院政治学教授、哈佛大学费正清中国研究中心研究员陆伯彬指出，奥巴马政府亚太政策调整以增强军力为优先。他说，小布什政府从韩国撤走了40%美军，减少了美韩军事演习规模和频率，而奥

① “Defending an Open, Global, Secure, and Resilient Internet,” June, 2013, http://www.cfr.org/cybersecurity/defending-open-global-secure-resilient-internet/p30836.

巴马政府在近3年里，与韩国进行了自朝鲜战争以来规模最大的联合军事演习，增加了驻扎在韩国的美军人数，还与韩国达成了许多新的防务协议。在与越南关系方面，美国历届政府都拒绝了越南要求加强与美国防务关系的愿望。但是，前国务卿希拉里·克林顿及前国防部长盖茨和帕内塔多次访问河内，主动与越南建立战略伙伴关系。2010年开始，美越每年举行海上联合军演，两国还就防务合作问题签署了谅解备忘录。

中国学者对美国“重返亚太”战略讨论最多的也是军事方面。国防大学研究员杨毅指出，美国亚太战略利用了地区不稳定因素或自己制造麻烦，使地区国家增加对其安全依赖，强化军事存在。而美国新公布的军事战略报告，意味着美国在军事上对亚太地区的战略投入，将从战略规划转向战略实施阶段。中国人民大学金灿荣教授认为，美国“亚太重返”战略在经济上是短板，主要倚重军事。尽管美国面临财政上的掣肘，不得不削减国防预算，但是美国反复强调在亚太地区的军事存在不会减少，军事能力也不会下降。美国“亚太再平衡”军事优先清晰可见、锋芒毕露。上海社会科学院黄仁伟研究员坚持认为，奥巴马亚太战略总体上是一个以军事力量前沿部署调整为主的安全战略，其他要素则围绕这一战略调整。

关于军事优先的原因，多数学者认为亚太军力平衡发生了深刻变化。美国海军战争学院教授吉原恒淑等撰写的《红星照耀太平洋》一书，认为如果按照目前发展态势，10年后中国海上力量将根本性改变东亚海域格局。美国战略与预算评估中心发布题为《空海一体战——战役构想的起点》报告，认为中国军力的增强，特别是反介入/区域拒止能力的提高，正在削弱美国在西太平洋军事优势和军事行动能力。中国对专属经济区内他国军事活动管理权限的解释，将限制美国海军行动自由。这些都将挑战美国长期主导的海洋秩序。《华盛顿邮报》编辑霍格兰指出，提出“空海一体战构想”是因为五角大楼承认，中国在沿海密集部署飞弹，已改变台海军力均势，美国必须依赖强大报复反击力，才能吓阻中国，不能再靠防御，而须拥有强大攻击武力。中国学者抨击美国针对中国的“空海一体战构想”，指其目的在于“围堵”中国。美国“重返亚太”实质上是在用军事与盟友网络等实力来弥补经济实力的不足与担忧。

（二）经济优先

部分学者认为美国“重返亚太”优选选项是促进美国经济复苏、保持经济领导地位；经济才是美国维持亚太霸权地位的基础。2008 年国际金融危机爆发后，美国陷入经济衰退，以中国为代表的亚洲新兴市场国家异军突起，美国必须加强和亚太地区国家间的合作，才能保持其经济增长。美国“亚太再平衡”战略的根本动力是要汲取亚太地区的经济活力，拉动美国经济增长。美国前总统国家安全事务助理多尼隆坦承，“重返亚太”重要战略意图之一，就是建立经济机制，使美国置身于可期待的亚太长期繁荣之中。

经济优先论认为，奥巴马在第一个任期后期，已将提高出口、增加就业作为“重返亚太”战略的重要内容。奥巴马第二任期经济优先得到进一步强化，奥巴马有意降低了亚太军事部署调门，淡化“亚太再平衡”战略的军事色彩，加快推进亚太自贸合作进程。美国副总统拜登在美国进步中心演讲时支持了经济优先论。拜登表示，奥巴马政府将继续致力于落实“亚太再平衡”战略，并把战略重点放在支持自由贸易、防范大规模杀伤性武器扩散，并积极构建盟国友邦战略伙伴关系。①

---

① Hayes Brown, “Vice President Biden Promotes U. S. Rebalance toward Asia,” July 18, 2013, http: //thinkprogress. org/security/2013/07/18/2323591/biden-asia/.

美国—东盟商务理事会公共关系部主任尼尔森和战略与国际问题研究中心研究员鲍尔认为，美国经济重返亚太首先是重返东盟。东盟是美国的第四大出口市场和在亚洲最大的投资目的地。东盟处在美国企业通向全球市场的十字路口，东盟与其他国家和地区建立的自由贸易区涵盖了全球一半以上的人口。但是，近年来，美国在东盟市场份额下滑。美国政府和商界都感受到了加强与东盟经贸联系的紧迫感。数据显示，1993 年，美国在东盟对外贸易额中占比接近 20%，而今天已经降到 10% 以下。尼尔森说，这部分是由于欧盟、中国和日本等加大了开拓东盟市场的力度，另一方面是由于东盟区内贸易占比提升。奥巴马亚太政策“再平衡”，很大程度上就是要从经贸上找回原来的优势，包括劝导东盟国家加入 TPP 和放宽对缅甸的经济制裁。鲍尔表示，美国要做的，不光是将战略重心转向亚洲，而是要投资于未来，将其与东盟及整个亚太地区的交往与合作机制化。

部分中国学者认为，美国“亚太再平衡”的经济内涵很大成度上是为了应对与中国在该地区的经济竞争。美国注意到了亚太国家在世界经济增长中的份量，所以希望把自己的亚太政策变成促进美国经济复苏的有效战略工具。“重返亚太”有与中国进行“经济冷战”的性质，美国无法接受中国试图把经济实力转化为政治影响力的挑战，因此把遏制中国的战略着力点以经济为主、军事为辅、多管齐下。亚太经合组织（APEC）两极化反映了中美在争夺亚太地区的经济主导地位。美国竭力争取重返亚太地区，争取在这一空间里实施美国自己的共同市场方案。在 2011 年 11 月举行的檀香山 APEC 峰会上，美国力推 TPP，故意排除中国，实际上是美国企图在亚太地区架空中国，削弱中国的影响力。清华中美中心高级研究员周世俭等认为，TPP 是美国试图使亚太地区朝有利于美国经贸利益方向发展的尝试，其主要动机是在太平洋两边沿岸国家构建经济联系，削弱和架空东盟等地区一体化组织，防止东亚国家联合。美国想通过 TPP 拉拢与中国签订自由贸易协定的东盟国家，削弱中国对东盟国家的经济影响，防止未来中国—东盟自由贸易区机制的建立。美国以TPP架空APEC、图谋主导亚太经济事务。一旦美国与中国周边国家如日本、韩国、马来西亚、越南等国达成TPP，则会形成典型的贸易转移现象，对中国的贸易出口将带来严重负面影响。

（三）价值观优先

部分学者认为，美国“亚太再平衡”依然将向意识形态和民主价值观领域扩展作为优先选项。与经济、军事相比，这一选项更具隐蔽性，通过价值观渗透，更深入介入本地区国家的内部事务。以“民主”、“人权”为切入点，能使“再平衡”战略以较少的投入获得更大的产出。

美国普林斯顿大学伍德罗·威尔逊公共与国际事务学院曾公布一份名为《铸造法治之下的自由世界——21世纪美国国家安全战略的研究报告》，系统阐述了建立“民主国家联盟”的战略构想，并试图以之取代联合国，作为美国实施“制度霸权”的工具。[①] 美国民主党的对外政策比共和党更具理想主义色彩，更重视推广美国的价值观和意识形态。奥巴马政府尽管没有采纳“民主国家联盟”战略构想，但政策班子吸纳了热衷于推进美式民主的学者，包括提出建立世界“民主国家联盟”战略构想的普林斯顿大学教授安妮-玛丽·斯劳特、主张“推进民主”的学者、斯坦福大学民主、发展与法治研究中心主任迈克尔·麦克法，前者曾担任美国务院政策规划司司长。这些人的思想和主张影响奥巴马对外民主促进决策。

“重返亚洲”是美国战略转移的突出标志，促进民主自然成为

① 约翰·艾肯伯理，安妮-玛丽·斯劳特：“铸造法治之下的自由世界——21世纪美国国家安全战略”，2006年9月27日，https://www.princeton.edu/~ppns/report/execsummchinese.pdf。

该政策核心支柱之一。美国企业研究所学者卜大年和亚伦·弗里德贝格在提出“重返亚洲”理论时指出，未来二三十年，美国亚洲战略就是要建设一个繁荣、和平和自由的亚洲，为此，要防止任何单极权力和敌对联盟统治亚洲，防止他人企图通过控制该地区资源威胁美国安全和繁荣，以及形成独特的经济集团或否认美国地缘上属于亚洲。[①] 美国应以更多实际外交举措践行价值理念，少说多做，在细致掌握当地内部事务基础之上深度介入，通过与当地非政府组织和个人的互动，推动目标国家向符合美国价值理念的方向转变。

新美国安全研究中心发表了题为《中国登场：一种全球关系的战略框架》，认为美国民主党与共和党在制定美国外交政策过程中，对于寻求实现民主主义价值观一直在通力合作，美国应以“推进民主战略”作为加强亚洲民主伙伴关系的战略指南。美国需从“构建一种观念体系”来应对中国崛起，一方面继续与中国进行接触、合作，通过接触与合作来塑造中国，另一方面，要谋求与亚洲地区民主伙伴进行战略和外交合作，将亚洲民主伙伴关系作为“平衡”中国的重要手段。[②]

奥巴马政府第二任期推行价值观外交更为突出。政府高层多次强调人权和民主价值观在“再平衡”战略中的重要性，比如，国务卿克里称，世界各地的人具有共同价值观，共同的普世价值。这些价值观不属于某个特定国家、政党、领导人或意识形态。美国政府和公民的责任就是要把这些普世价值始终摆在国际努力的首要位置，使其成为世界各地人民的灯塔，引导所有国家各级领导人，打破变革的阻力。美国“太平洋梦”就是要将美国最为强大的价值观，转变为前所未有的安全、经济和社会合作。美国必

---

① Dan Blumenthal and Aaron Friedberg, “An American Strategy for Asia,” a Project of the American Enterprise Institute January 2009. pp. 3 – 5.

② Abraham Denmark and Nirav Patel, ed., “China's Arrival: A Strategic Framework for a Global Relationship,” Center for a New American Security, 2009.

须利用太平洋伙伴关系来建设这一地区，让人民能享受民主全部好处、法治和普世人权，包括言论自由、结社自由、和平集会、宗教、良心和信仰自由。[①] 美国主管东亚事务的代理助理国务卿约瑟夫·云，在参议院发表关于“‘亚洲再平衡’背景下的民主和人权”听证词，强调“尽管‘再平衡’反映了美国政府重视在亚太地区的战略和经济参与，但维系美国整体战略的却是对推进民主和人权的大力支持”。[②]

中国学者认为，美国对外政策一向具有浓厚的意识形态色彩，“重返亚太”也不例外。中央党校国际战略研究所教授刘建飞认为，维护美国霸权地位需要从安全、经济和政治三个领域同时着手，即维护安全、扩展经济和推进民主。这“三大支柱”，奥巴马政府都未放弃。许多迹象表明，奥巴马政府对推进民主仍然是相当热衷的，不排除在那些迫在眉睫的问题解决或缓解之后，再将目光转向推进民主，进而实施与“民主联盟”战略相类似的战略。一些学者还认为，美国“亚太再平衡”战略的政治内容就是用民主划线，在亚太形成新的政治格局，扩大和巩固美国政治阵营，压缩中国的地区政治空间，使中国在政治上处于孤立地位，成为被民主国家包围的“政治孤岛”。近两年来，发生在东南亚的这波民主变革运动，就是美国“重返亚太”作用的结果，因而具有不可忽视的政治和战略意义。[③] 下一阶段，美国将更加侧重对地区政治格局和政治生态的塑造，但方式上可能会更具有柔性色彩，从面向政府的“人权”等价值观对话，转到平行推进面向当地社会“深入基层”的互动。而在与当地非政府组织、意见领袖、政治反

① “Remarks on a 21st Century Pacific Partnership,” by John Kerry, April 15, 2013, http://www.state.gov/secretary/remarks/2013/04/207487.htm.

② “Rebalance to Asia II: Security and Defense: Cooperation and Challenges,” Testimony by Joseph Yun before Senate Committee on Foreign Affairs, April 25, 2013, http://www.foreign.senate.gov/imo/media/doc/Yun_ Testimony2.pdf.

③ 任卫东：“中国必须用民主来抵御美国‘亚太再平衡’政治战略”，2012 年 8 月 9 日，http://www.ccwe.org.cn/ccwenew/upfile/file/renweidong（3）.pdf。

对派等的沟通方面，美国具有成体系的便利接口，很容易“对接”，从而密切掌握甚至“引导”当地社情。美国将会愈来愈注重以非对抗方式争取舆论和民意，在潜移默化中推动当地社会转变，继而形成对政府的压力。[①]

（四）全面调整

相当部分学者认为美国的亚太战略注重平衡推进，包含经济、军事、价值观等内容，是一个全方位“重返”的战略。

美国进步研究中心爱德华·格雷瑟认为，传统上，美国亚洲政策有四大支柱，即以《美日安保条约》为基础的同盟体系、美中接触与合作、开放市场、民间的交流。四大支柱建立在两个前提之上，即美国为亚洲最大的商品出口市场和日本作为亚洲最大经济体和先进技术中心。但近年来这两个基础都发生了动摇。中国取代美国成为大多数亚洲国家商品出口地，中国超过日本成为亚洲最大经济体。美国过去的政策已跟不上形势发展需要，必须从军事、外交和贸易各个维度进行系统和全面调整。美国布鲁金斯学会李侃如、美国卡耐基基金会包道格等认为，美国的“再平衡”战略包括军事、外交和经济政策，其中最主要的是加入了地区多边机制并从中引入海上安全问题，力推 TPP，提倡民主、推动缅甸民主化。新美国安全中心肖·布瑞姆理认为“再平衡”战略绝不纯粹是一项军事战略，而是一项综合性战略。

复旦大学美国研究中心吴心伯教授也赞成美国亚太政策全面调整的观点，认为奥巴马政府的亚太战略在设计和实施上注重外交、经济和安全的配套。外交上，积极发展与印度、印尼、越南等国的伙伴关系。经济上，推进 TPP，打造新的地区经济架构。安全

---

① 薛晨：“美国‘亚太再平衡’战略进入第二阶段”，《东方早报》，2012 年 12 月 26 日。

上，抓住南海问题大做文章，将东亚峰会转变为多边安全平台。这些政策手段之间的互补效应十分明显：发展与伙伴国家关系有利于美国搭建新的地区经济和安全架构；打造新的地区经济架构有利于华盛顿拉拢一些地区成员，并巩固其地区安全安排的基础；南海问题和东亚峰会这两个抓手又有助于美国介入地区安全事务和拉拢一些东南亚国家。[①] 中国现代国际关系研究院傅梦孜研究员认为奥巴马第二任期内战略东移内涵将更加全面，包括政治、经济、外交和军事，其中经济层面将更加突出。清华大学公共管理学院楚树龙教授、中国社会科学院陶文钊研究员、中国人民解放军空军指挥学院乔良教授等都赞同，美国战略重心东移包含政治、经济和军事等各种手段。

四、攻守态势

中美学者对美国亚太战略的攻守性质判断多有分歧，中国学者多认为是一种攻势，美国学者多认为是一种守势。

（一）进攻态势

多数中国学者强调，美国官方高调言语实际上清楚表明，美国“重返亚太”采取了进攻性战略态势。奥巴马称自己是美国的“第一个太平洋总统”。美国前国务卿希拉里·克林顿在美国《外交政策》杂志上发表《美国的太平洋世纪》一文，宣布要主导“太平洋世纪”。美国部分政府官员和国会议员在访问亚太时，在争议问题上对中国进行直接挑衅。希拉里·克林顿在访问菲律宾时，竟

---

① 吴心伯：“论奥巴马政府的亚太战略”，《国际问题研究》，2012年第2期，第66页。

然称南中国海为“西菲律宾海”。还有学者认为，不在乎美国说了什么，而在于美国做了什么。美国在经济贸易、军事部署、区域安全介入等方面推出了系列具体措施，密度、强度均超过奥巴马上台之初。即便在国防开支吃紧情况下依然不减亚太军费。美国军方还提出“空海一体战”理论，通过整合海空军战力，联合亚太地区盟友，共同遏制潜在对手。

军事科学院彭光谦研究员认为，美国已毫不忌讳地把中国放到了其主要战略对手位置。美国由软防范转向硬遏制，由概念构想转向实战部署，不是通常的“军事秀”。美国已由全面进攻转向重点进攻。其步骤不是虚多实少，而是实多虚少。美国亚太战略着重从六方面全力打造以中国为对手的战略遏制体系：第一，以中国为主要作战对象，以西太平洋为主要战场，以空海军为主要作战力量的“空海一体战”战役作战体系；第二，以日本和澳大利亚为南北两大战略支点的军事同盟体系；第三，以西太平洋岛链为依托的军事基地体系；第四，以西方价值观为内核的政治渗透体系；第五，以 TPP 为依托，排斥与压制中国，确立美国经济主导权的经济遏制体系；第六，以离间与挑拨中国同周边国家友好关系为特色的所谓“前沿部署外交”体系。①

部分美国学者从美国国务院的用词来辨析奥巴马政府在亚太是否采取了进攻态势。阿米蒂奇认为，奥巴马政府一开始接受了所谓的“转向”（pivot）亚太说法。“pivot”是一个篮球术语，显得咄咄逼人，具有浓厚的进攻性色彩。无论是什么原因，奥巴马政府“再平衡”都有些仓促，并且使用了不太准确的语言。阿米蒂奇称，奥巴马政府在日本部署雷达和在澳大利亚部署军队，并非全是针对中国，但的确部分和中国有关，这不是什么秘密。清华—卡内基全球政策中心主任韩磊认为，奥巴马政府最初借助“转

① 彭光谦：“美战略东移不是军事秀，早已锁定中国“，《环球时报》，2012 年 2 月 9 日。

向”这个术语来描述“再平衡”战略，其背景是出于安全问题。严格地说，“转向”可解释为将全部注意力对准一个方向，从而完成一次转向，转移在另一个方向的全部注意力。这种解释导致了对“再平衡”战略的某种误解，不仅表现在亚洲，也表现在美国与欧洲和北约的关系方面。[①]

（二）防御态势

多数美国学者认为，美国亚太战略调整是为了维护原有地盘，而非争地盘，属于守成帝国的战略性防御。布鲁金斯学会卜睿哲认为，美国及其他国家正在采取接触加遏制的混合战略应对中国的崛起，而这种双重战略隐含了美国对中国的不信任。美国认为亚洲国家可能在中国领导下逐渐团结在一起，因此美国不能接受任何一个准备挑战其世界主导地位的国家发展壮大，需要在亚洲采取措施，阻止这一趋势的发生。部分中国学者认同美国亚太战略调整属于防御性的说法。中国人民解放军空军指挥学院乔良认为，美国战略重心东移从表面上看是美国从全球扩张变为偏重亚太，从以大西洋为重心到以太平洋为重心的战略资源和力量的改变，但其实质为美国意识到自身实力不逮后的全球战略收缩，美国新军事战略即与战略收缩态势相匹配。庞中英认为，从全球看，美国力量正在战略性地下降或者收缩，即“衰”（但未必等于“落”）。所谓把战略优先转移到亚洲，还不如说是，在整体“衰”的情况下，确保在自家家门口保持不变，甚至有所加强。

学者普遍认为，美国亚太战略采取防御态势的主要原因在于：受两场战争和金融危机的影响，美国元气大伤，当务之急是将主

---

① 韩磊：“美国对亚洲的‘再平衡’：解读”，2013年1月22日，http：//carnegietsinghua. org/publications/？fa＝50701。

要精力集中于国计民生，争取一段时间的休养生息。奥巴马上台后的前两年半，在经济复苏、扩大就业、医疗改革等方面做了许多努力。但美国政治内斗激烈，右翼保守势力在主权债务、税收、医疗、平衡预算、金融监管、能源改革等议题上给奥巴马制造了诸多掣肘。美国对外政策受到国内政治纷争“极化”和经济实力的制约，很难在国际事务中采取全面扩张姿态，亚太政策调整主要是着重防御。部分中国学者分析，美国强化在亚太地区的战略是一种被动式反应。由于中国实力迅速上升，亚洲经济规模日益扩大，区域合作不断发展，西太平洋和印度洋的战略重要性越来越突出，而美国经济影响正在下降。学界普遍估计，“重返亚洲”将成为美国战略调整的长远趋势。

（三）进攻性防御

也有学者认为，美国亚太战略调整从大战略上看属于守势，但从局部看仍然有攻势，采用进攻方式来进行防御。

国防大学战略研究所杨毅研究员认为，虽然美国在战略“再平衡”进程中排兵布阵，调整军事力量部署，采取咄咄逼人的姿态，但这是美国对“崛起进程”中的中国的“进攻性战略防范”，而不是“对抗性战略进攻”。北京大学王缉思教授认为，当前美国全球战略总体展现守势，局部采取攻势，焦虑和骄横的心态并存。美国在经济上接受了多极局面，但在军事上力图长期占据超强地位。在政治和外交上，力图以发展“巧实力”来弥补硬实力不足，保持西方价值体系吸引力。一方面，由于西方世界整体力量下降比美国本身实力下降还要明显，美国需要进一步发挥在发达国家中领头羊作用，加强二十国集团（G20）等多边机制，以暂时维系西方在全球秩序中主导地位。另一方面，面对中国、印度、巴西等新兴大国崛起，美国正在采取合作、利用、分化、牵制等多种手段，使之不至成为有组织的西方对立面。这就是奥巴马政府提出的“新型伙伴关系”外交的中心任务。[①]

一些专家认为，美国亚太战略动机不是野心而是担心，担心被中国崛起排挤出局，导致在亚太发展的大蛋糕上分不到好处，从而也无法帮助自己国内经济的有效复苏，且在地缘态势上逐步被中国推后到关岛、夏威夷一线。由于这个忧患属于战略级别，于是美国目前在亚太不惜以攻为守，采取其认为的在“中国传统势力范围”（如地区经贸和南中国海域）内“掺沙子”的策略，与中国展开竞争，并增加自己的筹码。同时，美国政要也在多个场合宣称：美中合作，以确保未来全球经济增长强劲、均衡和可持续。也就是说，亚太的发展游戏要继续，但中国必须带上美国，不能独家主导。尽管美国在宏观上目前仍属守势，但也需承认其以攻为守，高调介入南海争端。[②]

中国现代国际关系研究院袁鹏研究员判断，美国全球战略呈总体收缩、局部进取态势。美国的战略收缩并不意味着全线后撤或放弃，而是把力量部署在关键部位，突出战略重点，这就是亚太地区。

---

① 王缉思：“美国是否将以中国为敌”，《东方早报》，2011 年 9 月 7 日。

② 伟达：“美国在亚太是攻势还是守势？”2011 年 12 月 5 日，http：//www.chinareviewnews.com。

第三章 美国为何推出“亚太再平衡”战略

推动美国战略东移其实是小布什政府刚上台时的既定目标，不过“9·11”事件的发生迟滞了美国的战略转移。在美国忙于反恐、深陷阿富汗和伊拉克两场战争之时，亚洲经济和内部一体化都取得了长足发展，世界权力重心悄然东移。尤其是中国经济、军事实力和政治影响力的迅速提升，给了美国巨大压力，使其认识到必须要重视亚洲，认真应对这一地区权力秩序转移带来的挑战。而奥巴马决定在中东和南亚反恐战场的战略收缩，也为其“重返亚太”提供了条件。本章将从亚太地区在全球经济、安全中地位凸显和美国亚太战略调整的动因等角度，论述美国“亚太再平衡”的深层原因。

一、亚太地区重要性上升

二战结束后，亚洲国家创造了举世公认的“亚洲奇迹”。特别是新世纪的头十年，以中国和印度为代表的亚洲新一轮发展使本地区在世界经济中的重要性超过其他地区，成为发展最具活力和财富最集中的地区。世界经济和政治重心“东移”趋势日趋显著，亚太已成为全球瞩目的核心战略区域。用美国外交学会会长理查德·哈斯的话来说，不论21世纪是否成为另一个“美国世纪”，确凿无疑的事实是21世纪将会成为亚太世纪。

(一)“亚洲世纪”呼之欲出

亚太地区拥有一半以上的世界人口，集中了当前全世界发展最快的几个新兴经济体，包括第二和第三大经济体的中国和日本，以及印度、韩国、印尼、越南等。2008 年底肇始于美国的金融危机引发了全球经济危机，美国经济陷入困境，欧洲亦深陷债务危机。相比于欧美国家，亚洲经济未受到此次金融危机的明显打击，保持了蓬勃发展，成为了世界经济发展的亮点。亚洲国家 2010 年经济增长率普遍超过 8%（除日本以外）。根据国际货币基金组织的统计数据，2010 年，亚洲占世界经济比重上升到 27.4%，首次超过北美（25.8%）和欧盟（25.9%），成为全球最大的地区经济板块。亚太经济增长对世界经济的贡献比重加大，对其他地区经济体走出衰退发挥了巨大作用。2008 年金融危机爆发后的 5 年间，亚洲对全球经济增长的贡献达三分之二，而 2000 年这一数字仅为 5.6%。此外，自 2005 年以来，亚洲地区的商业服务出口平均以每年 13% 的速度扩展，大大超出世界平均增长率。亚太地区出口目前占全球出口总量的 30%，外汇储备占世界总量的三分之二。[①]

中国和印度是亚洲经济快速发展的最典型代表。中国近 10 年的经济规模扩大了 5 倍，国内生产总值（GDP）从 2000 年的 1 万亿美元上升到 2010 年的 6 万亿美元，并成为世界第二大经济体，仅次于美国。20 世纪 90 年代初开始的改革使印度经济也迈开了腾飞的脚步。以 IMF 公布世界购买力平价（PPP）计算的话，2010 年印度已超越日本成为世界第三大经济体。若以美元为货币单位计算 GDP，印度则是世界第 10 大经济体，预测到 2050 年会成为

① Ralph A. Cossa, Brad Glosserman, Michael A. McDevitt, Nirav Patel, James Przystup and Brad Roberts, “The United States and the Asia-Pacific Region: Security Strategy for the Obama Administration,” Center for a New American Security, February 2009.

仅次于中国、美国之后的第三大经济体。在主要经济体中，印度的经济增长名列第二，仅次于中国。印度在信息产业方面尤其有不俗亮点，印度“硅谷”班加罗尔已成为国际知名的信息技术中心。

亚洲有望长期担当世界经济复苏与增长的重要引擎。亚洲开发银行预测，2035 年亚洲占世界经济比重将从 2010 年的 27.4% 上升至 44%，2050 年增至 52%，人均 GDP 将达到欧洲当前水平。[①] 而高盛公司的预测也指出全球经济重心将继续加快向亚太地区转移。到 2050 年，全球排名前十位的经济体中将有四个是亚洲国家，八个是环太平洋国家，届时东亚经济将远远超过北美和欧洲。未来十年，东盟和其他亚洲国家，尤其中国，将改变世界经济格局。亚洲不仅将成为世界上最大的商品和服务生产者，还将成为最大的消费者，并将产生全世界大多数的中产阶级。预计到 2030 年，亚洲地区的 GDP 将超过七国集团（G7）。[②]

伴随着经济重心转移的是发展机会向亚太的转移。全球经济放缓导致美国和欧盟年轻人失业率上升，亚太的就业机会和巨大市场吸引着越来越多的各国企业和人才。在欧美经济不振的背景下，在中国、印度与澳大利亚等国，就业市场保持着较好状况。据 Manpower 调研的资料，亚太地区的就业前景可能是全世界范围最强劲的，特别是在销售、管理和零售领域。[③] 更多西方国家的人才选择亚洲发展个人职业，中国、印度、新加坡和中国香港都是西方年轻人青睐的就业地区。

---

① 刘振民：“坚持合作共赢　携手打造亚洲命运共同体”，《国际问题研究》，2014 年第 2 期，第 6 页。

② Brandon, “America's ‘Rebalance’ Towards Southeast Asia,” *The Diplomat*, November 16, 2012, http://thc diplomat. com/2012/11/16/americas - rebalance - towards - southeast - asia.

③ “亚洲就业机会吸引美国人”，BWCHINESE 中文网，2011 年 9 月 15 日，http://www. bwchinese. com/article/1021188. html。

而且，亚洲的中产阶级在迅速崛起，市场广阔，投资前景也相对较好。咨询机构麦肯锡公司预计，到2025年，中国城市家庭将从当前的1.9亿户增加到3.72亿户，而中产阶级在其中所占的比例将从29%上升到75%。印度经济若以年均7.3%的速度增长，到2025年，其中产阶级也将达到5.8亿人。① 新加坡星展银行《亚洲2020》的报告指出，全球中产阶层市场需求将从目前的21万亿美元增长到2020年的35万亿美元，而其中70%的增长将来自亚洲。新加坡管理大学教授巴拉·善卡撰文称：“亚洲消费者人数占全球一半以上，如果‘中国、印度经济超越众多西方国家’的预言成真，那么未来亚洲将是全球大企业梦寐以求的金矿。”在世界经济复苏不确定性因素增加的形势下，众多跨国企业都将重心转向亚洲，紧盯亚洲正在崛起的中产阶层的钱袋子。宝洁、联合利华等日用消费品巨头，将总部迁到了新加坡；日本、美国汽车企业将生产中心向泰国、印尼转移；还有更多的跨国公司将总部迁往中国的香港、上海等地。②

（二）亚洲地区战略重要性提升

依据美国学者奥根斯基建构的“权力转移”理论，世界经济和政治力量的重心向亚太地区转移是一个必然趋势。该理论认为，工业化的历史进程是权力的国际分配的关键，工业化必然出现并导致权力的转移和世界范围内权力分配的变化，权力的转移会造成新的权力大国或新的权力中心，这是当代国际关系的重要特征。这些表现可以概括为：是否启动和顺利地实施工业化进程，以及在这个进程中社会—经济系统的转型是否能有效地支持工业化的尽快发展，政府是否能通过提高组织与行政管理的效率来推动工

① “亚洲中产阶级之崛起”，金融时报中文网，2011年1月12日，http://www.ftchinese.com/story/001036435?page=2。

② “跨国企业盯紧亚洲中产阶层钱袋子”，《人民日报》，2011年12月05日。

业化的持续，这一系列的因素已经成为判断国家间权力变化的“关键指标”。[①] 当前亚洲的发展趋势正在验证这一理论，亚洲的崛起正在带动世界权势中心的转移。《大国的兴衰》的作者保罗·肯尼迪就曾经预言，亚洲崛起势不可挡，欧美即西方世界将随之没落。

过去，世界地缘战略重心长期在欧洲。2008 年受全球性金融危机重击，欧盟内在的多重危机集中爆发，大大削弱了欧盟的总体实力，尤其是统一对外的行动能力。而亚洲的新兴经济体在全球金融危机中的表现比欧美国家好，第一次带领全球走出衰退。经济格局的变化带来潜在的权力关系的变化。在经济危机之前，应对全球问题的论坛是八国集团（G8），其中只有日本是亚洲国家。危机之后，八国集团让位给了二十国集团（G20），其中有六个是亚洲国家（中国、日本、韩国、印度、印度尼西亚、沙特阿拉伯）。当前世界具有影响和实力增长最快的大国集中在亚洲，中国和日本分别是世界第二、三大经济体，印度和俄罗斯已跻身世界前十大经济体之列；中、俄是联合国安理会常任理事国；全球实际拥有核武器的 9 个国家中的 5 个在亚洲。[②] 这些使亚洲有着无与伦比的战略重要性。随着欧亚力量此消彼长，亚洲在地缘经济和地缘政治上的重要性都越来越超过欧洲。

（三）美欧俄竞相看重亚洲

随着亚太地区重要性的上升，西方大国纷纷把目光转向亚太，想要分享亚洲的发展成果。欧盟希望亚洲特别是中国成为拉动欧洲经济持续复苏的引擎，同很多亚洲国家完成或正在进行自贸协

---

① 朱锋：“‘权力转移’理论：霸权性现实主义”，《国际政治研究》，2006 年第 3 期，第 13—31 页。

② 尹承德：“美国战略重心东移及其对中国的深度影响”，《南京政治学院学报》，2013 年第 1 期，第 80—84 页。

定谈判。英国首相卡梅伦在2012年5月访问日本和东南亚期间表示，英国经济的未来在很大程度上与亚洲的伙伴国息息相关。一向看重欧洲的俄罗斯也逐步将重点转向亚洲。俄罗斯与亚洲的贸易额增长很快，2010年中俄贸易额（俄方统计835亿美元）已经赶上俄罗斯与德国（500亿美元）、美国（340亿美元）贸易额的总和。俄罗斯还提出把符拉迪沃斯托克建成欧亚交通运输的枢纽中心。俄罗斯的外交也更加看重亚洲，尤其是更紧密地与中国协调对外政策立场。

在美国官方的阐述中，亚太在经济、政治、安全等领域影响和作用的上升，是其实施新战略最主要原因。奥巴马总统2011年11月在澳大利亚议会的演讲吹响了“重返亚洲”的号角。他表示，美国正在结束伊拉克、阿富汗两场战争，将着眼未来。而亚太是世界上增长最快的地区，也是全球经济超过一半的来源，对于美国当前的最大优先问题，即创造就业至关重要。拥有世界大部分核力量和一半人口的亚洲，将决定未来这个世纪是冲突的还是合作的，痛苦的还是进步的。因此，美国将通过坚持核心原则和巩固与盟友、朋友的伙伴关系，在塑造亚洲方面扮演更大的、长期的角色。

美国常务副国务卿伯恩斯在美国世界事务理事会年会上致辞称：“从多个层面看，广大的太平洋地区在未来几十年里对美国的利益而言，是最具活力和意义非凡的一个地区，涵盖了世界一半的人口、多个重要的经济体、美国的重要盟国以及新兴大国。”①2013年3月，前总统国家安全事务助理多尼伦在亚洲协会演讲时回顾了奥巴马政府向亚洲重新平衡的决策背景。他说，在经历了“9·11”事件、两场战争和一场金融危机后，奥巴马总统上任，决心恢复奠定美国全球领导地位的基础，即美国的国内经济实力。

① William J. Burns, “Asia, the Americas, and U. S. Strategy for a New Century,” November 4, 2011, http://www.state.gov/s/d/2011/176667.htm.

奥巴马从一开始就指示国家安全团队进行战略评估，对美国在全球的存在和首要任务进行实质性的审议。得出的结论是美国力量的投射和重心失衡，美国在某些地区和区域投入过大，包括在中东的军事行动，同时在其他一些区域投入不足，例如在亚太地区。多尼伦强调，美国的指导思想是，亚洲的未来和美国的未来日益紧密相连。在经济上，亚洲已经占全球国内生产总值的1/4以上，未来5年，预计美国以外的增长总量有接近一半将来自亚洲。同时，亚洲的经济、外交和政治规则正在形成。这关系到太平洋两岸人民的重大利益。①

美国国内学者普遍支持奥巴马政府转变战略来应对亚洲发展带来的机遇和挑战。美国海军分析中心研究员迪加特洛提出，东升西落这一全球力量的转变促使美国必须应对这一趋势，以维护美国的领导地位。毫无疑问，中国、印度和其他亚洲国家的崛起根本上改变了美国传统主导的地区态势。财富和力量正从西方转向东方，全球金融危机加速了这一进程。这一趋势将改变亚洲地区合作和竞争的性质。为了维持领导地位，美国必须反思、修复并重新利用其对外关系。② 新美国安全中心亚太安全项目主任帕特里克·克罗宁也认为，现在是亚太世纪的早期阶段，美国应当重新平衡其经济、政治和军事力量，在这个重要地区抓住机会、预防挑战。虽然亚洲崛起的希望是吸引人的，但未来不可预测，不是线性发展的。奥巴马政府不仅看到了亚洲的机会，也认为美国的持续领导力对地区和平与繁荣是非常必要的。③

---

① "Complete Transcript: Thomas Donilon Asia Society New York," March 11, 2013, http://asiasociety.org/new-york/complete-transcript-thomas-donilon-asia-society-new-york.

② Patrick deGategno, "America's Renewed Engagement of Asia," November 12, 2010, http://www.acus.org/new_atlanticist/americas-renewed-engagement-asia.

③ Patrick M. Cronin, "As the World Rebalances in the Asian-Pacific Century, So Must the United States," *Global Asia*, Volume7, Winter 2012.

二、美国对亚太地区的战略定位

由于全球地缘经济和政治重心向亚太地区转移，美国对亚太地区的战略定位也在随之进行调整。奥巴马政府“亚太再平衡”战略出台的纵深背景包含三个重大因素：将近10年的反恐战争造成了美国全球战略伸张过度；金融危机重创美国经济，政府减支压力空前；亚洲国家群体性崛起对美国在亚太的主导地位带来挑战。这些深层次的原因和背景影响和塑造了美国对其在亚太地区的利益认知和对亚太的基本战略定位。

（一）世界地缘政治和经济重心

前国务卿希拉里·克林顿为2011年10月11日出版的《外交政策》撰文，论述21世纪的亚太地区对美国的重要性及美国对该地区的参与。她指出，亚太地区已成为全球政治的一个关键的驱动力。亚太地区的人口几乎占到世界总人口的一半，拥有很多全球经济的重要引擎，也有最大的温室气体排放国。该地区有美国的一些重要盟国，还有中国、印度和印度尼西亚等重要的新兴强国。在战略上，无论是通过捍卫南中国海的航行自由、应对朝鲜的核扩散问题还是确保该地区主要国家的军事活动的透明度，保障整个亚太地区的和平与安全对全球的发展越来越至关重要。她将美国建设亚太体系的战略的重要性与美国在二战过后建立跨大西洋机构和关系网络的努力相比，认为现在正是美国作为一个太平洋大国作出同样投入的时候。[1]

---

① Hillary Rodham Clinton, “America's Pacific Century,” *Foreign Policy*, October 11, 2011.

希拉里·克林顿在2011年11月11日再次以“美国的太平洋世纪”为题发表演讲。她说：“全球如此众多的趋势都指向亚洲。这里人口占全世界的近一半，拥有几个规模最大、增长最快的经济体和全世界最繁忙的一些港口和航道，同时也提出了一些严峻的挑战，如军事集结、核武器扩散问题、自然灾害和全世界最严重的温室气体排放。越来越明显的是，全世界21世纪的战略和经济重心将在亚太地区，从印度次大陆到美洲西海岸。未来几十年美国治国之道最重要的任务之一是，坚持在这个地区大幅增加投入——外交、经济、战略和其他方面。”①

（二）美国未来的战略枢纽

2009年11月，奥巴马总统在日本东京首次就亚洲政策发表演说称，由于亚太地区的飞速发展和巨大变化，“美国和亚太地区的命运比以往更加紧密地联系在一起”，亚太地区的未来与美国利害攸关，因为亚太发生的一切对美国国内的生活有着直接的影响，“在这里，我们从事大量的商务活动，购进了大多数商品。在这里，我们可以出口我国更多的产品，这个过程也为国内创造了就业机会。在这里，核武器竞赛的危险威胁着整个世界的安全。在这里，玷污了一个伟大宗教的极端主义分子试图策划对我们两个大洲发动袭击。没有亚太地区崛起的大国和发展中国家的参与，就不会有解决能源安全和应对气候挑战的办法”。② 前国务卿希拉里·克林顿同样认为：“未来的政治将决定于亚洲，而不是阿富汗或伊拉克，美国将置身于行动的中心。”③

① “America's Pacific Century,” Remarks by Hillary Rodham Clinton in Hawaii, November 10, 2011, http://www.state.gov/secretary/rm/2011/11/176999.htm.

② “Remarks by President Barack Obama at Suntory Hall,” November 14, 2009, http://www.whitehouse.gov/the-press-office/remarks-president-barack-obama-suntory-hall.

③ Hillary Rodham Clinton, “Remarks on America's Pacific Century,” November 10, 2011, http://www.state.gov/secretary/rm/2011/11/176999.htm.

总之，奥巴马政府高度评估亚太的战略价值和地位并将其视为汇集美国政治、经济、安全等重要利益的“战略轴心”区，不仅事关美国的全球和地区领导地位，而且是美国国内经济复苏和保持持久竞争力的关键。换言之，“美国作为一个太平洋国家，其利益与亚洲的经济、安全和政治秩序不可分割地连在一起；美国21世纪的成功将与亚洲的成功休戚相关。”① 可见，亚太是决定未来大国全球地位的关键之处，美国对此不能视而不见。

（三）长期战略挑战聚集之地

美国把亚太视为其全球战略的重心和事关美国未来的关键，但同时认为美国在亚太的现实地位和利益面临着巨大的挑战。

1. “领导地位”不稳

美国认为中国的持续“崛起”及力量输出的“不确定性”不仅对美国在亚太的领导地位，甚至对美国在亚洲的存在都构成了挑战。这种挑战表现为，伴随着中国力量的成长，中国是否会继续认可或接受二战以后由美国主导确立并负责维持的亚太基本秩序，尤其是在领土争端问题上，是否更愿意通过“胁迫”或“使用武力”改变现状；中国是否会通过单边行动重新定义或诠释国际规则，借以削弱美国的“制度霸权”，如“航行自由”、网络以及外空“安全规则”等；中国是否会按照美国的期望和要求在地区安全及全球治理等问题上承担相应的国际责任。正是因为上述种种“不确定性”的存在，前国务卿希拉里·克林顿称中美关系是“美国从未管理过的最具挑战性和后果最重大的双边关系”。

---

① Thomas Donilon, “President Obama’s Asia Policy & Upcoming Trip to Asia,” November 15, 2012, http://www.whitehouse.gov/the-press-office/2012/11/15/remarks-national-security-advisor-tom-donilon-prepared-delivery.

2. 亚太同盟体系难以有效

美国通过条约同盟与各类伙伴关系的构建，把干预的触角伸展到亚太的各个角落，所有这些联系均是美国与相关国家的纵向联系，限于美国与其盟国或伙伴国之间的双边协调，但美国与其盟国和伙伴国之间横向的多边协调严重不足，亚太没有形成真正意义的集体安全的架构。因此，美国面临着如何进一步整合其亚太同盟体系的挑战。美国与其盟国间的分歧摩擦，同样是制约美国整合同盟体系的因素。比如，美日两国早在 2006 年即对普天间机场搬迁达成协议，但由于冲绳民众及地方政府的抵制，计划迟迟不能落实，2010 年鸠山首相还因此引咎辞职，直至 2013 年 12 月 27 日，在首相安倍晋三的极力推动下，冲绳地方政府才最后批准基地搬迁计划。机场搬迁问题还连累了美军从冲绳向关岛搬迁的整个计划的执行，也正是由于这种原因，前国务卿希拉里·克林顿在谈及美军部署时称美国将“奉行一个地理上分布更合理、运作上更具弹性、政治上更可持续的军力态势”。总之，“美国既是大西洋国家，也是太平洋大国，美国对跨大西洋伙伴关系及其取得的成果感到自豪”，但美国在太平洋方面的同盟体系构建远没有达到跨大西洋同盟体系的水平，因此美国在太平洋地区的挑战是“建立跨太平洋的伙伴关系和机构网，使之像跨大西洋网络一样持久，并与美国的利益与价值观一致”。①

3. 亚太挑战复杂难解

美国前太平洋司令部司令海军上将威拉德在国会作证时曾列举美国在亚太地区面临的八个挑战，分别是“朝鲜、暴力极端主义组织、中国军事现代化及其不透明的意图、在领土争端问题上的强硬姿态、网络安全威胁、跨国犯罪、人道主义灾难和环境退化”。美国新美国安全中心亚太安全项目主任克罗宁更加尖锐地提

---

① Hillary Rodham Clinton, “Remarks on America’s Pacific Century,” November 10, 2011, http://www.state.gov/secretary/rm/2011/11/176999.htm.

出，尽管美国在亚太面临着一系列挑战，但最重大的挑战只有三个：“避免与朝鲜冲突、中国东海和南海的紧张局势以及管控更加强硬和日益崛起的中国”。[①]

朝鲜之所以在美国的挑战清单上位于突出位置，因为在美国看来，朝鲜“政权对邻国构成威胁，扩散危险品及技术，还公然违反国际法试图扩充核武库和远程导弹项目”。[②] 一旦朝鲜的拥核地位得到承认或是事实上的认可，美国将没有令人信服的理由说服、更没有理由阻挠韩国和日本走上核武开发之路。而一旦日韩两大盟国，尤其是日本拥有了核武器，它们对美国核保护伞的依赖性将大大降低，美国对盟国的影响力将大为削弱。因此，朝鲜核问题不单纯是防扩散领域的安全问题，还是更深层次上涉及美国在亚太特别是东北亚安全上的领导地位的问题。

4. 模式竞争日趋激烈

国际金融危机使国际舆论及学术界兴起了新一轮的模式之争，即“华盛顿模式”及“中国模式”的优劣讨论。无论这种讨论得出什么结论，这种讨论本身已经使美国的软实力受损，也提醒了美国人，在世界未来发展模式上，美国面临着实实在在的竞争。2011 年 11 月，奥巴马在澳大利亚议会发表演说时称，“没有自由的繁荣是另一种形式的贫困”，每一个国家都会选择其自身的发展道路，然而“普世性的权利是真实存在的，包括言论自由、新闻自由、集会自由、宗教自由以及选择自己领导人的自由”，他还声称“其他模式，包括由个人和委员会统治的法西斯主义和共产主义已经得到尝试且已失败，失败的原因很简单，因为它们无视权

① Patrick Cronin, “Security challenges in the Asia-Pacific: a US perspective,” April 3, 2013, http://www.aspistrategist.org.au/security challenges-in-the-asia-pacific-region-a-us-perspective/.

② “Remarks as Prepared for Delivery by National Security Advisor Susan E. Rice,” November 20, 2013, http://www.whitehouse.gov/the-press-office/2013/09/09/remarks-prepared-delivery-national-security-advisor-susan-e-rice.

力及合法性的最终来源——人民的意志”。[①]

三、美国“重返亚太”事出有因

奥巴马政府调整亚太政策的原因是复杂的，是多种利益综合考虑的结果。美国国家亚洲研究局概括了五点原因：一是亚洲经济强劲复苏；二是中国崛起，亚洲格局改变；三是亚洲地区组织得到发展；四是亚洲存在诸多传统安全挑战；五是非传统安全威胁。[②] 美国国会研究部的报告则认为，促使奥巴马政府转变亚太政策有四个驱动力：亚太经济对美国经济未来的日益重要，尤其是中国；中国增强的军事能力和对有争议的海上领土的日益咄咄逼人，对美国航行自由和在地区投放力量能力有影响；美国在伊拉克和阿富汗军事行动的收缩；美国削减联邦政府预算尤其是国防预算，导致亚洲产生了美国在地区承诺受损的认知。[③] 但从美国官方讲话和其具体行动来分析，奥巴马政府推行亚太新战略的最主要动因应是，推进在亚洲的经济、政治和安全利益，应对中国崛起带来的挑战，维护美国在亚太和全球的霸权领导地位。

（一）争抢亚洲发展红利

亚洲经济快速增长，成为世界经济发展的火车头，亚洲对美国

① “Remarks By President Obama to the Australian Parliament,” November 17, 2011, http: //www. whitehouse. gov/the-press-office/2011/11/17/remarks-president-obama-australian-parliament.

② Richard J. Ellings and Robert M. Hathaway, eds. , “Roundtable: Are We Adequately Training the Next Generation of Asia Experts?” *Asia Policy*, No. 9, Janaury 2010, http: //nbr. org/publications/element. aspx? id = 417.

③ “Pivot to the Pacific? The Obama Administration' s ‘Rebalancing’ Toward Asia,” Congressional Research Service, March 28, 2012.

经济复苏至关重要，美国希望能搭上亚洲的快车道。美国“重返亚太”的一个重要动因就是为了钱。

1. **美国需开拓亚洲市场，刺激国内经济恢复发展**

2007年开始的美国次贷危机，在2008年蔓延到整个金融领域，进而引发了自二战以来最严重的全球性经济危机。奥巴马总统2009年上台伊始，美国经济正因此次危机遭遇自大萧条以来最惨重的经济衰退，市场消费意愿持续低迷，通货膨胀严重，许多实体经济深受其害，大量中小企业经营困难。美国失业人数不断攀升，低收入群体的基本生活难以保障，族群矛盾激化。2010年9月16日，美国人口普查局发布的一份报告显示，美国生活在贫困线以下的人口总数由2008年的3980万，占人口总数的13.12%，上升到2009年的4360万人，占人口的14.13%，比2008年增加了近400万。也就是说，每7个美国人中就有一个人属于贫困人口，这也成为51年来美国贫困人口总数的最高纪录。[①]

而且，美国联邦财政赤字加重，债务缠身。2008年小布什政府推出8500亿美元救市计划后，国会将国债上限提高至1113万亿美元。2009年奥巴马上台后，推出了7870亿美元国债救市计划，国会为此将国债上限又提高到1211万亿美元。到2010年，美国财政赤字已达到1.6万亿美元，相当于美国国内生产总值的10.6%。而国债率已超100%，总额超过14万亿美元，居世界第一。

美国国家情报委员会在2008年发布的《2025全球趋势》报告中承认，美国在全球范围内的力量正在下降，全球财富与经济力量正在东移。在《后美国世界》一书中，作者扎卡利亚也认为，2008年的金融危机并不标志着资本主义的终结，但它无疑表明美国的全球主导地位寿终正寝。目前的经济巨变只能加速走向后美国世界的步伐。从世界的角度看，如果说伊拉克战争和美国前总

① “美国贫困人口创半个世纪以来最高纪录”，人民网，2010年9月18日，http://world.people.com.cn/GB/12759397.html。

统小布什的外交政策是对美国军事—政治权力的去合法化，那么这次金融危机将对美国经济权力产生去合法化的效果。[①]

奥巴马在2008年金融危机的阴影下上台后，将重振美国经济作为首要任务。为推动经济复兴，奥巴马在国内大力推进“再工业化”和医疗改革等社会体制改革，以重塑美国的经济基础。但由于受到党派政治的牵绊，其国内改革举步维艰，调整经济结构、重构经济增长模式任重而道远。而在国外，奥巴马强化出口促进战略，企图通过海外市场的开拓，为美国经济复苏与促进就业搭桥。为此，2010年奥巴马提出“出口倍增计划”，并通过了与韩国、哥伦比亚和巴拿马的自贸协定。

亚太是美国克服金融危机、复苏经济的主要依托，也是经济发展的主要基地和市场。APEC的21个成员的GDP目前占到全球的55%，拥有27亿消费者市场。中国经济总量已经超过了整个欧元区，并且还在增长，中日贸易加起来已经大于美国。美国经济对亚洲的依存度已超过对欧洲的依存度，欧洲的贸易在美国经济中的作用正在减小。在美国前七大贸易伙伴中，中国、日本、韩国名列其中，前15大贸易伙伴中的7个是亚太国家。据美国商务部数据统计，2010年美国与中国、日本、韩国、东盟的贸易额为进口额2876亿美元，出口额6778亿美元，进出口总额为9654亿美元；而美国与欧盟贸易额为进口额2813亿美元，出口额2208亿美元，进出口总额为5021亿美元。前者进出口总额为后者的近2倍。[②] 美国公司每年向亚太地区出口超过3000亿美元的商品和服务，出口商品的60%流向亚太地区。据估计对亚洲的出口给美国创造了85万份工作——几乎占出口就业总数的三分之一。此外，日本、印尼、韩国、中国均为20国集团成员，四国外汇储备加起

① ［美］法里德·扎卡利亚：《后美国世界：大国崛起的经济新秩序时代》，赵广成、林民旺译，中信出版社，2009年，第11—12页。

② 沈强：“美国全球战略调整：战略重心更多向亚太倾斜”，《国际展望》，2011年第6期，第1—17页。

来高达3万亿美元以上，持有的美元资产数量皆位居世界前十，中国和日本还分别是美国国债的第一、第二大买家。

在欧元区深陷主权债务危机、经济持续低迷的情况下，欣欣向荣、后劲十足的亚洲经济为美国所青睐。美国扩大出口的主打对象就是亚太地区尤其是包括中国、日本、韩国和东盟十国在内的东亚地区。亚洲开放的市场为美国进行投资、贸易及获取尖端技术提供了前所未有的机遇。美国的经济复苏取决于出口和美国公司开发亚洲巨大和不断增长的消费基群的能力。奥巴马在2010年访问日本时演讲称：“亚太国家及其他国家采取的迅捷、前所未有的协同行动避免了经济大灾难，帮助我们开始从几十年来最严重的衰退中复苏。”前国务卿希拉里·克林顿也在文章中提出，利用亚洲的增长和活力是美国的经济和战略利益的核心，也是奥巴马总统确定的一项首要任务。美国战略与国际问题研究中心的报告指出，亚洲几乎占世界GDP和贸易的一半，美国的增长和就业越来越依赖于与亚洲的贸易和投资，全球经济体系的很多规则在未来几十年都将在亚洲被塑造。美国在亚洲有效的经济政策因此是“再平衡”战略中其他方面的关键补充，加强军事、外交、政治要素并被这些方面强化。①

2. 东亚经济合作蒸蒸日上，美国担心被排除在外

美国经济利益受损，特别是在亚洲经济一体化问题上一度面临着被边缘化的危险。1997年亚洲发生金融危机时，美国并没有施以援手。东亚各国特别是遭受金融危机冲击最严重的东盟国家深刻认识到在金融全球化的时代，遇到困难时难以独善其身，于是决定转向东亚地区合作。该地区先后形成了以东盟为中心的一系列同心圆合作机制，依次为“10+1”（东盟分别与中、日、韩）、“10+3”（东盟加中、日、韩）、东亚峰会即“10+6”（东盟与

① “Crafting Asia Economic Strategy in 2013,” CSIS Report, January 2013, http://csis.org/files/publication/130123_Goodman_CraftingAsiaEconStrat_Web.pdf.

中、日、韩、加印度、澳大利亚、新西兰）等机制。

其中尤为重要的是“10+3”机制，已成为东亚区域一体化的主要驱动力量和基础。1997年底，首次东盟与中、日、韩领导人非正式会晤在马来西亚吉隆坡举行。1999年底，第三次“10+3”领导人会晤发表《东亚合作联合声明》，提出要“在各个领域实现东亚合作”。2000年的第四次峰会确立了中日韩领导人之间的正式协商与合作机制。该年5月，东盟10个成员国以及中、日、韩财长在泰国清迈共同签署了建立区域性货币互换网络的协议，即《清迈倡议》。2003年的第七次“10+3”领导人峰会发表了《中日韩推进三方合作联合宣言》。2009年，东盟第15届系列峰会上，首次明确以“10+3”机制作为实现东亚共同体长期目标的主要载体。

该地区的经济一体化发展势头也最为显著。2004年起，中日韩三国相继开始与东盟开展自由贸易区谈判。2010年，中国—东盟自贸区启动，东盟—澳大利亚—新西兰自贸区也正式生效。东盟还分别同日本、韩国、印度启动了自贸区建设。“10+3”区域内贸易已占各国外贸的58%，高于北美自贸区近3个百分点。中日韩于2010年5月启动了三国间自由贸易区的联合研究，努力促进三国经济远期实现一体化，包括在本地区建立共同市场。中日韩自贸区如建成，将组成一个人口超过15亿的大市场。

受美国次贷危机及国际金融危机的影响，亚洲的区域主义一度又有新的迸发。2009年日本鸠山政府曾经提出构建“东亚共同体”的构想，澳大利亚陆克文政府此前也提出了建立“亚太共同体”的主张。在所有这些区域架构或倡议中，要么没有包含美国，要么美国的角色模糊不清。这种脱离美国的区域主义动向使一向以领导自居的美国感到了被边缘化的威胁。

基辛格在《美国的全球战略》一书中写道，亚洲有丰富的资源，有最勤劳的人民，还有世界上人口最多的国家。一个包含以上因素的敌视美国的亚洲集团不符合美国的国家利益。为此美国必须保持它在亚洲的存在，它的地缘政治目标必须继续是阻止亚洲结成一个不友好的集团。[①] 然而，20 世纪 90 年代初，东亚区域合作思想刚刚萌芽的时候，美国以强硬的态度压制了亚洲国家的尝试，坚持只能搞由其主导的亚太经济合作组织，但自己却建起了北美自贸区。小布什政府在其任内忙于反恐，陷于伊拉克和阿富汗两场战争难以自拔，对东亚区域合作的发展无暇顾及。即使后期有所关注，也只是致力于重振亚太经济合作组织，强调跨太平洋的经济合作。

奥巴马上台后，看到东亚“面条碗”一般的各种双边、多边机制，才感觉美国置身在外，有被边缘化的危险。东亚各国加强区域内合作意愿的持续增强，以及中日韩对东亚一体化进程的积极参与和推动，尤其是建设排除美国在外的“东亚共同体”这一目标的提出，引发了美国对东亚一体化发展的疑虑。美国担心如听任地区大国领导的亚洲内部集团发展，美国迟早会被排除在重要的地区经济和安全建构之外，继而其在该地区的利益也被排挤，其介入亚洲事务的能力遭到削弱，在太平洋上出现一条割裂美国与东亚的“分界线”。

美国企业研究所的报告提出，20 年前，前国务卿贝克就警告说美国允许太平洋中间划线将是一个战略错误。然而，近年，一个有限的、更排外的地区主义前景出现，以东盟“10 + 3”和东亚峰会的形式只包括亚洲国家，挑战了跨太平洋地区主义。亚洲领导人和美国的朋友，如已故前新加坡总理李光耀警告说，除非美国通过再承担 APEC 和其他跨太平洋机制的领导角色，加强与亚洲的接触，否则中国将成为地区霸权，损害美国和亚洲其他国家的利益。由于亚洲主要国家对于共同安全行动兴趣不大，塑造经贸

---

① ［美］基辛格：《美国的全球战略》，胡利平、凌建平等译，海南出版社，2009 年版，第 93 页。

联系就成为了关键战场。[①]

美国对外关系委员会发布的报告《在新亚洲的美国》讨论了亚洲地区主义的兴起和美国的对策。报告认为，美国必须适应亚洲人重新定义自己的地区，试着发展“亚洲人”身份的理念和加强在全球体系中的影响。美国已经意识到了这一点，正在进行关于亚洲机制的严肃讨论。决策者严肃对待亚洲机制建设的理由有三：首先，亚洲人本身非常重视架构建设，视多边机制和协定为地区发展的关键。美国在亚洲的可信度，取决于美国是否及如何适应亚洲的利益、判断和目标。其次，美国也许可说服亚洲建立一个更有效的机制架构以帮助美国维护在该地区的利益。最后，一些排除美国的多边机制已成为经济和金融发展趋势的发源地，这将不利于美国公司和美国的目标。某些优惠贸易协定和金融安排及地区的规则、标准威胁美国的利益。一些新的机制的创立没有美国的加入，比如东盟“10＋3”，这有使美国在亚洲被边缘化的可能。因此，美国已意识到，传统的“轴辐”体系不可持续，美国必须行动起来去塑造亚洲的多边趋势，否则将付出更多利益、信誉和影响上的代价。[②]

彼得森国际经济研究所经济学家伯格斯滕也提出，一个没有美国参与的亚太自贸区可能使美国公司的年出口至少损失250亿美元，或约20万个高薪岗位。[③] 因此，美国必须掌握亚太区域合作机制的主导权，努力重塑地区机制和规则，防止出现没有美国的区域合作，才能真正维护美国在亚洲的经济利益和霸权地位。美

① Claude Barfield and Philip I. Levy, “President Obama, the TPP and U. S. leadership in Asia,” AEI, January 26, 2010. http://www.eastasiaforum.org/2010/01/26/president-obama-the-tpp-and-u-s-leadership-in-asia/.

② Evan A. Feigenbaum and Robert A. Manning, “The United States in a New Asia,” Council Special Report No. 50, November 2009.

③ C. Fred Bergsten and Jeffrey J. Schott, “Submission to the USTR in Support of a Trans-Pacific Partnership Agreement,” January 25, 2010, http://www.iie.com/publications/papers/paper.cfm? ResearchID=1482.

国前助理国务卿坎贝尔就直白地提醒亚洲，“任何重要机制都不能把美国排除在外”。

（二）对冲中国崛起

维持美国在东亚的霸权地位，防止出现一个对美国霸权的挑战者，是冷战结束以来美国在东亚的主要战略目标。亚洲整体影响力的上升，特别是中国崛起对全球政治格局所带来的震动效应，给美国的全球优势地位带来了巨大冲击。中国的增长速度让美国这个一心维护其世界主导地位的“老大”忧心忡忡。奥巴马政府需要加大对这一地区的投入，谋划应对中国快速发展的战略。

1. 美国国内关于亚太新战略是否遏制中国的争论

美国内部对于奥巴马实施新亚太战略原因主要的争论焦点在于，美国“重返”是不是针对中国，是不是为了遏制中国。经过整理发现，美国很多立场偏向强硬、保守的人士认为，中国在近年取得快速发展后，正在寻求突破现状，对外愈来愈强硬。美国需要加强在亚太的力量，应对中国的崛起，甚至遏制中国，才能维持在亚太乃至全球的领导地位。但不少学者的观点则是反对“再平衡”战略是要遏制中国，认为中国不可被遏制，针锋相对对中美都没有好处，美国必须维持与中国的合作，这种观点与美国官方的表态基本一致。

（1）认为奥巴马的“再平衡”战略是针对中国的观点

美国内一些学者、观察家对中国崛起的担忧和受威胁感很强烈，认为中美之间必然将开展对权力的争夺。在《一场霸权的竞争：中国、美国和亚洲主导权的争夺》一书中，作者就写道，冷战结束后，中国就追求旨在最终取代美国成为主导的地区性大国的战略。尽管中国努力避免与美国直接对抗，但一直在进行快速、持久的军力建设，目的是威慑或必要时打败美国在西太平洋投射力量的努力。同时，为削弱作为美国地位基础的美国对盟友的承诺，中国试图使用外交和增长的经济能力来吸引周边邻国。[①] 还有观点认为，即使中国最终是一个温和力量，也必将改变美国在二战结束以来在亚洲的领导角色。[②]

美国国会研究部的报告提出，虽然奥巴马政府经常表示美国在亚洲的动作不是针对任何一个特定国家，但大部分观察者相信这起码部分是在对中国增长的影响作出回应。尤其令美国和周边地区不安的是，中国近年坚持在南海和东海的争议海域的主权，通过军事演习、海上巡航、骚扰越南石油开采船只、扣押越南和菲律宾渔船，有更大的意愿来显示其外交和军事力量。虽然奥巴马政府继续寻求与中国加强合作关系，但“再平衡”也同时代表着警告中国远离使用强硬策略对付邻国，并向抵制来自中国压力的其他亚太国家提供信心。[③]

由于中国威胁的增强，美国已把中国看作潜在的敌人。有学者直言，由于迅速增长的经济与维护主权和国家利益的决心，或许只是因为中国的存在，中国正成为五角大楼的新的“敌人意象”，代替了之前的2001年“9·11”事件之后布什政府眼中的伊斯兰，或是冷战期间的苏联。美军应对中国的新态势与中国的任何侵略性的威胁无关。五角大楼已决定升级进攻性的军事态势，不仅仅因为中国成为世界经济和地缘政治中强大有活力的独立一极，只有附属国需要适用于美国的全球化世界。[④] 美国安全政策中心主任小弗兰克·加夫尼2011年11月14日在《华盛顿邮报》上撰文指

① Aaron Friedberg, “America's Real China Threat,” August 23, 2011, http://www.thedailybeast.com/articles/2011/08/23/america-s--china-threat-u-s-must-retain-asia-pacific-clout-despite-debt-woes.html.

② Hugh De Santis, “China's Rise Means U.S. Fall in Asia,” April 26, 2010, http://www.acus.org/new_ atlanticist/chinas-rise-means-us-fall-asia.

③ “Pivot to the Pacific? The Obama Administration's ‘Rebalancing’ Toward Asia,” Congressional Research Service, March 28, 2012.

④ F. William Engdahl, “Obama's Geopolitical China ‘Pivot’: The Pentagon Targets China,” *Global Research*, February 02, 2013, http://www.globalresearch.ca/obama-s-geopolitical-china-pivot-the-pentagon-targets-china/32474.

出，美国在整个太平洋地区这样做的目的显而易见：为对抗中国的经济霸权主义，加强本地区实力；鉴于中国越来越有能力和意愿去显示本国的军事实力，美国要提升自身与盟国的战斗力加以应对。

战略与国际问题研究中心太平洋论坛常务理事布拉德·格洛瑟曼于2012年7月在CNN发表《不，对中国的恐惧并非美国对亚洲政策的决定性因素》一文。之后凯托学会外交政策研究主任贾斯汀·洛根发表《美国的“再平衡”当然与中国有关》驳斥格洛瑟曼的观点。他认为，美国的“亚太再平衡”战略当然与中国有关。美国无法容忍力量对等的竞争对手。当年无法容忍苏联，无法容忍欧洲成为第三支力量，现在也没有多少迹象表明美国想容忍中国。虽然在这方面通常得到的回答是美国没有遏制中国，因为美国在跟中国做生意，但其军事政策显然是为了遏制中国。正如第一次世界大战表明的那样，互相依赖并不意味着没有安全竞争发生。美国的亚洲政策从根本上说与中国无关的观点，犹如认为美国的中东政策从根本上说与石油和以色列无关一样。

美国卡内基国际和平基金会副总裁包道格也认为，“重返亚洲”这一战略有平衡中国的考虑。过去10年来，中国在东南亚地区不断扩大其利益取得了有效成果，这是美国没有做到的。而对于奥巴马加强与东南亚国家的关系，有学者提出，美国加强与东南亚国家的政治、军事联系，尤其是与越南的联系，不仅证明美国对这个关键地区的承诺，也发出了美国应对中国决心和耐心的清晰信号。因为不能显示美国对东南亚的承诺就可能会使中国相信美国在衰落，并促使中国考虑采取更强硬的行动来争夺地区霸权。①

---

① Le Thuy Trang, “America in Response to China’s Rise: Standing Still is not an Option,” Pacific Forum CSIS, Issues & Insights Vol. 12, No. 4, May 2012.

美国马歇尔基金会亚洲项目高级研究员丹尼尔·特文宁提出，奥巴马的亚洲新战略是在与中国互动中形成的。奥巴马上任后对中国表态积极，希望加强合作，但中国反而理解为是美国在衰落，有求与中国，因此态度强硬，这迫使奥巴马改变了其亚洲战略。事实上，“转移”的其实是奥巴马总统本人，即从 2009 年寻求“中美共治”，引起美国在亚洲和欧洲的盟友的焦虑，到两年后声明加强军力明显针对中国。[①]

美国耶鲁全球化在线杂志题为《美国将重心放到亚洲是否是其全球大国地位削弱的第一步?》一文也表达了类似观点。2011 年 11 月，出生于夏威夷的美国总统奥巴马宣布美国政府将把重心转向亚洲，这标志着奥巴马执政以来的一个重大政策改变。这一改变部分是因美国对中国实力的感知发生了改变。在执政初期，奥巴马尽可能地不得罪中国。但美国政府已经清楚地感觉到，跟中国来软的得不到什么好结果，而且认为中国在东亚不断增强的军事实力对美国在该地区的影响力构成了威胁。为了保持自己的影响力，美国希望把军事和外交力量集中运用到最关键的地方，这样做符合美国的战略利益。中国是未来几十年里唯一可能在军事和经济上与美国分庭抗礼的国家。美国如果想要遏制中国，那最好从靠近中国边境和沿海的地方着手。

美国学者彼得·李发表题为《美国在中国门口下赌注》的文章，提出前国务卿希拉里·克林顿发表在《外交政策》杂志上的文章《美国的太平洋世纪》其真正含义是，在奥巴马执政初期诞生的两国亲密关系已死，而且已被埋葬在美国的外交墓地里。如今，与中国的对抗关系似乎已成为美国亚洲外交的理由。从实际角度来说，希拉里·克林顿的“太平洋世纪”更像是过去 60 年的

① Daniel Twining, “Obama's pivot to Asia,” *the Atlantic Times*, September 28, 2012. http://www.the-atlantic-times.com/index.php?option=com_content&view=article&id=657%3Aobamas-pivot-to-asia&catid=71%3Apolitics&Itemid=2.

“太平洋世纪”：美国保持在亚洲的军事存在，并联合友邦遏制中国。[①]

还有学者认为，从表面上判断，美国转向亚洲的目的是经济的，即通过贸易和投资刺激美国的企业。然而，这些计划与中国的地区野心迎头碰撞。“转向亚洲”战略如要成功，必须阻止中国的霸权冲动，遏制其在后院的崛起。因此，遏制中国是美国在未来几十年真正的战略挑战。对于新战略中的经济举措，哥伦比亚大学经济与法学教授贾格迪什·巴格瓦蒂在《美国对跨太平洋贸易的威胁》一文中表示，美国推动TPP其实是一个对中国新进攻态势的政治回应，因此也构建于对抗和遏制之上，与合作毫不相干。美国之所以最终选择了TPP，只是因为中国在宣示其南海主权以及中印、中日领土冲突方面过于激进。美国对亚洲贸易的设计就是源自于遏制中国的目标，而TPP的条款实际上也将中国排除在外。[②]

(2) 反对奥巴马“重返”是为遏制中国的观点

奥巴马政府官方始终强调，其“重返亚太”战略不是为了遏制中国，美国欢迎中国的发展，中美合作对亚太地区的安全繁荣至关重要。奥巴马总统反复申明，抑制中国的崛起不是美国的政策。他于2011年11月在澳大利亚议会的演讲中表示，美国将继续努力与中国建立“合作关系”。“（这一地区的）所有国家，都能从中国和平、繁荣的崛起中深深受益，这也是美国对此表示欢迎的原因。”前国务卿希拉里·克林顿在《美国的太平洋世纪》一文中也阐述，美国国内的一些人把中国的进步视为对美国的威胁；而在中国的一些人担心美国会试图遏制中国的发展。“我们反对上

---

① Peter Lee, “US plants a stake China's door,” *Asia Times*, Oct 22, 2011, http://www.atimes.com/atimes/China/MJ22Ad01.html.

② Jagdish Bhagwati, “America's Threat to Trans-Pacific Trade,” December 30, 2011. http://www.project-syndicate.org/commentary/america-s-threat-to-trans-pacific-trade.

述两种观点。事实是，一个欣欣向荣的美国对中国有利；一个欣欣向荣的中国也对美国有利。通过合作而不是对抗，两国均能显著获益。”

前国防部长帕内塔2011年在新加坡香格里拉对话会上也专门强调：“一些人认为美国对亚太地区的日益重视是对中国的某种挑战。我完全不同意这种看法。我们重新确立和加强我们在亚洲的参与是与中国的发展和增长完全吻合的。事实上，美国在这一地区加强参与将有利于中国，促进我们未来的共同安全和繁荣。”

多数美国学者观点是与官方一致的，即认为奥巴马的“再平衡”战略并不是针对中国，或不完全是针对中国。哈佛大学肯尼迪政治学院教授约瑟夫·奈提出，虽然中国对假定美国遏制的焦虑在上升，但美国对中国的政策不同于冷战期间对苏联的遏制政策，对冲意味着谨慎而不是进攻。美国军队并不想以冷战方式“遏制”中国，但他们可以帮助塑造中国领导人做出选择的环境。①

美国海军分析中心亚洲问题专家迪加特洛认为，美国外交的这一转变不是为了阻止中国在地区的支配地位、防止中国潜在成为地区霸权。当中国在1972年尼克松访华后开放并开展经济和政治改革后，与美国的关系就成为中国发展战略的一个关键因素。若不是与美国的关系，中国经济发展和在世界事务中重新出现的速度不会如此的迅速。美国从未试图牵制和限制中国的崛起。如果这是美国的目标，那么美国已经大大失败。②

《美国转向亚洲到底意味着什么?》一文也提出了这个问

---

① Joseph Nye, “Obama’ s Pacific Pivot,” December 9, 2011, http://www.project-syndicate.org/commentary/obama-s-pacific-pivot.

② Patrick deGategno, “America’s Renewed Engagement of Asia,” the Atlantic Council, November 12, 2010, http://www.acus.org/new_atlanticist/americas-renewed-engagement-asia.

题——美国的“转向”战略是为了中国吗？作者切委扎的答案是“既是，又不是”。他认为，毫无疑问，中国的崛起是东亚的一件大事，中国在周边越来越多地运用实力，从与日本在钓鱼岛冲突到在有争议的海域广泛的诉求。美国是有能力牵制中国崛起的唯一国家，东亚的很多小国都寻求得到美国的再保证。但要记住，美国在亚洲的利益不只是管理中国的崛起。亚洲地区存在很多世界上最紧迫的议题，从核扩散到气候变化，对于全球经济的运行也不可或缺。因此虽然中国的崛起是一个最大的原因，但远不止这一点。[①]

中国问题专家、布鲁金斯学会李侃如提出，奥巴马政府不寻求与中国对抗，而是在采取双管齐下的手段，即重申、加强与中国的合作关系，并树立牢固、可信的美国在亚洲的存在来鼓励中国建设性的行为，为其他亚洲国家提供不需要屈服于可能的中国霸权的信心。奥巴马政府因此继续着力发展与中国最高级别领导人的紧密的个人联系。奥巴马本人与胡锦涛主席会晤10次，与温家宝总理也多次见面。希拉里·克林顿国务卿也在接触其中国对话者戴秉国上做出了特别的努力，定期与他进行长达数小时的非正式会谈。财政部长盖特纳也与王岐山副总理建立了密切的联系。这些非公开会见的目的是解释每一方的立场，以得到相互理解增加相互信任，出发点是互相尊重和对中美日渐深入的共同利益的认知。[②]

伍德罗·威尔逊国际学者中心访问学者格雷格·谢里登在《奥巴马在接触亚洲方面是完美典范》一文中写道，美国从未离开过东南亚，不过奥巴马政府在这方面进行了全面革新，并扩

① Matt Schiavenza, “What Exactly Does It Mean that the U. S. Is Pivoting to Asia?” *the Atlantic*, April 15, 2013, http://www.theatlantic.com/china/archive/2013/04/what-exactly-does-it-mean-that-the-us-is-pivoting-to-asia/274936/.

② Kenneth Lieberthal, “The American Pivot to Asia,” *Foreign Policy*, December 21, 2011.

展了美国在东南亚的义务。美国采取这种新的积极主义背后是有原因的，那就是中国。不过美国在东南亚的积极作为远远超过中国，仅从中美战略竞争的角度去看待美国的行动无疑是错误的。

前常务副国务卿斯坦伯格2011年12月接受日本《产经新闻》采访时表示，奥巴马2011年宣布的亚太地区政策是在他上任时就已经着手制订的方针，并非为了包围中国。奥巴马总统和国务卿希拉里·克林顿均确信，对于美国的长期利益而言，亚太地区将是最为重要的舞台。“重返亚洲”归根到底是为了地区和平和稳定，并非为了围堵或者与中国对决，而是要创造一个让中国成为建设性伙伴的机会。

前文提到的布拉德·格洛瑟曼的文章《不，对中国的恐惧并非美国对亚洲政策的决定性因素》其理由是，美国实施接触政策的目的是反驳美国在太平洋实力衰弱的说法。美国对该地区实施“再平衡”的战略依据是，亚洲对美国的未来越来越重要，美国决心像过去那样在该地区发挥作用。美国实施的接触政策被认为主要是一种军事措施，实际上，“再平衡”战略首要的是实施“前沿部署外交”，紧随其后的是经济和文化接触。军事层面是很重要，但也只是最后一根支柱而已。美国政策的决定性因素是这些广泛关切，而不是对中国的恐惧。

美国战略与国际问题研究中心太平洋论坛主席科萨对奥巴马亚太战略的提法提出了批评。他认为转向亚洲政策并不是新的，唯一新的就是“转向”这个词。“重返亚洲”的提法没说到点上，并且有带来负面效果的风险。“转向”亚洲政策不是完全关于中国的，也不是说完全不关于中国，中国近年的表态和行动使美国的战略之中有些部分是为了中国。但美国持续关注亚洲最主要的因素是认识到了亚洲的经济、政治、安全的重要性，而不论亚洲崛起的性质。美国承诺维持对亚洲的投入，因为这符合美国的国家安全利益。①

美国进步中心专家尼娜·哈奇格恩认为，美国需要强化与亚洲的关系，以确保中国的崛起有利于地区的稳定和繁荣。例如，2010年当中国在南海问题上采取了一系列有进攻性的举动时，国务卿希拉里·克林顿与越南等东南亚国家一起“摊牌”，表明了对和平、多边方式解决领土争议的诉求。中国之后软化了行动和强硬言论。同样，美国在为中国适应国际法和标准创造动力，这就是为什么奥巴马政府推动高标准的TPP。这些行动不是“遏制”中国战略的一部分，“遏制”既不可能也不可取。没有亚洲国家会加入一个对付中国的联盟，它们事实上都想加强与中国的关系。但同时，它们也想让美国留在这里。即使遏制是可能的，更符合美国利益的是一个强大、繁荣的中国，而不是衰弱的、充满忿恨的中国。②

2. 中国崛起挑战美国领导地位

客观来说，奥巴马政府“重返亚太”并不完全针对中国，但主要针对中国。中国的快速崛起一方面带动亚洲经济的发展，为美国带来机遇，另一方面也对美国的领导力构成了威胁，而且在美国看来，中国发展的未来具有不确定性，美国需要付出行动来防范并塑造中国，使中国的发展不威胁并有利于美国的利益。

20世纪90年代以来，中国专注于国内经济发展，经济实力快速增强。根据世界银行统计数据，从2003年到2011年，中国年增长率最低为2009年的9.2%，2007年增长最快达到14.2%，平均保持在两位数的增长率。③ 成功应对金融危机后，中国一跃成为仅

① Ralph Cossa and Brad Glosserman, “Return to Asia: It’s Not (All) About China,” PacNet #7, January 30, 2012.

② Nina Hachigian, “President Obama’s Asia Overdrive,” Center for American Progress, November 9, 2011, http://www.americanprogress.org/issues/security/news/2011/11/09/10604/president-obamas-asia-overdrive/.

③ World Bank, Country Data GDP Growth (annual %), http://www.worldbank.org/en/country/china.

次于美国的世界第二大经济体。中美实力对比正在发生巨大变化。在冷战结束初的1993年，中国GDP占美国GDP总量的不到7%；到了本世纪之初的2001年，中国GDP总量占到美国的近乎13%；2012年，中国的GDP总量就已经占到美国GDP总量的53%以上。国际多个权威机构预测，中国GDP将在2030年超过美国，而国际货币基金组织的估计最为乐观，预测2016年就将出现这一局面（按购买力平价计算）。

在美国进行反恐战争的这十年间，中国加入世界贸易组织，进一步扩大对外开放，并在“睦邻、安邻、富邻”的外交思想指导下，积极实施“走出去”战略。随着经济实力的快速增长，中国对周边的辐射力和影响力大大加强。中国已成为周边诸多国家包括日本、韩国、东盟、澳大利亚的最大贸易伙伴。中国－东盟自贸区2010年正式生效，成为世界上人口最多、发展中国家组成的最大自由贸易区。中国与东盟十国之间的贸易额，从1991年的79.6亿美元快速增长至2011年的3629亿美元，年均增长率超过20%。[①] 在对外投资方面，中国对东盟的投资从无到有，已成为东盟第四大外来投资来源国。通过《海峡两岸经济合作框架协定》的签署，台湾地区与祖国大陆实现了经济融合，两岸开启了大交流、大合作、大发展的新局面。中国与韩国、日本自贸区的谈判亦在进行之中。近年来，中俄不断深化两国的战略协作伙伴关系。中俄两军在双边和上海合作组织框架内多次举行联合军演，提高了双方共同应对新威胁、新挑战的行动能力。中国与上海合作组织各成员国加强合作，确保西部战略方向稳定，并大力加强了与中亚、阿富汗和西亚国家的互补互利经贸合作。

中美对地区的影响力发生了不利于美国的变化。中国积极参加了包括东盟地区论坛、“10＋1”、“10＋3”、东亚峰会和中日韩自

① “中国——东盟全面经济合作十年间：推进贸易便利化”，中国网，2012年9月22日，http：//www.china.com.cn/news/txt/2012－09/22/content_26602625.htm。

贸区谈判等大东亚地区所有区域合作机制，并为推动这些合作机制与组织朝亚洲一体化方向发展发挥了不可或缺的独特作用。美国却被挡在大多数亚洲合作机制门外。而且，中国对本地区国家的影响力有超越美国之势。2013 年，渣打银行针对过去 10 年美国及中国大陆的经济数据，分析对香港、台湾、印度、印尼、马来西亚、菲律宾、新加坡、韩国、泰国及澳大利亚等亚洲 10 个国家及地区的经济影响力。结果发现，大陆对亚洲地区的影响力超越美国，尤其以东北亚最为明显。香港是受大陆影响最多的经济体，紧随其后分别为新加坡、台湾、韩国、澳大利亚及马来西亚。[①]

美国中国问题专家沈大伟在《北京对亚洲邻国魅力十足》一文中指出，随着中国在政治、经济、多边关系和军事方面影响力的增长，中国对亚洲邻国已显示出十足的魅力。随着中国影响力与日俱增，许多国家将把北京视为亚洲地区的领导国，或至少重视北京的利益，关心北京的决策制定。[②] 对外关系委员会东南亚问题专家约书亚·科兰兹克称中国在东南亚的“软实力”是如此强大，可以说自 1945 年以来，美国第一次“面临着这样一种现状，即另一个国家的号召力在一个重要的地区超过了自己”。[③]

亚太的崛起本质上是中国的崛起，世界权势的东移本质上是向中国移动。而这也是美国最为害怕的，小国的兴衰不足以对大的国际格局产生质的影响，但中国作为一个拥有大国基值、霸权潜力的国家才是美国所担心的。新加坡著名学者马凯硕就提出，中国崛起带动整个亚洲地区经济上的迅速繁荣，“重构世界秩序的时刻已经到来”。

① “中国对亚洲经济影响力超过美国”，新华网，2013 年 8 月 6 日，http://news.xinhuanet.com/world/2013-08/06/c_125121610.htm。

② David Shambaugh, “Beijing charms its neighbors,” *the New York Times*, May 13, 2005, http://www.asean-society.org/asean/david-shambaugh-beijing-charms-its-neighbors/.

③ ［新加坡］马凯硕：《新亚洲半球》，刘春波、丁兆国译，当代中国出版社，2010 年 2 月，第 210 页。

尽管美国对于中美力量对比的差距有着十分清晰的认知，但中国实力增势之迅猛依然令美国不安，民众的心态已然发生了巨大变化，美国国内对中国的战略敏感性和焦虑心态明显上升。在美国人眼中，美中之间“霸权国”与“挑战国”的特征已更加凸显。中国的崛起对于想永远保持世界领袖地位的美国而言，确实在国际力量对比变化、国际规制权和话语权、亚太合作框架、发展道路和模式、世界热点问题应对等方面都提出了挑战。[①]

因此，中国“经济威胁论”、中国“军事威胁论”、以及中国“网络威胁论”充斥美国各大媒体，在美国官方和学界亦有广泛影响。2012 年，美国公布的一份民调就显示，美国最大的敌人系伊朗，中国排名第二。美国担心，“中国正寻求使用其在亚洲不断增长的经济以及军事力量，以损害美国为代价来获得外交上和安全上的优势”。[②] 很多美国的战略学者论证认为，中国在亚太推行两个长期的目标，其一即为取代美国成为西太平洋实力超群的大国，并且将亚洲融合成为一个服从中国经济及外交利益的排他性集团。[③] 如约瑟夫·奈就提出，中国将运用正在上升的影响力，最终把美国从亚太挤出去，建立由中国主导的亚太秩序。[④]

在美国战略界看来，以亚太地区为重要战略依托的中国的快速崛起，不仅极大影响美国的地缘政治利益，还将威胁美国经济安全，并促使“中国模式”成为与美国价值观相冲突的全球模式。对外关系委员会亚洲研究中心主任易明声称，中国领导人谋求重新设定国际规则和制度，中国已经成为国际社会一支“革命性力

---

① 杨洁勉：“浅析奥巴马政府的全球战略调整”，《国际问题研究》，2011 年第 2 期，第 19—22 页。

② Martin Indyk, Kenneth Lieberthal, and Michael E. O'Hanlon, “Scoring Obama's Foreign Policy: a Progressive Pragmatist Tries to bend history,” *Foreign Affairs*, May/June, 2012.

③ Henry Kissinger, “The future of U. S. -Chinese Relations: Conflict is a Choice, Not a Necessity,” *Foreign Affairs*, March/April, 2012.

④ Joseph Nye, “The Future of American Power,” *Foreign Affairs*, November/December, 2010.

量”，“遏制”、“接触”或“遏制加接触”这些简单化的对华政策已不再奏效，美国需以更复杂的策略“规范”中国的崛起。[①]

3. 亚洲国家希望美国“重返”以制衡中国

（1）美国需要对亚洲地区盟友重新承诺

冷战后，尤其是新世纪以来，美国在亚洲的同盟体系不时面临信任危机，盟友离心倾向前所未有地加强。这主要是因为明显的外部威胁消失、美国与部分盟友的政策立场相左、盟友自主性增强以及美国国力相对式微所致。尤其是在东亚地区，日本与韩国这两只美国的“东亚战略之锚”，除了受美国经济与市场容量下降这一因素影响之外，更受到中国经济容量与吸引力加强的影响。日本2009年提出了建立不包括美国的“东亚共同体”，中日韩三国经济已成融合之势。当然，在亚洲地区的盟友，尤其是日本，对于发展日美同盟意愿是十分强烈的。但因为美国自身所面临的财政、党争、外交等困境，日本等盟友对于这个“老大哥”的安全承诺和战略能力也产生了质疑。

亚太地区日益增长的焦虑不安和对于美国在亚洲未来的地位和作用的不确定性迫使美国必须做出政策回应，而中美、中日和中韩的一系列紧张互动加推了美国的政策制定流程，凝聚了美国政治精英对于美国在亚太地区应该尽力提高其规格和卷入程度、以应对本地区其他国家对于美国脱离亚太的认知的共识。[②] 美国必须要做出明确的姿态性表示，即美国对亚洲盟友的安全承诺继续有效，同时对中国崛起引起的地区担忧做出及时的强势反应。

（2）东亚国家希望美国“重返”来平衡中国崛起

亚洲国家在经济上依赖中国，安全上却指望美国的骑墙政策，给美国“重返亚太”提供了便利。一方面，亚洲国家在经济上依

---

① Elizabeth C. Economy, “The Game Changer,” *Foreign Affairs*, November/December 2010.

② 陈雅莉：“美国的‘再平衡’战略：现实评估和中国的应对”，《世界经济与政治》，2012年第11期，第64—82页。

赖中国，希望搭上中国发展的便车。但另一方面，这些国家还是对中国崛起的目的感到不确定，希望在安全上依靠美国。亚洲国家谁都不愿意亚太区域合作的进程由中国主导，又都想维持亚太地区的军事平衡，并在接触合作中进一步观察中国的意图。[①] 因此，这些国家欢迎美国从中东和欧洲转身，增加在亚太的存在，对中国形成制衡。美国国务卿希拉里·克林顿2010年在夏威夷演讲时称：“在过去20个月中，亚洲领导人与我说得最多的一个话题就是，谢谢，我们真高兴美国又重新在亚洲发挥作用了。”

中国的崛起尤其让与中国有主权争议的东盟国家感到担忧和紧张，因为时间优势明显在中国一方。2009年10月，新加坡前总理李光耀公开表示，欢迎美国在东亚发挥影响力，以平衡中国的地区经济影响力和潜在的战略影响。“美国是能抗衡充分成长的中国的唯一力量，因此保持美国对该地区的兴趣很重要。”“中国的规模使得亚洲其他国家，包括日本和印度，都不可能在未来20—30年在影响力和能量上与之匹敌。所以，我们需要美国来与之平衡。”[②] 越南国防部副部长阮志咏也坦言：“如果美国能为本区域带来和平、稳定，确保国家主权得到尊重，我们欢迎美国的举动。”美国东西方研究中心研究人员伊夫林·高分析说，冷战期间，非共产主义的东南亚国家认为美国的军事干预、双边同盟以及贸易与投资不仅有助于遏制苏联或中国挑起的“共产主义叛乱”，而且能关键性地给该地区的发展助一臂之力；后冷战时期，伴随中国崛起而产生的地区潜在威胁的不确定性使某些分析家断定，几乎所有东南亚国家现在都视美国为军事以及政治经济领域的“最佳平衡者”。[③]

---

① 黄忠、唐小松：“试论亚太地区对中国崛起的认知与反应”，《教学与研究》，2011年第2期，第69—76页。

② “李光耀：只有美国能抗衡中国”，新华网，2011年5月28日，http://news.xinhuanet.com/world/2011-05/28/c_121468202.htm。

③ Evelyn Goh, *Meeting the China Challenge: The U.S. in Southeast Asian Regional Security Strategies*, The East-West Center Washington, 2005, p. 1.

总之，对于美国这个霸权国家来说，最核心的利益莫过于维护其全球的霸权地位。而在美国看来，现实情况下唯一可能对美国的霸权地位构成挑战的国家只有中国。因此，美国始终将中国作为竞争者，对中国保持一种警惕和防范。中国因素无疑是美国“重返亚太”战略的重要成因。

（三）应对东亚安全挑战

亚太地区安全局势复杂，是现实和潜在的传统安全和非传统安全交织的地区。近年来，亚洲地区热点问题和安全问题层出不穷，朝鲜的核危机、印巴长期争斗、南海主权争端、东盟各国内部问题等，既对美国的安全利益提出了挑战，迫使其重视亚洲，也为美国插手亚洲事务提供了契机。

1. 视中国军力发展威胁美军自由介入西太平洋

中国不仅在经济方面突飞猛进，而且军事实力也在日益增强。有数据显示，冷战后世界其他地区的防务预算呈下降趋势，而亚太地区是一直增长的，其中中国的军费开支占较大比重。据中国官方的数据，1990 年到 2005 年，中国国防预算年均增长率为 9.6%。虽然，相较于发达国家，中国的军费开支，尤其是人均军费开支尚低，但在西方国家尤其是美国看来，中国军费的持续增长已经对美国构成威胁，并将中国的这种军力发展看成是中国在亚洲排挤美国的主导地位。

近些年，中国海空军战力明显提升，特别是以“非对称”作战概念为指导发展一系列“杀手锏”兵器，引起美国对中国反介入和区域拒止能力的高度关注。奥巴马政府对中国军事力量的发展心存担忧，认为中国军力的提高，尤其是反介入和区域拒止能力的提高，正在削弱美国在西太平洋地区的军事优势和行动能力。2009 年初，时任美国国防部长盖茨在《外交》杂志上撰文称，“北京在网络战、反卫星、防空、反舰武器、舰艇和弹道导弹上的投资可能威胁美国用以帮助其太平洋盟国的主要军力投送手段”。[1]美国战略与预算评估中心主任克雷皮内维奇声称，中国的反介入和区域拒止能力正使“东亚海域慢慢且不可避免地变成另一个潜在的美国舰艇禁入区”。[2]

美国战略与国际问题研究中心和彼得森国际经济研究所联合编写的《美国智库眼中的中国崛起》一书中也提出，总体来看，中国人民解放军在过去几年里持续部署的各类新型战力以及支持技术，有可能对美国军队之前绝对的技术和军事优势造成直接挑战。虽然中国人民解放军在不久之后的任何时候都不太可能在军力——更不要说经过战争考验的作战经验——上成为一名“平起平坐的竞争者”（peer competitor）或者完全战胜美国军队，但是它将会成为一支需要予以认真对待的地区性力量。[3]美中经济与安全审查委员会2010年的报告认为，中国已具备向“第一岛链”投送军力的能力，并正在将这种能力扩张至“第二岛链”，尤其是中国部署在前沿空中或海上平台上的巡航导弹可能命中远在关岛的军事目标。中国反介入/区域拒止能力的提高导致美军在有关地区的作战与活动能力受限。[4]

军力的绝对优势和军舰在全球自由航行是美国重要安全利益，面对亚洲发生的这一变化，美国必然会高度警惕并予以应对。正如美国《时代》杂志网站的文章称，美国多艘“俄亥俄”级潜艇突然出现在中国周边地区标志着其军事战略重心向太平洋转移。美军方还希望借此向中国等亚洲国家传递一个信号，即美国作为

---

① Robert M. Gates, “A Balanced Strategy: Reprogramming the pentagon for a New Age,” *Foreign Affairs*, January/February 2009.

② Andrew F. Krepinevich Jr. , “The Pentagon’s Wasting Assets: The Eroding Foundations of American Power,” *Foreign Affairs*, July/August 2009.

③ 战略与国际研究中心和彼得森国际经济研究所著：《美国智库眼中的中国崛起》，曹洪洋译，中国发展出版社，2011年版，第243页。

④ U. S. -China Economic and Security Review Commission, “2010 Report to Congress of the U. S. -China Economic and Security Review Commission,” November 2010, pp. 89 - 91, http://uscc.gov/annual_report/2010/annual_report_full_10.pdf.

该地区平衡力量的地位不会减弱而将不断加强。[1]

2. 亚太传统和非传统安全挑战增多

西太平洋地区和东北亚可以说是全球最不稳定的地区之一，这一地区的国家在历史与现实中存在着多种联系与利益纠葛，各种力量的介入和对抗导致区域形势长期紧张。因而，从机遇与挑战来说，美国都必须保持与加强在亚太地区的战略存在。美国前国防部长帕内塔说：“美国未来的繁荣与安全系于我们在自西太平洋、东亚延伸至印度洋、南亚的弧形地带推进和平与安全的能力，这对美国和美军来说是不可逃避的现实。”

首先，亚太地区是世界军事力量最密集、军事潜力最大和核扩散问题最严重的地区之一。亚洲有四个已经拥有核武器而拒绝参加核不扩散条约的国家，即印度、巴基斯坦、朝鲜和以色列，伊朗是潜在的核国家。亚洲权力平衡依然脆弱，尤其是不少国家正陷入军备竞赛当中。根据瑞典斯德哥尔摩国际和平研究所统计，东南亚国家的军备支出在 2005 年至 2009 年间几乎翻了一番。

其次，朝鲜半岛局势依然紧张动荡。朝鲜半岛是冷战结束以来唯一依然难以消除的冷战地区，也将中、美、俄、日、朝、韩六方卷入错综复杂的双边和多边关系的战略博弈之中。小布什政府时期，尽管其极力阻止朝鲜拥核，但朝鲜最终还是突破美国设置的底线，不断发展核力量。奥巴马上台后，朝鲜半岛局势跌宕起伏，不断出现新问题和新挑战。2010 年发生的“天安号”事件和“延坪岛炮击”打破了 1953 年停战协定签署以来的朝鲜半岛的原有平衡。核扩散形势进一步恶化，朝鲜进行核试验和导弹试射，六方会谈陷入僵局。在美国看来，朝核问题是地区稳定最为不确定的因素，如果处理不好，不仅有可能进一步破坏美国和该地区盟友之

---

① 张文木：“‘天安舰事件’后东亚战略形势与中国选择”，《太平洋学报》，2010 年第 11 期，第 20 页。

间的关系，而且还可能刺激日本和韩国下决心发展核武器。[①]

再次，东亚存在很多领土领海问题，包括中国与东南亚国家的南海争端，中日之间的钓鱼岛争端，日韩之间的东海争议，俄日之间的岛争等等。近几十年来，东亚地区的海上争议不断上升，已成为东亚各国面临的主要安全挑战。出现这种情况的原因是多方面的。除其自身价值外，海上岛屿可以（或可能）决定专属经济区和大陆架的划定，具有巨大的溢出效益；海上通道日显重要；资源的匮乏、人类对海洋认识的深化及科学技术的发展，使各国对海洋资源的争夺日益加剧；一些海上争议涉及第三方或多方，情况十分复杂；当代国际海洋法的不完善、多歧义等。这些海上争议因涉及美国的盟友，给了美国拉拢同盟、介入地区安全事务的重要抓手。冷战时期，美国对东亚海洋争端总体采取“中立”政策。近些年，美国在相关问题上的立场和态度日渐模糊，在涉及中国的争端中开始偏向其他争端方。

最后，当前东亚的非传统安全问题基本涵盖了所有涉及到的领域，从经济、金融安全、环境安全、公共卫生安全问题到包括毒品走私、恐怖主义、非法移民、海盗和洗钱的有组织跨国犯罪问题。如果不能有效地解决好非传统安全问题，东亚和平、繁荣的实现是不现实的。东亚贩毒问题跨国性强、波及面广，一直是影响东亚安全与稳定的重要因素。缅、老、泰三国交界的“金三角”地区是世界最大的毒品生产基地，对整个地区危害很大。东南亚的海上安全问题比较突出，马六甲一带海域海盗活动猖獗，已影响到东亚各国海上运输通道的安全。自然灾害也是东亚非传统安全的一个重要方面。东亚地理条件复杂，地震活动频繁，自然灾害频发，2004 年的印度洋海啸曾使东南亚国家遭受重大人员伤亡和经济损失，部分国家至今尚未恢复元气。前美国国务卿希拉里·克林顿

---

① “美国强化对亚太地区的战略部署”，《国际形势和中国外交蓝皮书（2010/2011）》，时事出版社，2011 年 5 月版，第 12 页。

称：“亚洲不仅是崛起国家之地，也是孤立于国际社会的政权所在地；不仅存在长期的挑战，而且面临着前所未有的威胁。”

这些热点问题普遍有所升温，造成地区形势震荡并潜伏着对抗的危险。这些问题能否得到有效管控与解决，不但攸关美国亚太战略的成败，也攸关其驻亚太军队、盟国以至美国本土的安全，牵动美国的战略神经。美国战略重心东移，将更多的资源和力量投放亚太，主旨之一就是更有效地应对和管控热点问题，使之不至恶化失控，并确保其朝有利于美国的方向解决。

（四）国内政治的考虑

奥巴马政府的“重返亚太”战略亦出于国内政治的考量。从美国政党政治的角度看，奥巴马认为小布什当政的八年犯了战略错误，把反恐定位太高，忽视东亚地区。他要利用小布什时期的错误，高调宣布“重返亚太”，确立自己的外交政策主题，树立自己的外交旗帜。

1. 调整小布什时期的战略部署

伊拉克、阿富汗两场战争使美国的财力、人员、国民心理、国家形象都遭受了很大损失，加上金融危机打击，美国已无法同时推动欧洲、中东和亚洲三大战略，而是需要有所侧重，运用巧实力，改变反恐策略，进行战略收缩。这种情况下，奥巴马政府将关注点和军事资源开始更多地向亚太地区集中。

（1）美国逐渐从两场战争中撤出

自2001年发动反恐战争以来，美国国防预算从3040亿美元增长到了2008年的6160亿美元，反恐开支每年达750亿美元。而且，10年战争中死亡的美军士兵达到6200人，有4.6万人受伤。小布什政府为得到共和党选民支持，执行共和党传统的减税政策，同时又要维持两场战争，不得不增加政府开支。“减税扩支”的扩张性财政政策为美国留下了上万亿美元的预算赤字和十余万亿美元的政府债务。而且，小布什政府一直鼓吹和实施的“先发制人”、“政权更迭”、“单边主义”还使美国失去了道德制高点和国际信誉，从而大量消耗了美国在冷战结束时积聚的战略主动。

布热津斯基在新书《战略远见：美国与全球权力危机》中写道，截至2010年，阿富汗战争和伊拉克战争都已跨入美国历史上持续时间最久的战争行列。与20世纪最后十年的情形相比，美国的全球影响力急剧下降，美国总统和国家逐渐丧失威信，美国的盟友对美国安全的自我认同感也严重减少。美国的绝大多数盟友认为，2003年发动的伊拉克战争，是美国对“9·11”事件的过度反应，是一次自私且动机可疑的单边行动。阿富汗的战火把美国拖进无休止的地区冲突之中，占世界总人口四分之一的伊斯兰世界，将普遍对美国产生敌对情绪。美国将再无可能像20年前一样承担一个独一无二的成功大国的角色。①

小布什在伊拉克和阿富汗的失利，使奥巴马政府不得不放弃其军事加单边主义的强势外交。2009年6月4日，奥巴马总统在埃及开罗大学向全世界穆斯林发表演讲，呼吁伊斯兰世界与美国实现和解，共同推动双方关系进入新局面。2010年5月27日，奥巴马发布《国家安全战略报告》，报告放弃了布什政府“反恐战争”的说法和“先发制人”的战略，认为世界充满了多种威胁；报告将美国的合作对象从传统盟友扩展到中国、印度等正在崛起的大国，并提出美国将和中国在共同关切的问题上进行合作。②

奥巴马第一任期在外交上努力将美国从“两场战争”中解脱出来。他一上任就立即宣布，将在2009年8月底之前从伊拉克撤出美国的作战部队，留下的50000名海军陆战队士兵将在2011年年底撤出。2011年6月，奥巴马宣布从阿富汗的撤军计划：在

---

① ［美］兹比格涅夫·布热津斯基著：《战略远见：美国与全球权力危机》，何卫宁译，新华出版社，2012年出版，第71页。

② Peter Baker, “Panetta’s Pentagon, Without the Blank Check,” *The New York Times*, October 23, 2011.

2011年年底撤出一万人，并在2014年底结束美军在阿富汗的全部作战任务。2011年10月21日，奥巴马宣布伊拉克战争结束，美国将在年底前撤出所有军队。而美军从反恐战场撤出后，如何调整军力部署成为奥巴马政府迫切需要思考的问题。

（2）美国军费预算削减，需要军事收缩

美国因降低联邦财政赤字带来的可能延续十年的军费削减计划，是其亚太新战略出台的一大重要原因。美国政府背负十几万亿美元的沉重债务，过度的国防开支一直是其国内批评的对象。“9·11”事件后，美国军费10年来上涨幅度超过了78%。根据斯德哥尔摩和平研究所的年鉴，2010年美国军费开支达到7000亿美元，约占世界军费总量的43%，是中国的六倍。2011年，美国的军费开支达7110亿美元。

2011年6月底国防部长罗伯特·盖茨离任之前，提出了未来5年780亿美元的国防开支削减设想。2011年8月1日美国政府新财政年度来临的前1天，国会通过了《预算控制法案修正案》，授权美国政府到2012年12月底提高政府债务上限到1.2万亿美元，同时将国防开支削减作为降低政府赤字的主要项目。法案规定未来10年美国将总体削减1.5万亿美元的政府开支，其中3500亿美元国防开支削减是“计划内”需要削减的，另外6000亿美元的国防开支削减执行与否，要依据两党国会特别委员会”是否能达成具体削减政府开支的协议。然而该委员会到2012年12月31日仍然无法达成协议，因此从2013年开始，这6000亿美元的国防开支削减将在10年内自动进行。美国将不得不结束以往在军费上“大手大脚”的做法，转而在今后相当长时间内进入国防和安全经费的“节俭”时代。

在军力收缩情况下，美国军事战略将做出重大调整。军事部署必须根据在各地的急需程度和优先考虑来进行，并考虑如何有效维护其自身安全和战略利益，军事收缩与霸权利益之间如何取得平衡。而亚太毫无疑问是取得这一平衡的合适之选。美前国防部长帕内塔在新加坡提出的美国军事力量“再平衡”，实际是美国收缩军事开支与维持、增强亚太地区影响力这对矛盾间的平衡。

2. 奥巴马希望在亚太“纠偏”

(1) 美国战略东移因反恐迟滞

小布什政府上台后，在2001年9月发表《四年防务评估报告》，就把目光转向亚洲。报告说：“亚洲地区大国将成为威胁美国利益的至关重要的地区，并且这一地区存在着一个拥有丰富资源的军事对手的可能性。”因此，报告正式提出“要把（军事战略）重点放在西欧和北美以外新增的基地和站点”。但由于“9·11”事件的发生，小布什政府没有把全球战略东移立刻付诸实施。美国把反恐战争的重点放在了中东地区，阿富汗战争和伊拉克战争占据了其大部分注意力，亚太地区在小布什政府外交中的重要性相对下降。总的来说，小布什政府时期，美国外交重心主要集中于亚洲之外的地区。

小布什任内没有真正在政策上将东移付诸实施的另一个原因就是美国新保守主义的兴起。新保守派在美国外交政策中的影响主要集中在中东政策领域，他们在情感上完全投入到中东事务上。其政策主要体现在对以色列的“一边倒”，对于牵扯美国重要利益的“问题”国家比较倾向用军事手段解决问题，因此新保守主义者对于中东地区投入战略性关注而相对忽视了美国在亚太地区的势力延伸和巩固。这致使美国后来深陷中东的泥潭，因此“再平衡”的思想虽然萌发，但是并没有贯彻在具体的政策实践中。①

(2) 希望挽回小布什时期美国在东亚下滑的影响力

由于美国过去10年对东亚地区的关注明显不够，推行单边主义、缺席亚太多边机构等原因，美国在该地区的影响力下降。《布什政府与东亚：是否美国需要一个新的地区战略》一文指出，布

---

① 陈雅莉：“美国的‘再平衡’战略：现实评估和中国的应对”，《世界经济与政治》，2012年第11期，第64—82页。

什政府的政策与地区政治和经济局势日益脱节，美国长期主导的亚太秩序和美国领导权有被削弱之虞。许多美国外交分析家也充满焦虑地认为，在2009年以前，“在至少10年内，在美国政府的高层几乎没有做过持续的努力来重新思考美国在亚洲的利益、作用和责任。相应地，美国的政策变动较少是主动的，更多的是被动的，美国在这一地区行使权力较少出自战略考虑，而更多的是就事论事”。①

美国尤其忽视了其在东南亚的影响力。当时的国务卿赖斯在3年内曾两次缺席东盟地区论坛。2007年，美国与东盟建立对话伙伴关系30周年时，小布什总统取消了出席筹备已久的美国—东盟峰会，致使美国与东盟国家的关系一度冷淡。马凯硕在《新亚洲半球》中写道，冷战后期，当美国对东盟不再感兴趣，并想逐渐抛弃它的时候，中国继续亲近东盟。前东盟秘书长素林·比素万在总结美国与东盟合作的不足时指出，最近30年来，美国与东盟还从未举行过峰会，而中、日、韩三国通过东盟“10+3”机制与东盟发起参与各种会议。美国在东南亚的行动有时可以被界定为太少太晚。当亚洲金融危机发生时，美国拒绝给予援助并阻止日本建立亚洲货币基金来稳定地区形势。

奥巴马政府上台后不久就表示，要纠正前任政府的做法，其中包括结束两场战争，将更多的资源和战略关注投向亚太地区。2009年2月，国务卿希拉里·克林顿首次出访就到访了东盟秘书处，比素万在与她会见时说：“您的访问显示了美国在认真结束它对这一地区的外交忽略。”

3. 出于美国国内选举政治和个人情结考虑

奥巴马上台后，美国的政治极化现象表现得十分突出，面对国

---

① Ralph A. Cossa, Brad Glosserman, Michael A. McDevitt, Nirav Patel, James Przystup, and Brad Roberts, “The United States and the Asia-Pacific Region: Security Strategy for the Obama Administration,” February 2009, http://csis.org/files/media/csis/pubs/issuesinsights_v09n01.pdf.

会中共和党的掣肘，政府在众多政策议题上难以有所作为。为了争取国内更多的支持，奥巴马不仅要内修政治、经济，而且还需要在外交上有所建树。因此，“亚太再平衡”战略也必然服务于美国国内政治的需要，尤其是选举政治的需要。美国加快亚太地区战略转型的主要步骤是在2010年以后进行的，而2010年恰好是美国的中期选举年。面临2012年总统大选，奥巴马政府也需要在外交政策上表现得更为强硬，不希望给世人留下美国因为国内经济困难和预算削减而“变弱”的印象。

美国《国家利益》网站2012年6月14日发表前卡特政府的高级顾问、乔治·华盛顿大学国际关系教授埃齐奥尼的文章——《奥巴马对亚洲的“虚张声势”》，作者提出奥巴马的战略转移没有多少意义，人们应该在国内寻找奥巴马这样做的原因。美国对亚洲的新承诺乃虚多实少。军队为什么要向亚洲转移？如果将其看作是选举年活动的一部分，就确实讲得通：它的目的是让共和党失去自己喜欢用的动人说辞之一——民主党人在外交政策方面软弱无力。美国选民越是把注意力集中在远东（那里没有隐约逼近的战争，美国想表现得多强硬就能表现得多强硬，也无需面对短期后果或高昂的费用），他们可能就越无心关注阿富汗的混乱局面以及“基地”组织在也门和索马里的东山再起。罗姆尼有关中国和俄罗斯的强硬表态表明，想打这张牌的并不仅仅是民主党人。

美国“重返亚太”政策的背后或多或少还有奥巴马的个人因素。奥巴马生在夏威夷，童年时在印尼长大，是首位童年在亚洲成长的美国总统。奥巴马的母亲在东南亚地区的村庄里工作了近十年，其妹妹马雅出生在雅加达，后来嫁给了一位加拿大籍华人。奥巴马的个人经历及家庭情况使他自然地关注东亚。就像时任美国国防部长盖茨在2009年的香格里拉对话会中所指出的：“美国第一次有这样一位总统与亚洲有这样的个人关系：奥巴马幼年中的几年是在印度尼西亚度过的，所以，我相信这是奥巴马总统在谈论亚洲政策时充满活力和乐观的部分原因。”①

奥巴马自诩为美国的第一位“太平洋总统”，也有树立外交旗帜的考虑。奥巴马上台后也希望留下自己在中东的外交政策遗产，他在第一次出访中访问了两个中东盟友——埃及和沙特阿拉伯，试图重启巴以和谈，但是前景越来越渺茫。奥巴马支持的“阿拉伯之春”结果对美国也是有好有坏。由于对欧洲和中东事态的发展方向越来越失望，因此奥巴马将赌注下在了亚洲。

此外，“重返亚太”战略的主要推手前国务卿希拉里·克林顿是一个非常想建功立业的政治家，看到了美国外交在亚洲取得突破的机会。负责东亚事务的时任助理国务卿坎贝尔与希拉里·克林顿的个人关系密切，深受重用。奥巴马第一任期，因为希拉里·克林顿在外交决策中十分强势，很多亚洲外交政策是由国务院制定和执行，有很多她个人的色彩，显得高调且咄咄逼人。

总的来说，应对中国崛起是奥巴马“重返”的主要动因，但不是全部因素。奥巴马政府亚太新战略的提出是多种因素合力作用的结果，包括政治上维护全球霸权的需要，经济上亚太迅速发展的吸引力，以及安全上军力收缩与维持影响力需要平衡，国内政治也促使其在外交上提出新主张。

---

① “Remarks by Secretary Gates the Shangri-La Dialogue, International Institute for Strategic Studies, Singapore,” June 3, 2011, http://www.defense.gov/transcripts/transcript.aspx?transcriptid=4831.

第四章　亚太地区主要国家如何反应

对地区政治经济环境的评估是美国亚太战略的重要依据，亚太地区国家的反应则是美国战略推进和调整的关键因素。本章以日本、韩国、菲律宾、越南、印度尼西亚、新加坡、印度、澳大利亚为例，通过国别研究和横向比较，分析亚太地区主要国家与美国重返亚太之间的互动，探索这种互动状况对美国亚太战略演变方向和轨迹产生的影响。归根结底，亚洲的现实远比美国想象的更为复杂，美国亚太战略新变化同地区政治经济现实之间存在明显温差，这也从一个侧面预示了美国亚太战略调整的黯淡前景。

一、日本：推动“联美制华”

日本对美国战略东移的因应，从民主党鸠山内阁到自民党安倍内阁，经历了一个调适、呼应、进而加以利用的过程，体现出较强的战略连续性，这表明日本的基本思路是，在国际权力转移特别是东亚力量结构发生转变之际，对日美同盟关系进行再定义，重新确立日本在日美同盟中的定位，寻求对东亚地区秩序的重塑发挥关键作用。

（一）基本态度

2009年美国总统奥巴马上台后，全方位加大亚太战略投入，迅速提升与中国和东盟的关系，日本一度倍感疏离和不安，担心美国的亚洲政策“重华轻日”，将削弱日本在地区和国际上的影响力，鸠山内阁追求自主外交的努力就流露出对日美同盟关系的危机感。然而，随着美国“亚太再平衡”战略与日本的政治安全利益诉求日益产生强大共鸣，日本外交逐步落回到日美同盟的轨道上。

1. 欢迎美国对亚洲安全事务的关注

日本战略界的主流观点是，美国的“亚太再平衡”战略特别是军事意义上的重返亚太，是日本的福音。[①] 日本可通过融入、配合该战略，积蓄力量，内聚共识，外塑依托，为最终摆脱“战后体制”、回归“普通国家”创造条件。

首先，日本自感亚洲地区力量结构变动的巨大冲击，希望获得美国的安全保护。前首相鸠山曾指出：美国主导的全球化时代行将结束，世界正迈向多极化时代；日本处于美国和中国的夹缝中，要保护日本的国家利益，需要美国的军事力量有效地发挥作用。[②] 2010 年 1 月，美日就《日美安保条约》签署 50 周年发表联合声明，强调两国“为确保日本的安全和亚太地区的和平稳定”，将继续构建不可撼动的同盟关系。由于日美在亚洲和东亚的利益均在扩展，今后双方的联盟管理计划将更多地在亚太地区展开。

其次，日本希望以美国盟友的名义承担地区安全责任，拓展自身军事空间。日本担心奥巴马政府的全球战略收缩可能导致亚洲权力真空，伤及日本安全战略的实施。2012 年 1 月美国《防务战略指南》提出加大在亚太部署军力的比重，打消了日方的此点疑虑。日本希望与美国分摊负担和责任，期待为亚太安全发挥更大作用，寻求军事突破。

---

① 赵明昊：“美国亚太再平衡战略视野下的美日同盟转型”，《当代世界》，2012 年第 10 期，第 12—16 页。

② Yukio Hatoyama, “A new path for Japan,” *The New York Times*, August 26, 2009. p. 8.

再次，日本舆论普遍认为，美国重返亚太是为了制衡中国的崛起，这一点与其不谋而合。日本防卫界指出，美国重返亚太不只是地缘意义上的外交议程调整，其本质是解除对阿富汗和伊拉克两个战场的战争动员，预示着美国防务战略的根本变化，说明美国致力于应对新的安全挑战。[①] 日本2010年的《防卫计划大纲》及2011年以来的《防卫白皮书》、《外交蓝皮书》等文件均渲染“中国威胁”，试图把中国描绘为日美的共同安全挑战。

2. 寻找日本在美国亚太战略中的定位

日本不甘沉沦，但尚不清楚自身应在“再平衡”战略中扮演何种角色。2013年2月，安倍晋三首相访美时在美国战略和国际问题研究中心发表演讲，开篇即宣示：“日本永远不会是一个二流国家”，它将扮演好“规则的促进者，共同利益的捍卫者，以及美国和其他民主国家的盟友和伙伴”等多重角色，[②] 这表明日本正在积极思考面对美国的“高调重返”，它将何去何从。

对日本而言，确立自身在美国亚太战略中的定位需要解决三个关键问题：

第一，加强日美安全战略协调。美国2010年2月的《四年防务评估报告》、2012年1月的《防务战略指南》及日本2010年12月的《防卫计划大纲》等纲领性文件，为日美安全战略协调奠定了基础。但日本注意到，美国正在经历财政削减计划、亚洲外交班子变动及中东局势动荡等内外不确定因素，因而日本对“再平衡”战略的可持续性抱有怀疑，希望加强与美国的政策沟通和协调。

第二，日本关注“再平衡”战略如何应对中国崛起。奥巴马

---

① Noboru Yamaguchi, “A Japanese Perspective on U. S. Rebalancing toward the Asia-Pacific Region,” *Asia Policy*, No. 15, January 2013. p. 7.

② Shinzo Abe, “Japan is back,” Speech at the Center for Strategic and International Studies, February 22, 2013, http://www.mofa.go.jp/announce/pm/abe/us_20130222en.html.

第一任内在“再平衡”框架下对中国的定位偏于消极、负面，特别是2012年美国《防务战略指南》把中国列为对美国军力输出构成挑战的“潜在敌手”。据此，日本安全战略的针对性也更加明确，重视“中国因素”。以前民主党外务大臣前原诚司为代表的强硬派甚至认为，既然中美之间已经上演一场霸权争夺赛，日本就应当在“日美联合对抗中国崛起的威胁”这一构造中找到自己的位置。

第三，日美如何在美军前沿部署方面开展合作。日本主动配合美军实现前沿部署“在地理上更广泛，行动上更灵活，政治上更具可持续性”。例如，日本认同美海军陆战队移师关岛等地有助于美国更好地应对地区突发事件。日本还向美军在遭遇反介入/区域拒止环境下的作战能力提供支援。2012年4月朝鲜宣布发射远程导弹计划后，日本向冲绳等西南诸岛及附近海域部署驱逐舰，把驻冲绳美军纳入其保护范围。

（二）因应举措

为了影响并利用美国的战略东移，日本加紧向美国靠拢，积极参与到奥巴马政府亚太战略的制定和完善过程中，使其最大限度反映自身利益和主张，并在日美同盟的庇护下推动国家安全战略转型，提升对国际和地区事务的发言权。

1. 深化日美同盟

日美同盟关系作为美国在亚太地区接触的基石，为美国重返亚太起到了助推作用，有利于提升日本在美国亚太战略中的意义。日本政界主张加强日美同盟之声日益高涨。2010年11月，菅直人与奥巴马会见时强调，“日美同盟仍是日本安全和繁荣的基石”，预示对此前具有“脱美”色彩的外交路线的纠偏。2011年9月，野田佳彦首相访美时称“日美同盟不仅在外交和安保领域，而且在经济等各方面都是基本中的基本，是主干，是基轴，这是我的信念”，展现出完全的亲美立场。2013 年 3 月安倍访美及首脑会谈更是被日本媒体定性为“一次向国内外展示牢固日美同盟的重要会谈”。

从军事层面看，日本积极寻求与美国“全方位”合作，加速军事一体化进程。具体的强化措施包括：讨论修改美日防卫合作指针，重新确定日美安保分工，着手建立美军和自卫队合作机制，强调为美军提供战时支援等。2012 年 2 月，日美就驻日美军整编计划与基地搬迁问题分开执行达成共识，暂时缓解了各方矛盾。

此外，日本对 TPP 的兴趣，也成为日本强化日美同盟关系的一个重要环节。由于农业保护问题，日本国内尚未对 TPP 达成共识，但几届政府均认为，加入 TPP 谈判是符合日本长远利益的重大决策。有迹象表明，安倍内阁对 TPP 的热衷也不仅仅为了经济利益，而是看重它对国家安全的重大意义。[①]

2. 发展自主军力

美国重返亚太为日本军力建设搭建了新的平台。日本判断，奥巴马政府受国内经济低迷和中东乱局牵制，实际用于应对中国崛起和亚太安全格局变动的精力和资源是有限的，美国会对自卫队填补东海防卫权力真空抱更高期待。在日本与周边国家的岛屿归属和水域划界等争端上，美国所提供的威慑也有限，日本需要强化自主防卫能力。

2010 年 10 月，日本《防卫计划大纲》提出“动态防务力”概念，把战略关注从东北转向西南，强调对日本本土及西南地区的防御，这预示着日本国家安全战略的重大转变。基于此，日本不断扩充在西南各岛驻军，增加战机潜艇，利用自身强大的海空军力量，配合美军“联合作战介入”概念的实施，抗衡所谓中国

---

① James Politi, “US weighs trade pact with Japan,” *Financial Times*, April 25, 2013, p. 4.

向西太平洋的“渗透”。

日本还突破“专守防卫”原则，大力推动强军计划。2013 年初，安倍内阁通过新国防预算，总额达 4.77 万亿日元（543 亿美元），比上年度增长 0.8%，是近 11 年来军费的首次增长。国防开支为自卫队添置的武器极具攻击性，包括 F－35 联合攻击战斗机及两栖突击车。此外，仅在 2012 年，日美开展联合军事演习就多达 16 次。2013 年 6 月，日本首次集结陆海空三军精锐，赴美国加利福尼亚州实施夺岛联合军演，显示出自卫队正在加快建设具有“海军陆战”功能的精锐力量。在美国的推动下，日本还以“防卫装备转移三原则”取代之前的“武器出口三原则”，推动日本防卫装备的出口，为扶助军工产业、提升装备水平开绿灯。

3. 构筑地区“民主安全网”

日本重视与“志同道合”的民主国家密切合作，主动塑造地区秩序。在双边层面，日本把美国在地区的主要盟友和伙伴——菲律宾、越南、印度、澳大利亚等列为自己的重点合作对象，且影响交往对象的手段已不再限于纯粹的经济外交。例如，日本提升与菲律宾、越南的战略伙伴关系，承诺通过“活用”官方发展援助，帮助菲、越加强海岸警备队装备，扩大防务合作。为加强对东南亚的影响力，安倍上任后 11 个月里五次到访东南亚，遍访东盟 10 国，提出对东盟外交的五项原则，把这作为推行“价值观外交”的主攻方向。

在多边层面，日本以日美同盟为桥梁，加强美日印、美日澳等三边军事合作关系，构筑网络化安全体系。日本还把参加 TPP 作为加强经济规则建设、实现东亚繁荣与稳定的重要一环提出来，使 TPP 谈判与中日韩自由贸易区（FTA）、区域全面经济伙伴关系（RCEP）谈判同时进行，力图打造以美日为主轴的地区贸易圈，谋求对中国、韩国等地区主要经济体的优势。

由于美国新军事战略指南提出的美军未来发展重点在海空领域，而日本在东亚海洋问题上与中国、韩国、俄罗斯均有岛屿之争，它借机推出聚焦安全的海洋战略，希望主动塑造东亚海上秩序。为此，日本倾力升级现代化海洋军事装备，不断在大中型战舰建设方面取得突破；染指南海问题，与越南、菲律宾等南海周边国家建立海上安全对话合作机制；还频频发出建立东亚多边海洋安全合作机制的倡议，大力为建立美国、日本、印度、澳大利亚“民主安全菱形”（即“四国集团”）造势。①

4. 推动联美制华

中日实力对比变化给日方造成心理状态失衡，日本遏制中国的意图十分鲜明。日本努力向美国说明中国是威胁，指出中国的崛起主要在军事领域，并已发展为影响亚太安全环境的核心因素；美国对华“接触”政策能否奏效，取决于美日能否成功对冲中国；美日应共同塑造地区安全环境，使包括中国在内的地区国家倾向于合作性而非对抗性的关系。实际上，日本在加强日美同盟、发展自主军力及经营地区外交等各个政策选项中，均有联手美国、打造对冲中国崛起的安全秩序的诉求。

以中日钓鱼岛争端为例，美国一度试图通过拉偏架，介入东亚安全事务；但日本并不满足于美国在钓鱼岛主权归属问题上“不持立场”的姿态，对前国务卿希拉里·克林顿关于“反对任何破坏日本对钓鱼岛管辖权的单方面行动”的表态并不欣赏，而是得寸进尺，希望美国选边站队，进一步做出有利于日本的承诺。可以说，美国重返亚太，为日本在钓鱼岛问题上铤而走险提供了外部条件。应日本要求，近年来驻日美军陆续在冲绳部署了 24 架“鱼鹰”机，由于其作战范围是 600 公里，能覆盖到距冲绳 450 公里以外的钓鱼岛，此举被日媒体渲染为对华形成威慑。据日本媒体报道，正是“中国因素”促使美国极大地提高了对日本的关注

① Shinzo Abe, “Asia’s Democratic Security Diamond,” *Project Syndicate*, December 27, 2012, http://www.project-syndicate.org/print/a-strategic-alliance-for-japan-and-india-by-shinzo-abe.

度；从美国议员访日的数量来看，2013 年全年美国有 26 名国会议员访日，是历年来最多的；2014 年头 4 个月，这一数据就超过了 40。因此，美日应共同向中国传递“美日同盟密不可分”的信息。[①] 2014 年 4 月，奥巴马访日，并在联合声明中公开宣称《美日安保条约》第五条协防条款适用于钓鱼岛，这进一步助长了日本挟美自重的嚣张气焰。

（三）对美战略回应的影响

在日美的新一轮亚太互动中，两国或可相互利用，各取所需，但日美的不平等地位及日本的政策缺陷决定了日本的获益空间是有限的。

1. 美日联盟不乏挑战

美国把美日同盟作为进行地区参与的重要基础，希望东亚存在低烈度的紧张关系，从而为其积极介入东亚事务、管控地区力量平衡提供现实依据；但这一现实依据必须是在美国掌控之下的，而不是能被他国任意扩大的。日方对美则有不好的记忆，历史上曾多次被美国的“越顶外交”伤害，国内民意对美国仍有不信任感。在重返亚太过程中，美国不愿被盟友“绑架”卷入地区冲突，对中日钓鱼岛问题的走向深感焦虑，坦言要“避免造成给日本撑腰的印象”，把工作重点调整为以外交途径管控钓鱼岛局势。这令日本感到被冷落，担忧中美走近，甚至猜疑美国向中国“出卖”日本利益。就 TPP 谈判而言，日本加入其中的成本甚高而经济收益并不明显，从长远看也可能激化美日经济矛盾。截至 2014 年 4 月奥巴马访日时，两国仍未能就 TPP 达成一项广泛协议，这充分暴露了美日同盟的软肋所在。

---

① “日媒认为：‘中国因素’致美议员访日激增”，《参考消息》报，2014 年 5 月 6 日第 14 版。

2. 日本亚洲外交面临“信任缺失”

日本一厢情愿地认为，通过“价值观外交”联合起来的地区国家会与日本一样对美国亦步亦趋，共同编织所谓的对华包围圈，但地区现实与此大相径庭。比如，印度外交追求平衡和自治，不会答应围堵中国。东盟国家与中国发展关系有政治、经济和地缘上的优势，不会受日本操控。相反，日本走军事大国之路，与美国频繁军演，极力推动修宪，缺乏历史反省等行为，加剧了地区的紧张氛围，加深了中、韩等邻国对日本未来走向的怀疑，难以与日本建立互信关系。由于日本挟美自重，反复刺激地区国家的敏感神经，使它在亚洲得不到信任，更难以成为地区的领导者。

3. 日本对华政策选项受到挤压

日本对华政策取向与中美关系有较大关联。有一种倾向认为，中美之间越对立，日美关系就越重要，日本在对华关系中就越占据主导；而当中美接近时，日本则需避免自身利益被中美之间的交易所吞没。可见，日本对中美建立新型大国关系如骨鲠在喉，难以接受。日本自2010年以来在钓鱼岛问题上先后炮制“撞船”事件、“购岛”闹剧等，很大程度上就是源于自以为有美国的庇护。实际上，中日、中美、日美之间密切的经贸联系及独特的三角结构决定了日本无法回避与中国交好的选项。随着美国亚太战略逐渐成熟，美国有望进一步增强对华政策的灵活性，对日本的期待将更多在实现经济复苏和共塑国际经济秩序方面。日本外交需要在中美之间找到准确的定位，否则其对华政策的选择空间和回旋余地将越来越小。

二、韩国：追求“联美和中”

美韩同盟关系是美国“亚太再平衡”战略的重要依托之一。

在前任总统李明博及现任总统朴槿惠执政期间，美韩同盟均得到强化并逐步转型，起到了配合美国对东亚谋篇布局、重塑领导权的作用。但韩国外交独立性有所增强，特别是注重平衡与地区大国的关系，这为美国“再平衡”战略增添了新的复杂因素。

（一）基本态度

韩国认为，奥巴马政府的“再平衡”战略是一项旨在应对中国崛起、着眼于从亚太经济活力中获益、寻求构建以美国为主导的地区安全架构的综合安排。[①] 韩国据此调整对美国的同盟外交，并十分关注美国推行的亚洲战略能否与东亚地区现实相配套。

1. 认为“再平衡”战略首先是美国对华政策

韩国认同中国迅速增长的军事力量是对亚洲安全环境的挑战，[②] 期待美中能够找到守成大国与新兴大国相处的新模式。由于当今时代的大国对抗不再是传统的军事或经济力量竞争，而是对话语权的争夺，从这个意义上说，美国战略东移是冲着确保自身作为规则制定者和公共产品提供者的权力而来的，意图阻止中国按一己之需主导地区秩序。韩国希望，在地区力量再平衡的过程中，相关利益和权利的再平衡能够以和平方式进行。为此，亚太地区必须避免爆发大国战争或军事冲突，确立普适的行为准则，建立分歧解决机制。面对复杂的地区政治环境，韩国继续把美韩关系作为外交的重要支柱，把中韩、日韩关系作为仅次于美韩关系的重要课题，发挥自身作为中等国家的平衡作用，寻求在中美之间帮助减少战略猜疑。

2. 乐见“再平衡”战略以经济为主

韩国认为，亚洲自2000年以来就是美国最大的进口来源和第

---

① Chaesung Chun, “U. S. Strategic Rebalancing to Asia: South Korea’s Perspective,” *Asia Policy*, No. 15, January 2013. p. 13 - 17.

② “首尔和北京的战略关系”，大公网，2012年9月26日。

二大出口市场，对美国经济产生至关重要的作用；奥巴马政府力推TPP的真正原因是，希望利用亚太经济发展的巨大潜力，带动实现“国家出口倡议”。韩国相信，随着美国与亚洲深度接触，双方经济纽带更加牢固，今后美国疏远亚洲的可能性越来越小，美国在地区的作用将持续增强。过去十年，韩国最大的贸易伙伴一直是中国，最重要的安全伙伴则是美国，这种经济结构和安全结构发展不平衡的状态令美韩关系趋向复杂。今后韩国将根据美“再平衡”战略，重新定义美韩同盟关系的意义，加强美韩在军事、政治、经济、社会等领域的全面合作。

3. 希望“再平衡”战略有助于建立地区安全架构

韩国指出，美国“再平衡”战略的优先安全关切是还击中国的“反介入/区域拒止”战略，这并非遏制中国，而是要塑造一个有效的安全架构，确保地区权力的和平过渡。“再平衡”战略实施以来，美国在亚太的传统“辐轴”模式同盟体系已让位于一套更复杂的同盟体系，即美国作为一“轴”，带动更多作为“辐”的地区盟友；美国和盟友之间的关系不断升级，各“辐”之间的互动也更加活跃。韩国强调，打造东亚安全架构的关键是使其具有充分的灵活性和适应性，确保以制度为基础，规范地区安全力量和利益的再平衡过程。美韩同盟历史上对稳定朝鲜半岛局势、促进地区安全起到重要作用，但眼下面临中国崛起、朝鲜政治生态演变、亚洲军力对比变化等一系列新挑战，美韩应寻求与中国建立合作机制，共同应对地区安全问题。

4. 关注美国的亚洲战略是否与地区现实接轨

韩国对“再平衡”战略最大的关切是，美国决策者在多大程度上了解东亚地区关系的本质。韩国认为，东亚各国处于民族国家的不同历史发展阶段，地区问题呈现多个维度，冲突根源复杂多样，既有传统战略文化的差异，又有冷战格局的残留，既有均势政治的顽疾，还有全球治理产生的新问题等。以朝鲜为例，美国历来倾向于从不扩散角度看待和处理朝核问题，忽视了朝核问题实际上还涉及规范国际行为准则、保护“人的安全”等政治维度的议题。韩国期待，美国身为亚太国家，用更加符合东亚地区现实的战略思考来处理东亚问题，与亚洲国家一起维护并发展本地区共同接受的规则和理念。

（二）美韩同盟转型

2013 年是美韩同盟成立 60 周年，两国均赞赏双边关系“正处于历史最高水平”。[①] 总的来看，近年来美韩同盟的强化和转型是多重因素共同作用的结果，其中既有“再平衡”战略对同盟关系提出更高要求的因素，也有中国崛起的大背景，还与朝鲜半岛突发事件直接相关。无论基于何种动因，美韩同盟均发挥了助推奥巴马政府重返东亚的作用，并实现了同盟关系的强化和转型。

1. 做“美国的全球伙伴”

2008 年李明博上台后提出实用主义外交原则，强调建立“与世界同步的全球化韩国”，做“美国的全球伙伴”。这种全球导向的外交视野对 2009 年初上台的奥巴马政府来说十分重要，因为奥巴马推进战略转向正迫切希望盟友更多地承担对地区和全球层面的安全责任。2009 年 2 月，美国国务卿希拉里·克林顿访韩，提出与韩国建立“更全面的战略同盟”。同年 6 月，李明博访美，两国首脑发表《美韩同盟联合展望》宣言，决定构筑双边、地区乃至全球范畴内的“全面战略同盟”。2013 年 5 月，朴槿惠访美，把美韩同盟提升为全球合作伙伴关系。

在美国看来，韩国是能够在全球舞台上与美合作的重要亚洲国家，美韩关系在国际维和、发展援助、气候变化、金融改革、核

① Victor Cha, “What’s Next for the U. S-Korea Alliance,” Statement before the House Committee on Foreign Affairs, Subcommittee on Asia and the Pacific, June 6, 2012.

安全等领域发挥重要作用。相应的，韩国相关政策得到了美方的欢迎和支持。例如，韩国经济在2008年底以来的全球金融危机中表现抢眼，率先走出危机并保持增长势头，还于2009年成为世界上第一个从官方发展援助“受助国”变成“援助国”的国家。在2009年底哥本哈根气候变化大会上，韩国承诺在2020年前将碳排放量减少30%，对美国提案给予了关键性的支持。2010年7月，经奥巴马政府的外交游说，韩国向阿富汗帕尔旺省派出由100名民间人士、35名警察及320名军人组成的地方重建组，积极支持阿富汗重建工作。此外，美国还希望把韩国树立为既掌握核燃料循环技术，又符合核安全、透明、不扩散等高标准的榜样。两国共商未来民用核能商业化机制的规则，从而避免把该领域的规则制定权让给中国、俄罗斯等其他核能供应国。

2. 开展地区网络化合作

为了支持“再平衡”战略的推进，美国重视在东北亚打造以同盟关系为基础的网络化安全合作，美韩同盟被赋予多元化的功能，其中最突出的两点是：对朝鲜和中国进行双重威慑，辅助并对接美日同盟。[①] 2009年5月和2012年4月朝鲜的两次核试验、2010年“天安号”事件和延坪岛炮击事件，以及2012年5月朝鲜修宪自称是“拥有核武器的国家”等事态推动美韩加紧合作，确保军事同盟关系对朝鲜构成持续、有效的威慑。基于对“进攻性防御”的需要，韩国于2012年9月全面接受美国“防扩散安全倡议”（PSI），并邀请美国、日本、澳大利亚在韩国举行PSI演习。当年10月，美韩签订新的《导弹协定》，把韩国国产弹道导弹的射程从目前300公里延长至800公里，从而意味着将朝鲜全境纳入韩国导弹打击的范围。韩国利用美韩同盟争得在朝鲜半岛的战略主动权，也有应对中国崛起的一面。韩国虽不希望卷入中美竞争

① 张景全：“美国亚洲再平衡战略及美韩同盟在其中的作用”，《教学与研究》，2013年第9期，第64—71页。

的漩涡，却把中国的崛起视为地缘政治压力，因而借重美国来平衡东亚地缘政治格局。

另一方面，2011 年 3 月，日本发生地震、海啸灾难和核泄漏危机，美日同盟一时跛脚，是对美国亚洲政策的“意外打击”。[①] 美韩关系由此被推向前台。在美国推动下，李明博政府加强了与日本的安全关系。2012 年 6 月，美韩在两国外交部长和国防部长“2 +2”会谈中确认，将与日本开展三边安全合作。当年 7 月，三国宣布成立一个三方安全磋商机制，加强政策协调。可以说，美韩同盟与美日同盟的对接并轨是美国在东北亚地区对美日、美韩关系的一次成功整合，极大鼓舞了美国强化在亚太主导地位的气势。

3. 强化双边军事同盟

2009 年 6 月，美韩在《美韩同盟联合展望》宣言中重申，1953 年《共同防御条约》是双边安全关系的基石；美方首次在国家元首层级以书面形式向韩国提供包括核保护伞在内的“延伸威慑”，美韩军事同盟关系得到强化。两国在原有的美韩安保会议之外，迅速建立起一系列沟通对话机制，包括始于 2010 年 7 月的美韩外交部长和国防部长“2 +2”会谈，2011 年 10 月建立的美韩亚太问题高级别磋商，2012 年 4 月启动的美韩统合防务协商及其框架下的“安全政策构想”会议、“战略同盟 2015 计划工作组”会议、“延伸威慑政策委员会”等。为加强美军在地区的整体力量，提升韩国部队作战能力特别是多军种联合作战水平，美韩频繁举行联合军演并不断扩大规模。从 2010 年 11 月至 2011 年 9 月期间，两国共同参与的双边和地区联合军演几乎每月一次，[②] 这不但高调展示了两军合作成果，还释放出强大的武力威慑信号。

---

① Victor Cha, “What's Next for the U. S-Korea Alliance”, Statement before the House Committee on Foreign Affairs, Subcommittee on Asia and the Pacific, June 6, 2012.

② 黄凤志、刘勃然：“美韩同盟强化与中国的战略应对”，《国际论坛》，2013 年 3 月，第 28—34 页。

由于韩国认为朝鲜政治前景不明，担忧未来南北激烈对峙可能威胁韩国本土安全，加之其仍然对自主国防缺乏信心，因而军事上对美保持依赖。美韩于2010年6月达成协议，把战时作战控制权移交到韩国军队的时间由原定的2012年推迟至2015年底，从而为韩国军队发展衔接能力、提升指挥控制水平留出更多时间。美国还在评估增强美国海军陆战队在韩国轮换存在的可行性，重视提升与韩国海军陆战队之间的互可操作性。

4. **向全面战略同盟转型**

美韩建立全面战略同盟意味着两国加强在除军事、安保领域以外的政治、经济、社会、文化等所有领域的全面合作，这方面最明显的动作是2012年3月美韩自由贸易协定（FTA）正式生效，以及两国近来在TPP相关问题上的互动。关于FTA，美国的深层次考虑是，通过给予韩国关税减免等优惠，使韩国的出口偏好倒向美国，美国的投资偏好则倾向于韩国，从而达到双向排挤中国经济影响力的目的。与美国不同的是，韩国看重FTA对于提升美韩贸易规模、推动韩国经济增长的作用。据韩国对外经济政策研究院预测，美韩FTA生效后十年，韩国国内生产总值将增长5.56%，新增就业岗位35万个。[①] 虽然FTA对韩国农业、渔业及竞争力较弱的制药业等产业有很大冲击，但这有望为韩国调整和优化经济结构、提高产业竞争力注入动力。同样重要的是，美韩FTA意味着韩国成为世界上唯一一个与美国、欧盟及东盟三大经济体均有FTA的国家，有利于韩国融入国际贸易和投资的中枢，[②] 从而促使韩国把与最大贸易对象国中国达成FTA提上议事日程。

在TPP问题上，美国视韩国为“天然候选国”，在日本宣布加入TPP谈判后加紧拉拢韩国。韩方则因担心与日本的同质竞争而

---

① Yoav Cerralbo, “FTA to Expand Korea-U. S. Alliance to Economic Sector,” *The Korea Herald Online*, March 16, 2012.

② “Korea as FTA Hub,” *The Korea Herald Online*, March 14, 2012.

利益受损，对TPP的态度发生微妙变化。2013年11月29日，韩国经济副总理兼企划财政部长官玄旿锡在出席经济长官会议时表示：“我国政府需先表明关注TPP谈判，并同谈判国举行预备双边协商，”[①] 这预示着韩国此前对TPP“慎重考虑”的立场发生了积极转变。2014年11月，韩国与新西兰草签FTA协议，迄今已与12个FTA谈判国中除日本、墨西哥之外的大部分国家达成自贸协定，这必将对韩国未来参加TPP谈判起积极作用。

（三）牵制因素

由于美韩同盟尚未被纳入一个两国共同的宏观国际和地区战略框架，美韩同盟的运作仍受一些因素制约，存在被弱化的可能性。

1. 韩国国内反美主义的制约

韩国国内反美主义与美韩同盟关系的发展相伴而生。这主要是因为韩国自二战结束以来长期屈从、依附于美国，缔结了以“美主韩从”为基本特征的双边军事同盟，而随着韩国经济实力增长，韩国国内的民族主义情绪不断上涨，对“主权”问题高度敏感，对改变在同盟关系中的弱势地位有强烈诉求。与此同时，面对奥巴马政府新的亚洲战略，美韩在攸关韩国切身利益的朝核问题、驻韩美军迁移、南北关系等现实问题上的立场不尽相同。这些成为韩国国内反美主义的诱因，对美韩关系形成一定的制约。2015年3月，美国驻韩大使李柏特在首尔出席活动时突遭袭击，伤势严重，流血过多被送往医院进行紧急治疗。据报道，一名韩国男性突然向李柏特发起攻击，同时高喊“反对战争训练”。在国内反美压力下，韩国对美韩贸易摩擦处理谨慎，对驻韩美军基地搬迁态

① “韩国对TPP谈判表示关注”，KBS网站，2013年12月8日，http://world.kbs.co.kr/chinese/news/news_hotissue_detail.htm? No=119913。

度坚决，并加快了收回军队战时作战控制权的步伐。此外，为提高驻韩美军战备水平而设的“3－2－1”旅行正常化方案也因有刺激韩国反美主义的可能，[①] 迄今推进缓慢。然而要看到，韩国的反美主义更多是问题导向型而非意识形态型，[②] 是寻求盟友之间“对等”地位和身份的表达，并不会削弱美韩同盟关系的生存根基。

2. 日韩争吵干扰美国“再平衡”战略

前总统李明博执政时，韩国因日本曾对韩国进行殖民统治的历史阴影而在最后一刻叫停日韩《采购和跨军种协定》和《军事情报保密协定》两个重要文件的签订。自2013年2月朴槿惠就任总统以来，韩方强烈不满日本安倍政权右倾主义抬头的现象，深感两国“无法形成信任关系”，迄今未举行首脑会晤。朴槿惠还多次在公开场合回避与日方的直接接触，展示对日强硬姿态。美国“再平衡”战略的一项重要内容是促使地区盟友和伙伴承担更多安全责任，而在日本与韩国这两个盟国之间，“慰安妇”、“教科书”问题及“独岛”（日本称“竹岛”）主权争端不时激化，致使双方争吵不断，合作不力，美日韩三边机制运作不畅，不仅影响到美国对朝鲜政策的实施，还干扰了“再平衡”战略的推进。美国多次尝试促使日韩修好，但迄未见效。在美国前助理国务卿坎贝尔看来，“现在这（日韩关系）成为对美国在亚洲利益的最大挑战。”[③]

3. 中美韩三角关系影响增大

美韩同盟关系既不能替韩国化解亚洲地区安全结构变动带来的

---

① 指2008年美国国防部宣布美国家庭将能够加入军事人员的计划，目前正在讨论的替代方案是“3－2－1”旅行正常化规则，即已婚军人有3年的伴随旅行，非婚军人有2年的非伴随旅行，已婚军人有1年的非伴随旅行。详见“美国在亚太地区的力量态势战略”，搜狐网，2012年11月2日。

② 孙俊华：“韩国‘反美主义’浅析”，《太平洋学报》，2005年第3期，第70页。

③ Richard McGregor, Simon Mundy, “Ill will between Japan and South Korea a strategic problem for US,” *Financial Times*, November 21, 2013.

挑战，也无法确保韩国抓住本地区经济发展的机遇。韩国担忧，无论中美之间发生全面对抗还是持续摩擦，它都会被夹在中间，受“夹板气”，左右为难。因此，在追求与美国“对等”盟友地位的同时，它倾向于对中国和美国进行“等距离外交”，平衡对美国和对中国的关系，追求“联美和中”，开展美韩同盟合作往往兼顾中国的反应。例如，韩国始终强调美日韩三方安全磋商是“公开、透明”的，明确拒绝设立三边秘书处，就有避免与美日走得过近的考虑。2013年7月，韩国还积极促成中美韩在首尔举行三国安全会议。再如，韩国目前尚未正式参加TPP谈判，也系考虑到东亚已有多条经济融合轨道（中日韩自贸区谈判及东盟主导的“区域全面经济伙伴关系”）并行的状况，希望首先加强相关研究再做表态。事实上，在韩国已经同美、欧及东盟达成高水准的FTA的情况下，它已把注意力转向极具吸引力的中国经济体。2001年时，中韩贸易额为360亿美元，相当于美韩贸易额的一半多；到2012年，中韩贸易额已达2563亿美元，超过美韩贸易额的两倍。[①] 2013年中韩贸易突破2700亿美元。韩国十分看重深化中韩经济合作的巨大潜力。可以说，相对于美韩同盟把中国崛起作为针对对象的一面，“中国因素”正在成为一个“改变美韩牢固关系”的变量。[②]

三、菲律宾：充当马前卒

菲律宾是美国战略重心向东南亚转移的前沿基地，加强美菲关系是美国“亚太再平衡”战略的重要组成部分。在前总统阿罗约夫人执政及现任总统阿基诺三世时期，菲律宾均积极充当美国重

---

① “2012年韩国进出口及中韩双边贸易情况”，中国驻韩国使馆经商处，2013年1月24日。

② 森尼·李：“中国崛起考验美韩联盟”，《国防时报》，2011年5月18日，第7版。

返亚太战略的“马前卒”，对美国主动配合示好，并加紧跟进，重在捞取实利。

（一）基本态度

菲律宾认为美国一直是“太平洋国家”，热烈欢迎美“回家”，[①] 并从战略、军事、经济、外交等方面对美国提出需要，与美国在亚太的行动形成了互有重叠、彼此支援的局面。由于菲律宾与美国加强团结的意愿显著增强，奉行鲜明的“亲美”外交，其传统的大国平衡战略天平已经倒向美方。

1. 菲律宾“狐假虎威”

美菲长期保持密切的盟友关系，双方于1951年和1998年签订《美菲共同防御条约》和《访问部队协定》两个军事合作协议，“9·11”事件后又因共同致力于反恐而深化合作。自奥巴马政府上台以来，菲律宾主动配合美国的新亚太战略，从中谋求实现自身利益最大化。

首先，菲律宾利用美国“重返亚太”之机强化自身战略地位。菲律宾视美国为“极其重要的战略盟友和发展伙伴”，两国基于共同的历史、价值观和利益纽带而发展“成熟、互利的现代国家关系”。[②] 美方则坦陈，菲律宾虽是小国，但它“在国际舞台上发挥超出其量级的力量”，[③] “对于美国实现在亚太地区的重要安全目标

① “Defining Philippine Foreign Policy,” Keynote Speech by Secretary of Foreign Affairs Albert Del Rosario, Washintong, September 26, 2012, http://csis.org/event/philippines-conference-csis.

② “A Conversation with Benigno S. Aquino III,” Council on Foreign Relations, September 23, 2010, http://www.cfr.org/philippines/conversation-benigno-s-aquino-iii/p23021.

③ “Remarks by President Obama and President Arroyo of the Philippines in Joint Press Availability,” Oval Office, July 30, 2009, http://www.whitehouse.gov/the_press_office/Remarks-by-President-Obama-and-President-Arroyo-of-the-Philippines-in-Joint-Press-Availability-7-30-09/.

发挥关键作用。”[①] 伴随美国重返亚太，两国关系加速深化。2009年7月，阿罗约成为第一位应邀访美的东南亚国家元首。2012年6月，菲总统阿基诺三世访美，双方承诺“巩固和深化面向21世纪的关系”，确立了“构建强有力、灵巧和反应灵敏的同盟关系”的共同战略目标。[②] 至今，两国已搭建起多层次的战略对话格局，包括菲武装部队与美军太平洋司令部之间的防务对话、两国外交部和国防部高级别安全战略对话、及外交部长和国防部长“2+2”会谈等，菲律宾在美国亚太战略中的地位显著上升。

其次，菲律宾寻求美国帮助其加速军事现代化建设。菲律宾军力在东南亚处于极低水平，阿基诺三世于2010年5月任职后为实现武装部队现代化而大力扩充军备。美国加强在东南亚的安全存在，为菲律宾强军政策提供了强大的外部刺激因素。菲律宾军事转型从三方面获益于美国。一是伴随菲律宾反恐形势的好转，阿基诺三世希望把防务建设重点从“国内平叛”转向“国土防御”，建立一支“最低限度的、可靠的防御力量”，美国对此予以支持，帮助菲律宾参考和借鉴美国军力模式。二是美国大力支持菲律宾发展海洋战略，双方把海洋议题纳入战略对话议程，拓展海上安全合作，这在一定程度上满足了菲律宾作为群岛国和沿海国的海洋利益关切，特别是照顾到菲律宾在南海问题上的重要关切。三是美国加大对菲律宾军事援助。由于菲方不满于美国对菲律宾军援占美国对东南亚地区军援的比重从2004年70%下降到当前30%的状况，美国于2012年将对菲律宾军援从1500万美元增加到3000万美元，并计划从2014财政年度开始将对菲律宾军援增至

---

① “The U. S. -Philippines Alliance: Deepening the Security and Trade Partnership,” Testimony of Acting Assistant Secretary of Defense Peter Lavoy, before the House Committee on Foreign Affairs, Subcommittee on Terrorism, Nonproliferation and Trade, February 7, 2012, http://archives.republicans.foreignaffairs.house.gov/hearings/view/? 1398.

② “Remarks by President Obama and President Aquino of the Philippines after Bilateral Meeting,” June 8, 2012, http://www.whitehouse.gov/photos-and-video/video/2012/06/08/president-obama-s-bilateral-meeting-president-aquino-philippines#transcript.

5000 万美元。

第三，菲律宾借助美国援助推进各项政治改革和经济发展议程。菲律宾自诩为“亚洲的第一个民主国家”，但家族政治根深蒂固，裙带贪腐之风盛行，政治暴力事件时有发生。阿基诺三世上台后矢志铲除腐败，塑造清廉政治，实现人民所期望的“真正变革”。菲律宾经济增长近年来表现不俗，但仍面临巨大挑战，一直未有效减少贫困和增加就业，还饱受天灾频发、战乱不止的拖累。在此背景下，菲律宾强调，“美国重返亚太并不局限于防务和安全领域，还包括经济和人文交流等内容。”① 可以说，菲律宾从战略和军事上配合美国的“再平衡”战略，很大程度上是为了从美国换取实际的政治和经济支持。美国作为菲律宾唯一的协议盟国，是菲律宾官方发展援助的最大来源、第二大贸易伙伴、第三大直接投资来源及最大的海外菲侨居住国。美对菲援助涉及民主与治理、经济增长、医疗健康、文化教育、环境保护、人道主义救援及对棉兰老岛地区援助等内容，在客观上推动了菲相关领域的发展，对菲来说具有强大的吸引力，有助于促进美菲之间保持紧密联系。

第四，菲律宾与美国的外交议程互相呼应，互为配合。一方面，美国希望菲律宾在美同东南亚国家关系互动中扮演重要角色。菲律宾从 2009 年 7 月至 2012 年 7 月间担任美国与东盟对话关系的协调国，并带领起草了下一个五年行动计划。2009 年 11 月，菲律宾积极促成第一届美国与东盟国家领导人峰会。2012 年 6 月，奥巴马会见阿基诺三世时表示，“正是与菲律宾等国紧密的盟友关系让美国感觉到自己是一个亚太地区国家。”另一方面，菲律宾通过加强与美国安全合作，提升自己在外交上的影响力。例如，美菲

① “An Independent and Principled Philippine Foreign Policy for Economic Growth,” Albert F. Del Rosario, Manila, October 24, 2013. http://www.dfa.gov.ph/index.php/speeches/1109 – an-independent-and-principled-philippine-foreign-policy-for-economic-growth.

在反恐、防扩散、气候变化、海上安全、朝核问题、缅甸人权状况等领域开展积极合作，共同促进亚太地区的多边伙伴关系。美菲还密切配合，共同利用南海问题做文章。对美国来说，扩大军事重返菲律宾的一个有效办法便是向菲律宾渲染南海争端的危险性。对菲来说，美国因素则有助于增强其争夺南沙群岛的威慑力，“抗衡”中国。2012 年 4 月，时任参议院议长、前国防部长恩里莱在菲参议院外交政策委员会问询会上说：“中国不敢对菲律宾军舰开火的唯一原因，就在于世界上另一个与中国实力相当的超级大国是我们的协议盟国，那就是美国。”[①]

2. 亲美外交路线占据上风

菲律宾现任总统阿基诺三世出身于具有亲美背景的政治世家。其父阿基诺二世是菲律宾历史上著名的反对党领袖，曾在美国进行长达三年的政治避难。其母阿基诺夫人担任菲总统时曾在美国的支持下大力推进菲民主政治改革。阿基诺三世上台后为了巩固自身执政地位，彻底否定前任总统阿罗约奉行的中美平衡路线，对外政策明显转向，确定了“亲美”方针。他重用亲美人士，任命父母的故交、前驻美大使、有“美国马仔”之称的德尔罗萨里奥为外交部长，提拔阿基诺夫人的老部下加斯明为国防部长，还设立了一个由亲美人士所主导的决策委员会，将对外重大决策从全体内阁会议的架构下剥离出来，使“美国”成为影响菲律宾对外决策的最重要因素。[②] 此外，由于大量来自美国的非政府组织对菲律宾社会产生复杂、全面的影响力，菲律宾国内存在强大的亲美势力，他们对美国有天然的亲近感。美国国际开发署的年度对菲律宾经济援助项目更是巩固了菲律宾制定亲美政策的民意基础。

由于亲美派掌控外交，菲律宾外交政策“亲美疏华”的“一

① “菲议长称中国不敢开火唯一原因系美为菲盟友”，搜狐网，2012 年 4 月 28 日。

② 鞠海龙：“菲律宾南海政策中的美国因素”，《国际问题研究》，2013 年第 3 期，第 67 页。

边倒”倾向明显。2011 年 3 月，外长德尔罗萨里奥接受菲律宾《每日问询者报》采访时称，美国是菲律宾“唯一的战略伙伴”。4 月，阿基诺三世访问日本时表示：“日本和美国是菲律宾最好的朋友”，“在我国的安全和主权受到威胁之时，日美势必倒向我方。”当年 6 月，国防部长加斯明公开要求，“美国在南海部署军事力量，有助于保护该地区较弱小国家的权利”。菲律宾政府和军界官员普遍对美国增兵菲律宾的计划表示欢迎，视之为在南海抗衡中国的“平衡力”。当然，菲国内也有一些声音要求淡化美国对菲内政外交的影响，主张增强国家自立性，倡导从“美国治下”过渡到“亚太治下”，更多依靠地区多边机制，避免中菲关系复杂化等。此类声音不时涌现，对美菲接近有一定牵制作用，但无力扭转阿基诺政府既定的亲美外交路线。

（二）对美国战略东移的回应

美国重返亚太，为菲律宾的“高调”和“强势”提供了外部支撑。菲律宾倚重与美国“深厚、不可动摇的同盟关系”，积极利用“美国因素”，谋求自身内政外交的全方位获利。

1. 海空军建设提速

随着美国军队建设重回“海洋”根基，菲律宾被迫正视自身海军长期孱弱、空军几近于无的现实。菲律宾海军曾于 2008 年出台《面向 2020 年的海军战略规划》，把军队建设的重点确立为发展海空军力量。2011 年 4 月，阿基诺政府颁布《国家安全战略》，重申了该计划，其强军举措主要包括大幅增加军费，加速采购武器装备，以及扩大美国在菲律宾军事存在等。

阿基诺三世竞选总统时曾提出将军费支出占 GDP 的比例从不及 1% 提高到 2% 的目标，囿于社会福利和基础设施建设的压力迄未实现这一点，但国防支出已显著增加。2011 年 5 月，阿基诺批准了一项追加预算，供军方采购 3 艘海军舰艇和 9 架飞机。2012

年7月，阿基诺在其第三次国情咨文中宣布了一项新的总价值近18亿美元的军事现代化计划，包括采购C-130运输机、武装直升机及通信设备等。[①] 2013年菲军费预算为21.4亿美元，比上年度增长12.5%。[②] 美国对菲律宾国防建设予以装备、科技、情报等多方面的支持，目前已向菲律宾交付两艘“汉密尔顿”级巡逻舰，并承诺协助建造、装备和培训一个新的海岸线警戒中心。

2012年1月初美国公布旨在将军事重心转向亚太的新军事战略报告后，美菲旋即就扩大双方军事合作达成协议，菲律宾成为美军驻冲绳海军陆战队分散转移的候选地之一。当年2月，双方就增加联合军演次数达成共识。10月，美菲官员证实，菲律宾政府同意授权美军重新使用位于苏比克湾的海军基地。鉴于菲律宾1987年宪法规定外国军队不准在没有条约的情况下在菲长期驻军，美国主动表态不寻求在菲律宾建立永久军事基地，而是开创一种“新的军事合作模式”。[③] 2014年4月，美菲经8轮谈判终于达成为期10年的《加强防务合作协议》，允许美国在“临时和换岗原则”上部署额外的士兵，菲律宾军队将与美军分享3到5个营地或基地，美军还将享有在菲律宾境内基地部署舰船、飞机、武器和军队的权利。

2. 对外经济合作升温

菲律宾经济总量小，市场开放意识弱，除了东盟框架下的自由贸易协定外，只与日本签有双边自贸协定。根据《2011-2016年中期发展计划》，阿基诺政府发起“与菲律宾人民社会契约”项目，提出经济发展的三大战略，即实现包容性增长、创造大量就

① Benigno S. Aquino III, Third State of the Nation Address, July 23, 2012, http://www.president.gov.ph/speech/english-translation-benigno-s-aquino-iii-third-state-of-the-nation-address-july-23-2012/.

② “菲律宾2013年国防预算898亿比索”，中国新闻网，2012年7月9日。

③ Craig Whitlock, “U. S. seeks to expand presence in Philippines,” *The Washington Post*, January 26, 2012, p. A1.

业、减少贫困。相应的，外交部把促进经济安全作为外交政策的重要支柱之一，开展比以往更加积极的经济外交，全力为菲律宾商品寻找出口市场，大力吸引外资，促进旅游业发展，增加外国对菲律宾援助等。这与美对亚洲新兴市场的重视产生强烈共鸣。2011 年 1 月，菲律宾成为首批入选美国“增长伙伴关系”（Partnership for Growth，PFG）计划中唯一的亚洲国家。当年 11 月，两国外长发表《美菲关于增长伙伴关系原则的联合声明》，美方承诺投入 1.7 亿美元，用于帮助菲律宾在调整经济政策、加强反贪和法治、改善财政表现等三个关键领域取得进步。美国还通过《千年挑战和约》帮助菲律宾加快经济发展、减少贫困，仅 2012 年就向菲律宾提供援助达 4 亿美元。菲对美国力推的 TPP 非常关注，热情极高。虽然菲律宾经济发展水平远未达到加入 TPP 的程度，但它希望通过落实好与美国的各项双边贸易安排，为未来加入 TPP 奠定基础。在 2011 年 11 月亚太经合组织会议期间，两国签署了《双边海关管理和贸易促进协议》，涵盖简化海关手续、提高海关管理透明度等多项促进贸易便利的具体内容，明确传递出为菲律宾加入 TPP 做准备的目的。[①]

3. 地区外交更趋活跃

菲律宾标榜自己是地区国家的“好邻居、好伙伴和共识塑造者”,[②] 致力于促进地区框架安排的形成和发展。首先，菲律宾是东盟的创始成员国之一，东盟成为菲律宾地区政策的重要平台。菲律宾谋求代表东盟“发声”，为制定《东盟宪章》发挥关键作用。与此同时，菲律宾充当美国加强与东盟关系的“抓手”，与美国密切配合，为地区安全合作设立海上安全、核不扩散、救灾及

① 唐奇芳：“东盟国家 TPP 政策探析”，《和平与发展》，2012 年第 4 期，第 45 页。

② Speech of Benigno S. Aquino III, President of the Philippines, on the Occasion of ASEAN Day, August 9, 2010, https://www.dfa.gov.ph/index.php/43rd-asean-day-speech.

人道主义救援等议程。更明显的是，在美国怂恿下，菲律宾把东盟作为解决南海争端的主战场，在东盟内部拼凑以沿海利益为基础的结盟，企图营造“以小谋大”、“以弱逞强”的对华进攻态势。此外，在东盟框架外，菲律宾努力扩大与地区其他国家的防务和安全合作。据悉，自2012年至2013年7月，菲与有关国家就政治和安全事务达成的双边协议有40多份。① 例如，作为美菲关系加强的延伸，菲日关系得到强化。2013年7月，日本首相安倍晋三访菲期间，有消息称日本计划向菲提供3艘1000吨级的二手海上巡逻船，作为菲律宾海岸警卫队的主力船；菲律宾则暗示了对组建美日菲三国同盟的期待。2015年1月，菲律宾与日本签署安全协议，计划在菲律宾沿海举行联合海军演习。其他方面，菲律宾还于2012年6月突击批准了搁置五年之久的与澳大利亚《访问部队协定》，澳大利亚拟向菲律宾提供搜救船并与菲律宾军队在菲国内共同训练。2012年8月，作为菲多年来首个快速喷气机采购项目，菲律宾宣布将采购12架韩国航天工业公司的T/A－50轻型攻击机。2014年5月，菲律宾与印度尼西亚正式签署海上专属经济区划界协定，这是菲律宾与外国签署的首个海上划界协定。

4. 南海政策呈进攻姿态

自2009年以来，菲律宾南海政策急转激进，这其中有深刻的国内和国际背景。在国内，菲律宾政府奉行利用油气收入充实军费的政策，开发南海成为国内政治的重要话题。② 国际上，《联合国海洋法公约》设定2009年5月13日为缔约国向联合国划界委员会提交专属经济区和大陆架划界案的截止期限，这增加了菲律宾通过《领海基线法》将南沙群岛部分岛礁划为自身领土的紧迫感。而美国利用南海问题为移师东南亚铺路，更使菲律宾对美国的全

---

① “An Independent and Principled Philippine Foreign Policy for Economic Growth,” Albert F. Del Rosario, Manila, October 24, 2013.

② 陈庆鸿：“菲律宾军事现代化及其前景”，《国际信息资料》，2012年第8期，第17页。

方位支持抱有幻想。[1] 从时间上可以看出，正是从美国总统奥巴马执政时起，菲律宾开始在南海问题上持续向中国发难。2011 年 5 月，美国驻菲律宾大使馆发言人汤普森公开说：“如果菲中在斯普拉特利群岛（即我南沙群岛）问题上发生武装冲突，美国一定会站在菲律宾一边。”2011 年 11 月希拉里·克林顿访菲，称南海为“西菲律宾海”，表示“美国将永远与你们并肩作战”。2012 年 4 月，在中菲发生黄岩岛对峙事件的敏感时刻，美“北卡罗来纳号”核动力潜艇停靠苏比克湾，美菲举行第 28 次年度“肩并肩”联合军演，释放出十分强烈的为菲律宾打气撑腰的信号。

在美国相关政策表态的刺激下，菲律宾南海政策展现出持续进攻姿态：一是加大主权声索造势，2011 年 6 月把南海改名为“西菲律宾海”，2012 年 5 月把黄岩岛改名为“帕纳塔格礁”，以此达到混淆主权归属、吸引国际关注的目的。二是加快事实占领，军事上大力进行南海战场建设，公开要求美国在南海部署军力。经济上，引入更多外国公司参与南海资源开发和利用项目。三是加紧国际结盟。在东盟，菲律宾推动各国以集团方式对华施压，主张东盟国家联合开发南海石油、扬言主办南海声索国四方会议、抛出严苛的“南海行为准则”草案等。在国际上，菲律宾对南海争端的立场从此前“不需要美国或第三方协助”，[2] 转变为“南海争端关涉国际社会利益”，力图把更多“利益相关者”引入地区安全，壮大自身“外援”。[3] 例如，菲日因海洋利益走到一起。四是以华为敌。菲律宾自忖能够以美日为后盾对抗中国，还借口“已经为和平解决争议穷尽一切政治和外交手段”，于 2013 年 1 月单方面将南海争议提交国际仲裁。可以说，相比于南海争端其他声索

① 鞠海龙：“菲律宾南海政策中的美国因素”，《国际问题研究》，2013 年第 3 期，第 68 页。

② “菲律宾外长称解决南海争端无需美国或第三方协助”，中国新闻网，2010 年 8 月 10 日。

③ International Crisis Group, “Stirring Up the South China Sea (II): Regional Responses,” *Asia Report* No. 229, p. 29, July 24, 2012.

国，菲律宾现政府对华敌意最明显。

（三）对美国战略回应的前景

由于美国的亚洲政策长期以来是以与盟国关系为基础的，菲律宾从美国“重返亚太”的战略中解读出美对菲的全方位、无条件支持，加大“傍美抗中”的外交力度。然而，菲律宾国情及地区现实终将迫使菲律宾政府做出必要的政策调整。

1. 美菲合作面临深层次障碍

美菲历史上属于宗主国——殖民地关系，菲民众对美国的历史影响十分敏感。2012 年 11 月，美国海军一家承包商在菲北部苏比克湾倾倒有毒废物被曝光后，仍企图以美菲《访问部队协定》为“挡箭牌”，引发菲律宾民众反美情绪上升，菲律宾议会也传出要求政府终止该协定的呼声，这无疑为美军重返菲律宾的谈判进程泼了一瓢凉水。另一方面，在美国看来，菲律宾民主制度存在瑕疵，特别是菲律宾腐败问题严重、人权记录不佳，对美菲安全合作造成不利影响。[①] 就战略东移而言，美方已逐渐意识到“马尼拉有可能误把美国的支持当作更加激进地声张主权的机会”，“我们必须谨慎地说，我们没有鼓励这种对抗性态势。”[②] 美、菲一些学者和媒体也不约而同地指出，美国根据《美菲共同防御条约》对菲律宾承担的安全义务并不明确，例如条约第四条规定了双方“应对共同危险”需符合各自“国内宪法程序”，第五条则涉及如何界定菲律宾“本土”的问题等。2012 年 6 月菲律宾总统阿基诺

① “The U. S. -Philippines Alliance: Deepening the Security and Trade Partnership,” Chairman Ed Royce, Opening Statement, Subcommittee on Terrorism, Nonproliferation and Trade, February 7, 2012, http://archives. republicans. foreignaffairs. house. gov/hearings/view/? 1398.

② “美国防部前高官说美不鼓励菲律宾挑衅中国”，新华网，2012 年 12 月 16 日。

访美在黄岩岛问题上空手而返表明，美在重返亚太过程中对菲律宾的支持仅限于制造“美国不可或缺”、“中国不守规矩”的舆论，其真实意图是以菲律宾为跳板，捍卫美国在地区的力量存在，而不是为菲律宾冲锋陷阵。

2. 军事现代化议程陷入争议

阿基诺三世执政初期大力推进雄心勃勃的海空军现代化建设，摆出一副穷兵黩武式的“大跃进”架势。但实际上，军力建设既缺少资金来源，也缺乏政策支持。从资金层面看，国内油气田收入很难达到海空军采购目标。2013 年 7 月，阿基诺在国情咨文中称，购买一架战斗机的费用可建造 6580 套住房或者 2000 座学校；要使战斗机真正发挥作用，最起码需配置一个中队即 24 架战斗机；菲律宾将平衡各种需要，致力于满足菲社会发展的需要。[①] 这暗示了菲律宾受财力所限将适度放缓强军进度。从政策层面看，菲律宾一些官员及议员认为，菲南部叛军林立，使政府在和谈进程中顾此失彼，国内安全问题远比外部安全问题严重。正是基于国内安全形势的重要性，菲律宾国防预算拨款的大头仍非陆军莫属。此外，从经济基础看，菲律宾存在贫富不均、失业严重、基础设施薄弱、政府治理缺位等问题，再加上天灾频仍、战乱不止及油价上涨带来的冲击，经济发展难题无论就其紧迫性还是持续性而言，都比发展军力更加突出，这必将牵制阿基诺政府的强军步伐。

3. 地区政策难获认同

菲律宾实行积极的东南亚政策，首先是基于对本国国家利益的考虑。菲企图把自身海洋利益问题强加给地区国家，在协调东盟南海立场、制定共同规则、一致对华方面做了大量工作，然而这些并未得到地区国家的认同。第一，菲律宾本身在南海领土争端

---

① Benigno S. Aquino III, Fourth State of the Nation Address, July 22, 2013, http://www.president.gov.ph/speech/english-benigno-s-aquino-iii-fourth-state-of-the-nation-address-july-22-2013/.

上与其他东南亚声索国之间存在分歧，难以组成“统一战线”。2012年底菲律宾极力拼凑“南海声索国四方会议”，但除越南外，马来西亚和文莱均缺席参加，显示出两国与菲、越不同的步调。第二，地区国家不认同菲律宾把南海问题绑上东盟轨道的战术，认为这是在人为制造东盟团结和发展的绊脚石。2012年7月，由于菲律宾要将黄岩岛问题写入第45届东盟外长会联合公报，会议未能取得应有的成果。东盟轮值主席柬埔寨副首相兼外交国际合作部大臣贺南洪明确表示，菲的行为“将联合公报变成了中菲双边纠纷的人质”。[①] 第三，菲律宾“傍美抗中”的激烈言行引发地区国家对中国可能做出过激反应的担忧。正如泰国媒体评论员甲威·宗吉他翁所说，“东盟不想被拉进与中国的争端之中”，菲律宾对抗中国的外交努力“不会在东盟获得广泛的支持”。[②]

4. 对华强硬没有出路

阿基诺三世就任总统后，围绕南海问题对华动作不断，在我属礼乐滩、中业岛、黄岩岛等地频繁制造事端，甚至一度出动军舰对付中国渔民、煽动全球菲侨对华抗议示威。这里面有美国推波助澜的成分，也有菲希望维持中菲关系一定程度的紧张，以便从美国处获得更多安全保障的考虑。菲律宾国内对政府这种做法有两种担忧，一种观点是认为这将导致“超级大国对抗”，把菲律宾拖入更大的冲突中。另一种观点则怀疑美国不会因南海为菲律宾而战，因为“美国更在意的是与最大债主和主要贸易伙伴（中国）之间的地缘政治游戏”。从中国方面看，中方始终坚持与直接相关国家通过双边谈判解决南海主权争端问题的立场，多次表示南海问题不会影响中国和东盟关系的大局，并于2013年9月正式启动了中国与东盟在落实《南海各方行为宣言》框架下就“行为准则”

① “菲律宾搅局损害东盟合作大局”，《人民日报》，2012年7月14日，第3版。

② “菲律宾联美抗中‘玩危险游戏’”，《参考消息》，2012年2月9日，第14版。

进行磋商的进程。对于中菲关系，中国始终积极推动其正向发展，两国迄已签署近百个政府间协议，地方省市之间已结成近30对友好关系，中国已成为菲第三大贸易伙伴和第四大旅游客源地。随着双方政治、经济、人文关系不断加深，菲律宾政府将不得不调整其对华强硬态度，更加务实地与中国发展战略合作伙伴关系。

四、越南：转向“亲美疏华”

美国重返东南亚的关键一环是加强同越南的关系。越南积极向美靠拢，迎合美国亚太战略的需要，双边合作在广度和深度上均取得显著发展。然而，美越关系的迅速升温不仅有其内在深层次矛盾，还搅动东南亚地区的力量平衡，受到来自东盟和中国的双重反弹，今后美越发展关系的步伐或将适度放缓。

（一）基本态度

越南把美国“重返亚太”看作是越南国家发展并加强越美关系的战略机遇，也是越南推行新的海洋战略、巩固对南海岛屿“主权”的重要契机，对美国“重返亚太”予以配合。

1. 视美国“重返亚太”为机遇

美越对彼此的战略权衡首先基于地缘政治因素。越南是东南亚人口大国，素有在中南半岛称雄的抱负，认为阻碍这一目标的主要是与老挝、柬埔寨关系密切的中国。因此，面对美国强势回归，越南迅速把美国定位为“第一大战略合作伙伴”，[①] 希望充分利用美国因素，有效平衡中国对东南亚的影响力。美国则认为越南正

---

① “U. S. Senator lauded for promoting ties,” *Viet Nam News*, August 25, 2011, http://vietnamnews.vn/politics-laws/214739/us-senator-lauded-for-promoting-ties.html.

在成为“中等强国”，在牵制中国方面是美国的“天然战略伙伴”。[①] 其次，越南实行革新开放战略，大力发展外向型经济，寻求全面融入国际社会。美国把越南列为实现“出口倍增计划”的重要新兴市场之一。越南期待通过提升与美国的关系改善外部经济环境，特别是期待 TPP 成为美越经济接轨的基础，为越南提供一个扩大开放、融入国际经济的平台，并为国内经济和制度改革注入推动力。此外，越南工业基础薄弱，科技水平不高，难以用自力更生的方式实现军队现代化发展，因此开展活跃的国防外交，强化与大国的军事合作，以务实和积极的态度与美国发展军事合作关系，希望从美国获取先进的军事技术、武器装备和更多的军事援助。

2. 共同强化在地区的话语权

越南把加入多边机制视为融入国际社会、增强国际影响力的主要途径。它之前积极寻求加入东盟（1995 年）和世界贸易组织（2007 年）就是出于此目的。当前，越南外交的使命之一仍是积极主动融入国际社会。为此，它积极参加联合国、亚太经济合作组织、亚欧峰会等多边论坛；在东南亚地区，则以活跃、积极、负责任的方式参与东盟共同体建设进程，同其他东盟成员国为 2015 年东盟共同体建成后的东盟制定大方向，促进东盟内部合作，发挥东盟在地区事务上的核心作用。美越均强调，两国在地区和国际层面的合作是双方政治、经济、文化等关系日渐成熟、自然演变的结果。究其现实目的而言，美国高度评价越南在亚太地区的地位，旨在以越南为支点，加强与东盟的联系，联手建设区域架构，并对这个进程施加于美有利的影响。对于越南来说，在湄公河下游流域行动计划、东盟地区论坛、东盟国防部长扩大会议以及东亚峰会等方面与美保持合作，则有利于越南增强其在地区的

---

① Mark E. Manyin, “U. S. -Vietnam Relations in 2011: Current Issues and Implications for U. S. Policy,” *Congressional Research Report*, May 18, 2012. p. 1.

发言权。[1]

3. **在南海问题上形成合力**

2007年1月，越共中央十届四中全会通过了《至2020年海洋战略规划》，提出建设“海洋强国”的战略目标，并决定推行面向海洋的全面发展战略，坚决捍卫国家海洋主权和权益，吸引各种力量参与发展海洋经济，为国家发展提供稳定保障和强大动力。全会明确提出，到2020年要使海洋经济产值占到GDP的53%—55%，出口额占到55%—60%。[2] 这表明，海洋经济正在成为越南经济最重要的支柱产业，海洋在国家总体发展战略中具有举足轻重的作用。2009年12月，越南发表第三份国防白皮书，对国家战略思维和布局进行规划，强调“捍卫在东海（即我南海）的主权和国家利益”，实施“以岛制海”，千方百计侵占南海岛屿。越南军事战略相应地调整为“陆守海进”，把南海方向特别是“夺控南沙岛礁”作为军事准备的核心，积极构筑南沙战场体系。事实上，越南是唯一一个提出对中国南沙群岛拥有全部主权的国家，也是采取军事占领岛礁、单方面开采油气等实质性动作最多的一方。由于美国的新亚太战略重视发挥海洋的根基作用并注重加强海空建设，越南希望拉拢美国介入南海争端，增加自身筹码，从而攫取更大海洋利益。越南在地区论坛上多次强调所谓确保南海航行自由、制定“南海行为准则”等，这与美国宣布在该地区拥有利益相吻合，双方在南海问题上各取所需，形成呼应。

（二）寻求接近

美越建交时间很短，但双边关系发展迅速，完成了从“老对

---

① 刘卿：“美越关系新发展及前景”，《国际问题研究》，2012年第2期，第90—99页。

② 于向东：“越南全面海洋战略的形成述略”，《当代亚太》，2008年第5期，第100—110页。

手”到“新伙伴”的转身，近年来更是步入关系提升的快行道，两国建立起全面伙伴关系，在地区事务上实现联手，这已成为奥巴马政府亚太政策自我标榜的重要外交成果。

1. 美越关系重新定位

越南一直寻求与美国接近，希望全面提升与美国的合作关系。美国做出“重返亚太”的战略决定后对越南予以积极呼应。奥巴马上台伊始，2009 年 10 月，时任越南副总理兼外长的范家谦访美，表达了强化“友好、建设性伙伴关系和全方位合作”的愿望。① 2010 年适逢美越建交十五周年。美国在《四年防务评估报告》中称，美寻求与越南建立“新的全面伙伴关系”。美国前国务卿希拉里·克林顿当年两度访越，赞赏越南“正在以不可估量的潜力走在成为一个伟大国家的道路上”。时任美国总统国家安全事务助理琼斯在接受媒体采访时说：“特殊的美越关系前途一片光明。”② 2011 年 11 月，越南国家主席张晋创在夏威夷参加亚太经济合作组织领导人会议时表示：“越南高度重视与美国关系，把美国作为一个起着领导作用的战略伙伴。”③ 2013 年 7 月，越南国家主席张晋创访美，这是美越自 1995 年建交以来两国最高领导人之间的第三次国事访问。两国首脑发表联合声明，决定建立“全面伙伴关系”，加强在政治外交、经贸投资、科技人文以及军事安全等多领域的合作，由此将双边关系提升到了新的高度。

2. 军事合作取得突破

美越合作的突破性进展集中体现在军事安全领域，双方建立起

---

① Remarks with Vietnamese Deputy Prime Minister and Minister of Foreign Affairs Pham Gia Khiem after Their Meeting, Hillary Rodham Clinton, Washington DC, October 1, 2009, http://www.state.gov/secretary/rm/2009a/10/130154.htm.

② Minh Hien, "U. S. Official Optimistic about Vietnam-U. S. Relations," *The Voice of Vietnam*, July 1, 2010.

③ Trong Kha, "Vietnam President Hails U. S. as Strategic Partner," *Thanh Nien News*, November 12, 2011, http://www.thanhniennews.com/index/pages/20111112-vietnam-president-hails-us-as-strategic-partner.aspx.

多层军事对话渠道，开展了军官互访和教育培训项目，实现了联合军演和军舰访问常态化。在机制建设上，两国于2008年建立一年一度的政治、安全和防务对话机制，从2010年开始举行国防部副部长级的防务对话，2011年启动国防部长级的高层定期对话机制。在军官培训方面，2011年8月，美越签署自两国关系正常化以来的第一份军事合作协议，在军队医疗交流与研究领域开展合作。当年9月，双方签订《防务合作谅解备忘录》，把海上安全、搜救、人道主义救援和救灾、联合国维和经验等确定为优先合作领域，美方加强对越南军事人员的培训。在军事交往方面，美国空军、海军均实现了越战后对越南的重返，两国联合军演常态化。2010年10月，越南总理阮晋勇出席东亚峰会时宣布，金兰湾港口将进行为期三年的升级计划，完成后将对外国军船开放使用。① 由于美国是第一个受到这方面邀请的国家，并且美国海军舰队于2011年8月首次访问金兰湾，这加强了外界对美国重返金兰湾的猜想。此外，美国还加强对越南的军事援助，帮助升级越战时美军留下的UH－1“休伊”直升机，2009年度首次给越南提供“外国军事援助”50万美元，2010年激增到135万美元。② 2014年10月，美国宣布放宽对越南出口武器的限制，解除对与海上警备有关的武器销售禁令。这次部分解禁成为美越关系取得突破性进展的象征。

3. 全面合作迅速起步

随着美越将关系重新定位为全面伙伴关系，双边合作也在向更广的领域推进。一个显著标志是在核能合作上实现质的突破。2010年3月，美越签署《民用核能合作谅解备忘录》，分享核燃料和核技术，并在核安全、核存储以及相关教育领域进行合作，这

---

① “PM says Cam Ranh Port to be solely managed by Vietnam,” *Thanh Nien News*, October 31, 2010, http://www.thanhniennews.com/index/pages/20101031155816.aspx.

② Mark E. Manyin, “U.S.-Vietnam Relations in 2011: Current Issues and Implications for U.S. Policy,” *Congressional Research Report*, May 18, 2012. p. 18.

为双方开展核能合作奠定了基础。2012 年，越南国会批准国际原子能机构附加议定书，并完成对大叻（Da Lat）核反应堆高浓缩铀存量的全部销毁。2013 年 10 月，美越签署《123 条款协议》(即《民用核能合作协议》)。为了打消美方的顾虑，越南在协议中承诺不进行铀浓缩活动，不制造核武器，并从国际市场获取其所需的核能。由此，美国核能企业得以进入越南市场。据美国核能研究院预测，该协议将为美国国内增加 5 万个高收入就业岗位，核能出口有望得到 100 亿至 200 亿美元的收益。[①] 美越经贸关系也取得新进展。美越于 2001 年达成《双边贸易协定》后，两国贸易额在十年间增长了 10 倍多。[②] 截至目前，美国已成为越南的第一大出口市场、最大的贸易顺差来源地及仅次于中国的第二大贸易伙伴。2010 年 11 月，越南宣布加入 TPP 谈判。虽然在 TPP 诸多领域谈判中均处于守势，但越南看好 TPP 前景，加入的决心十分坚定，寻求达成一项平衡的发展共识。预计到 2025 年，TPP 有望使越南国内生产总值增加 357 亿美元，贸易出口总额增加 679 亿美元。[③]

4. 推动南海问题“国际化”

作为战略东移的“前奏”，美国企图借南海问题插手地区事务，加强在该地区的军事存在。事实上，美国加入《东南亚友好合作条约》后的第一个重大动作就是配合越南在东盟地区论坛、东盟国防部长扩大会议等场合热炒南海问题。2010 年 7 月，美国国务卿希拉里·克林顿在东盟地区论坛会议上发表关于南海问题“事关美国国家利益”的讲话，这被越南媒体评价为“越南外交的

---

① “Industry Lauds US-Vietnam Nuclear Agreement,” October 10, 2013, http://www.nei.org/News-Media/Media-Room/News-Releases/Industry-Lauds-US-Vietnam Nuclear-Agreement? feed = NewsReleases.

② “美越贸易额 10 年增长了 10 多倍”，中国商务部网站，2011 年 12 月 12 日。

③ “越南加入 TPP 的意义”，中国太平洋经济合作全国委员会网站，2012 年 8 月 14 日。http://www.pecc-china.org/z/achievement/2012-08-14/A749.html.

重大胜利，是美国在庆祝两国建交15周年之际送给越南的一份厚礼。”[①] 可以说，正是伴随美国重返东南亚的步伐，越南强势推进其既定的海洋战略获得了重要的外部诱因，强化了对南海问题的各种动作。一方面，加强非法占领南沙群岛的事实和法理依据。越南从2009年开始向南沙群岛派驻海军陆战队。2010年4月，越南宣布将分10年投入85亿美元，把包含南沙群岛在内的岛屿建设成“外围国防要塞”。2012年6月21日，越南国会通过《越南海洋法》（2013年1月1日生效），从法理上确认将中国西沙群岛和南沙群岛纳入其“主权”范围。另一方面，利用各种外交场合，推动南海问题“国际化”，并把矛头直指中国。例如，美越把南海问题纳入战略对话框架，并在南海举行联合演习。2013年7月，两国首脑在华盛顿发表联合声明，开篇即大谈南海问题，呼吁“用和平手段解决争端”，重申支持达成“南海行为准则”。两国还在亚太事务中互相策应，推动把南海问题纳入多边会议。

（三）合作有限

美越关系存在结构性矛盾，局限性突出，未来的双边合作难以出现根本性变化或形成具有同盟性质的关系。

1. 军事合作仅限非敏感层次

美越两军合作仍止步于“软性”领域。两国军事合作协议仅限于非战斗性的“软”军事活动，包括军事医学研究、军官培训等。2009年12月，越南国防部长冯光清访美时曾表示对海上巡逻机和海岸雷达系统感兴趣，但美方只同意从语言培训开始，让越方参加军事交流项目。[②] 美国对越南开展军事技术合作也非常谨

① 马燕冰：“美越关系升温及其发展趋势”，《亚非纵横》，2010年第5期，第44页。

② 刘卿：“美越关系新发展及前景”，《国际问题研究》，2012年第2期，第95页。

慎，对越南的敏感技术出口管制依旧严格，不仅要视个案而定、严格审查，而且需对最终用户进行跟踪。此外，尽管越南多次表示强烈不满，美国仍禁止向越南出售任何致命武器。面对美越军事安全合作中难以克服的障碍，越南转而在国际上四处采购武器，与俄罗斯、印度、法国、西班牙等开拓更广阔的军事合作空间。据俄罗斯世界武器贸易分析中心评估，俄罗斯2003至2010年间在越南武器市场上所占的份额高达87.4%。[①] 考虑到武器交易往往是很长的链条，涉及后续的武器升级改造、零部件供给、维护保养以及人员培训等，这个过程反过来影响到交易国之间政治互信和合作的建立。美国严苛限制与越南的军事合作，实际上是把在越南更为长远的经济和政治机会拱手让人。

2. TPP谈判分歧严重

在现有的TPP谈判国中，越南经济发展水平最低，开放程度最弱。美越在TPP谈判中的分歧大于他们各自与其他谈判国的分歧，彼此存在很多阻碍谈判的因素。一方面，越南对美国的贸易保护主义做法十分不满，希望最大程度获得主力商品如纺织品、水产品等的优惠政策，并消除来自美国的反倾销、反补贴诉讼风险。另一方面，美国在倡导公平竞争、保护知识产权及劳工条款等方面推行的高标准必将大幅提升越南企业的运作成本和商品价格，迫使越南政府的采购、金融、能源等部门付出沉重代价。此外，美国是所有TPP谈判国中唯一一个尚未承认越南市场经济地位的国家。美国希望以市场经济地位问题为筹码，向越南贯彻"人权"、"民主"理念，强压越方在TPP谈判中让步。越南则把美国承认其市场经济地位看作美越关系正常化的重要组成部分，认为美国的拒绝传递出一种明确的政治威胁。2012年9月，越南政府副总理武文宁在河内会见美国贸易代表罗恩·科克时指出："如果美国及其他谈判国提出过高且不符合越南经济发展水平和实

---

① "越南武器采购左顾右盼"，中国军网，2012年8月27日。

际情况的要求和条件，将会影响到谈判进程。”2013 年 11 月，越南总理阮晋勇在接受共同社采访时一面继续强调“年内谈妥 TPP”的决心，一面承认“TPP 谈判进展确实停留在较低水平”。

3. 意识形态矛盾深刻

美国一直把越南作为“和平演变”的主要对象，各年度均将其列入“违反宗教自由国家”的黑名单，在制定对越南政策的方方面面均会考察其民主和人权表现。国务院一再强调：“如果越南不进行新一轮政治改革，那么美国政府也只能与越南保持目前这样的关系。”[①] 美国积极拉拢越南加入 TPP 谈判，其中一个重要原因是乐见越南作为“另类”国家，在融入过程中发生根本性变化，不断拿“人权”、“民主”问题敲打越南。美国是否会取消对越南出售致命性武器的禁令，也在很大程度上取决于对越南“民主”、“人权”状况的评估。[②] 从越方来看，越南始终高度警惕美国“企图颠覆越南的社会主义制度”，清醒地认识到“宗教、自由、民主和人权是美国外交政策中干涉越南内部事务的工具”，为此大力开展“反渗透、反西化、防颠覆”的整治活动。[③] 此外，美越均未走出历史上的战争阴影。美国至今未就越战造成的灾难向越南做出正式道歉，且国会一些保守议员公开反对美越关系的正常化和进一步改善。越南则仍面临清除越战时遗留的地雷、炸弹、落叶剂危害的重任，越南民众频繁举行反美示威活动。在这种情形下，要让美国军队重返金兰湾非常困难，很可能会受到越南人的强烈抵制。

4. 美越外交优先次序不同

在美国的亚洲议程中，越南并非长期的战略伙伴，也不占有举

---

① “U. S. Relations with Vietnam,” Testimony of Joseph Y. Yun, Acting Assistant Secretary of State Bureau of East Asian and Pacific Affairs before the House Committee on Foreign Affairs Subcommittee on Asia and the Pacific, June 5, 2013.

② Daniel Ten Kate, “Vietnam's US Arms Wishlist Hinges on Human Rights, McCain Says,” *Bloomberg Businessweek*, January 21, 2012.

③ “越报文章：西方借‘公民社会’推动和平演变”，《参考消息》，2012 年 9 月 21 日，第 10 版。

足轻重的位置。美国与越南合作关注的是越南的工具性作用，将其视为制衡中国、接近东盟的一枚棋子。然而，在中美相互依赖加深、两国积极构建新型大国关系的大背景下，美国在发展对越关系时必然要考虑中国的关切。特别是在南海问题上，美国为避免过分刺激中国，对越南并非有求必应，而是拒绝了某些不适当的倡议。在越南的外交战略中，对美国的需求突出实用主义一面，重视借助美国力量，在与中国的领土争端上显示强硬。但是，越南认识到，越中关系建立在两党关系的基础上，彼此政治命运相连，发展对华关系符合越南长远战略利益。例如，在国家发展道路上，越南被普遍认为选择了“中国模式”。在外交上，越南奉行“骑墙”策略，试图施展“大国平衡”术，确保越美、越中关系同步发展，当中美关系出现矛盾时则力争从中获利。此外，东盟因素对美越关系也有影响。东盟国家普遍反对组建小集团的“冷战思维”，并且担忧美国对越南的扶持会打破东盟内部力量平衡，美越发展双边关系时将不得不顾及东盟其他国家的感受。

五、印度尼西亚：心系东盟

印尼是东南亚面积最大、人口最多、岛屿最多、水域最广的国家，地缘位置重要，自然资源丰富，经济发展潜力大，致力于民主且外交活跃。美国在印尼有重要的经济、商业和安全利益，在“重返亚太”过程中对印尼抱有很高期望，乐见印尼在亚太事务和全球经济中发挥关键作用，两国共同致力于发展“深厚、持久的全面伙伴关系”。[①] 奥巴马曾在印度尼西亚度过一段童年时光，有印尼情结，因此奥巴马积极推动与印尼建立全面伙伴关系。

---

① Remarks by President at the University of Indonesia in Jakarta, Indonesia, November 10, 2010, http://www.whitehouse.gov/the-press-office/2010/11/10/remarks-president-university-indonesia-jakarta-indonesia.

（一）基本态度

印尼高度赞赏“美国外交的新面貌”，认为奥巴马政府外交政策较以往而言体现出更大的包容性，表明美国不再发号施令，而是愿意倾听，重新回到了多边主义轨道。[①] 印尼认为，美国作为全球性大国，可以在世界各地发挥作用，包括在亚太地区。印尼欢迎美国重返亚洲，期望与之合作维护地区安全与稳定；但强调，域内国家应当发挥重要作用，只有它们才是决定地区未来的力量。

1. 支持美国“重返亚太”

在印尼看来，美国是亚太地区最重要的战略因素，印尼对美国重返亚太特别是军事战略向亚太转移没有任何疑义。[②] 近年，随着亚太地区海洋战略环境发生变化，特别是南海争端不断被有关国家炒热、夸大，印尼作为世界上最大的群岛国家，与美国在海洋安全和航行自由方面找到共同利益，双方在战略上更加接近。与此同时，加强与美国的合作对印尼落实其发展议程也至关重要。印尼自2008年国际金融危机至今，保持了持续、快速的经济增长，成为备受瞩目的新兴经济体之一；但是，印尼政治改革和经济发展步伐不平衡，社会治理体系不完善，部分地区反恐形势严峻，环境恶化引起的自然灾害频发。印尼总统苏西洛实现其“反腐败”和“减少贫困”的执政目标面临巨大挑战，因此十分看重与美国发展“全面伙伴关系”，期待得到美国国际开发署、“千年发展合

---

① Speech by H. E. Dr. D. Hassan Wirajuda, Minister for Foreign Affairs, Republic of Indonesia, a Breakfast Forum with The Carnegie Endowment for International Peace and USINDO, Washington DC, June 8, 2009, http://www.kemlu.go.id/Pages/SpeechTranscriptionDisplay.aspx?Name1=Pidato&Name2=Menteri&IDP=1&l=en.

② "Building Security Partnership in Asia," Presentatin of H. E. Purnomo Yusgiantoro, Minister of Defense of the Republic of Indonesia, the CSIS Seminar in Washington DC, May 16, 2013, http://csis.org/files/attachments/130516_PurnomoYusgiantoro_Speech.pdf.

约”基金及“和平队”项目等全方位援助。

2. 希望发挥“桥梁”作用

政治局势稳定和经济快速发展为外交提供了重要支撑，印尼寻求在地区以及国际舞台上发挥更大作用。2010 年 8 月，苏西洛总统发表首份国情咨文，宣称将继续奉行独立、积极的外交政策，并重新定位外交政策的目标——首先是当好东盟的领导者，把自身塑造成东南亚地区一个负责任的大国；同时将外交舞台延伸到地区之外，在国际社会当好第三世界的代言人，当好民主与穆斯林之间的桥梁。[①] 印尼历来重视多边外交，是亚非会议、77 国集团、不结盟运动等组织的成员国，是东南亚国家中唯一的二十国集团成员，还是 OECD 的“强化伙伴会员”，因而希望成为连接发达国家与发展中国家的桥梁。印尼充分利用其多边外交资源，开展活跃的经济外交，关注发展中国家利益，呼吁“公平的可持续发展”，推动建立公正的世界经济发展秩序。[②] 在美国致力于改善与伊斯兰世界关系之际，印尼作为世界上最大的穆斯林国家，积极参加伊斯兰会议组织并在其中发挥领导作用，于 2008 年发起旨在促进民主的地区年度论坛即“巴厘民主论坛”，充当穆斯林世界与西方的联系纽带，推动联合国采取措施解决叙利亚冲突，促进巴以和谈。

3. 维护地区“动态平衡”

面对美国强势重返亚太，印尼提出了维护地区“动态平衡”的外交目标，折射出印尼响应美国亚太战略并向美国靠拢的程度是有限的。根据“动态平衡”理念，印尼反对大国竞争把亚太地

---

① 闫坤：“新时期印度尼西亚全方位外交战略解析”，《东南亚纵横》，2012 年第 1 期，第 13 页。

② 2013 Annual Press Statement, Dr. R. M. Marty M. Natalegawa, Minister for Foreign Affairs Republic of Indonesia, Jakarta, January 4, 2013, http: //www. kemlu. go. id/Pages/SpeechTranscriptionDisplay. aspx? Name1 = Pidato&Name2 = Menteri&IDP = 791&l = en.

区带回到互相猜疑和敌视的冷战氛围，希望东盟在地区机制建设中发挥核心作用，带动塑造一个充满活力的平衡、稳定状态。① 为此，印尼在地区事务中拒绝接受单一的主导国，摈弃集团政治，也不希望多极竞争造成混乱无序；而是主张大小国家加强交流和互动，彼此包容而不是排除异己，以外交为工具而不是动辄以武力威胁，实现各国在政治、经济、环境、社会文化等领域的共同安全和共同繁荣。归根结底，就是要依托东盟，实现大小国家之间的动态平衡。当然，印尼清醒地认识到维护这种平衡面临艰巨挑战：一是地区国家之间存在“信任赤字”，例如在东北亚地区，应促成相关国家通过对话建设互信，否则地区局势就难以缓和。二是解决领土争端不可一蹴而就，相关方必须首先承认争端的客观存在，拿出解决问题的政治决心，通过外交渠道制定行为规范并共同遵守。三是地缘政治和地缘经济格局仍在深刻调整之中，应避免单边主义的做法。②

（二）因应举措

印尼虽然在战略和经济上与美国接近，但担心国内暴力极端分子借此煽动反美主义、拉拢追随者与政府对抗，因而对美合作保持相对低调。与此同时，印尼开展独立、积极的外交，提升自身在地区和在国际上的影响力，努力展现其作为地区大国的潜力。

1. 美国是印尼第一重视的大国

2009 年 2 月，希拉里·克林顿担任国务卿后首次出访的第二

---

① Keynote Speech by H. E. Dr. R. M. Marty M. Natalegawa at the Banyan Tree Leadership Forum, Center for Strategic and International Studies, Washington DC, September 15, 2010, http://www.kemlu.go.id/Pages/SpeechTranscriptionDisplay.aspx? Name1 = Pidato&Name2 = Menteri&IDP = 679&l = en.

② Annual Press Statement, Dr. R. M. Marty M. Natalegawa, Minister for Foreign Affairs Republic of Indonesia, Jakarta, January 7, 2014, http://www.kemlu.go.id/Pages/Speeches.aspx? IDP = Menteri&Year = 2014&l = en.

站就来到印尼，把印尼视作东南亚地区的“代理人”。2010 年 11 月，美国总统奥巴马访问印尼，期待印尼在美国重返东南亚战略中发挥更大作用。两国元首共同签署了《全面伙伴关系协议》，并成立民主和公民社会、教育、安全、环境和气候、能源、贸易和投资等 6 个工作组，开展全方位合作。近年来，随着美国强化对东南亚地区的战略布局，其着眼于印尼的目的已不仅仅为发展双边关系，还表现在共同应对东南亚地区的所谓“不确定”因素——中国的崛起方面。美印（尼）均加大了对解决南海争端的介入力度，但双方在政治、外交议题上也有不少摩擦点，例如美国谴责印尼的历史人权表现，印尼不满于美国对巴以问题的立场等。

军事上，印尼于 2008 年公布最新的《国防白皮书》，2011 年发起军队改革计划，把关注点从国内止暴转向兼顾战略力量投射，更加重视对国土和海岸线的防御及本国影响力的扩张。苏西洛总统实现连任后，与美国开展积极、稳定的防务合作。2009 年 2 月，印尼首次派员参与由美国、日本、泰国和新加坡共同组织的“金色眼镜蛇”联合军演。2010 年 6 月，两国签署《防务合作框架协议》，意在整合已有的防务合作。美国还与印尼特种作战部队展开接触。目前双边的防务合作包括高层的信息交换、多国演习（如“金色眼镜蛇”、“对抗虎”、“卡拉特海上协同戒备与训练”、“环太平洋”等系列演习）中的训练和参与，以及在海上安全、维和、人道主义救援和灾害救助等方面的合作。

经济上，印尼的劳动力储备、市场规模及石油资源对美国具有很强的吸引力，印尼也看重美国带来的投资和贸易机会。但在 TPP 问题上，印尼是东盟唯一明确表示暂不加入该计划的国家。这一是因为印尼向来对自由贸易协定兴趣不大，目前只和日本签有双边 FTA，其他都属于东盟框架下的；二是印尼自认为其工业、特别是服务业竞争力严重不足，无法抵御向 TPP 开放市场后的贸易冲击；三是印尼更关注东盟经济共同体建设，担心 TPP 会将东盟边缘化，因此呼吁其他东盟成员国在考量加入 TPP 时要避免破坏东盟在地区经济一体化中的核心地位，更要避免造成东盟分化。[①] 2013年4月，印尼政府表示，其是否加入TPP将取决于东盟“10+6”就“区域全面经济伙伴合作关系协定”（RCEP）、及印尼与韩国就“全面经济伙伴关系协议”（CEPA）的谈判进程。

2. 以东盟为优先

印尼是东盟最大的经济体和人口最多的国家，在东南亚地区有较高的政治威望。它积极谋求在东盟的领导地位，力争促进东盟整体发展，并以东盟为基础，创造良好的地区经济和安全环境。面对大国加剧在东南亚地区的竞争，印尼致力于维护东盟作为地区发展的驱动力量，坚信本地区的“命运将由我们自己决定”；对于其他有利益关切的国家，印尼持开放态度，愿意尝试合作，欢迎其做出贡献。为此，印尼推动以东盟为中心的多边机制，包括东盟地区论坛、东亚峰会、东盟国防部长会议及其扩大会等，商讨解决地区事务，决定地区议程。[②]

印尼于2011年担任东盟轮值主席国，它抓住这一契机彰显对东盟的领导作用，举办了第18届、第19届东盟领导人峰会及第6届东亚峰会，首次邀请美国和俄罗斯与会，加强了东盟与大国的合作和联系。印尼还提出东盟外交的三大任务：一是推动东盟三个共同体建设迈出实质性步伐。二是处理好东盟与整个东亚地区，特别是与东亚峰会的关系。三是将东盟合作提升至全球级别，参与全球治理，在G20会议、气候变化等领域做出贡献。[③] 印尼主张，东盟若要在地区事务中发挥核心作用，就要让每个国家找到

① 唐奇芳：“东盟国家TPP政策探析”，《和平与发展》，2012年第4期，第45页。

② “印尼驻华大使：东盟依然是印尼优先考虑框架”，《21世纪经济报道》，2012年4月2日，第30版。

③ Closing Remarks by H. E. Dr. R. M. Marty M. Natalegawa, Minister for Foreign Affairs Republic of Indonesia at the Closing Ceremony of the 44th ASEAN Foreign Ministers' Meeting Bali, Indonesia, July 23, 2011, http://www.kemlu.go.id/Pages/SpeechTranscriptionDisplay.aspx?Name1=Pidato&Name2=Menteri&IDP=722&l=en.

“舒适区”，迎难而上解决问题。例如，东盟在南海问题上统一发声，不仅有东盟共同体建设的诉求，也有与中国发展对话伙伴关系的强烈愿望。印尼国防部长普尔诺莫·尤斯吉安托罗对媒体表示：“印尼不希望让东盟陷入在大国间选边站队的困境，不支持将东盟变成一种联合起来和谁去打仗的组织，认为其应主要致力于解决东南亚国家共同的安全问题，如打击海盗、走私等。”①

3. 主张大国平衡

印尼外交有不结盟的传统，一贯主张大国平衡，在以东盟为优先的同时，注重改善并加强与美国、中国、日本、印度、澳大利亚、欧盟等国的交往，平衡发展大国关系。印尼认为，当前亚太安全环境的演变主要是由中国崛起这个因素驱动的，但这种演变未必是消极的，相信中美两国有能力应对新的地缘图景；中美均希望彼此友好相处，同时对地区中小国家开展外交和安全合作，这有利于加强地区国家之间的包容性对话。由于美国和中国对印尼都很重要，印尼寻求在美中竞争中保持战略性距离，避免与美国或中国过度接近，在地区领土争端问题上也采取比较中立的立场。受到经济利益的驱动，印尼也积极与日本发展双边关系，因为日本是印尼最大的出口国和最大的发展援助国，印尼则是日本自然资源的主要供应国，这里面也有印尼利用日本平衡美国和中国对东盟影响力的考虑。此外，为减少对西方军事技术的依赖，印尼防务合作的对象也更加多元，与俄罗斯、韩国、波兰等均有军售往来。

4. 运筹海洋安全

印尼拥有超过 1.75 万个岛屿、590 万平方公里领海和专属经济区以及长达 8.1 万公里的海岸线，是世界最大的群岛国家。它地跨印度洋和太平洋，连接亚洲和大洋洲，包含马六甲海峡、巽他

① “印尼防长：东盟不会成为军事同盟”，《南方日报》，2013 年 6 月 3 日，第 A4 版。

海峡、龙目海峡等三条重要的海上贸易通道。美国强化重返东南亚，刻意拉近与印尼关系，对印尼海上安全政策产生较大影响。

“再平衡”战略的军事含义之一是将更多的空军、海军及海军陆战队力量部署到太平洋战区，从东北亚向关岛、夏威夷、澳大利亚、新加坡等地转移。由此，印尼所扼守的三大海峡的战略重要性提升。随着美国增加在其东南亚海域的活动力度，中国、印度等国也扩大向印太地区部署海军力量，加上东南亚国家之间竞相发展海军，本地区的海上空间趋向饱和。一些国家开展海上情报、监视和侦察活动也更加频繁，印尼作为沿海国，对此十分关切，并同美国、中国及其他沿海国分别开展沿岸监视合作。

由于印尼的海洋战略环境趋向复杂，且印尼与周边的越南、菲律宾、马来西亚、新加坡等国均有岛礁主权或海疆划界争端，非常重视通过外交手段解决领土争端。在南海问题上，印尼虽然有欲借此彰显自身大国地位的考虑，但其在南海的关切主要是经济利益，不涉及海上领土主权，因此核心立场是致力于和平解决，主张相关国家之间通过外交谈判解决争端；印尼寄希望于东盟和中国一起推动落实《南海各方行为宣言》后续行动指针，并起草“南海行为准则”，把这作为一种“交通规则”，用于促进信任，避免事故，管理意外事件，防止危局失控。2013 年 8 月，印尼外长马蒂向媒体透露，印尼正在向亚太国家提议签署《印度洋——太平洋条约》，该条约旨在让缔约国承诺和平解决彼此间的纠纷而不诉诸武力。印尼还呼吁美国早日加入《联合国海洋法公约》。

（三）印尼外交展望

总体上，印尼认为，当前美国国内政治分歧深刻，经济前景不明，对美国外交形成严重制约；“再平衡”战略过于侧重军事，给亚太地区造成一些问题；TPP 计划的目标过于高远，难有成果；美国需要尽快完成其政治体制的自我修复，进而更好地将亚太战略与地区现实接轨。从印尼方面看，其对美外交则受到以下三方面因素的牵制。

1. 经济改革和社会转型压力大

当前，印尼经济出现一些波动，2013 年贸易赤字和经常项目赤字猛增，揭示了其经济结构的内在失衡问题。举例来说，印尼出口部门过于依赖煤炭、橡胶、棕榈油和矿石等大宗商品，原油和天然气产业的国内加工能力不足，外商投资环境严苛，就业压力问题处理不好有可能使未来十年的"人口红利"转化为社会不安定因素。经济社会发展转型压力大，会在一定程度上影响印尼对区域合作事务发挥主导作用。在国际舞台上，印尼与世界经济的联系也并不密切，其出口额占 GDP 的比重为 24%（低于菲律宾 31.7%、泰国 68.4%以及马来西亚 96.4%）。[①] 印尼需要找到一个平衡点，既保护自身免受外部经济形势冲击，又能更好地融入到地区和全球发展潮流中去，并开展更加活跃的经济外交。

2. 对东盟的领导权受到干扰

美国"重返亚太"带动了东盟国家的战略洗牌，还使东盟发展受到大国政治的干扰，从而加速了东盟的分化和分裂。印尼作为关键的争端协调员，被个别舆论批评为"总是避开争议，表现过于被动"。[②] 除印尼之外，马来西亚、泰国、菲律宾、越南和新加坡都在加紧争夺东盟地区的主导权。例如，新加坡就把自己在东盟的角色定位为"低调的领导者"，认为只有新加坡才有资格担任东盟经济一体化所需要的引路者。菲律宾、越南两国在南海频频闹事，企图绑架并主导东盟事务的野心也昭然若揭。印尼要成为地区大国，既受到其本身能力有限的约束，也受到来自域内外

---

① Karen Brooks, "Is Indonesia Bound for the BRICs? How Stalling Reform Could Hold Jakarta Back," *Foreign Affairs*, November/December 2011, pp. 109 – 118.

② "日媒文章：印尼能真正领导东盟吗?",《参考消息》, 2013 年 12 月 10 日，第 10 版。

其他主要国家的挑战与制约。[①]

3. 大国关系相对平衡

印尼实现地区大国抱负，既需要东南亚国家的支持，也需要域外大国的支持。在外交上，印尼较好地平衡了自身与美国、中国的关系，在与美国加强合作的同时，也把中国的发展视为机遇而非挑战。在2010年印尼与中国纪念建交60周年时，双方加强了在政治、经济、军事、文化等各领域的合作，深化了战略伙伴关系。2012年3月，苏西洛总统访华期间，两国签署超过170亿美元的合作协议，其中关于巽他海峡的基建项目就超过120亿美元。印尼表示，之所以邀请中国加入这一具有战略意义的项目，就是希望确保双边关系在未来50年甚至100年保持稳定。当然，在印尼看来，不仅要搭乘中国经济增长的快车，还要分享印度、日本等国的发展经验，以此平衡中国的影响力。在南海问题上，由于中国有关海洋权益主张和海洋政策对印尼海域管辖权产生影响，印尼可能会倾向于加强与美国的功能性合作，但总体上并不会脱离以和平方式、寻求外交解决的轨道，[②] 更不会接受外来势力炮制集团政治、干涉东盟内部事务的做法。

六、新加坡：实施“大国平衡”

新加坡是东盟国土面积最小、自然资源极度匮乏的国家，但它位于东南亚的地理中心，扼守沟通太平洋和印度洋的战略水道——马六甲海峡，地缘重要性突出。面对美国亚太战略的新调整，新加坡继续以东盟为立足点，奉行传统的“大国平衡”外交，不断

---

① 姜志达：“印尼苏西洛政府的‘自信’外交”，《国际问题研究》，2012年第6期，第126页。

② 鞠海龙：“印度尼西亚海上安全政策及其实践”，《世界经济与政治论坛》，2011年第3期，第25页。

拓展经济和外交空间，有效地提升了自身在国际政治中的作用。

（一）基本态度

新加坡认为美国“过去是、将来也一直是太平洋国家”，赞赏其作为一个“善意的、建设性大国”，“在亚太地区受欢迎度高”；相信“再平衡”战略体现了美国的战略决心，无论在国际舞台上有何其他要务，它将始终以亚洲为重，与该地区保持全面接触。[①]值得注意的是，在奥巴马政府推行亚太战略的过程中，新加坡较为敏锐地认识到美国相关政策的弊端，因应美国的态度前后有所变化。

1. 最早呼吁美国加大介入亚太

新加坡认为美国是维持东南亚地区力量均势的关键所在，始终把美国作为维持东南亚地区政治稳定的关键力量和新加坡经济发展的主要依靠力量。20 世纪 70 年代越南战争结束后，新加坡就呼吁美国“接触亚洲”，“在西太平洋保持军力存在”。[②] 1992 年，美被迫从菲律宾苏比克湾和克拉克空军基地撤军时，新加坡樟宜基地成为美军在东南亚找到的第一个航母停靠基地。“9·11”事件后，新加坡大力支持美国的反恐活动，参加了美军在阿富汗、伊拉克的联军行动以及美在亚丁湾领导的海军先锋队，双方的战略关系逐步深化。

2009 年 10 月，新加坡资政李光耀访美并在美国——东盟商业理事会成立 25 周年晚宴上发表演讲，谈及以下几点：（1）未来二三十年内，美国仍将是唯一的超级大国，但它必须以现实的视角来认识世界正在发生的变化；（2）中国将充分发挥经济潜力，并

---

① “Scenarios for Asia in the Next 20 Years,” Speech by Prime Minister Lee Hsien Loong, the Nikkei Conference 2014, Prime Minister's Office Singapore, May 22, 2014.

② Barry Desker, “The Eagle and the Panda: An Owl's View from Southeast Asia,” *Asia Policy*, No. 15, January 2013, p. 26.

保持相应的军力增长，在20年内成为世界顶级大国，这种变化将带动中国、日本、韩国、印度、东盟及澳大利亚之间的战略关系更加复杂；（3）东盟国家一致认同，美国对东亚而言不可或缺，应当成为任何一种东亚架构的重要部分；（4）美国的核心利益要求它继续保持对太平洋的主导权，美国若放弃这一地位将会削弱自身对全球的影响力。① 虽然李光耀并未明确提出美国遏制或平衡中国崛起的要求，但美国把这个讲话解读为反映了亚洲国家普遍存在对中国崛起的担忧和对美国“重返亚太”的期待，由此加速迈出战略东移的步伐。

2011年11月，时任美国务卿希拉里·克林顿在《外交政策》上发表《美国的太平洋世纪》一文后，新加坡表示积极欢迎，认为这是美国对其在亚洲的长期兴趣和利益关切的重申和再确认，美国继续保持在亚太的主导权并增强前沿部署仍将是推动地区发展的战略保障。② 此外，从经济议题看，新加坡的经济雄心也与美国借TPP倡议寻求全方位主导亚太自由贸易谈判的努力十分契合。事实上，TPP的前身是新加坡与文莱、智利、新西兰等国从2002年开始酝酿的一组多边自贸协定。2005年5月，四国共同发起“跨太平洋战略经济伙伴关系协定”，签订经贸协议，彼此承诺在货物贸易、服务贸易、知识产权以及投资等领域相互给予优惠并加强合作。美国于2008年2月宣布加入，并于2009年11月正式提出扩大该计划。由于新加坡在TPP高标准的落实上优势十分明显，超过任何东盟国家，因此新加坡对TPP寄予厚望，力图通过这种方式，提升自己在未来国际经济体系内的地位和影响。

---

① Speech by Minister Mentor Lee Kuan Yew the US-ASEAN Business Council's 25th Anniversary Gala Dinner in Washintong DC, October 27, 2009, http://www.pmo.gov.sg/content/pmosite/mediacentre/speechesninterviews/ministermentor/2009/October/speech_by_ministermentorleekuanyewattheus-aseanbusinesscouncils2.html.

② Benjamin Ho, "ASEAN's Centrality in a Rising Asia," *RSIS Working Paper No. 249*, S. Rajaratnam School of International Studies, Singapore, September 13, 2012. p. 11.

2. 敏锐地认识到美国亚太政策的弊端

新加坡较早意识到美国虽是维护东亚稳定的必要因素，但已非充分因素，[①] 并进而敏锐地捕捉到美国亚太政策存在诸多弊端。2013年初，前国务资政李光耀在“福布斯”网站撰文称，美国能否稳定地保持对亚太的战略聚焦令人质疑。他说，美国像看电影一样处理国际关系，自以为当它注意力转向其他地方时，可以为亚太按下“暂停键”；当它重返亚太时，再按下“开始键”。这样做行不通，无助于美国亚太战略发挥实质性影响力。[②] 新加坡南洋理工大学拉惹勒南国际研究院院长德斯加也指出，美国应充分认识亚洲地区在政治、社会、文化等方面的多样性，与地区国家互动时尊重各国差异和需求，既要多管齐下，进行多层面接触，也要避免陷入个别国家的具体内政议程。[③]

最大的问题出现在对华政策上。新加坡是个以华人为主的社会，与中国有天然的联系，为避免引起近邻马来西亚和印度尼西亚的不安，它刻意在政治和安全上与中国保持一定的距离。但是，美国“重返亚太”战略所传递出来的对华政策信息远远超出了新加坡对于“大国平衡”的期待，在一定程度上使得新美关系成为新加坡对华交往的障碍性因素，受到新加坡决策者的批评。新加坡认为：（1）中国的崛起不可阻挡，其国际影响力攀升，已经准备好与美国竞争对东亚地区的主导权。应当引导中国的发展朝着有利于东南亚国家的方向发展。（2）中美关系的未来是一个关键的战略性问题，今后二十年将对全球和地区安全产生重要影响，地区国家都需要适应这个现实。（3）中美之间不是零和关系，中

---

① “新加坡前副外长文章：东南亚不想卷入中日纷争”，《参考消息》，2015年3月3日，第14版。

② Graham Allison, “Singapore's Lee Kuan Yew Talks about America's Strengths and Weaknesses,” *Forbes*, February 13, 2013, http://www.forbes.com/sites/realspin/2013/02/13/singapores-lee-kuan-yew-talks-americas-strangths-and-weaknesses/.

③ Barry Desker, “The Eagle and the Panda: An Owl's View from Southeast Asia,” *Asia Policy*, No. 15, January 2013, p. 30.

国的崛起并不意味着美国的衰落。中美应当在合作而非对抗的基础上建立一种共生关系，在稳定的框架内进行竞争，确保这种竞争不会转化为敌意，两国共同对世界和地区事务发挥建设性作用。①

鉴此，新加坡在多种场合表达了对美国修正其对华政策的要求。2012 年 2 月，新加坡外交兼律政部长尚穆根访美时指出，“美国对中国采取任何遏制措施都不会奏效，也不会得到地区大多数国家的支持。谈论遏制中国是站不住脚的……中国终将能成功地站在世界舞台上，找到属于自己的定位。”2012 年 12 月，新加坡前驻美大使陈庆珠在《华盛顿时报》撰文指出，美国重返亚洲遏制中国行不通。② 2014 年 4 月，新加坡国立大学东亚研究所所长郑永年在《联合早报》发表文章称，美国视中国为敌将加速自身衰落。③

（二）因应举措

新加坡不是美国的正式条约盟友，但两国在政治、安全、经济、外交上密切合作，双边关系被美国一些媒体评价为“准结盟伙伴关系”。相应的，新加坡在东亚政治中的战略地位获得进一步提升。

1. 拓展新美全方位关系

新加坡是在“强邻环伺”环境中生存的“城市国家”，强烈的脆弱感使其追求拥有坚固的国防，年度国防开支约占到国民生产总值的 5%—6%。美国在向新转移国防新技术、提供战斗人员训

① “New Directions: Singapore Politics and Foreign Policy,” Keynote Opening Speech of the Center for Strategic and International Studies Singapore Conference, by Minister for Foreign Affairs and Minister for Law of Singapore K Shanmugam, February 8, 2012.

② “美报：美国遏华战略将受亚洲国家抵制”，参考消息网，2012 年 10 月 16 日。

③ 郑永年：“美国重返亚洲战略及其失误”，《联合早报》，2014 年 4 月 22 日。

练等方面提供了大力协助。新还积极参加亚太地区多种军演，加强与各军事大国的国防科技合作关系。2012 年 1 月，新加坡同美国签署谅解备忘录，建立起外长级“战略伙伴对话”机制，双方还扩大了在网络安全、能源、气候变化、科教文化等领域的合作。2012 年 4 月 5 日，新加坡国防部部长黄永宏访问美国，发表联合声明，讨论了美国在新加坡部署 4 艘濒海战斗舰的提议。双方还同意增加“突击队弹弓”等双边军事演习的难度，加强城市战联合演练，将继续探讨战略框架协议下新的行动倡议。2013 年 4 月，第一艘濒海战斗舰“自由”号抵达。当前，新加坡已成为美国海军和空军在南海行动的重要后勤和维护中心，而且是美军进入东印度洋的关键通道。

2. 积极推进亚太自贸建设

新加坡奉行“贸易立国”的经济发展战略，形成了“多层次贸易战略”，在双边、小多边、次区域和地区等各个层面上积极推动自由贸易协定（FTA），从而达到建立全面、高质量多边自贸和投资机制的目的。[①] 从双边看，新加坡与美国保持强劲的经贸往来。2003 年，新加坡成为第一个与美国签署 FTA 的亚太国家。目前，新加坡成为美国的第十大出口国，且美国对新加坡的贸易顺差高达 100 多亿美元。从地区看，新加坡已成为国际航运中心和东盟贸易投资中心，并希望推动东盟加快经济整合，最终形成一个具有 6 亿人口、1.8 万亿美元国内生产总值的东南亚市场，从而有利于新加坡作为区域商业枢纽提供总部服务及供应链管理服务，同时也更有条件与中国、印度等大国展开经济竞争，使新加坡继续成为一个具有竞争力和吸引力的贸易和投资目的地。为此，新加坡既积极推动 RCEP，也在 TPP 谈判中作用突出。新加坡认为，TPP 可以成为东南亚迈向亚太自贸区的基础，而 TPP 的开放性结

---

① 唐奇芳：“东盟国家 TPP 政策探析”，《和平与发展》，2012 年第 4 期，第 42—43 页。

构意味着所有 APEC 经济体均可加入其中，实现更大程度的地区经济融合。

3. 立足东盟的多边主义外交

作为东盟创始国之一，新加坡一直与东盟国家保持一致，把东盟作为其发展对外关系的基石和立足点，外交工作的一项重要内容是维护东盟团结与合作，推动东盟在地区事务中发挥更大的作用。新加坡呼吁美国重返亚太在很大程度上就是希望美国充分重视和挖掘东盟各方面的潜力。为此，新加坡积极支持美国和东盟在 2015 年前建成战略伙伴关系，欢迎美国—东盟“扩大经济合作倡议”（Expanded Economic Engagement, E3），期待美国在东亚峰会框架下发挥更大作用。2012 年 2 月，新美两国签署合作协议，承诺共同开展第三国培训计划（Third Country Training Program, TCTP），为湄公河下游的国家提供技术援助。从本地区层面看，新认为东盟不仅是一个经济身份，还应在塑造地区架构方面发挥重要作用，成为保持地区团结的核心力量；[①] 新加坡坦言，2012 年第 45 届东盟外长会议没有达成共识，是东盟历史上的分水岭事件，为东盟团结敲响了警钟，东盟应当严肃以待。[②] 在与东盟成员国的双边关系方面，新加坡与印尼于 2011 年 5 月首次设立双边商业合作框架，促进两国贸易和投资互利发展，两国还加大外交人员交流、深化国防等领域的合作。2011 年 7 月，随着新加坡与马来西亚启用新的火车关卡，两国之间历史遗留的领土问题得到解决，双边关系进入新篇章。新加坡与泰国、越南、缅甸等国的合作项目也得到拓展。

---

① “New Directions: Singapore Politics and Foreign Policy,” Keynote Opening Speech of the Center for Strategic and International Studies Singapore Conference, by Minister for Foreign Affairs and Minister for Law of Singapore K Shanmugam, February 8, 2012.

② Tan Seng Chye, “After the Phnom Penh AMM Failure: ASEAN needs to regain cohesion and solidarity,” *RSIS Commentaries No. 129*, S. Rajaratnam School of International Studies, Singapore, July 16, 2012.

4. 重视对华合作

新加坡高度评价中国的发展给地区繁荣带来的机遇，赞赏中国在东亚一体化建设方面的积极贡献，支持和鼓励中国融入区域和国际机制，希望与中国建立以双赢为基础的友好合作关系。[①] 从2009年1月1日开始，中新自贸协定正式实施，为双边经贸合作注入新活力。2009年6月中下旬，新加坡武装部队和中国人民解放军在中国广西桂林举行了为期9天的代号为"合作2009"（Ex-Cooperation 2009）的"安保联合训练"的反恐演习，这是新加坡和中国军队首次举行的双边演习。2010年中新建交20周年之际，两国合作关系得到进一步深化，高层互访频繁，双方还签署了三项涉及文化和教育领域的合作协议和文件。在庆祝建交20周年庆典上，新总理李显龙表示，"两国现在已超越传统的经济合作，进入新的多元合作领域。"此外，随着南海局势升温，中国也越来越重视新加坡在该区域的角色和作用。2011年6月，中国首次主动安排海事巡视执法船出访至新加坡。2011年6月，国防部长梁光烈首次亲自率团参加在新加坡召开的香格里拉对话会。

5. 关注南海问题

新加坡作为国际空海运输和全球贸易枢纽，在航行自由及南海过境和飞行自由等问题上与美国持相同的利益关切。新加坡欢迎美国重返亚洲并关注南海问题，在半官方和学术层面积极组织和参与各种南海问题的学术研究活动，意在把新加坡建成关于南海问题研究的知识中心，提高新加坡的国际影响力。2011年6月，新加坡外交部曾就南海问题发表一份声明，做出以下四点说明：（1）新加坡在南海没有领土主权诉求，也不参与其中的纠纷，但是作为一个主要贸易国，任何影响国际水域航行自由的问题都事关新加坡的关键利益；（2）中国应更明确地澄清自己在南海的主

① （新加坡）卢姝杏："新加坡的外交原则及其对华政策（1990—2010）"，《东南亚研究》，2011年第6期，第32页。

权诉求，这样有利于中国自身的利益，因为中国诉求的模糊性正在引起严重的国际关切；（3）新加坡希望争议各方能够保持克制，创造有利于和平解决南海纠纷的条件，确保地区和平、稳定以及经济增长；（4）新加坡希望争议各方能够尽快签署实施“南海行为准则”。[①]

综合近年来新加坡的官方表态看，在关于南海问题的一些争议性议题上，新加坡奉行一种“中立有为、稳定和平”的政策。[②] 就解决渠道而言，新加坡既支持双边协商解决主权纠纷，也希望各方能够依据国际海洋法，或者提交给国际海洋法庭来解决。从这个层面说，新加坡并不支持美国直接干预南海各国的主权纠纷，而是要求美国加入《联合国海洋法公约》参与解决南海纷争。就东盟应发挥的作用而言，新加坡外长尚穆根在2011年7月东盟地区论坛上的发言中指出，“管束各方在南海的行为是东盟的事，主权争议则是声称拥有主权的国家之间的事”；“各方如何在南海进行接触的机制和个别国家拥有哪个范围的主权是两回事，应该区分开来”；“东盟与中国为建立互信和促进友好合作立下机制，但这个合作机制并不增强或削弱个别国家索讨南海主权的立场”。总体看，新加坡认为南海问题已经把中国拉入与有关国家的多边对话中，这是一个积极的趋势。但是，考虑到新加坡的战略位置及良好的基础设施为美国的军事介入南海提供了必要的前提条件，一旦美国与中国爆发冲突，新加坡作为东道国是否会允许美国等可能的交战国使用其领土，这仍存在不确定性。[③]

---

① MFA Spokesman's Comments in responses to media queries on the visit of Chinese maritime surveillance vessel Haixun 31 to Singapore, June 20, 2011, http://www.mfa.gov.sg/content/mfa/media_centre/press_room/pr/2011/201106/press_20110620.html.

② （新加坡）李明江、张宏洲：“新加坡的南海政策：中立有为、稳定和平”，《东南亚研究》，2011年第6期，第16页。

③ Robert Haddick, "America's Military Bases in the Asia-Pacific: Strategic Asset or Vulnerability?" *The National Interest*, May 18, 2014, http://nationalinterest.org/feature/americas-military-bases-the-asia-pacific-strategic-asset-or-10483.

（三）前景展望

作为资源短缺的小国，新加坡的生存之道就是采取务实的外交策略，靠大国、搞平衡、谋实利，对其拓展自身的外交空间来说取得较好效果，今后仍将延续。

1. 仍将秉持“大国平衡”战略

在新加坡看来，“大国平衡”战略经过多年的外交实践，被证明确实是行之有效的，有利于维护新加坡的国家安全与稳定，也有利于东南亚的和平与发展。正因如此，“大国平衡”战略被大多数东盟国家所接受，进而上升为东盟的外交战略。今后，东南亚仍然是大国利益交汇的地方，大国角逐日益成为东南亚动荡不安的根源，地区国家仍将通过平衡各大国在该地区的力量，达到多种力量和谐并存，实现地区格局的多极化，从而使各大国在彼此妥协时能意识到小国的利益。具体的“平衡”战略措施可能包括：继续支持美军驻留东南亚，提升与美全方位合作关系；重视中国崛起带来的发展机遇，关注中美良性互动；接受日本在地区的政治影响力上升，但反对其军事扩张；以及重视发展与欧盟、俄罗斯、印度等的联系与合作等。

2. 推行 TPP 遭遇阻力

新加坡在 TPP 高标准落实上有明显优势，因其现有的双边 FTA 与 TPP 的重合度很高，且国内在知识产权、金融服务、环境、劳工等规章制度上已经与 TPP 的要求十分接近。但是，新加坡却无法回避 TPP 与本国其他 FTA 之间的矛盾，还必须面对 TPP 与 RCEP 两条轨道并存的现实，要处理好二者之间的关系绝非易事。此外，亚洲很多国家和经济团体还质疑美国根据 TPP 倡议所做的承诺，因为 TPP 强调的是美国优势领域贸易高度自由化，这对其他国家国内政策协调提出较高要求；农业利益被相对忽视；美国国内反对劳动密集型制造产业进入美国市场。[①] 2014 年 5 月 19 日，在新加坡举行的新一轮 TPP 部长级会议仍未取得新的突破，外长尚穆根在接受媒体采访时显然将谈判责任向美方转移，他指出，一旦谈判失败，不仅将伤害美国经济，也意味它无法充分参与亚太区域的增长，更将让其他国家质疑美国政府的能力。

七、印度：确保战略自主

美国视印度为“亚太再平衡”战略的“关键”，[②] 把提升美印安全合作作为“重返亚太”进程的重要组成部分来推进。印度感受到美国政策转向对印度外交造成的冲击，一方面积极挖掘两国在防务合作、地区秩序等方面的共同利益，对美予以支持和配合；另一方面，印度对“再平衡”战略抱有复杂心理，不愿沦为美国的工具，希望确保自身的战略自主性。

（一）基本态度

受地缘政治和地缘经济双重因素的推动，印度正在成为美国、欧盟、日本等国家外交的“新宠”。印度政界主流派从现实主义出发，重视美国“再平衡”战略的地缘政治意义，主张加强美印合作。但保守主义的力量也不容小觑，他们沿袭“尼赫鲁主义”的思想，从传统的不结盟外交出发，主张与美国“再平衡”战略拉开距离，坚定捍卫印度的“战略自治”。

---

① Barry Desker, “The Eagle and the Panda: An Owl’s View from Southeast Asia,” *Asia Policy*, No. 15, January 2013, p. 27.

② “India ‘lynchpin’ for US strategy in Asia: Panetta,” *The Express Tribune*, June 7, 2012, http://tribune.com.pk/story/390176/india-lynchpin-for-us-strategy-in-asia-panetta/.

1. 现实主义派重视加强美印合作

现实主义派认为，美国“重返亚太”战略姗姗来迟，印度外交应当与时俱进，抓住时机发展印美战略伙伴关系，借助美国的支持加紧自身大国建设。[①] 具体而言，“再平衡”战略可以从三个方面对印度外交产生作用。

一是有助于强化印度的战略力量。奥巴马政府希望借助印度发挥亚太战略的影响，因此支持印度在亚洲发挥领导作用，明确支持印度获得大国地位，并极力避免与印度发生战略摩擦。印度将美国因素视为有助于印度在国际体系中发挥更大影响的资源，利用美国战略调整之机，加快迈向世界大国的步伐。

二是有助于扩展美印合作关系的基础。美印一贯号称其合作的思想基础是坚持共同的民主价值观，“再平衡”战略进一步赋予其更加深刻的地缘政治意义。印度认为，“再平衡”战略的意图十分明确，就是针对中国的崛起、维护美国在亚洲的主导权。美印在应对中国崛起及其引起的亚洲秩序变动上，找到了共同利益，即互相借重以维持必要的战略平衡。当然，这同时也意味着，美国、印度、中国三角关系的战略性和复杂性同步上升，印度越来越无法忽视其与美国或者中国任一国家发展关系可能对另一方造成的影响。

三是有助于改善印度在中印关系中的处境。印度承认，中印防卫和战略力量对比的差距在扩大。自知无法凭借一己之力平衡中国对地区的影响力，欢迎美国在此保持强有力的持续存在。印度相信，随着“再平衡”战略迫使中国集中精力应对美国从东线施加的压力，中国对待西线印度的态度会趋向合理。中国在太平洋一线的压力越大，则在保持西线稳定上就越有求于印度。这就使得积极重返亚太的美国及其亚洲盟友成为了印度平衡战略的重要

---

① C. Raja Mohan, “India: Between ‘Strategic Autonomy’ and ‘Geopolitical Opportunity’,” *Asia Policy*, No. 15, January 2013. p. 21 – 25.

助力。

2. 民族主义派拒当美国附属品

民族主义派沿袭“尼赫鲁主义”的保守思想和“不结盟”战略文化，担心印度外交在向美靠拢的过程中独立性受损，主张弱化美印战略伙伴关系，独立自主地发展全方位外交。[①]

首先，印度拒绝成为美国抗衡中国政策的一部分。印度自豪地宣称，即便在冷战时期，印度也不曾在美苏两霸争夺中选边站队。从小布什政府以来，美国对印度政策中就有制衡中国的考虑在内，印度对此心知肚明，但从未据此简单划线，加入美国这一边或是针对中国。“再平衡”战略使印度同时深刻发展与美国、中国关系的自主性受到一定约束。为确保印度的自由行动空间，保守主义者坚定捍卫“战略自治”，并未以美国所期待的方式对抗中国。事实上，“一旦印度感觉到自己被拉向那个方向，它就会退缩。”[②]

其次，左派仍看重相对于西方世界的“东方团结”。虽然“向东看”战略实施至今已有20年，但印度在东南亚和东亚的经济影响仍然相对较小。印度仅是东盟的第6大贸易伙伴，是韩国的第13大贸易伙伴，印度与日本的贸易还不到中日贸易的5%。印度在地区的武力投射能力也相对较弱。然而，美国前国务卿希拉里·克林顿为推销美国的亚太战略，呼吁印度“向东行动”，而不只是“向东看”。这种“积极性”显然超出了印度现阶段的能力，徒增印度的外交和经济负担，还会引起其东方邻国以及传统特殊伙伴俄罗斯的猜疑。

此外，本土主义者憎恶被美国拖进亚洲的地缘政治争夺中。虽

① [印度] 思瑞坎：“美国重返亚太新战略与印度的政策选择”，《南亚研究季刊》，2013年第1期，第27—30页。

② Walter Lohman, “The Importance of Reality in US-India East Asia Cooperation,” Testimony before the Subcommittee on Asia and the Pacific, Committee on Foreign Affairs, U. S. House of Representatives, March 13, 2013.

然美国和印度的亚太战略产生一定共鸣，但两国之间存在诸多经济竞争和外交分歧，开展合作更多是一种各取所需的权宜之计。印度担心，如果陷入美国的亚太棋局，那么当美国和该地区其他国家之间产生纠纷或冲突时，印度作为美印关系中的弱势一方，就会迫于美国的压力而采取有利于维护美国在亚太地区利益的政策，被“无辜地”拖入地区纷争之中，而这未必会直接或间接地促进印度自身的国家利益。正是基于这种考虑，印度前外交秘书坎瓦尔·西巴尔赞赏印度“已经通过非常友好的对话言论让自己远离了（美国的）这个重返亚洲政策。”①

（二）因应举措

印度谨慎回应美国的战略转向，适度向美国靠拢，深化外交接触，扩大务实合作，并积极推进“向东看”战略的实施。与此同时，印度注重维护自身崛起的地缘政治环境，重视对华做出战略保证，明确拒绝加入所谓对华“包围圈”。

1. 美印关系两面性突出

自从“重返亚太”战略启动以来，由于美国多方拉拢、关照印度，美印关系显著推进。美国高官频繁访印，双边交流对话机制涌现。2010 年 11 月，美总统奥巴马对印度进行国事访问，公开表态支持印度获得联合国安理会常任理事国地位，重申致力于建设美印“21 世纪全球战略伙伴关系”，从最高领导人层面为美印关系的发展注入了推动力。几年来，美国两任国务卿希拉里·克林顿和克里、时任国防部长帕内塔、副总统拜登等高官均到访印度并对其大唱赞歌，带动两国建立起二十多个常态对话机制，涉及金融经济、国土安全、地区事务等各个领域。

① “港媒文章：美或促成中印‘僵局联盟’”，《参考消息》，2013 年 3 月 27 日，第 10 版。

防务合作成为美印关系的突出亮点。2011 年 1 月，美国宣布解除自 1998 年印度核试验开始的对印军售禁令。当年 6 月，印度内阁安全委员会批准耗资 41 亿美元向美购买 10 架 C－17 重型军用运输机。2013 年，印度空军首次开始列装 6 架 C－130J 加长型运输机，并另外增购 6 架该类型运输机；印度海军则开始列装美 P－8I 海上巡逻机，成为首个使用 P－8 海上巡逻机的外国用户。据悉，美国对印度的军事装备销售额已从 2008 年时的零增至当前约 100 亿美元。印度成为美国武器的大市场，并且发展潜力巨大。2014 年 9 月，印度新任总理莫迪访美期间，主动推动与美国开展高科技武器装备的联合研发工作，虽然双方尚未达成共识，但今后有可能成为新的合作方向。美印联合军演也在向纵深发展，据统计，美军太平洋司令部所有演习中有近三分之一是与印度一起举行的，[①] 包括跨所有军种的军事演习（“马拉巴尔”演习、人道主义救援和救灾演习及两栖演习）。

然而，美印关系仍然存在战略互信低、政治和经济联系薄弱的突出问题。2013 年 1 月，白宫前高官贝德在公开场合表态说：美“转向亚洲”的战略是对众多亚洲国家的焦虑而做出的回应，所针对的不仅仅是中国，还有印度。[②] 这番话使印度部分人士认定，美国“重返亚太”有借机削弱印度的目的，由此主张发展对美关系必须留有余地，必须更为小心地权衡与美国接近的利弊。国内本来就对“再平衡”战略持消极态度的人们甚至加剧了对美国的防范和抵触情绪。美印自 2013 年底以来围绕一名印度女外交官在美国被捕事件而发生激烈争吵，一度相互采取外交报复措施，更凸显了双方政治互信的脆弱。

在经济关系上，印度身为 12 亿人口大国，却只是美国的第 13 大贸易伙伴。2012 年美国对印度的出口额为 220 亿美元，远不及

① “美国在亚太地区的力量态势战略”，搜狐网，2012 年 11 月 2 日。

② “U. S. pivot in response to both China and India,” *The Hindu*, January 6, 2013.

美国对人口规模类似的中国的1100亿美元出口额。[1]美方不满于印度支持“购买本国货”、限制外资、对外国专利区别对待以及对知识产权保护不力等做法。印度金融界则担心美国发生债务违约的可能性减弱了美国经济的可靠性。反过来，印度一直希望在防务技术与装备上与美国开展深度合作，但美国援引国内法始终对“联合生产与联合研发”有保留，对美印防务贸易有直接影响。在TPP问题上，印度一贯拒绝把与贸易无关的条款纳入多边贸易磋商中，认为TPP“法规一致性”的僵化目标不符合印度“在印太地区打造多元、包容和开放的安全架构”的目标。

美印在一系列地区安全问题上的分歧也十分鲜明。例如，在是否应对伊朗实施额外制裁的问题上，印度视伊朗为攸关印度能源安全和地缘政治利益的重要因素，却不得不服从美国对切断来自于伊朗的石油供应的要求，这是有违印度自身安全和利益的。再如，阿富汗在印度国家安全考虑上占有重要地位，印度已经为阿富汗的重建投入了约20亿美元；印度担心塔利班重新掌权会对印度安全造成不良后果，但美国已经宣布了2014年从阿富汗撤军的计划。归根结底，印度作为南亚次大陆的一个区域性大国，首要的战略关切是周边地缘政治环境的稳定；而美国作为一个全球性大国，其亚太战略服务于全球霸权和外交优先议题，印度并不确定美国的新亚洲战略能对印度周边环境的稳定和经济发展有多大价值。

2. 积极“向东看”

自从1992年实施“东向政策”以来，印度与东盟结成了对话伙伴关系，并通过建立孟印缅斯泰经济合作组织（1997年）、湄公河－恒河经济合作组织（2000年）、印度东盟贸易投资区（2008

---

① Eric Bradner, “Obama faces heavy lift with India trade relations,” September 18, 2013, http://www.politico.com/story/2013/09/obama-india-trade-relations-96956.html? hp = r5.

年）等多种形式，密切了双方的经贸合作与文化联系。伴随美国重返亚太，印度积极“向东看”战略不断取得新进展，从东南亚深入到东亚，从经贸与文化联系扩展到军事安全合作，从传统的双边关系渐进到双边与多边同步推进、相得益彰的阶段。

首先，印度“东向政策”的核心对象仍然是东盟。2010 年，双方签署自由贸易协定，深化了战略合作伙伴关系，这其中既有对奥巴马政府亚洲政策的回应，也是出于印度和东盟之间的相互需要，在一定程度上是双方对于亚太形势发展变化的反应。与美国重返亚太强调军事元素不同，印度重视通过参与地区安全架构、加深经济和文化联系等来提高影响亚太事务的能力，被东盟视为“软平衡者”。

其次，印度积极扩大与亚太国家之间的军事外交，以越南和日本最为突出。越南是印度深化“东向政策”的重要纽带，是印度军力向西太平洋辐射的中转站，两国安全合作的意义明显大于经贸关系对促进双边关系的作用。2009 年 10 月，印越举行第一次战略对话。2009 年 11 月，两国签署防务谅解备忘录。2010 年 7 月，印度陆军参谋长访问越南，实现了印军方领导人十年来的首次访越。2011 年 9 月，印越外长在河内举行会晤，双方决定联手开发南海油田。2013 年 7 月，据印度媒体报道，印度政府计划向越南提供 1 亿美元的国家信用贷款，主要用于越南海军向印度采购 4 艘大型巡逻船等军事设备。

鉴于美日同盟体系，美印关系的升温带动了印日关系的深化，并促进了美日印三边的战略互动。2010 年 7 月，印度与日本在新德里举行了首次外交和防务部门副部长级对话，将两国安全合作推至新的高度。截至目前，日本是印度唯一的“2 + 2”对话国。2013 年 5 月，印度总理辛格访日并与日本首相安倍晋三举行会谈，双方达成两项共识，一是扩大基础设施建设合作；二是加强海洋安全合作。两国还决定扩大军事技术合作，商定举行联合海上军演并使之制度化。在美国推动下，美印日三边对话于 2011 年 12 月在华盛顿启动，在随后的短短一年间，三边对话开展了三次，频率之高备受关注。由于三边对话会往往围绕亚太地区安全保障问题、南海问题而进行，这个对话平台被一些西方媒体解读为三国为围堵中国而进行政策协调、实施“囚龙战略”的工具。

此外，印度还与美国、澳大利亚、日本等呼应，经营“印太”概念，为“东向政策”打造新的地缘基础。印度素来以印度洋的主人自居，乐见“印太”概念将其纳入一个扩大化的地缘框架之中。前印度外交部常秘夏亚姆·萨兰曾表示，“随着印度在地区和全球地位的提高，它不可避免地向这一扩大的地缘政治和地缘经济空间的中心移动。‘印太’概念正好契合这一变化趋势。”[①] 有印度学者认为，根据“印太”一词，印度在该地区对国家利益的追求正当化，印度应据此制定政策。[②] 事实上，印度已加大了在“印太”框架下开展活动的力度。例如，2013 年 6 月，印度国防部长安东尼访问澳大利亚，这是印度防长首次访澳。双方共同强调：“海上安全和符合国际法原则的航行自由对于亚太和印度洋地区的经济增长和繁荣至关重要。”两国还提高防务合作调门，决定定期举行对话，并将于 2015 年联合开展海军军演。

3. 拒绝遏制中国

对华政策是印度外交的重点和难点之一。一方面，防范中国，尤其是限制中国对印度传统“势力范围”南亚国家的影响，是印度对华政策的重要考虑。随着印度经济的复苏、军力提振及国际环境更为宽松等利好趋势的发展，印度国内对华强硬派的声音有所上升。为配合美国“亚太再平衡”战略，印度适时采取对华强硬态度，提升与美国及美国的亚太盟友之间的战略协调，以此换取美国对印度地区扩张政策的支持或默许。一些印度评论家则走

---

① Shyam Saran, “Mapping the Indo-Pacific,” http://cprindia.org/print/blog/borders/3574 – mapping-indo-pacific.

② Rukmani Gupta, “India Puts the Indo in ‘Indo-Pacific’,” December 8, 2011, http://www.atimes.com/atimes/South_Asia/ML08Df03.html.

得更远，提出印度应倡议组建包括日本、越南甚至美国和韩国在内的“河内合作组织”，① 以应对中国的发展。

另一方面，虽然中印政治互信维持在低水平上，但两国地理相邻，经济联系不断增强，双方出于切身需要而保持总体良好的外交关系。自2006年起，中国就成为印度第一大贸易伙伴，印度也已成为中国的第十大主要贸易伙伴国。在中印经贸关系稳步推进、印度和巴基斯坦矛盾大幅改善的背景下，印度希望分享中国经济发展的红利，向中国借重，加速本国经济发展。并且，中印同为新兴大国，在推动建立国际政治经济新秩序上有相似的诉求，在地区和国际事务中也有更加密切的理解与合作。

由于“再平衡”战略富含对华挑衅意味，容易引燃中国敌意，对印度而言，和“再平衡”战略绑在一起得不偿失。因此，自美国实施战略东移以来，同期中印之间的军事信任措施也在加强。2012年9月，中国国防部长梁光烈访问印度，这是近年来中国解放军最高级别的一次访问。2013年1月，两国在北京举行第五次防务对话，决定扩大三军交流，重启联合军事演习。在2013年中国新一届政府的开局之年，中国总理李克强和印度总理辛格实现了互访，为新时期深化中印全面战略合作打下坚实基础。

印度注重拉开自身与“再平衡”战略的距离，明确表态“不做遏制中国的工具”。例如，印度表示目前没有加入任何一个军事集团，将来也不会这么做，否认允许美国在其境内建立军事基地。国防部长安东尼指出：“虽然印度希望与美国推进防务合作，但它并不想加入该地区任何旨在遏制中国的大型计划。”外交部长胡希尔德也对关于美、日、印、澳构筑对华“包围圈”持否定态度。2013年5月，据印度媒体报道，印度因顾虑中国的反应而退出了原定与美国、日本在关岛附近海域举行的军演。针对美国希望把

① 张洁等人：“周边安全形势四大变化与中国对策”，《世界知识》，2011年第2期，第15—21页。

一年一度的印美"马拉巴尔"军演升级为多边军演、拉入日本和澳大利亚等国的努力，印度基本将其限定在与美国的双边军演层面。

（三）未来外交选择

鉴于印度对美国重返亚太抱有复杂的心理，对"再平衡"战略的因应也展现出积极且谨慎的姿态，今后它仍将寻求对美国亚太战略的调整加以积极利用，加快走向世界大国地位的步伐，与此同时将继续发展独立自主的全方位外交，确保自身的战略自主。

1. 对美"怀疑论"仍存

印度学界对美国的亚太政策颇有微词，批评美国不应把亚洲作为工作对象，而应是工作伙伴；认为美国在处理亚太事务时不应一马当先，而应鼓励亚洲国家之间开展安全合作；美国无论就"再平衡"战略的表述还是执行而言，均未掌握好分寸，今后应更加注意轻重有度和方式方法；美国经济艰难复苏，党派纷争激化，令人质疑其战略转向的可持续性。就美国对华政策而言，印度认为美国内部尚未形成共识。印度将继续向美国证明，其不接受一个"中国中心主义"的亚洲，一贯用各种方式来平衡中国的影响力。然而，印度也清醒地认识到，伴随中美实力对比的转换和中美在经济、外交上的深度融合和借重，美国将日益倾向于包容中国，很难对中国外交的强硬姿态做出实质性回应，印度不会在与崛起的中国相处时显得比美国"冒失"。换句话说，鉴于美国"重返亚太"战略带来的战略复杂性和不确定性，印度将在寻求与美国开展更持久的战略协作时，避免陷入美国和中国之间的战略竞争，将根据自主选择在地区行事，发挥独立作用。

2. 发展全方位外交

印度长期的外交理念和原则是不依附于任何强权，做独立自主的大国。它经历了从“不结盟”的理想主义到“以实力尊重实力”的现实主义转变，大国诉求始终是印度政治精英的根本目标。印度从自身的政治、经济、军事等需求出发，广泛开展周边外交、大国外交及多边外交，带有很强的务实主义。例如，印度虽将美国作为其大国外交的重点，却同时与俄罗斯保持“最够朋友”的传统关系，在军事、经济、科技、能源等方面开展深入合作。印度与欧盟的战略伙伴关系也在走向成熟，双方除了经贸、科技、反恐领域有共同利益之外，共同的价值观也是重要纽带之一。近年来，英国、法国领导人先后到访印度，对印度示好，并抢占印度军火与核能市场份额。总的来看，国际多极化趋势与印度的政治诉求相吻合，印度将在国际和地区秩序的调整中不断寻找自己的最佳位置，拓展更广阔的外交空间。

八、澳大利亚：避免“选边站队”

澳大利亚是美国的战略性盟友之一，是美国南太平洋安全政策的基石，与日本一起构成了美国亚太战略的南北“两锚”。奥巴马政府“重返亚太”战略凸显了澳大利亚位于太平洋和印度洋之间的地缘位置优势，加强美澳军事合作成为美全球军事战略的重要部分。澳大利亚一方面继续充当美国在亚太地区最坚定的盟友，另一方面对自身的战略关注做出调整，努力融入“亚洲世纪”，并避免在中美之间“选边站队”。

（一）基本态度

美澳自1951年缔结《美新澳安全条约》后，安全合作一直很密切。无论哪个党派上台执政，均将美澳同盟作为外交政策的基石。自2009年美推行亚太新战略以来，澳大利亚迄今经历了工党陆克文政府（两次执政）、吉拉德政府及当前由托尼·阿博特领衔的自由党——国家党联盟政府，澳官方高度赞赏美国对亚太地区的战略聚焦并称其是“完全恰当的”的，[①] 认为“再平衡”战略为澳提供了与美国及地区国家开展合作的新机遇，因此予以积极配合。

1. 欢迎美国“重返”

在澳大利亚看来，二战后的亚洲秩序是建立在美国霸主地位的基础之上的，美与亚太国家之间缔结的军事同盟和伙伴关系受到本地区的广泛接受。当前，美仍是世界上最强大和最具影响力的国家。“至少在未来二十年内，没有任何一个国家能够在军事、经济或战略能力方面挑战美国的世界领先地位。”[②] 从这一点说，美国仍被澳大利亚视为最重要、最强大的战略盟友，对美关系仍是澳大利亚国家安全的战略依托和外交政策的核心支柱，澳坚定支持美国在亚太的持续存在，并认定这对本地区各国都有好处。

澳大利亚担忧，亚太地区的战略环境正在发生变化。由于经济相互依存越来越密切，地区主要大国之间的竞争有所加剧，有可能埋下大范围动荡的隐患。如果太平洋地区缺少一个强大的美国存在，那么该地区目前的这种勉强的力量平衡可能被打破。特别是中国的崛起威胁到以美国霸权为基础的国际秩序，会给澳国家安全带来挑战。因此，提升与美国的关系，获得美对澳安全承诺的“再确认”，“避免澳大利亚向中国低头”，成为澳大利亚一部分人的本能反应。[③] 澳大利亚认为，21世纪的亚洲将如何保持何种面貌，在很大程度上取决于中国能否和平崛起。亚太国家普遍欢迎“再平衡”战略，不是因为视中国为威胁，而是因为不确定中国主

---

① Kevin Rudd, “Beyond the Pivot: A New Road Map for U. S. -Chinese Relations,” *Foreign Affairs*, March/April 2013, p. 9.

② “Speech at the launch of the Defence White Paper,” Prime Minister Kevin Rudd, May 2, 2009, http://pmtranscripts. dpmc. gov. au/browse. php? did = 16534.

③ Peter Jennings, “Move closer to US to avoid bowing to China,” *Australian Financial Review*, February 17, 2014, p. 47.

导下的地区将意味着什么，[①] 因而都更加明确地把美国视为确保战略稳定的重要力量，对中国进行战略对冲。

就澳大利亚自身而言，其地理位置独特，对外贸易依存度高，历史上一贯通过与海上强国结盟的方式来确保海上航线的安全，先是英国，后是美国。在上世纪几乎所有的重大全球冲突中，澳大利亚军队都与美军并肩作战。继续处于美国的保护伞之下，澳大利亚就能从美国获取先进的武器装备、军事情报以及防卫技术，加速国防转型，确保国家安全。此外，美国战略预测公司总裁乔治·弗里德曼指出，澳大利亚参加了在朝鲜、越南、伊拉克和阿富汗等地的战争，借此推动美对澳大利亚产生一定程度的依赖，这种依赖反过来促使美国保障了澳大利亚的利益。[②]

强化美澳同盟关系在澳大利亚民众舆论和政府支持这两方面都具有明显优势。澳大利亚智库罗伊研究所 2012 年民调显示，87% 的受访者认为美澳同盟“非常”或“相当”重要，74% 的人支持美在澳大利亚驻军。[③] 工党和自由党在这个问题上意见高度一致，即便政府更迭也不会影响其与美国的同盟关系。唯一的批评意见来自中右翼在野党，但他们是抱怨美澳合作协议的落实太慢，对美政策主张在本质上与官方是一致的。

2. 借机提升自我

首先，进一步融入美国在亚洲的军事和地缘战略。当前，澳大利亚青睐与美国的同盟关系，主要是出于现实考虑，希望在无需大幅增加军费开支的前提下提升防卫能力。由于美力图使军力部署“在地理上更广泛，行动上更灵活，政治上更具可持续性”，而

---

① Kevin Rudd, “Beyond the Pivot: A New Road Map for U. S. -Chinese Relations,” *Foreign Affairs*, March/April 2013, p. 13.

② George Friedman, “Australia’ s Strategy,” May 22, 2012. http://www.stratfor.com/weekly/australias-strategy.

③ Fergus Hanson, “Australia and New Zealand in the World: Public Opinion and Foreign Policy,” Lowy Institute Poll, 2012. http://www.lowyinstitute.org/publications/lowy-institute-poll–2012–public-opinion-and-foreign-policy.

澳大利亚作为地缘枢纽可以帮助美国增加全球军事资源配置的机动灵活和共享，并可以为美提供战略纵深和后勤支援能力，因此，美提出使用前沿部署的要求在澳获得了热烈回应。澳大利亚知名国防专家罗斯·巴贝奇（Ross Babbage）甚至主张，澳大利亚应在“空海一体战”中与美国保持高度的协同作战能力。[①] 此外，美国在澳大利亚北部达尔文驻军还将对美军的其他计划形成补充，包括美海军将在新加坡轮换部署濒海战斗舰，以及美海、陆、空三军在“临时和换岗原则”上进入菲律宾等。澳大利亚在美国亚太战略格局中的地位有所上升。

其次，踏上亚洲发展快车道。长期以来，身处大洋洲的澳大利亚游离于亚太地区的边缘。由于传统的文化、政治制度与价值观原因，它素以西方的一员自居。然而，澳大利亚在政治安全方面追随美国，经济繁荣却离不开与亚洲国家的经贸往来。自上世纪80年代初澳提出“面向亚洲”的政策后，它就在亚太政治舞台上扮演了活跃的角色，为进一步涉足亚太事务打下了基础。美澳同盟的强化，使澳在亚太地区的政治声望和话语权有所提升。例如，对于以美国为中心的TPP和以东盟为中心的区域全面经济伙伴关系框架（RCEP），澳大利亚均表示欢迎。由于TPP与澳一贯遵循的亚太经济合作战略总体目标相符，相关谈判自开展以来即得到澳大利亚的大力支持和推动。同时，澳大利亚认为，RCEP和TPP是打造地区自由贸易区的互补手段，并郑重承诺将在RCEP谈判中推动纳入环保和劳工标准等要素。

第三，保持“中等强国”地位，拓展外交空间。澳大利亚自二战结束以来就有做“中等强国”的理想。澳大利亚认识到，其硬实力不足以支撑该国的国际地位，但澳大利亚并非一个无足轻重的边缘国家，应通过开展活跃的多边主义外交，以先动谋主动。2007年，陆克文政府提出“富有创造力的中等强国外交”理念，

---

① “澳大利亚和美国在本世纪的特殊关系”，搜狐军事，2012年7月9日。

欲借“亚太世纪”和美国战略东移的势头，在周边外交上有所作为，掌握更多的主动性。明显的是，澳近年来加大了与日本、韩国等美国盟国的“串联”，支持美国在亚太海上边界纠纷方面推动共同谈判、达成法律解决的主张，与东南亚国家的交往更加频繁和密切。此外，正如美国前国务卿希拉里·克林顿所言，美澳还有意将双方的关系“从太平洋伙伴关系扩大到印度洋——太平洋伙伴关系，成为一个真正的全球联盟。”[①]

3. 对中美关系有顾虑

澳大利亚国内对于加强与美国的军事联系存在不同意见。很多学者认为，美强化在澳军事存在是为了围堵和遏制中国，澳大利亚应避免与中美任何一方走得过近，防止被美拖进与澳自身利益相悖的战争中。前总理弗雷泽、霍克、基廷等人都主张与美国适当拉开距离，不要将美澳同盟指向中国。前国防部长休·怀特于2012年8月出版的新书《中国选择》中指出，澳大利亚应帮助美国认识其力量的局限性，承认其不可能继续独霸亚洲，而中国也不可能主导亚洲，中美只能相互容忍，在西太平洋分享权力。

对于中国，澳大利亚国内也争论颇多，视中国为威胁和朋友的观点都有，核心争论的问题是中国军力会构成何种威胁。一方面，澳大利亚对中国有很大保留，双边经济关系并未带动达成更多的战略认同，相互理解有待深化。从美国军力在澳大利亚的前沿部署情况看，对华鹰派一度占据上风。另一方面，更多人认同，中澳之间没有历史过节和现实利益冲突，中国也不是澳大利亚的直接军事威胁，澳大利亚并没有将中国当作敌人，只是采取对冲战略，既强化与美国的安全合作以防范中国，也搭乘中国经济快速发展的顺风车，同时还希望借助美国在军事、安全议题上表现出力量，为与中国的经贸谈判增加筹码，换取经济实利。

---

① Hillary Rodham Clinton, “America's Pacific Century,” *Foreign Policy*, November 2011, Issue 189, pp. 56 – 63.

由于澳大利亚不希望看到中美之间发生可能的战略竞争，并把自己拖入中美冲突的第一线，澳大利亚政府的做法是，努力回避和淡化美澳加深军事同盟关系中针对中国的一面，不在中美之间做出倾向性的选择。澳大利亚多次声明，美澳加强军事合作不会对区域国家“构成任何困难”。澳官方不接受“空海一体战”概念，因为“公开支持这一战略会传递出强烈的政治信号，即澳国防军正积极筹划和准备对中国人民解放军作战”，[①] 这不符合澳大利亚利益。此外，尽管前总理陆克文称要“充当中美之间的桥梁”，其继任吉拉德却认为，中美有责任建立直接、积极、建设性的双边关系，没有其他国家可以作为桥梁或从中协助。[②]

（二）在“历史”和“地理”之间徘徊

美澳是军事同盟，是价值观同盟，也是历史同盟，双边关系的发展不断获得新动力；但“亚太世纪”的到来，加大了亚太地区对澳大利亚的吸引力，也加剧了澳大利亚的身份认同危机。不论像前总理霍华德那样主张“没必要在历史和地理之间做出选择”也好，还是如今人们开始认识到“历史属于过去，地理属于未来”也罢，[③] 可以明确的是，澳大利亚尚未开始朝着必须做出选择的方向迈进，而是仍然在“历史”和“地理”之间徘徊，安全上亲美、经济上亲华的外交政策主轴不会改变。

1. 强化美澳同盟关系

澳大利亚始终把与美国的同盟关系确立为一项核心战略利益。加上两国使用相同的语言，文化高度相似，也使得双方的外交合

---

① “澳专家质疑空海一体战学说”，《参考消息》，2013 年 4 月 26 日，第 6 版。

② “澳大利亚不希望中美战略竞争”，《南方周末》，2012 年 6 月 7 日，第 A07 版。

③ 阮宗泽：“澳大利亚想演‘东成西就’”，《人民日报》海外版，2012 年 8 月 29 日，第 001 版。

作远比美与该地区其他盟友的合作容易许多。随着美国战略中心的东移，美澳同盟关系的意义上升。2009年11月24日，时任总理陆克文访美，重申两国的同盟伙伴关系。澳在2009年、2013年两份国防白皮书中均把美澳同盟作为澳防务、安全和战略安排的基石，并坦言“在遇到超出澳大利亚抵抗能力的大国威胁时，仍然只能期望得到美国的支援”。① 2011年3月，吉拉德总理访美，吁请美“将注意力转向亚太地区”，在该地区部署更多的军事力量，因为“亚太地区的稳定和安全取决于美国的角色”。

具体来看，澳大利亚加强与美防务关系主要表现在以下几方面：一是分享基地使用，提高协同能力。2011年11月16日，美国总统奥巴马访问澳大利亚，与吉拉德总理达成一项旨在扩大防务合作的协议，宣布在澳大利亚北部港口达尔文轮换部署美国海军陆战队空地特遣部队，并加大两国空军合作力度。至2013年4月，已先后有两批海军陆战队员抵达该基地，开展为期6个月的军事训练、演习及地区合作。今后，美国还会阶段性地增加驻军人数，最终达到2500人的规模及相关舰船和飞机。② 二是澳大利亚从美国进口武器的数额大幅增加。2009年这一数字为8.2亿美元，2010年升至14.2亿美元，2011年高达39亿美元。目前，澳已成为美国的第四大军火客户。2014年4月22日，澳大利亚政府宣布将花费124亿澳元（约116亿美元）追加购买58架美国F-35最新型战斗机。三是扩大网络和太空安全合作。2011年9月，美澳为纪念同盟关系成立60周年发表联合声明，宣布《美新澳安保条约》将适用于两国遭受网络攻击的情况，为美与盟国类似安排的首例。在太空领域，2012年11月，美澳“2+2”部长级会议决

① Australian Government Department of Defence, “Defending Australia in the Asia-Pacific Century: Force 2030,” 2009, p. 50.

② “Australia-United Stated Force Posture Initiatives,” Prime Minister of Australia Julia Gillard, Media Release, November 16, 2011, http://pmtranscripts.dpmc.gov.au/browse.php?did=18272.

定，美国将一套 C 波段太空检测雷达和一套太空检测望远镜迁至澳大利亚，以监控太平洋和印度洋国家的太空动向。四是提升军演规模和力度。除了两年一度的美澳“护身军刀”演习、“环太平洋”演习外，澳大利亚还于 2012 年首次参加美日“对抗·北方”空军实战演习，首次参与美菲“肩并肩”演习的桌面模拟部分等，并于 2013 年首次与美、印尼共同举行人道主义救援和救灾演习。

2. 积极融入亚太

20 世纪 70 年代以来，随着亚太经济的崛起和世界局势的变化，澳大利亚开始重视亚太地区，加强了和亚太国家的交往。到 20 世纪 90 年代，澳大利亚进一步提出“面向亚洲”的口号和政策，在政治、经济、文化和安全上与地区全面接触。当前美国重返亚太进一步带动澳大利亚经营亚太，并以亚太为依托走向世界。2012 年 10 月，澳大利亚政府发布《亚洲世纪中的澳大利亚》白皮书，将外交关注焦点转向周边。文件制定了 2025 年前的 25 个国家目标，涵盖改善贸易关系、促进人文交流等众多领域，堪称澳大利亚版的“重返”亚洲政策。白皮书肯定了亚洲崛起的事实，看好亚洲发展态势，决定从亚洲的增长与活力中实现澳大利亚获益最大化。白皮书还宣称：“澳大利亚与美国的联盟以及美国在亚洲强大的存在将有助于地区稳定，而中国在地区发展中的全面参与也会促进地区稳定。”[①] 这表明，吉拉德政府已经走出了在中美之间难以取舍的纠结心态，至少从认知上解决了这两组关系之间的平衡问题，这将对今后澳大利亚发展与亚洲的关系产生深远影响。2013 年 1 月，澳大利亚公布首个“国家安全战略”，将新时代的安全战略重点放在亚太地区，以适应亚太地区战略形势的变化。

---

① Australian Government: *Australia in the Asian Century White Paper*, October 28, 2012, http://pandora.nla.gov.au/pan/133850/20130914 – 0122/asiancentury.dpmc.gov.au/white – paper.html.

从经济合作上看，澳大利亚对亚洲出口额占其出口总额的40%到50%，主要是矿物和农产品。中国、日本、印度和东盟成员国都是澳大利亚主要贸易伙伴。由于大宗商品贸易增长放缓，澳迫切希望增加其他商品和服务，包括食品、教育、医疗和金融服务等在亚洲的销售额，并充分发挥自身的旅游资源价值。为推动与地区的经济合作，在美2008年9月宣布加入TPP后，澳大利亚迅速予以回应，于当年11月宣布加入，并于2010年3月和2012年3月主持了第一轮和第十一轮谈判。据悉，澳大利亚政府至今已举行590场政策会议，与国内TPP谈判利益相关方商讨基本立场,[①] 包括为农产品获得更好的市场准入条件等。在双边层面上，澳大利亚自2003年至今与新加坡、新西兰、泰国、马来西亚、韩国等签署了自由贸易协定，正在积极推动与日本、中国的自贸协定谈判。

澳大利亚还努力深化与地区国家的安全合作。首先是加强与美国盟友之间的力量联合。2013年10月，阿博特总理称日本为澳“在亚洲最要好的朋友”，支持日本修改防务政策，愿在安保领域、共同开发武器装备、建立美日澳三国军事合作体制等方面加强合作。2014年4月，阿博特访日时参加了日本国家安全保障会议特别会议，这是首次由外国首脑出席日本的国家安全保障会议，旨在显示两国在安全领域的密切协作。其次，澳大利亚寻求发展与印度、印尼等亚太大国的关系，避免将赌注完全压在美国或中国身上。2008年首次参加印度洋论坛，2009年与印度签署《安全合作联合宣言》，双方承诺加强在反恐、国防、裁军和防扩散及海上安全等领域的合作。值得注意的是，为了避免“引起中方的担忧”,[②] 澳大利亚早在2008年就表态不支持日本首相安倍关于“亚

① “罗伯：澳大利亚TPP谈判市场准入是基础”，澳华财经在线，2013年12月12日。

② Frank Ching, “Canberra goes into overdrive to woo China,” *New Straits Times*, February 21, 2008, p. 29.

洲民主之弧”（即美、日、澳、印度“四国集团”）的提议，并退出了四方战略对话。

3. **构建澳中战略伙伴关系**

根据澳方数据，中国目前已经跃升为澳大利亚最大的双向贸易伙伴、最大的出口市场、最大的进口来源国、第三大投资方和第二大旅游客源国。更为难得的是，中澳在资源禀赋、经济结构方面的互补性强，为双边贸易的持续增长打下了基础。几年前澳大利亚媒体还在批评“中国市场经济的程度”存在争议，当下他们已发出 TPP“应为中国敞开大门”的呼吁。澳认为中国的经济崛起有利于澳大利亚本国和世界的发展，希望加强与中国的联系。双方已确立了战略伙伴关系，建立起年度高层对话机制，实现了海军军舰互访，在马航 370 失联航班搜救的行动中密切合作，这些均将把澳中关系提升到一个新的高度。

“美国因素”是澳大利亚对华政策必须面对的一个重要考量，澳大利亚努力在中美之间保持平衡，认为成熟的澳中经济关系与澳美战略关系互不排斥，多次声明澳对遏制中国不感兴趣。2011 年 4 月吉拉德总理首次访华时明确表示，澳大利亚拒绝任何遏制中国的企图。2012 年《亚洲世纪中的澳大利亚》白皮书主张，澳大利亚应与中国全面接触，不在中美之间选边站队。2013 年 1 月，时任反对党领袖的托尼·阿博特澄清，澳面临的最大威胁不是中国，而是“伊斯兰恐怖主义”和全球动荡。2013 年 2 月，前总理陆克文在《外交》撰文称，澳大利亚应在支持美推行转向战略的同时，与中国发展良好的多维关系。这些表明，在全球化和亚太经济日益融合的时代背景下，澳大利亚政府经过长期思考，终于迈出了与中国共同构建战略伙伴关系的历史步伐。

尽管如此，澳大利亚对华仍有较强的戒心。2009 年 5 月陆克文政府发表的国防白皮书，明确表达了对中国崛起所带来的安全风险的关切和焦虑。2011 年 4 月吉拉德访问日本和韩国时，放言要向中国提及人权等“强硬”话题。澳大利亚还在南海、东海等地区海洋问题上与美国、日本形成合力，就海洋航行自由、和平解决海洋领土纠纷、反对可能改变现状的“强制性或单方面行动”等问题对中国说教，并借机拿军备透明度问题向中国施压。鉴于澳大利亚在涉华政治和安全议题上的态度有反复，可以预见，假如战略环境恶化到澳必须在中美之间“二选一”的情况，很难想象它不会是澳大利亚的战略性同盟美国。①

（三）澳大利亚外交仍在调适

总的来看，澳大利亚的战略文化充满复杂性，它地处亚洲而属于西方国家，既是大陆又是岛洲，防务上强调自立却与大国结有军事同盟，澳大利亚仍需用相当长时间来适应自身的亚洲地理位置，确定新的战略立足点，并在此过程中不断克服美澳同盟关系的不确定因素。

1. 有待凝聚外交共识

澳大利亚外交政策有两大流派，即“同盟派”和“亚洲派”。前者虽承认中国的巨大市场拉动了澳大利亚采矿业的井喷和高速的贸易增长，但臆测中国经济崛起带来的安全威胁，会导致澳大利亚错失与中国“共同创造财富”的机遇。后者虽然致力于从亚洲的增长和活力中实现澳大利亚国家经济利益的最大化，但没有充分认识到美国对于亚太政治、经济和地区稳定等层面上的价值。澳大利亚至今仍在与西方的历史联系和自身所处的亚洲地理位置之间徘徊，不愿做出选择，从长远看，这么做需要澳大利亚用高超的外交技巧来平衡处理种种复杂关系，并且会让澳大利亚始终面对自己是“与潮共舞”还是“望洋兴叹”的两难情形。由于美国“再平衡”战略仍在调整过程中，“亚太世纪”的发展也方兴未

---

① Peter Jennings, “The U.S. Rebalance to the Asia-Pacific: An Australian Perspective,” *Asia Policy*, No. 15, January 2013, pp. 38 – 44.

艾，澳大利亚需要进一步凝聚国内共识，在东西方之间找到更为明确的战略立足点。

2. **美澳同盟存在内部制约**

首先是防务费用的分担问题。美澳均承诺防务预算削减不会影响各自的亚太政策及双边防务合作，但美方对澳大利亚能否坚持深化同盟关系的既定路线仍有担忧。2012 年 5 月，澳大利亚宣布2012—2013 年度国防预算为 242 亿澳元，比前一年减少 10%，占GDP 的 1.56%，是自 1938 年以来的最低点。此举招致美国朝野各界的批评。美前副国务卿阿米蒂奇警告澳不要“免费搭车”。太平洋司令部司令洛克利尔指责澳军费占 GDP 之比低于欧洲盟国的水平。随着美澳安全合作进一步扩展，相关支出势必有所增加，而双方财力有限，可能在如何分担费用问题上发生摩擦。其次，澳大利亚社会很多精英对中国和美澳同盟的认识存在对美国不利的一面。澳大利亚有舆论指出，“再平衡”战略的政策表达应当更加清晰，美国应当为其亚太接触战略营造一个更加广泛的平台，避免以军事一马当先。在能否开展更多有实质意义的军事合作方面，美国的“热情”也遭遇到澳大利亚的“冷静”，后者倾向于缓步推进，避免刺激中国。

3. **澳大利亚与亚洲国家的异质性突出**

应当看到，澳大利亚与亚洲国家，特别是与东南亚国家，在政治制度、文化传统及价值观念上不尽相同，这种异质性会在彼此交往中造成具体分歧。事实上，澳大利亚民众对与同亚洲的进一步互动表现得不冷不热，对亚洲移民和外商投资有一定抗拒心理。除采矿业和农业以外，澳大利亚企业仍专注于国内市场。澳大利亚在处理与印度尼西亚这样的邻国的关系时也面临挑战。印尼至今难以释怀澳大利亚曾在东帝汶独立过程中起的主导作用。两国还围绕一些新问题频生龃龉，包括印尼指责美驻军达尔文港（距印尼仅 450 海里）将造成“局势紧张和不信任的恶性循环”，2013

年11月澳大利亚媒体披露的对印尼“窃听”事件一度打断了双方在军事、情报及打击人口走私等方面的正常合作。

总而言之，从亚太地区国家对美国“重返亚太”的态度看，有的积极回应，与美彼此支援；有的谨慎观望，希望从中获利；有的则心存紧张，担忧大国竞争恶化或殃及自身。从各国与美国的互动回应看，有的重视安全合作，凸显军事抓手；有的重视经济获益，突出经济杠杆；有的则把美国战略调整与自身国家发展战略相结合，做出全面反应。总的来看，奥巴马政府制定“重返亚太”新战略时，对亚太地区的政治、经济、安全环境等形成了一些先入为主的判断，虽然与部分国家内政外交的需要有呼应，但与地区总体现实之间存在明显距离。

首先，地区国家普遍质疑美国亚太战略的新变化是否具有可持续性。较早前，亚洲国家普遍不满小布什政府时期的一系列外交政策，包括强硬对待朝鲜，发动伊拉克战争，以及在反恐、气候变化、联合国和亚洲地区事务上的单边主义行事风格等。奥巴马执政以来，希望卸下反恐战争包袱，改变美国在亚太地区趋于被动的处境，特别是防止被地区国家看衰，因此他高调“重返”亚太，彰显对地区事务的主导权。然而，对于美国的“再平衡”战略，亚太国家无论是否身为美国盟友，都存在一定质疑，认为当下的美国面临经济困难、政治分歧巨大、外交注意力分散及外交和国家安全班子调整等不确定因素，进而质疑美国加强在亚太地区影响力的行动是否具有可持续性。

其次，美国对亚太国家的安全关切存在误读。美国国内比较流行的看法是，亚太地区国家普遍担心中国崛起带来的安全威胁，势必支持美国扩大在地区的军事存在。确实，亚太国家基本捕捉到“再平衡”战略直接针对中国的一面，体会到其围堵中国的意味。日本、菲律宾、越南等与中国存在领土争端的国家甚至产生了借助美国力量、在主权问题上向中国挑衅的投机心理，进而对美国的口头和行动支持产生了过度期待。但是，美国忽视了其释放错误信息导致这些国家民族主义情绪上涨之间的因果关系。不仅中美合作的开展受到一定干扰，美国还面临被卷入地区领土冲突的风险，地区国家的不安全感也有所加剧。事实上，亚洲地区国家的安全关切十分复杂，相互之间信任程度偏低，并非普遍欢迎美国扩大在亚太的军事存在，而是渴望在安全的环境下获取更大的经济和社会发展。这些国家中有些是希望美国帮助实现和保护发展所需要的安全环境，但没有谁愿意为此而疏远中国。

再次，各方对亚太地区制度的建设存在意见分歧。美国的亚太新战略十分重视通过建章立制来扩大自身利益，在海洋自由航行、东亚自贸区建设等问题上积极创设和维护规则，意在主导地区机制的议程。安全上，由于各国对地区安全架构奉行不同的外交战略，并且在美国带动下，东亚地区实际上是一种“补丁式”的政治安全结构，涵盖了双边、小多边以及东盟地区论坛、东亚峰会、东盟防长会议等不同层面。经济上，考虑到亚太国家国情差异大，经济发展程度不一，政治制度和社会文化各异，美国所力推的TPP高标准并非适合所有的东南亚国家。并且，“10+6”地区全面经济伙伴关系（RCEP）计划及中日韩自贸谈判等正在进行，地区一些国家认为，美国此时推出TPP这一新的贸易倡议，无疑将对东盟在2015年底之前建立经济共同体的进程构成干扰。

此外，地区国家存在不同的“中国观”。美国担心亚太秩序会朝着“中国中心主义”的方向演变，因此花大力气、见缝插针地介入地区秩序的塑造。由于“美国因素”的作用，地区部分国家在处理对华关系时态度有微妙变化，有的甚至公开与美国联手对中国施压，在一定程度上恶化了中国的周边环境。但是，地区国家对中国经济快速增长及其未来走向的不确定感增强，并不等于他们必然认同“国强必霸”的逻辑。实际上，多数国家是接受、欢迎、期待中国的持续发展的，并认为对中国的崛起采取军事遏制是徒劳和危险的。他们看到了中国在维护地区和平、推动协商解决争端方面的愿望和举措，再加上与中国之间存在难以割裂的经济纽带，都重视对华合作，避免对立和对抗，因此不会被推到中国的对立面。

第五章　美国“再平衡”战略面临哪些制约

美国“重返亚太”虽然风生水起，但也存在很多不利因素。综合实力因伊拉克、阿富汗两场战争和全球金融危机受损，与亚太国家关系参差不齐，各种外交与内政问题束缚等，都加大了美国实现其亚太战略目标的难度。本章着重从美国软硬实力变化、国内政治以及亚太地区内外因素等方面，观察美国“再平衡”遭遇的掣肘。

一、综合实力因素

作为一个超级大国，美国在二战以来一直实力超群，在经济、军事、科技、文化等各方面指标均位居世界之首或名列前茅。但是，进入21世纪，旷日持久的阿富汗战争和伊拉克战争以及2008年爆发的全球金融危机，使美国国力受到沉重打击，并衍生出债台高筑、削减军费等各种问题。

（一）经济实力相对下降

美国经济非常发达，自1896年起，国民生产总值就一直雄踞世界第一。美国是全世界最大的出口国和市场，2012年商品和服务出口额22100亿美元，进口额27500亿美元。尤其是2008年全球金融危机后，出口增速很快。[①] 高端制造业发达，在航空航天、电子、生物制药等领域技术领先，其研发的3D打印技术正在引领世界制造业新潮流。

美国是世界矿产资源最丰富的国家之一。煤、钼、天然碱、硼、溴、硫酸钠等的储量居世界第1位；铜、金、镉、银、钇、磷、硫等储量居世界第2位；铅、锌、稀土、重晶石、碘居世界第3位；铁居第5位；天然气居第6位；石油居世界第11位。[②] 近年来取得突破性进展的页岩气开采技术，使美国的可开采天然气储量骤增。据预测，到2020年，美国将成为世界最大天然气出口国。尽管资源丰富，美国政府还是非常注意保护，禁止滥采滥挖。例如，自上世纪80年代起，美国政府曾长期禁止在墨西哥湾大陆架开采石油，直至2010年才部分解禁。再如，美国稀土储量虽大，但节制开采。在未来世界资源短缺的大趋势下，这显示了美国经济巨大的潜力。

美国是世界最大的对外投资国。2012年美国对外直接投资3514亿美元，占世界总额的四分之一，是位居第二的日本（1225亿美元）的3倍，中国（624亿美元）的近6倍。[③] 美国对外直接投资总额2006年约为2.45万亿美元，到2014年底，高达5.27万亿美元，是世界最大资本输出国。[④] 美国也是世界最大的资本输入国。2006年外国对美直接投资总量约为1.8万亿美元，但到2014年底，增至3.3

① US Census Bureau, "US Trade in Goods and Services," June 4, 2013, http://www.census.gov/foreign-trade/statistics/historical/gands.pdf.

② 中国有色网："美国矿产资源行业的现状分析报告"，2007年9月14日，http://www.cnmn.com.cn/ShowNews1.aspx? id=184587.

③ OECD, "FDI in Figures," April 2013, http://www.oecd.org/daf/inv/FDI%20in%20figures.pdf.

④ 2006年数据来源：联合国贸发会议："Outward FDI stock, by Host Region and Economy, 1980-2007," http://unctad.org/sections/dite_dir/docs/wir2008_outstock_en.xls. 2014年数据来源：CIA：The World Factbook, http://www.cia.gov/library/publications/the-world-factbook/rankorder/2199rank.html

万亿美元，创出历史新高，显示出外国投资者对美国经济充满信心。①

美国在国际金融体系中占据主导地位。首先，美元仍在当今国际金融体系中发挥关键作用。在国际贸易中，最常使用的结算货币还是美元。世界其他国家出于对外贸易和跨国资金融通的需要，产生了巨大的美元资产需求。美国国债具有很高的流动性，能够像活期存款一样随时在规模庞大的美国债券市场上出售、变现，受到各国中央银行的欢迎。这样，美国国债从单纯满足美国政府的财政融资需求，转变成为世界提供美元资产的资金供应渠道。据估计，目前美国联邦政府发行的国债总额约为10万亿美元，其中约30%由外国政府持有，是世界各国外汇储备中最重要的金融资产。由于有美国的国家财政信誉作为担保，在国际金融体系中，美国国债的信誉度较高。在国际金融运作中，它常常被用作一种比货币更安全、更方便的支付手段。

其次，美国仍在国际金融组织中占据主导地位。二战后，在美国主导下，建立了世界银行和国际货币基金组织，总部设在华盛顿。按照不成文规定，世界银行的历任行长均由美国人担任，至今未能改变。美国在世界银行中掌握15.85%的投票权，在国际货币基金组织中掌握16.75%的投票权，对重大事务均有否决权。虽然这两个组织近年来都进行了份额与投票权改革，发展中国家的投票权有所上升，但美国的否决权没有被撼动。

然而，全球金融危机和两场战争严重冲击了美国经济。小布什2001年上任时，美国政府的财政状况良好，还略有盈余，但小布什政府大肆举债支撑两场战争，实施减税政策，导致政府债务激增。2008年9月至2009年年中，美国经历了自20世纪30年代以

① 2006年数据来源：联合国贸发会议：“Inward FDI stock, by Host Region and Economy, 1980 - 2007”, http://unctad.org/sections/dite_dir/docs/wir2008_instock_en.xls. 2014年数据来源：CIA: The World Factbook, https://www.cia.gov/library/publications/the-world-factbook/rankorder/2198rank.html.

来最严重的金融危机和经济衰退。这场危机对美国经济实力和全球地位产生严重影响。美国经济出现负增长，经济实力受到一定削弱，与前一年同期相比，美国实际国内生产总值在2008年第四季度下降6.3%，在2009年第一季度下降5.7%。美国失业率在2009年10月上升到10.2%，是1983年以来的最高失业率，是危机前失业率的两倍。[①] 美国金融企业大量倒闭破产，特别是一些规模巨大的投资银行骤然倒闭。奥巴马上任后，在全球金融危机中斥巨资救市，政府债务如脱缰野马，迅猛增长，到2013年10月，已突破17万亿美元。据美国国会预算办公室2010年所做估计，如果按照当时债务累计的速度，到2020年，美国国债将突破20万亿美元，每年需偿付的利息将高达7800亿美元。[②]

为了解决沉重的债务负担，美国政府开始大幅削减财政预算。在债务问题上，美国国会大权在握，为美国联邦政府发债数额设定上限，而联邦政府的税收和开支也须经国会批准。这实际上相当于国会一方面批准政府花钱，另一方面又对政府的“信用额度”实行限制。但是国会两党在如何削减赤字、削减多少的问题上分歧巨大。民主党反对削减社会福利开支，主张增税和削减国防开支，而共和党反对增税和削减国防开支，希望通过削减社会福利等非军事开支来减少赤字。共和党议员把债务上限和削减开支等问题挂钩，试图以此作为谈判筹码，逼迫民主党做出妥协。

经过激烈博弈，2011年8月，两党达成协议，通过《预算控制法案》。根据两党达成的减赤协议，未来10年将削减赤字9000多亿美元，其中军费占4890亿美元。到2013年初，两党如果仍未能就10年内再削减1.2万亿美元债务达成协议，则开始强制性削

---

① 张斌：《全球金融危机冲击下的美国经济》，中国国际问题研究所网站。http：//www.ciis.org.cn/chinese/2010－05/07/content_ 3747318.htm.

② Congressional Budget Office, “Federal Debt and Interest costs,” December 14, 2010. http：//www.cbo.gov/publication/21960.

减。2013 年 1 月 1 日，两党达成协议，暂时避免了支出急剧减少的财政悬崖灾难，但是，两党达成的减赤协议只是临时性安排，并未消除两党之间的基本分歧。两党围绕预算展开的斗争持续不断，隔上几个月或半年就要爆发一次，大大分散了美国政府对其他事务投入的精力。

一个典型案例是，2013 年 10 月 1 日至 17 日，由于国会拒绝批准 2014 年度政府预算，联邦政府部分机构被迫关门，几十万政府工作人员被强制休假。奥巴马为了处理这一危机，被迫取消了参加亚太经合组织领导人会晤和东亚峰会的原定日程。很多人认为，奥巴马曾承诺会每年参加亚太地区的多边峰会，却无法出席这两场重要多边活动，对美国“重返亚太”是一个讽刺。

最近几年，美国经济缓慢复苏，但仍很脆弱，年增长率始终徘徊在 2%—3% 之间。美联储在退出量化宽松政策问题上犹豫不决，也是因为经济复苏充满不确定性。如果再爆发一场金融或经济危机，则预算问题将进一步尖锐化，从而阻滞美国“重返亚太”的步伐。

美国“重返亚太”的目标之一是搭亚太地区经济增长的顺风车，重振国内经济。但是，近年来，随着美国低端制造业的衰落，美国在亚太地区的经济影响力持续下降。美国的高端制造业发达，但是中低端制造业由于劳动力成本上升等原因而大量转移到发展中国家。亚太地区接收了大量美国企业，体现在贸易统计数字上，就是区域内贸易的增加和美国与亚太国家贸易额占后者贸易总额的比重不断下降（见图 1、图 2、图 3）。美国之所以竭力鼓吹推动以美式标准作为谈判原则的 TPP 谈判，就是为了扭转其在亚太地区经济影响力下降的颓势。

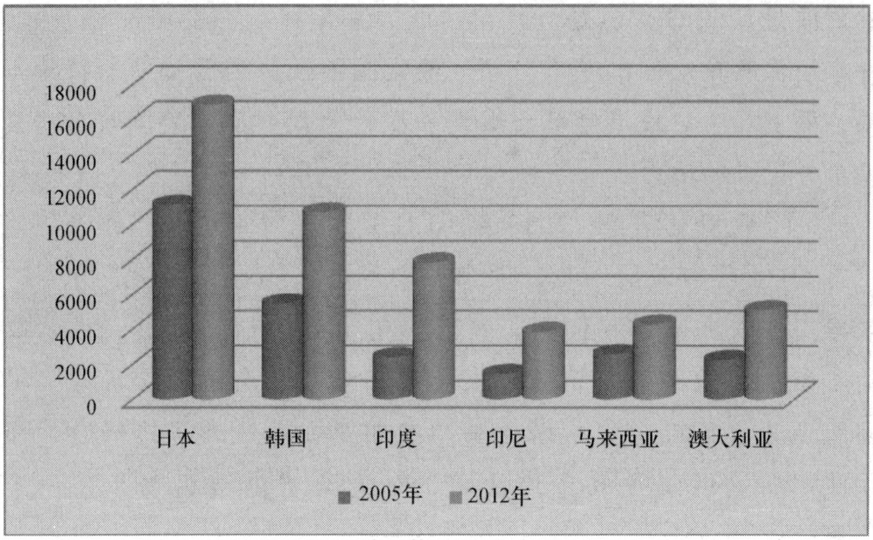

图 1　亚太国家外贸总额变化（单位：亿美元）

数据来源：中华人民共和国商务部《国别报告》、美国人口普查局历年数据。

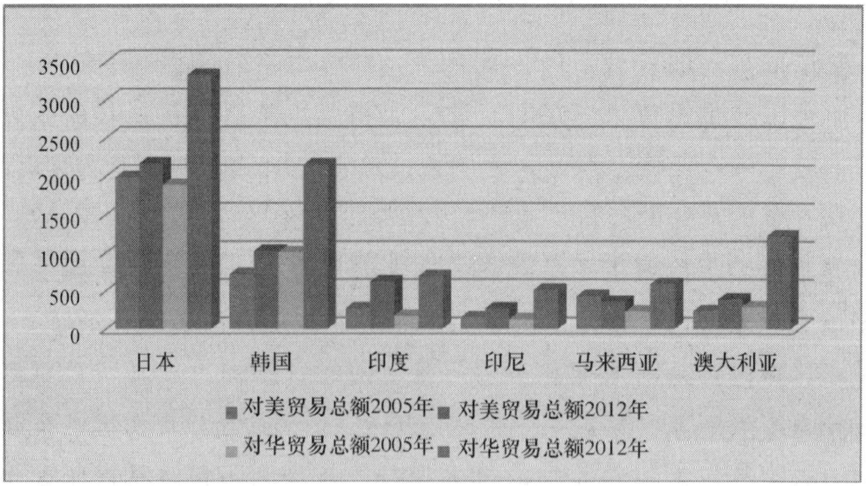

图 2　亚太国家对美、中两国外贸总额变化（单位：亿美元）

数据来源：中华人民共和国商务部《国别报告》、美国人口普查局历年数据。

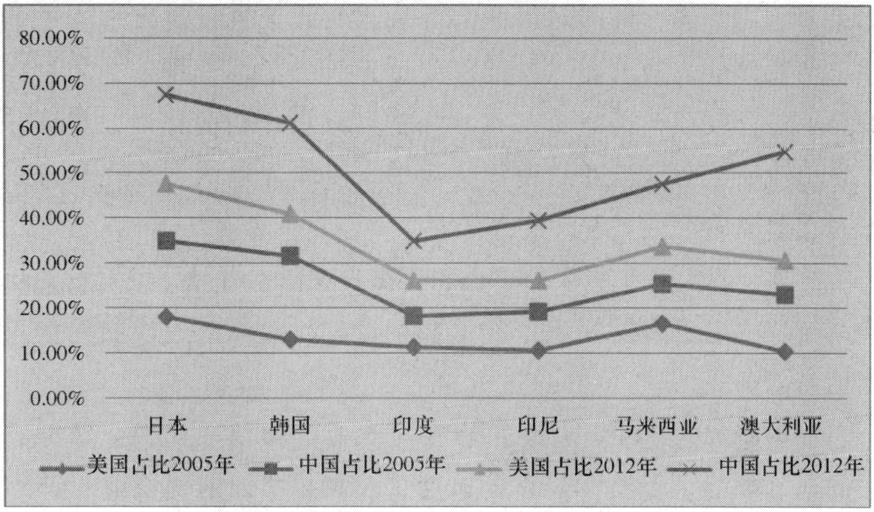

图 3　亚太国家外贸总额中美、中两国占比变化

数据来源：中华人民共和国商务部《国别报告》、美国人口普查局历年数据。

与此相反，中国在亚太地区的经济影响力不断上升。冷战结束后，亚太地区保持长期和平，经济迅猛增长，各国间经贸联系日益密切，中国与周边国家的经贸往来日益密切，日本、韩国、东盟都已成为中国前十大贸易伙伴（见图 2、图 3）。据统计，2006 年，美国还是世界上 127 个国家和地区的主要贸易伙伴，中国只是 70 个国家和地区的主要贸易伙伴。到 2011 年，中美两国位置几乎互换，中国已经成为 124 个国家和地区的主要贸易伙伴，而美国则是 76 个国家和地区的主要贸易伙伴。①

由于美国在亚太经济影响力下降，其推动 TPP 谈判的难度很大。美国试图通过 TPP 建立亚太地区的高标准经济一体化协定，但谈判国或有意参加谈判的国家经济发展程度不一，贸易和产业

① Bao Chang, “China continues to increase influence on global trade,” *China Daily*, January 11, 2013, http://usa.chinadaily.com.cn/epaper/2013-01/11/content_16105897.htm.

结构迥异，社会经济制度千差万别，不可避免存在矛盾和冲突，如果要达成协议，必须对国内部分法律和政策进行或多或少的修改，牺牲部分人的利益。如越南要达到TPP的高标准，必须对国有企业进行改革，提高劳工权益保护和环境保护的标准，保证信息自由流动，而这涉及越南国内政治，可能促进西方文化和意识形态在越南的渗透，因此阻力巨大，不会很快解决。

此外，澳大利亚在谈判中也和美国存在根本分歧，反对设置比美澳自贸协定更高的知识产权保护标准，反对以双边谈判的形式接纳新成员。

日本要加入TPP，就必须修改与农业、知识产权、金融等有关的法规。农业是日本经济的软肋，长期依靠政府提供财政补贴和贸易保护。如果农产品市场对美国开放，日本国内农业利益集团的利益将受到打击，因此这些利益集团极力反对日本加入TPP。

韩国虽对加入TPP表示兴趣，但由于已经签署韩美自贸协定，与中国的贸易关系更为密切，且加入TPP对其农业冲击较大，因此对中日韩自贸区和RCEP谈判更感兴趣，加入TPP成为次要选择。

一方面，以中日韩自贸区、RCEP等为目标，亚太各国正在紧锣密鼓地开展谈判。这些自贸体系是将美国排除在外的。另一方面，美国也在力推TPP、“美国－东盟扩大经济合作倡议”（E3）等以美国为中心的多边自贸机制。两种自贸体系基于不同的理念，各有利弊。美国主导的自贸体系准入标准苛刻，但有助于长期可持续发展，且有利于发展中国家取得美国的先进技术和投资，打开美国广阔的市场。而没有美国参加的自贸体系准入门槛低，更容易达成协议，而且中国对亚太国家经济影响力与日俱增，提高了这一自贸体系的吸引力。

一旦TPP如期达成协议，TPP将成为东亚自贸区谈判的基础，中国参与的RCEP自贸区谈判将被边缘化。尤其是如果TPP与欧美自贸区谈判都达成协议，中国将被迫加入，因为中国经济赖以增长的市场大多来自这两个自贸区的成员国。但TPP谈判存在诸多障碍，进程缓慢，迄今尚未结束。

即使TPP谈判最终完成，美国国内政治也对TPP协议的生效构成阻力。美国自贸谈判的权限在国会。为快速达成自贸协定谈判，美国政府可以通过向国会申请“贸易促进授权”（TPA）。[①] 小布什政府曾经从国会获得这一授权，但已于2007年失效。目前奥巴马政府正在争取获得贸易促进授权，但是有很多国会议员反对，认为这会导致国会大权旁落。

如果奥巴马政府无法得到这一授权，即使TPP其他谈判方做出正式让步，与奥巴马政府达成协议，美国国会仍有可能对协议进行修改，导致谈判流产。马来西亚等国由于无法明确美国国会的反应，不愿在知识产权等领域做出重要让步，TPP谈判面临更加复杂的局面。

（二）军费开支受预算冲击

美国的军事实力超群，主要体现在其强大的军备力量、相对稳固的全球同盟体系以及遍布全球的军事基地上。

1. 强大的武装力量

美军正规军人数140多万，预备役80多万，居世界第二，仅次于中国。尽管奥巴马政府计划大幅削减军队人数，其总兵力仍居世界第二。

美国共有现役航母10艘，占全世界现役航母总数的一半。中、俄、法等军事大国均只有一艘，意大利紧随其后，也仅有两艘。潜艇、战斗机、侦察机等军备数量和先进程度均高居世界之首。

---

① 即国会授权总统参与贸易谈判并签署协议，在授权时限内，国会对总统达成的最终协议放弃修改权，仅在规定时限内批准或否决已通过谈判达成的整个协议。

美国是世界上第一个研制出原子弹和氢弹的国家，冷战期间与苏联展开核军备竞赛，核武器数量一度高达30000多枚。冷战后，通过核裁军谈判，美国的核武器数量大幅下降，但仍高达7000多枚。这些核武器部署在洲际导弹、核潜艇以及轰炸机上，以发挥威慑潜在对手的作用，为其盟友提供核保护。

此外，美国在反导、网络战、无人机等领域领先世界，其技术已经基本成熟。美国还在发展常规全球打击能力，以在短时间内准确打击全球任何军事目标。

2. 相对稳固的全球同盟体系

同盟体系的作用不可小觑，它像一个信号放大器，扩展了美国的军事实力。美国正式盟国（签署有正式同盟条约）数量高达50个，分布在除非洲以外的各大洲，约占联合国成员国的四分之一，是世界上盟国最多的国家。其中有6个国家（英、法、德、土、韩、日）位居世界军力前十，13个盟国位居世界军力前25位。[①]

3. 遍布全球的海外军事基地

通过星罗棋布的海外军事基地，美国控制着全球主要的战略要冲。美国在全球有多少军事基地很难计算，因为军事基地的定义没有一个统一的标准，但是无论采用何种标准统计，毫无疑问，美国基地数量之多、分布范围之广，是其他任何国家都难以匹敌的。根据美国国防部2012年公布的统计数字，美国在全世界7个海外领地、40个国家分别建有94个和666个军事基地和设施，其中德国最多，达232处。[②] 军费削减后，很多基地要被关闭，但战略意义重大的基地将被保留，不会实质性损害美国的军力。

---

① *Global Firepower Ranking 2014*, April 3, 2014, http://www.globalfirepower.com/countries-listing.asp.

② Department of Defense, *Base Structure Report Fiscal Year 2012 Baseline*, http://www.acq.osd.mil/ie/download/bsr/BSR2012Baseline.pdf. 上网时间2014年7月25日。

与当年的英国一样，美国是一个海上霸权国家，控制着世界多个重要海上要冲，如马六甲海峡、苏伊士运河、巴拿马运河等。这些海上通道既是重要的贸易通道，也是战时你争我夺、调遣兵力的天险。美国与这些战略要冲所在或附近的国家，如马六甲海峡北岸的新加坡、苏伊士运河的东道国埃及等，都有密切的安全合作，以备不时之需。

总之，美国仍具有巨大的军事优势。约瑟夫·奈认为，当今的权力分配像一个复杂的三维棋局，“在棋盘的顶端，很大程度上军事权力仍然是单极格局，并且美国可能在未来相当长一段时间内保持这一优势”。[①] 但是，削减国防预算将使美国未来的军事发展受到限制，对其“重返亚太”战略也会产生不容忽视的影响。

随着伊拉克战争结束，阿富汗战争进入尾声，美国开始逐步削减其“9·11”事件后迅速增长的军费开支。2009年，时任国防部长盖茨取消了20种武器系统的研发计划，并推迟了一些重要武器的升级换代计划，预计共节省3000多亿美元。2010年，盖茨再次推出一个5年节省780亿美元的裁军计划，主要通过裁减国防部文职人员等方式实现。

上述削减计划对美国的巨额财政赤字来说不过是杯水车薪。根据2011年8月国会两党达成的减赤协议，未来10年美国将削减军费近5000亿美元。2012年1月，时任国防部长帕内塔在公布2013财年国防预算时宣布，美国将在4年内削减2万海军陆战队和8万陆军，空军和海军也要做相应的裁减。以上三轮削减国防开支的计划实施后，将总共削减8500亿美元军费。

两党达成的减赤协议只是临时性安排，并未消除两党的根本分歧。2013年1月，两党仍未就10年内再削减1.2万亿美元债

① Joseph Nye, “The Future of American Power,” *Foreign Affairs*, November/December 2010, pp. 2 - 12.

务达成协议，自动削减赤字机制启动。国防开支将在上述三轮削减计划的基础上，从 2013 年开始，8 年内再削减约 6000 亿美元。[①]

削减国防开支对美国“重返亚太”将构成财政上的制约。根据 2011 年美国国会有关部门的预测，《预算控制法案》执行后，美国海军舰只数量将从现有的 288 艘降至 263 艘，如果启动自动减赤机制，则将在 10 年后降至 238 艘。[②] 这意味着部署在亚太地区的舰只比例即使达到美国军方提出的 60%，其数量也未必能有所增加。由于美国 2006 年提出的将 60% 的攻击型核潜艇部署到亚太地区的计划已经完成，6 个航母战斗群也已经部署在该地区，那么下一步为达到预定目标需要部署的多是小型的水面舰只，对军力部署的整体影响不会很大。

2014 年 2 月，时任美国国防部长哈格尔发表 2015 财年国防预算建议要点，其中最引人注目的是大幅减少军队人数、进一步缩小美军规模。

在陆军方面，哈格尔计划把军力从目前的 52 万人减至 44 至 45 万人，裁军规模超过 7 万人。“9·11”恐怖袭击发生后，为应付阿富汗战争和伊拉克战争，美国陆军军力一度高达 57 万人，如果国会批准哈格尔的裁军方案，陆军军力将降至二战开始以来的最低水平。哈格尔还预计，如果 2016 财年国防预算继续缩减，陆军军力将进一步降至 42 万人。

在空军方面，哈格尔决定保留美军耗费巨资研发的 F－35 战机，但会淘汰全部 A－10 攻击机，活跃于冷战时代的美军 U－2 侦

① The Heritage Foundation, AEI and the Foreign Policy Initiative Report: “Defending Defense: Defense Spending, the Super Committee, and the Price of Greatness,” November 17, 2011, http://www.heritage.org/research/reports/2011/11/defending-defense-setting-the-record-straight-on-us-military-spending-requirements.

② HASC Republican Staff, “Assessment of Impacts of Budget Cuts,” September 22, 2011, http://armedservices.house.gov/index.cfm/files/serve? File_id = 052aad71－19cb－4fbe－a1b5－389689d542d7.

察机也会退役，由体积庞大的“全球鹰”无人机顶替。A－10攻击机原是为了防范西欧遭到俄罗斯坦克的袭击，如今已不太可能派上用场，因此其编队将被废除。

在海军方面，美军现役的11艘航母将在2015财年全部保留，但哈格尔警告，2016财年乔治·华盛顿号航母前途未卜，如果届时军方无力支付巨额大修费用，它会被迫退役，美军现役航母将只剩10艘。

总之，美国“重返亚太”表面上来势汹汹，但削减军费削弱了实现这一宏伟目标的军事基础，美国在亚太地区军事上能维持现状已经不错。假如美国从阿富汗撤军进程不顺利，或者在中东再进行一场战争，其军费将更为捉襟见肘。

（三）软实力受损

美国拥有强大的软实力，从目前态势看，其主导地位难被撼动。美国学者约瑟夫·奈认为，软实力是美国强大的决定性因素。传统意义上，大国的标志是有能力打赢战争；但在信息时代，成功则不仅取决于谁的军队能打胜仗，更取决于谁的故事更有说服力。[①]

中国学者王缉思将美国的软实力归结为四点：第一，美国的法治传统和法治精神维护着国内的长期政治稳定。第二，自由、民主等价值观保持了高度的一致性和连续性，使民族国家的内部凝聚力得以保持。第三，技术创新和制度创新为社会发展提供强大动力。第四，公民社会发达，社会自我纠错机制和能力较强，有利于防止国家发展道路偏离方向，避免对外关系中的严重战略失误。[②]

---

① Joseph Nye, "The Future of American Power," *Foreign Affairs*, November/December 2010, pp. 2－12.

② 王缉思：“20年内美国仍是唯一超级大国”，《环球时报》，2011年8月2日。

具体来说，美国的软实力体现在以下几方面：

1. 文化

好莱坞电影、美剧、摇滚乐风行世界。在音乐、美术界，各国艺术家以在美国获奖为荣。NBA和动画片在多个国家广受欢迎。作为全世界最大的移民国家，美国还对各种文化有巨大的包容力。例如，在美国能品尝到世界各地的美味，各国移民的文化社团可以自由活动。韩国摇滚歌手朴载相的作品《江南STYLE》可以在很短时间内风靡美国，登上音乐排行榜榜首，一炮走红。

2. 教育

美国拥有世界上数量最多、质量最高的高等教育机构。美国共有5000多所大学。2011—12年度，来自世界各地的留学生有76.5万人，创历史新高，比十年前增长30%多。[①] 根据QS世界大学排名，2012年世界最好的50所大学中，美国占20所。[②] 美国发达的教育体系与政府和民间教育投入高有密不可分的联系。在美国城乡各地，最宏伟的建筑不是政府办公楼，而是学校和教堂。美国各级政府每年的教育投入占国民生产总值的8%左右，比中国高出一倍。

3. 科技

美国的科技非常发达。到目前为止，美国共产生331位诺贝尔奖得主，占诺贝尔奖获奖总人数的三分之一强，远远超过其他国家。[③] 2012年各国科学家在《自然》杂志及其子刊上发表的科技论文中，美国科学家占2236篇，高居榜首，是第二位英国（677

---

① Institute of International Education, *Open Doors 2012: Report on International Educational Exchange*, http://www.iie.org/Research-and-Publications/Open-Doors.

② *QS World Universities Rankings 2012*, http://www.topuniversities.com/university-rankings/world-university-rankings/2012.（上网时间：2014年7月25日）

③ 维基百科：《各国诺贝尔奖得主人数》条目。

篇）的3倍多。[①] 2011年，美国共有在册专利210万项，从2004年至今保持世界第一。[②]

4. **媒体**

美国的新闻业最为发达，是《纽约时报》、哥伦比亚广播公司、CNN等很多世界知名媒体的总部所在地。美国媒体对世界新闻具有巨大的影响力，从报道话题的选择到观点立场，都渗透着美式思维。以美国四年一度的总统大选为例，由于美国对世界事务的强大影响力，再加上美国媒体的强大传播能力，世人对美国大选的关注程度远甚于对其他国家的关注程度。人们对美国国情的了解如数家珍，有时甚至超过对自己国家的了解。

5. **移民**

美国是全世界最大的移民国家，共有移民人口4000多万。移民人口虽然只占美国总人口的12%，但为美国经济发展提供了巨大的动力。其中产生的诺贝尔奖得主占美国总数的26%。[③] 在拥有博士学位的科学家和工程师中，有一半是外国移民。1995—2005年间，25%的工程和技术企业是由移民创建的，硅谷中的近一半企业也是如此。[④] 根据美国政府最新统计，未来30年，移民将成为美国人口增长的主力。[⑤] 移民的大量涌入，将延缓美国人口的老龄化趋势，为美国提供巨大的消费市场和创新能力，从而为经济

---

① Nature Publishing Group, *Nature Publishing Index 2012*, June 2 2013, http://www.natureasia.com/en/publishing-index/pdf/NPI2012_ Global.pdf.

② World Intellectual Property Organization, "Statistical Country Profiles," http://www.wipo.int/ipstats/en/statistics/country_ profile/countries/us.html.（上网时间：2014年7月25日）

③ “美国移民政策与经济现状反思”，《中国人才》，2012年第13期，第56页。

④ Arne Duncan, "Back to School: Enhancing U.S. Education and Competitiveness," *Foreign Affairs*, November/December 2010, pp. 65 – 76.

⑤ US Census Bureau, "International Migration is Projected to Become Primary Driver of U.S. Population Growth for First Time in Nearly Two Centuries," May 15, 2013, http://www.census.gov/newsroom/releases/archives/population/cb13 – 89.html.

发展创造人口红利。新加坡前总理李光耀断言，美国在未来10年到30年内，不会丧失创造发明、科技突破和吸引海外新人才的能力。[①] 此外，移民还增进了母国与美国之间的联系，有利于美国对这些国家的政府决策施加影响。

6. 价值观

美国是世界上最早制定成文宪法的共和国，继承了欧洲的法治与民主传统。随着其经济军事实力增长，成为世界超级大国，其政治制度也对其他国家产生了巨大的吸引力。冷战中，美国通过宣扬人权、自由价值观，提高了同盟的凝聚力，同时得到众多非盟国的支持，在道义上占了上风，使苏联陷入孤立。目前，美式价值观仍具有很大吸引力。

7. 决策机制

美国智库高度发达，据宾夕法尼亚大学智库和公民社会项目统计，2011年美国共有智库1815家，远高于其他国家，占全世界近30%。[②] 美国的智库能通过特有的“旋转门”机制对政府决策发挥巨大的影响力。政府为智库提供将理论付诸实践的平台，而智库可以为政府提供人才储备和理论依据，相辅相成。通过研究人员进入政府部门任职，政府决策能够实现最大程度的科学化，理论研究得以与政治实践相结合。

但是，受多种因素影响，近年来美国的软实力也出现了衰退迹象，主要表现有：

首先，“华盛顿共识”受到猜疑。许多西方经济学家不无得意地指出，30年来，美式自由市场资本主义模式在全球被采用。但是，这种经济模式在拉美和俄罗斯的实践并不成功，受到越来越

---

① “李光耀：后美国时代，再等30年”，台湾《联合报》2010年5月18日。

② Think Tanks and Civil Societies Program, University of Pennsylvania, *The Global Go To Think Tanks Report 2012*, December 2012. http://repository.upenn.edu/cgi/viewcontent.cgi?article=1006&context=think_tanks.

多的质疑。尤其是2008年国际金融危机爆发以来，美国自身也吞下金融自由化的恶果，迫使奉行新自由主义经济学的经济学家对“华盛顿共识”开始进行深刻的反思。

其次，美国的国际信誉受挫。由于美国政府在经济上面临着债务危机、财政赤字和贸易逆差等一系列问题，如果美国不能解决这些问题，就将危及美国未来的经济繁荣和世界地位。很多人对美国在全球事务中发挥主导作用的意愿和能力产生质疑，国际评级机构下调美国债券信用等级就反映出这种担心。

再次，人们对美国霸权的合法性产生质疑。小布什将联合国撇在一边，擅自使用武力，发动伊拉克战争，使美国国际形象严重受损，虐囚丑闻更是雪上加霜。奥巴马当选总统后，各国反美情绪有所下降，美国国际形象有所提升。但是，2013年爆出的“棱镜门”监听丑闻，又让美国自由透明的国际形象受到质疑。尤其是监听亲密盟友德国领导人的通信，使盟国对美国充满狐疑，不信任感上升。

最后，美国国内贫富分化加剧，“美国梦”吸引力下降。本世纪初以来，美国贫困人口的数量持续增加，中产阶级家庭财产缩水，贫富差别不断拉大。如以2000年1月的100为基数来计算，到2011年，美国家庭实际收入的中位数只有89.4，十年间减少一成以上。贫富差距在拉大。从2000年到2011年，1%的少数人收入增加了18%，占有社会财富的40%。[①]“美国梦”最大的吸引力在于机会均等，给普通人以向上流动的希望。但是，由于近年来美国高等教育费用飞涨，近三成贷款学生还不起债而被迫退学，就业市场的低迷使大学毕业生很难找到工作，意味着很多人难圆“美国梦”。据统计，家庭年收入2万美元以下考生SAT（俗称美国高考）的平均总分约为1320，家庭年收入20万美元以上的平均

① 张维为：《被出卖的美国梦》中文版序言，观察网，2013年7月18日。http://www.guancha.cn/zhangweiwei/2013_07_18_159158.shtml.

总分是1700。[①]

随着软实力的衰退，美国“重返亚太”的这一重要手段能否奏效，其信誉与合理性等也得打上个问号了。

二、国内政治因素

受全球金融危机和国内经济结构调整影响，美国经济复苏艰难，政府债台高筑，对美国“重返亚太”构成关键制约。未来一段时间，美国政府将被内政困扰，特别是极化政治使奥巴马举步维艰。再加上四年一度的总统大选和随之而来的政府人事变动，“重返亚太”战略能否被下一任总统继承，存在很大的不确定性。

（一）政府人事变动

首先，总统是美国外交决策的关键人物，如果总统易人，外交的优先事项可能发生变化。二战以来，美国外交政策被打上了深深的总统个人烙印，从旨在遏制苏联的杜鲁门主义，到全面收缩的尼克松主义，再到鼓吹人权高于主权的克林顿主义，几乎都体现了总统的个性和偏好。同样，奥巴马的外交战略也有其个人特色，即强调“巧实力”，强调软实力和硬实力的结合运用。他对亚太地区的重视，与其曾在夏威夷和印尼长期生活不无关系。2017年，奥巴马将卸任，下任总统无论来自民主党还是共和党，由于教育、生活背景不同，均不会完全沿袭奥巴马的亚太政策。

其次，政府官员的变动也会影响美国“重返亚太”战略的实

① 于时语：《美国的大学生债务危机》，观察网，2012年6月5日。http：//www.guancha.cn/html2/60351/2012/06/05/77456.shtml.

施。例如，奥巴马第二任期的国务卿克里对中东事务情有独钟，2013年就八访中东。总统国家安全事务助理苏珊·赖斯熟稔非洲和联合国事务，对亚太事务没有多少作为。这与第一任期内国务卿希拉里·克林顿和助理国务卿坎贝尔对亚洲事务投入巨大精力形成鲜明对比。

（二）内政问题缠身

1. 医保改革

奥巴马上任以来，一直在为医保改革奔走呼号。尽管奥巴马的医改方案旨在实现全民医保，却没有得到多数美国民众的支持。多项民调显示，自2009年以来，反对者和支持者均在40%左右，反对者略多。医改的最大难题是民众对此举措分歧严重。毕竟除了4600万人没有医保外，美国其余两亿多人是有的。许多美国人认为，奥巴马的医改措施仅仅使目前没有医保的群体和穷人受益，对于高收入人群而言，医改只会增加他们的税负，让他们为低收入者买单。同时，高收入者还担心大量进入医疗服务市场的穷人会降低他们原本享有的医疗水平。

此外，美国传统价值观念受个人主义和自由市场意识形态影响很深，美国人天生对“大政府”和“社会主义”有着神经质一般的恐惧。奥巴马要通过政府强制手段实现全民医保，势必极大地触动美国“自由市场”的神经。反对派和利益集团对政府过多介入保险市场充满怀疑和抵触，许多人指责奥巴马将医改带向“社会主义”。

经过艰苦努力，奥巴马政府力促的医保改革法案已经在国会通过，并在最高法院得到并不违宪的背书，但是法案的具体实施还面临重重阻力。大型保险公司对参与新医保计划态度并不积极，还有33个州不愿意推行新医保政策，部分共和党议员担心新医保计划成本高昂，将通过减少拨款阻挠法案的实施。在政府预算削减的大环境下，这一方式很容易奏效。因此，奥巴马政府还需在推行医保改革上投入大量精力。

2. 经济复苏

发源于美国的2008年金融危机，促使奥巴马政府实施了一系列刺激性经济政策，对医疗体系和金融体制进行改革，同时制定了经济结构的长期调整战略规划，把重振制造业和降低失业率视为经济战略的突破口，明确提出再工业化、制造业回流、五年出口倍增以及支持创新的战略举措，以缩小贸易逆差和削减财政赤字，实现美国经济再平衡。在多种政策手段作用下，奥巴马政府的经济政策短期内实现了经济从衰退中的复苏，经济活力正在逐渐恢复。但从各方面情况看，目前美国长期经济转型战略实施效果并不完全理想，美国经济令人喜忧参半。奥巴马政府的要务仍是经济复苏。

3. 移民改革

奥巴马2008年竞选总统时就提出进行移民改革，但面临来自国会的巨大阻力。民主党主张给予1100万非法移民合法身份，而共和党则反对，担心这将拖累社会福利，并使白人边缘化。虽然两党8位参议员提出的移民法改革案2013年6月已在参议院通过，但离变成法律也有很长的路要走。

众议院的共和党议员受选民影响，试图阻挠移民法案在众议院通过。他们明确反对无条件给予无证移民合法身份，要求国会投票表决，确认边界已经达到滴水不漏的安全标准后，才能考虑启动身份合法化。2013年5月23日，众议长博纳明确表示，不会考虑参院版本。7月10日，共和党众议院党团开会决定采取逐一审议方式通过相关立法，拒绝考虑参院版的综合性一揽子立法。在这一过程中，国会和白宫必然要召开无数的会议，进行艰苦的谈判，讨价还价。这无疑将耗费奥巴马政府大量的精力。

除了以上问题，还有很多突发事件引发社会不满。如2012年底的桑迪胡克小学枪杀案，2013 年 7 月的无罪释放齐默曼事件等，使枪支管控、种族主义等历史遗留问题升温，让奥巴马政府疲于应付。

（三）孤立主义与国际主义的博弈

孤立主义和国际主义是美国外交史的两大传统。随着二战爆发，美国走出孤立主义，积极参与国际事务，国际主义得势。但是，近年来，随着经济形势恶化，在伊拉克和阿富汗的战事不利，美国民众的孤立主义情绪越来越浓厚。2013 年皮尤民意调查显示，公众对美国积极外交政策的支持达到历史新低，其比例高达 52%。从历史上看，这个数字通常在 20%—40% 之间。[①] 这表明，越来越多的民众渴望把注意力从世界舞台转向国内。虽然这并不意味着美国正在回归二战前的孤立主义。但这种强大的民意将对奥巴马政府和国会产生压力，对美国的外交政策掣肘增多。当美国对于在国外是否采取行动举棋不定时，孤立主义思潮的明显加剧可能促使政府不采取行动。2013 年 8 月叙利亚化武袭击事件后和 2014 年 3 月克里米亚独立公投前，皮尤中心所做的意调查都显示，超过半数美国民众反对干涉这些地区事务。奥巴马政府最终决定不对叙利亚实施武力打击，在克里米亚公投独立后对俄罗斯采取较为温和的制裁措施，都反映出民间的孤立主义情绪。同样，只要不涉及美国切身利益，美国民众对美国干涉亚太地区事务也不会持积极态度。

---

① Pew Research Center, “America's Place in the World 2013,” December 3, 2013, http: //www. people-press. org/2013/12/03/public-sees-u-s-power-declining-as-support-for-global-engagement-slips/12 – 3 – 2013 – 2.

三、其他因素

美国是超级大国，经济、安全利益遍布世界各地，精力和资源不可能完全集中到亚太地区，总有域外事务缠身，这使美国不得不东张西望。

(一) 中东事务剪不断理还乱

中东对美国意义重大，因为中东是世界原油主要产区，中东地区局势的变化影响着世界原油价格涨跌和世界经济。当前世界经济正在缓慢复苏，十分脆弱，容不得半点反复，因此油价稳定是维护世界经济稳定的关键。因此，美国不可能忽视中东。2012 年初发表的《国防战略指针》中明确将中东与亚太并列为重点防御地区，就体现了美国对中东的重视。

中东主要有三大问题长期困扰美国。

一是伊核问题。伊朗人质危机后，美国一直将伊朗视为威胁。根据 2012 年 2 月的盖洛普民意测验，32% 的美国人认为伊朗是美国最大的敌人，超过其他国家。[①] 2012 年美国大选辩论中，总统候选人在辩论国际事务时提及最多的也是伊朗。

伊朗发展铀浓缩计划，研发导弹技术，使美国担心其在中东的霸权地位受威胁，因此不遗余力地加以阻止。为了阻止伊朗拥核，美国动用了从谈判、制裁到暗杀、网络战等准军事手段。美国还通过联合国安理会决议，对伊朗实施了多轮制裁。伊朗多名核科学家遭暗杀，据信与美国有关。2010 年，伊朗离心机项目的电脑

① Frank Newport, “Americans Still Rate Iran Top U. S. Enemy,” Gallup Politics, February 20, 2012, http://www.gallup.com/poll/152786/americans-rate-iran-top-enemy.aspx.

遭受“震网”病毒攻击，运转失常，其核技术研发计划遭受严重打击。但是，伊朗开发核技术的决心没有丝毫动摇，相关工程项目一直未曾中断。

尽管伊朗2013年11月与伊核问题六国达成临时协议，暂停铀浓缩开发项目半年，以换取国际社会取消部分制裁，但伊朗不会轻易放弃已经拥有的核技术和核设施，弃核进程可能还会出现反复。美国和伊朗是伊核谈判的关键方，而双方存在巨大的分歧。

在铀浓缩问题上，美国要求伊朗公开其铀浓缩活动并接受国际监督，确保伊朗只进行丰度为5%的铀浓缩活动，以防止其获得丰度为90%的武器级浓缩铀。有美国参议员甚至还要求取消伊朗的铀浓缩权。而伊朗多次表示，不会放弃自己的铀浓缩权利，和平利用核能是其合法的权利。伊朗最高领袖哈梅内伊再次表示，伊朗不会停止核计划，也不会关闭已经建成的核设施，不会放弃伊朗的任何合法的核权利。

在如何处理阿拉克重水反应堆的问题上，双方也是僵持不下。阿拉克重水反应堆是伊朗在建的一个重水反应堆，启用后可以生产用于制造核弹的钚。西方要求伊朗冻结即将完工的阿拉克重水反应堆建设，或者对其进行改造，弱化其生产钚的能力。伊朗方面强调，伊朗是一个有着7500万人口的中等大国，不可能完全依靠外部世界提供医用同位素，而阿拉克重水反应堆是民用的科研反应堆，生产治疗癌症的医用同位素，所以不会关闭。[1]

说到底，伊朗核问题的实质是美伊存在严重的不信任。美国认为伊朗核计划的最终目标是要制造核武器，进而威胁到美国在中东的利益和以色列、沙特等盟友的安全。而在伊朗看来，和平利用核能是其合法的权利，掌握核技术不仅能体现伊朗国家实力，有助其重振地区强国雄心，也是应对美国压力的有效筹码。2015

① 雷东瑞：“伊核谈判能否在‘大限’前达成新协议?”，新华网北京2014年4月10日电，http：//news. xinhuanet. com/2014 -04/10/c_ 126377408. htm.

年 4 月 2 日，经过马拉松式艰难谈判，伊朗核问题谈判终于达成框架协议，为 6 月底前达成最终全面解决方案打下基础。美国要完全拔掉伊朗的核牙齿，还需要大量投入。

二是巴以冲突。自以色列 1948 年建国以来，美国一直是以色列坚定的盟友，在历次中东战争中偏袒以方。以色列是接受美国援助最多的国家。美国成为恐怖主义袭击的主要目标，和其在巴以问题上的立场有很大关系。为了从根本上消除恐怖主义的根源，美国希望控制或解决巴以冲突，为此动用了大量外交资源。2012 年 11 月，以色列对加沙地带发动大规模空袭后，美国国务卿希拉里·克林顿不得不中断其东亚峰会之行，匆匆赶往中东，展开斡旋行动，防止巴以冲突升级。国务卿克里仅 2013 年就八次访问中东，推动巴以和谈，显示了美国对解决巴以问题的重视。然而，解决巴以问题谈何容易，一阵喧嚣之后，又复打打停停的常态。

三是阿拉伯民主化进程。从 2011 年初开始，民主化浪潮席卷西亚北非，在突尼斯和利比亚很快导致政权更迭，并蔓延到埃及、叙利亚、约旦和一些海湾国家。但是，这些变化对美国并非完全有利。2012 年秋，利比亚爆发大规模反美示威，美国驻利比亚大使等人在混乱中被杀，导致奥巴马和希拉里·克林顿在美国国内备受指责，驻联合国代表赖斯接替希拉里·克林顿出任新国务卿的希望也化为泡影。

在叙利亚，反对派与政府当局之间实力相当，展开拉锯式武装冲突，至今局势仍不明朗。美国只是向反对派武装提供了道义上和装备的支持，不愿直接出兵干涉。2013 年 8 月，叙利亚发生大规模化学武器袭击案后，关于是否打击叙利亚，美国国内意见分歧很大，奥巴马政府犹豫不决。虽然最终美国接受了俄罗斯提出的销毁叙利亚化武方案，危机得以化解，但叙利亚内战并未因此停歇，一旦局势出现戏剧性变化，无论在军事上还是在外交上，美国仍将被牵扯其中。

埃及在穆巴拉克下台后，并未实现真正的政治稳定，军方将刚上任一年的穆尔西罢黜，引发国内各派力量冲突，前景难测。作为埃及的盟友，美国与埃及军方过从甚密，无法置身事外。

海湾盟国的政权也存在动荡风险。美国在海湾地区驻扎重兵，第五舰队总部就设在巴林，与沙特、科威特、卡塔尔等国签署有防务协定，结成了反伊朗联盟。但是这些国家多为君主专制国家，国民受地区民主化浪潮影响，希望限制君主权力，国内政治斗争激烈，政权不稳定。美国为保证在海湾地区的影响力和落脚点，必然会密切关注并大力参与这一进程，与各国国内各种政治势力搞好关系。一旦处理不当，这些国家也会爆发反美浪潮，重演在利比亚发生的惨剧。不论局势是否稳定，美国都不得不投入大量精力。

（二）恐怖主义阴魂不散

奥巴马上任后，吸取了布什政府使用大规模正规军反恐失败的教训，改用以特种部队和无人机为主力的“轻脚印”反恐战略，取得一定进展。美军撤出伊拉克以及拉登被击毙后，恐怖主义活动貌似渐渐平息。2013 年在波士顿发生的爆炸案以及美国政府因担心恐怖袭击而关闭中东地区 20 多个使领馆一事，凸显了恐怖主义的顽固性和防不胜防。2014 年 6 月初，脱胎于“基地”组织的恐怖主义组织“伊拉克和黎凡特伊斯兰国”在伊拉克攻城掠地，兵锋直指巴格达，引发国际社会一片恐慌。6 月 19 日，奥巴马政府决定派遣 300 名军事顾问前往伊拉克，帮助伊政府打击该组织。但是，该组织在叙利亚经过多年作战的历练，经验丰富，又在叙利亚和伊拉克占据大面积领土，资源充足，短期内很难被消灭，将长期成为美国在中东反恐的威胁。

奥巴马政府始终没有放松反恐，除了在中东继续打击“基地”及其附属组织，还在非洲 49 个国家部署特种部队或培训当地武装部队，打击当地极端组织和“基地”组织分支。据统计，2013 年一年美军在非洲共进行546次军事行动，平均每天1.5次。[①] 因此，恐怖主义的存在将长期牵扯美国“重返亚太”的精力。

（三）陷入低谷的美俄关系

冷战结束以来，美俄关系一直时好时坏。由于美国积极推动北约东扩、在东欧部署导弹防御系统以及在独联体地区支持“颜色革命”，俄罗斯对美国一直心存不满。2009年，奥巴马政府虽“重启”了因2008年俄格战争恶化的美俄关系，但双边关系仍然脆弱。尤其是2014年3月克里米亚地方公投决定独立，旋即俄罗斯宣布将其合并后，美国联合欧洲对俄挥舞制裁大棒，美俄关系进入自冷战结束以来最紧张的时期。尽管美国并不愿为乌克兰而与俄罗斯发生军事冲突，只是出于安抚欧洲盟友的目的而言辞激烈，制裁措施也不痛不痒，没有打到俄的痛处，但乌克兰问题不会就此风平浪静。下一步，如果美国继续采取强硬措施，俄罗斯可能利用乌克兰东部以及其他独联体国家的俄语地区独立和回归浪潮给美国制造麻烦，美国不得不在这一地区投入更多外交和军事资源。此外，美国在伊朗核问题、叙利亚、核裁军、防扩散等国际事务上还需要俄罗斯的配合，如果俄拒绝合作，则美国在这些问题上将面临更多阻力，耗费更多精力。

（四）难以预料的“黑天鹅事件”

和天气一样，国际形势变幻莫测。除了上述经年累月难以解决的问题之外，有时还会发生一些发生概率很低但影响巨大的所谓“黑天鹅事件”，如1991年苏联解体、2008年全球金融危机等。未

---

① Nick Turse, “US Military Averaging More Than a Mission a Day in Africa,” *Huffington Post*, March 27, 2014. http://www.huffingtonpost.com/nick-turse/military-action-in-africa_b_5041847.html.

来还会发生这样的事件，对美国外交构成重大的制约因素，迫使美国在不同程度上调整其外交和国家安全战略。相应的，作为美国外交战略一部分的“重返亚太”战略也势必会受到冲击，被迫做出调整。

四、亚太地区因素

在亚太地区，美国要维护其主导地位，面临很多障碍，如与盟国存在矛盾，盟国之间矛盾重重，对亚太国家经济影响力下降，中、俄、印等地区大国的质疑和牵制等。

（一）盟国对美国的借重与制约

盟国是美国二战后称霸世界的重要资产，一方面为美国在世界各地实现军事存在提供便利，为其采取军事行动提供军事支持，另一方面也为美国插手国际事务提供了政治支持。但是盟国有时也会给美国外交增加麻烦和负担，在亚太地区也是如此。具体说来，盟国对美国亚太战略的制约体现在以下三方面：一是美国与其盟国间存在矛盾；二是盟国之间存在矛盾；三是同盟内部天然存在的困境。

1. 美国与盟国间矛盾

美国与其亚太盟国之间存在诸多矛盾，主要是和日本、韩国和澳大利亚。美国在日、韩驻军数量庞大，澳大利亚是美国在西太平洋地区的“南锚”，地缘意义重大。与这些盟国的矛盾对美国实现“重返”目标将形成阻力。矛盾主要集中在驻军费用、基地搬迁等问题上。近年来，在历史问题上，美日间矛盾也有激化趋势。

（1）驻军费用分担

美国大幅削减国防开支，因此希望经济发达的盟国承担更多驻军费用。美国在亚太地区驻扎大量军队，主要是在日本和韩国。其中，在日本驻有4万多人，在韩国驻有近3万人。除在日本和韩国外，美国在澳大利亚、新加坡等国也以轮防的形式，驻扎少量的军队和装备。这些国家安全上依赖美国，但希望免费搭车，不愿为美承担驻军费用。澳大利亚正在削减国防开支，势必减少对美驻军的财政支持。日韩等盟国虽然在增加国防开支，但也不愿承担更多驻军费用，而是计划购买更多军备，增强自身军事实力。

例如韩国。朝鲜战争后，美国在韩国驻扎了数十万大军，冷战后大多撤出韩国，但仍有2.8万人留驻。1991年，美韩两国签署协议，韩国承担部分驻军费用。协议几经修订续签，美国希望韩国将分摊比例上调到50%，而韩国反对。2013年1月，韩国国会通过新预算案，决定削减国防开支，改用于朴槿惠在竞选期间许诺要建立的社会保障体系。由于削减军费，韩国在与美国进行驻军费用谈判时，不愿做出让步。2014年1月，经过艰苦谈判，美韩就驻韩美军费用分摊问题达成协议，2014年韩国承担的费用增加5.8%，达8.67亿美元。但这一协议需韩国国会批准，因此仍存在变数。

再如澳大利亚。全球金融危机后，澳大利亚为减少财政赤字，开始削减军费。2012—2013年度国防预算为242亿澳元，比前一年减少10%，占GDP的1.56%，降至1938年以来的最低点。[①] 此举招致美国朝野各界的批评，两国在防务费用分担上的矛盾初露端倪。美国前副国务卿阿米蒂奇警告澳大利亚不要“免费搭车”。[②] 太平洋司令部司令洛克利尔指责澳大利亚军费占GDP之比低于北约盟国水平，主张军费开支应考虑国防需要，而不应被经济形势

① ASPI, *The Cost of Defence: ASPI Defence Budget Brief 2012 - 2013*, May 2012, http://apo.org.au/sites/default/files/Cost_of_Defence_2012_13.pdf.

② "US Hawk Slams Cuts to Defence," *The Australian*, July 18, 2012, http://www.theaustralian.com.au/national-affairs/defence/us-hawk-slams-cuts-to-defence/story-e6frg8yo-1226428501859.

所左右。[①] 2012年11月美澳“2+2”会谈前，助理国务卿坎贝尔表示，美方对澳大利亚削减国防支出表示担忧，将在“2+2”会谈中与澳方讨论这个问题。[②] 随着美澳安全合作的进一步开展，支出势必继续增加，而双方国防预算都有限，必然在如何分担费用问题上龃龉不断。

（2）基地搬迁问题

美国在调整其兵力部署的过程中，遇到一些盟国国内政治的阻力，如日本普天间机场搬迁问题和驻韩美军基地搬迁问题。

普天间基地位于冲绳县宜野湾市中心，周围住宅、学校等民用设施密集。由于安全和噪音等问题，当地居民一直强烈要求美军返还基地。1995年驻冲绳美军士兵强奸日本少女的恶行，激起了日本民众对美军设立军事基地的强烈抗议，日本爆发大规模反对美军基地的运动。为平息这一浪潮，日美两国政府进行多次协商。直到2006年5月，日美才最终达成协议，决定将普天间基地转移至冲绳县名护市的美军施瓦布军营沿岸地区。随后，日本前首相鸠山由纪夫提出要将基地搬迁至冲绳县外，招致美国强烈反对，日美关系由此进入低谷。

鸠山下台后，接任的几任首相试图修复与美国的关系。2012年2月，日美就调整驻日美军整编计划达成一致，决定将驻冲绳海军陆战队迁往关岛计划和普天间基地迁移计划分开执行，普天间基地则维持县内搬迁的现行计划。但冲绳方面对这个搬迁计划很不满意，日本政府需要说服冲绳县同意，才能实施名护市边野古沿岸填海工程，从而建设机场。

---

① Daniel Flitton, “US Commander Warns Australia on Defence Spending Cuts,” *The Sydney Morning Herald*, July 13, 2012, http://www.smh.com.au/federal-politics/political-news/us-commander-warns-australia-on-defence-spending-cuts-20120713-21zwk.html.

② Peter Hartcher, “US Alarm Defence Budget Cut,” *The Age*, November 10, 2012, http://www.theage.com.au/federal-politics/political-news/us-alarm-at-defence-budget-cuts-20121109-293kk.html.

安倍晋三上台后，继续强化日美同盟关系，但在驻日美军基地搬迁问题上，日本很难向美国做出明确答复。要实现普天间基地迁往冲绳县名护市边野古地区的现行方案，必须就填海一事获得冲绳县知事的许可。虽然在安倍的百般劝说下，冲绳县知事仲井真弘多最终同意填海计划，但在冲绳民众的强烈反对下，县内搬迁能否最终实现仍存在变数。

驻韩美军基地搬迁也屡屡推后，使美国非常不满。根据美韩双方协议，驻首尔龙山基地的美军9000人将迁至首尔以南60公里外的平泽，第二步兵师约一万人将从非军事区迁至汉江以南。这一搬迁原计划于2008年完成，但执行并不顺利，新基地的建设进展非常缓慢，韩国政府因财政紧张，不肯提供原定搬迁费用。据估计，该项目至少到2020年才能完成。

(3) 历史问题

近年来，日本右翼势力为侵略历史翻案的企图使美国日益不满，尤其是在慰安妇问题上。2012年7月，在韩美之间一次会议上，美国国务卿希拉里·克林顿将“慰安妇”称为“性奴”，并且指示美国所有文件和声明禁用按日语直译的“慰安妇”一词。此举显示，美国对日本在历史问题上力图淡化其侵略实质深为不满，希望借此敲打日本，安抚韩国，为构建三边同盟铺路。但是日本对此非常不满，立即由外相玄叶光一郎对美国政府提出了抗议。日本一些网民在白宫网站上展开大规模抗议，要求废除美国众议院2007年7月通过的要求日本就“慰安妇”问题承担责任并进行道歉的决议。日本驻纽约总领事馆以承诺援助等手段，企图诱使美国拆掉设在新泽西州的“慰安妇”纪念碑。

2013年，慰安妇问题持续发酵。5月，日本大阪市长、维新会党首桥下彻表示，二战期间的慰安妇制度是必要的，引起美国朝野强烈谴责。美国国务院发言人珍·普萨基在记者会上称桥下彻

“言论荒唐透顶，带有侮辱性”。[①] 美国众议院外交委员会主席罗伊斯在众议院举行的正式会议上严厉谴责桥下彻有关慰安妇的言论。罗伊斯说，“我想在此谴责二战时期日本帝国主义有组织而残酷地强迫各国妇女充当性奴隶的行为。这违背了有关人类尊严的一切国际准则。谁要袒护慰安妇的存在或否认这一事实，谁就是在否认历史”。罗伊斯对近来日本国内民族主义渐渐抬头深感忧虑，对其表示强烈谴责。[②] 众议员迈克·本田和史蒂夫·伊斯雷尔共同发表声明，强烈谴责桥下彻，并敦促日本政府正式承认二战时犯下的暴行并道歉。

在靖国神社问题上，美国对日本的态度也在发生变化。尽管靖国神社问题此前已多次引发日本与邻国关系紧张，但作为日本盟友的美国几乎没有发表过任何有倾向性的表态。2013 年 12 月安倍参拜靖国神社后，美国驻日大使馆立即破天荒地发表声明，对日本首相安倍晋三当天参拜供奉有二战甲级战犯的靖国神社表示“失望”，希望日本与邻国通过建设性的方式来解决敏感问题，改善关系。次日，美国国务院也发表声明，表达了类似的立场。

2. 盟国、伙伴间矛盾

由于历史、意识形态等多种原因，亚太各国间有诸多难以化解的矛盾，相互之间存在戒备心理，为美国介入亚太事务提供了借口，但这些国家和地区很多都是美国的盟国或安全伙伴，它们之间的“内耗”也使美国构建亚太安全网络的效果大打折扣。

以日韩关系为例。独岛（竹岛）主权归属、历史教科书、参拜靖国神社、慰安妇等问题由来已久，一直是韩日关系中的矛盾爆发点。美国希望构建美日韩三边同盟，但两国关系不睦使这一构想受挫。2012 年 6 月，试图强化日韩安全合作关系的《日韩军事情报保护协定》在最后一刻因韩国国内舆论的强烈反对而流产。

① 《朝日新闻》网站 2013 年 5 月 17 日报道。

② 韩联社华盛顿 2013 年 5 月 17 日电。

安倍晋三上台以来，在历史问题上表态强硬，妄图为日本的侵略历史翻案。他宣称：“非常遗憾未能在（上次）首相任期内参拜靖国神社。”他还打算在二战结束70周年之际，即2015年发表一份“安倍谈话”，对前首相村山富市承认过去殖民统治和侵略的“村山谈话”加以修正。他表示，本届内阁“不会原封不动地继承”村山谈话，“侵略的定义尚无定论，它会因国家之间的关系和观察角度的不同而有所不同”。[①]

安倍对历史问题的态度使日韩关系严重恶化。2013年5月，韩国总统朴槿惠在与美国总统奥巴马举行首脑会谈时表示：“为了东北亚地区的和平，日本必须树立正确的历史认识”。[②] 12月26日，安倍参拜靖国神社后，韩国表达了强烈谴责。2014年荷兰核安全峰会期间，在奥巴马极力撮合下，美日韩首脑举行三边会晤，但朴槿惠对安倍态度非常冷淡。

再如澳大利亚与印尼之间的矛盾。20世纪90年代，澳大利亚支持东帝汶脱离印尼独立，印尼一直耿耿于怀。近几年来，两国关系不断改善，在多个领域展开对话与合作，甚至举行了联合军演，但双方战略互信程度仍很低。2013年11月，澳大利亚窃听印尼领导人电话的丑闻曝光后，印尼做出强烈反应，暂停与澳大利亚在军事、情报领域的合作，将外交关系降格为代办级。美国一直希望促成澳大利亚与印尼之间实现密切安全合作，为美国调整亚太地区军事部署分担责任，但两国关系受挫使这一愿望很难实现。

3. 同盟困境的困扰

美国在亚太地区建立的同盟体系有利于美国主导地区事务，但同时，同盟困境也将使美国左右为难。2013年3月，时任总统国

---

① 白石隆：“日趋政治化的日中韩历史问题”，日本网，2013年6月19日，http://www.nippon.com/cn/editor/f00020。

② 同上。

家安全事务助理的多尼隆在亚洲协会演讲时，将加强与盟国关系和改善与中国关系同时列为“重返亚太”战略的目标。但是，在日本、菲律宾等盟国与中国之间存在领土争端的情况下，这两个目标难以兼得。强化同盟关系将恶化中美关系和亚太安全形势，而改善与中国的关系将使美国的盟国担心其安全承诺的可靠性。有时美国对亚太事态做出的反应自相矛盾，就是这种困境使然。

为强化同盟关系，避免被盟国“抛弃”，美国必须以坚定的承诺和行动取得盟国的信任，如反复承诺保护盟国安全，大张旗鼓地进行前沿军事部署，而这样做势必增加受“牵连”的危险。在钓鱼岛和黄岩岛问题上，美国就面临如此困境。受美国“重返”的鼓励，日本、菲律宾等盟国在领土争端问题上自认为会得到美国的坚定支持，因此在与中国较量时表现得非常强硬，这就大大增加了美国受牵连的风险。

为避免受“牵连”，美国必须与盟友保持一定距离，甚至在盟友与他国发生冲突时保持中立，但这样做又可能被盟国“抛弃”。当日本首相安倍晋三2013年2月访美时，奥巴马在钓鱼岛问题上没有表示支持，让安倍扫兴而归。2013年11月中国宣布设立东海防空识别区后，美国虽然做出强烈反应，但很快表示理解，并允许美国的航空公司向中国政府提交飞行计划书，导致与安倍政府产生裂痕。

盟国同样面临困境——如果将自己与美国的战车捆绑得太紧，则有可能引火烧身，如果不听命于美国，又担心被“抛弃”，安全失去庇护。因此，盟国的心态也很矛盾：中美关系如果走向亲密，则担心两国暗箱操作，牺牲小国利益；而如果中美交恶，则担心被迫选边站队，失去经济利益。对这些盟国来说，在中美之间左右逢源，是最理想的策略。由于中国对各国经济上的吸引力，各国在加强与美国的安全合作关系时，比冷战期间有了更多顾虑，担心会因此牺牲与中国的经贸联系。各国国内这种强大的亲华力量已经并将继续对美国“重返亚太”施加巨大的影响，美国注定无法遏制中国、将中国排斥在国际经济和政治体系之外。

以澳大利亚为例。中国已经成为澳大利亚最大的出口市场，2011 年对中国出口总额占其出口总额的 9.3%。[①] 中国学生和游客支撑着澳大利亚教育和旅游业的半壁江山。很多澳大利亚议员的选区与中国经贸联系密切，从中受益，因此出于迎合选民考虑，对中国采取温和立场。澳前总理霍克、基廷等人都公开反对吉拉德政府的联美制华政策，主张澳大利亚与美国拉开距离。前国防部副部长怀特著书认为，澳大利亚应支持美国和中国在亚太地区分享权力。吉拉德政府虽然极力主张强化美澳同盟关系，但也担心中澳关系因此恶化，对美澳强化同盟关系的举措再三作出解释。2012 年夏，当美国智库战略与国际问题研究中心建议美国在澳大利亚西海岸港口珀斯部署核动力航母时，澳大利亚国防部长史密斯明确表示，澳大利亚不会允许美国在澳建立军事基地，只是会允许美国航母更频繁地使用澳大利亚军事基地和设施。

韩国也不会完全倒向美国。中国市场对韩国的吸引力巨大，中国已经成为韩国最大的贸易伙伴，2012 年中韩贸易额已占韩国外贸总额的两成，远超当年的韩美贸易额。2013 年中韩贸易额超过 2700 亿美元。韩国在华经济利益对其经济复苏意义重大。由于中国市场的巨大吸引力，尽管韩国表现出对 TPP 的兴趣，但也积极谋求与中国谈判缔结自由贸易协定。前总统李明博在任期间就曾表达希望韩中两国尽早缔结自由贸易协定的强烈愿望。2013 年 6 月朴槿惠访华期间，中韩两国领导人指示两国谈判团队加强努力，使中韩自贸区谈判尽早进入下一阶段。[②] 7 月，中韩自由贸易协定第六轮谈判在韩国釜山结束，中韩两国就基本方针几乎达成协议，预计两国自贸协定将于 2015 年签订。

---

① Australian Dept. of Foreign Affairs and Trade, *Trade at a Glance 2012*, October 2012, http://www.dfat.gov.au/publications/trade/trade-at-a-glance-2012.html.

② 中华人民共和国外交部：《中韩面向未来联合声明》，2013 年 6 月 27 日，http://www.fmprc.gov.cn/mfa_chn/zyxw_602251/t1053915.shtml。

日本产业界从中日经贸投资中受益很大，因此在日本宣布钓鱼岛“国有化”，中日关系骤然恶化后，极力主张缓和与中国的关系。日本经济界人士频频访华。由日本各大公司组成，具有影响力的民间团体日本经济团体联合会会长米仓弘昌在2012年9月访华时指出，日本政府在“购岛”问题上坚持日中两国间不存在领土争端的说法，无益于推动该问题的早日解决，两国政府应回到1972年日中邦交正常化时的原点，以战略眼光和长远视野，充满政治智慧地妥善应对、处理“购岛”问题。[①]

（二）东南亚国家心存顾忌

一方面，随着中国的崛起，很多东南亚国家心生疑虑。由于东南亚国家国土面积相对较小、人口较少，历史上东亚朝贡体系以中国为中心，再加上中国上世纪五六十年代曾对一些东南亚国家的反政府武装提供长期援助，因此，东南亚国家对中国的崛起有顾虑是正常的。虽然美国辩称“重返”并非美国主动，而是应东南亚国家之邀，但不可否认，东南亚国家确实希望深化与美国的关系，以制衡中国。新加坡资政李光耀2009年访美时，曾对美国政要发出警告，美国如果不继续参与亚洲事务、制衡日渐崛起的中国，将可能丧失世界领先地位。尤其是与中国存在领土纠纷的越南、菲律宾等国，更希望狐假虎威，从中渔利。

另一方面，东南亚国家对美国“重返”也不无顾忌。

首先，多数东南亚国家不希望美国围堵中国，导致东南亚被迫选边站。2012年2月，新加坡外交部长兼律政部长尚穆根在访美时指出，美国应避免发出围堵中国的言论，迫使东南亚国家在支持中国和美国之间作出选择。他表示：“东南亚国家希望中美能以

---

① 中国人民对外友好协会：“李小林会长会见日本经团联会长米仓弘昌”，2012年9月27日，http：//www. cpaffc. org. cn/content/details20 - 22794. html。

互惠互依的方式合作，为本区域制造繁荣与稳定的条件。”[①] 2011年美国宣布派兵进驻澳大利亚的计划后，印尼外长马蒂·纳塔莱加瓦对这一做法发出警告，称“操纵或者遏制一个正在崛起的国家将会让我们看到冷战式强权政治回潮”。[②] 2012年11月，东盟秘书长素林表示，东盟在处理与美国和中国两个大国的关系时需要格外谨慎小心，要平衡好与两者的关系“并不容易”，但他强调东盟会保持中立，不会在任何一方“选边站”，“东盟希望从中获益而不是受到伤害”。[③]

东南亚国家不愿在中美之间选边站，经济是一个重要因素。从经济上看，东南亚国家对中美均有相当强的依赖性。以柬埔寨为例，柬因中国投资获取了巨大的发展动力。柬埔寨投资委员会的数据显示，从2006年到2012年8月，中国企业在柬埔寨的投资超过82亿美元，远远超过韩国的38亿美元和美国企业的9.24亿美元。[④] 但同时，柬在出口方面对美国市场的依赖也很重。柬商业部2010年的数据表明，美国为柬最大出口市场，柬对美出口额为14.32亿美元，占柬出口总额的56.01%。[⑤] 因此，亚洲国家普遍希望中美经济能够继续保持活力，并不断加大对这一地区在经贸方面的投入。

其次，在南海问题上，东南亚国家希望低调处理，不愿美国插

---

① “尚穆根：美应放弃围堵中国论，免东南亚国家不自在”，《联合早报》，2012年2月7日。http://news.xinhuanet.com/world/2012-02/08/c_122671115.htm.

② 郭文静：“印尼外长警告美国勿对中国实行‘冷战式’遏制”，环球网，2012年3月15日。http://world.huanqiu.com/roll/2012-03/2526534.html.

③ 韩硕等：“东南亚心存疑虑看美国‘重返’”，环球网，2012年11月22日。http://world.huanqiu.com/depth_report/2012-11/3300641.html.

④ “美国在柬埔寨面临中国的障碍，”《华尔街日报》网站，2012年11月19日。转引自新华网，http://news.xinhuanet.com/world/2012-11/21/c_123979544.htm.

⑤ 于景浩、丁刚：“亚洲需要美国怎样的‘重返’”，《人民日报》，2012年4月23日。

手。在2012年的东亚峰会上，新加坡总理李显龙明确表示，东盟和中国在多个领域长期进行互惠合作，不该让南海问题构成双边关系的主轴，而有关“南海行为准则”的协商，最好能在美国扮演“温和角色”下展开。[①] 几年来，尽管越南和菲律宾等国极力推动，东盟峰会发表的联合宣言都没有直接提及南海议题。在谈及南海的段落，宣言只是呼吁各方遵守国际法原则，保持克制，不要动用武力，避免做出导致争端升级的行为。

2014年6月30日，在伦敦国际战略研究所举办的富丽敦论坛上，尚穆根反对西方学者对中国在南海问题上立场的批评，认为其背后的假设是对中国的偏见，有失公平和准确。他说：“我不是要为中国辩护或者对其他国家表示支持，新加坡完全中立。但事实是，中国宣称有许多岛礁的主权，《联合国海洋法公约》并不涵盖岛礁主权，有关主权的声索取决于国际法下的一些因素，包括历史所有权，历史依据是否充分则另当别论。”[②]

此外，东南亚国家还担心美国重返后，东盟的领导权和地位弱化。东盟把美国请来制衡中国，但是美国实力超群，任何组织，美国只要一加入，自然就会成为领袖。例如TPP，美国并非发起国，但一加入就立即主导了整个机制的谈判进程。东盟一直认为自己处于印度洋和太平洋之间的中心地带，亚太地区一体化应以东盟为中心，但如果美国深度介入，东盟担心被边缘化，新加坡和印尼外长都曾表露过这种担心。

为了防止域外大国插手地区事务，一家独大，长期以来，东盟推行大国平衡战略，与中国、韩国、印度加强经济合作以制衡对美、日经济的依赖，与美国、印度军事合作以制衡中国崛起带来的“安全隐患”，与澳大利亚、新西兰、欧洲、俄罗斯合作，以制

① 韩硕等：“东南亚心存疑虑看美国‘重返’”，环球网，2012年11月22日，http：//word huangiu. com/depth - report/2012 - 11/3300641. html.

② 尚穆根：“报道南中国海纠纷　国际媒体忽略部分事实”，《联合早报》，2014年7月1日。http：//www. zaobao. com/print/news/singapore/story20140701 - 360745.

衡中、美的政治影响。[①] 大国平衡战略的推行，使得东盟避免在外交上“一边倒”，特别是倒向美国的情况，制约了美国在亚太地区发挥影响力。

综上所述，大多数东南亚国家对美国“重返亚太”并不愿完全配合，甚至越来越担心美国借机强化军事部署，将加剧地区紧张，使其左右为难，这势必会对美国“重返”构成一定程度的掣肘。

（三）中俄印等国的疑虑和抵触

由于历史和地缘政治原因，亚太地区的大国，如中国、俄罗斯、印度等，对美国的“重返”都抱有疑虑和担忧情绪。这些国家与美国不存在同盟关系，历史上曾发生过对抗，国内民众都对美国好感不多，政府与美国合作面临严重的国内阻力。

1. 俄罗斯对美国“重返亚太”充满疑虑

除了冷战刚结束时的蜜月期，俄罗斯多年来一直与美国关系不睦。美在人权、民主、格鲁吉亚、叙利亚等问题上对俄屡屡加以攻讦。俄罗斯军事实力强大，因此主要是在军事领域加以应对，加快先进武器装备的研发和部署，简化军事指挥层级，提升远东地区部队的快速反应和联合作战能力，加大远东军事基地的建设力度。此外，俄罗斯还多次举行大规模军演，展示肌肉。2010 年 12 月，两架俄罗斯反潜机出现在美日联合军演区域上空。2013 年 2 月，两架俄罗斯战略轰炸机飞临美国关岛基地，与美国战斗机对峙。2014 年 3 月俄罗斯“吞并”克里米亚，对美国“重返”亚太更是重重一击，美国被迫投入更多精力和资源应对，安抚东欧盟国，对俄罗斯实施制裁。

---

① 冯维江：《东盟区域战略：平衡中不可承受之重》，《世界知识》2010 年第 19 期，第 20—21 页。

2. 美印分歧和猜忌难消

首先，尽管美印两国近年来开展了密切的防务合作，但作为崛起中的大国，印度不愿成为任何大国的棋子，其独立自主和不结盟的外交传统限制了美印合作的深入发展。在全球和地区问题上，美印存在诸多分歧，如印度一贯倡导多极化，在应对气候变化、国际金融体系改革等问题上更多采取发展中国家的立场。

其次，美印在阿富汗等地区问题上也存在分歧。美国计划从阿富汗抽身，战略重心向亚太方向转移，一再要求印度加大在阿富汗的参与力度，但印度始终保持审慎态度，不派遣军队进入阿富汗，为美国火中取栗。在海上，印度虽然重视东方水域，包括南海地区，但其重点还是印度洋。正如印度海军参谋长维尔玛所言：“最关乎我们利益的地区是从马六甲海峡到西部的波斯湾和南部的好望角的区域。太平洋和南海地域的确与我们有关，但在此地积极活动却并非我们要打的牌。”①

3. 美国“重返”的未来走向也取决于中国的应对

从2009年美国国务卿希拉里·克林顿在东盟地区论坛大谈美国在南海有“重大利益”开始，中国就对美国充满疑虑，严辞批评美国插手亚太事务。美国军方所谓“空海一体战”概念，在中国眼中，目的是阻止中国军队采取行动，收复争议领土和台湾。中国的反应使美国进一步认识到“重返”的必要性。2011年，随着希拉里·克林顿在《外交政策》杂志发表文章和奥巴马访问亚洲，美国开始大张旗鼓地“重返亚太”。

奥巴马第二任期以来，美国对华政策出现积极的迹象，总统国家安全事务助理多尼隆将发展中美关系列为“再平衡”战略的五大支柱之一，国防部副部长卡特强调建设积极的中美关系对“再

---

① Ajai Shukla, “Navy Chief Says Indian Ocean is Priority, Not South China Sea,” *Business Standard*, August 8, 2012，转引自曾祥裕、郭红：“‘东向政策’遭遇‘重返亚太’：美印在亚太地区的安全互动”，《南亚研究季刊》，2012年第4期，第33页。

平衡”战略的成功至关重要。这与习近平主席及其领导团队对中美关系和美国“再平衡”战略的积极表态不无关系。

2012年初习近平访美前接受《华盛顿邮报》书面采访时表示，宽广的太平洋有足够空间容纳中美两个大国。2013年9月，外交部长王毅访美时发表演讲，表示亚太应成为中美构建新型关系的试验田。

与此同时，在朝核等问题上中美两国的合作必不可少。2010年“天安号”事件后，中国没有谴责朝鲜，表态较为暧昧，而指责美韩在黄海举行联合军演的行动“加剧地区紧张局势”，给美国留下中国袒护朝鲜的印象。2013年2月朝鲜第三次核试验后，由于中国在安理会制裁朝鲜问题上大力配合美国，采取了强硬立场，朝鲜被迫放软身段，同意重返六方会谈，一度剑拔弩张的地区紧张局势有所缓和。

由于中国在亚太地区国际贸易中的重要地位，美国要从亚太经济繁荣中分一杯羹，也绕不开中国。在经贸问题上，中国视TPP为排他性的自由贸易协定，企图将中国排除在亚太自由贸易体系之外，挤压中国的对外贸易和战略空间，因此起初态度消极，没有兴趣加入。2013年，中国对TPP的态度也发生了微妙变化，外交部和商务部发言人都表示中国对TPP持开放态度，正在研究加入的利弊。据统计，2012年美国与中国大陆、香港、澳门的贸易额为5796亿美元，占美国与亚太贸易额的24.2%，占美国与东亚贸易额比重高达50%。[①] 如果TPP将中国排除在外，亚太自由贸易体系将是不完整的，没有实质意义，美国在亚太地区的经济主导权和影响力不会因TPP的建立而得以维持或上升。

此外，中国对第三方的外交政策也会对美国“重返亚太”形成制约。

---

① 宋菁：“官方态度微变：中国加入TPP的利与弊”，《21世纪经济报道》，2013年6月5日，http：//www.21cbh.com/HTML/2013-6-5/wNNjUxXzcwMDAwNw.html.

例如，近年来，日本、菲律宾、越南等周边国家由于与中国的领土争端矛盾激化，寻求美国的保护，为美国“重返”提供了借口。为此中国对周边外交政策进行了反思与调整，在坚决维护主权权益的同时，提出“亲、诚、惠、容”方针，推行柔性周边外交，力求搞好与周边国家关系。如果这一政策得以成功实施，周边国家对中国的疑虑和担忧缓解，则美国强化军事同盟，增加在亚太地区的军事存在就失去了借口，“再平衡”战略的推进将受阻。

此外，中俄关系改善对美国也形成一定制约。冷战期间，中美携手抗苏使国际格局发生变化，并改变了国际政治的走向。同样，今天中俄走近也在一定程度上制衡美国。虽然中俄不会结成军事同盟，但至少在政治上，中俄有很多共同利益，都不希望美国一手遮天。两国在安理会多次联手阻止通过武装干涉叙利亚的决议，在信息自由等问题上结成统一阵线，显示双方强烈的战略合作意愿。

总之，美国“重返”战略的走向将在很大程度上取决于中美关系的走向，中国的对美政策和美国的对亚太政策将呈现互相影响、互相塑造的态势。

五、美国“重返亚太”战略目标难以实现

如前所述众多制约因素，美国要实现其“重返”战略目标难度很大，无法再恢复其二战结束初期在亚太地区的绝对优势地位。美国亚太战略的每一次调整，无论是“重返”还是“再平衡”，背后都有各种制约因素的影子。

在安全领域，未来十年，随着美国国防开支的削减，美国在亚太地区的军事投入必然要削减或停滞，让盟国和伙伴承担更多地区与全球安全责任。为了减轻安全负担，美国乐见传统的“轴辐

式”同盟体系演变为以美国为中心的多边同盟体系，安全合作形式也将多样化，军演、军售、军事研发合作、轮换部署等成本更低廉的安全合作形式将代替永久驻军，显示美国的军事存在。正如欧美诸多学者所言，受国内财政紧张和军费削减影响，美国“重返亚太”只是虚张声势，力不从心。①

在经济领域，美国也已无法一手遮天。虽然美国力推TPP等以美国为中心的多边自贸机制，但因为参与谈判的亚太国家难以完全接受其设定的高标准，谈判进程阻力重重。即使TPP谈判成功，由于中国处于国际制造业分工链条中的关键环节，经济影响力日增，缺少中国的亚太自由贸易体系也是不完整的。

在政治上，美国政府在亚太外交上投入大量资源，成效显著。奥巴马上任以来，他和高级官员每年都出席亚太经合组织领导人会议、东亚峰会、东盟地区论坛、东盟国防部长扩大会议、美国－东盟峰会、香格里拉对话、太平洋岛国论坛等亚太地区多边正式、非正式会议。美国国防大学教授孙飞（Phillip Saunders）等人对小布什、奥巴马本人和政府官员出席亚太多边会议的情况进行了比较，发现奥巴马第一任期期间访问亚太地区的次数、天数、访问的国家数量等，都超过小布什两个任期。② 但是，奥巴马缺席2013年亚太地区的两场重要多边会议，显示出国内政治的掣肘作用。

当然，国际格局的变化不是一蹴而就的，必然会经历一个漫长曲折的过程。亚太地区格局也同样如此。断言美国已经走向衰落，难以维持在亚太的霸主地位，还为时过早。美国虽然会失去二战后在亚太地区占据绝对优势的局面，但在经济、政治、安全等领

---

① 较为典型的是美国海军战争学院学者Lyle Goldstein和伦敦国际战略研究所高级研究员Christian Le Mière，详见Christian Le Mière，“Rebalancing the Burden in East Asia,” *Survival*，April-May 2013，pp. 31 －41.

② Phillip Saunders and Katrina Fung，“Wheels Up! Has Obama Really Pivoted to Asia?” *The Diplomat*，July 23，2013. http：//thediplomat. com/2013/07/23/wheels-up-has-obama-really-pivoted-to-asia.

域还是会长期占据领先地位，甚至出现扩张态势。英国从巅峰时期的19世纪中叶到二战结束沦落为地区强国经历了一百多年时间，美国从国民生产总值成为世界第一的1896年到二战结束后成为无可争议的超级大国也用了50年时间。同样，未来一二十年的亚太地区格局不会是线性发展，而是一种模糊的过渡性结构，有很大的不确定性，端看大国实力消长、地区国家间关系以及全球政经形势的发展，而这些因素是变动不羁的。如果这些因素全部或部分朝着不利的方向发展，将制约美国“重返亚太”的走向，使其战略目标难以实现。

对美国政府来说，当霸主地位难以为继时，最理想的策略就是调整亚太战略目标，退而求其次，追求领先于其他大国（primacy）的地位，并如美国国际政治学者米尔斯海默所建议，扮演“离岸平衡”的角色，防止任何一个潜在的霸权国在亚太地区占据主导地位，进而对美国在西半球的霸权构成威胁。[①] 英国就是由于采取了类似的策略，成功地延缓了自身地位的衰落。美国是否会步英国后尘，只有后人能知分晓了。

① 参见约翰·米尔斯海默：《大国政治的悲剧》，上海人民出版社，2003年版。

第六章　美国“再平衡”对中国有何影响

美国亚太战略调整以重振美国在亚太地区的领导地位为主要目标，崛起的中国成为首当其冲的主要对手和防范对象。“美国的新亚洲战略是一个开始不自信的美国试图重塑其领导权的尝试。虽然美国反复辩称其本意并非要孤立和遏制中国，但是对于中国的考虑在这一战略制定的过程中如影随形。”[①]“再平衡”战略的一系列举措直接或间接地对中国形成冲击，使中国周边环境更趋复杂，面临的挑战增多。

一、中国战略地位与影响受到挤压

自20世纪90年代以来，中国周边外交坚持与邻为善、以邻为伴，坚持睦邻、安邻、富邻的政策方针，倡导“共同安全、综合安全、合作安全和可持续安全”的亚洲新安全观，特别是在1997年爆发的亚洲金融危机及2008年爆发的全球金融危机期间，中国在经济、金融领域采取了一系列负责任举措，在亚太地区赢得了声望。伴随综合实力的迅速上升，中国成为亚太地区最具影响力的大国之一。美国“重返”亚洲直接对中国的地区战略地位形成竞争，同时也刺激其他主要力量加大对亚太地区的投入，在一定

① 陈雅莉：“美国的‘再平衡’战略：现实评估和中国的应对”，《世界经济与政治》，2012年第11期，第72页。

程度上稀释或制衡了中国的地区影响。

（一）制约中国扩展战略影响力

二战以后，美国凭借其超强的军事和经济实力及同盟体系，在亚太地区长期发挥着主导作用。冷战结束后，伴随美军部分撤离亚洲以及中印等新兴经济体崛起，美国在亚太的优势地位有所下降。“9·11”事件后，美国全球战略转向反恐，对亚太，特别是东亚的关注下降，引发部分地区国家对美国在亚太作用的质疑。近年来，随着全球战略重心向亚太转移，奥巴马政府适时提出“重返亚洲”战略，将美国战略关注点从中东向亚太转移，其目标就是重塑美国在亚太的主导地位。美国前国务卿希拉里·克林顿指出：“美国的未来与亚太的未来相联系，该地区的未来有赖美国。美国对延续其在经济和安全领域发挥领导作用的传统有强烈的兴趣，而亚洲也有强烈的兴趣看到美国继续作为一个充满活力的经济伙伴，继续发挥其维护地区稳定作用的军事影响力。”①

在“重返亚洲”战略下，美国通过双边外交巩固并强化与亚太盟国及伙伴关系，具体来说就是加强同日本、澳大利亚、韩国、菲律宾、泰国等的条约盟友关系，提升与新加坡、印度、越南、马来西亚、印度尼西亚等伙伴的双边关系，改善同缅甸、柬埔寨的政治经济关系。通过强化与亚太国家的双边关系，美国不但巩固了与地区传统盟国和伙伴的政治、防务、经济合作，而且将合作领域向人文社会等领域渗透。这不仅使地区国家对美国的安全依赖进一步加强，而且曾经存在的对美情感排斥在降低，使亚太二元格局中的“安全上依靠美国”的态势更加明显。

---

① Hillary Rodham Clinton, “Remarks on Regional Architecture in Asia: Principles and Priorities,” January 10, 2010, http://www.st ate.gov/secretary/20092013clinton/rm/2010/01/135090.htm.

周边国家对美国安全依赖关系的加深势必降低中国“以经促政”的战略效力。进入新世纪以来，中国在周边拓展影响力和博弈的筹码主要集中于经济领域。中国运用自身经济实力及与周边国家日趋紧密的经济关系，努力推动和构建东亚区域经济合作机制，在经济危机或萧条时期为周边国家提供开放的市场和抵御区域外汇率波动的冲击，以及加大对周边国家的经济援助力度。[1]“以经促政”的战略一度取得了良好成效，它明显改善了中国与周边国家的政治关系。然而，美国“重返亚洲”使亚洲国际关系的性质从“重经济、轻战略”转向“重战略、轻经济”。[2] 安全上的依赖关系在性质和程度上都比经济上的相互依赖关系更为牢固和紧密。在美国“重返亚洲”并操控安全议题的情况下，中国通过经济手段换取良好周边政治环境的效果越来越不理想，出现经济投入成本和政治收益高度不对称的状况。当存在领土主权与海洋权益等传统安全领域的争议时，经济让利难以改变对方在政治安全领域与中国的对立局面。

美在强化与地区国家双边关系的同时，加紧在亚太地区建立新的安全关系网，包括动员盟友在现有的双边安排基础上建立“小多边”框架。从目前的进展情况看，不排除“小多边”框架有可能在几年后发展成为一种针对中国的准安全同盟，从而在安全领域形成事实上的对华围堵联盟。

美国亚太领导地位的上升体现在其对地区议程设置能力的提

---

① Barry Eichengeen, Yeongseop Rheeand Hui Tong, “The Impact of China on the Exports of Other Asian Countries,” *NBER Workingpaper*, No. 10768, 2004, http://www.nber.org/papers/w10768; Ronald McKinnon and Gunther Schnabl, “Synchronized Business Cycles in East Asia: Fluctuations in the Yen/Dollar Exchange Rate and China's Stabilizing Role,” *The World Economy*, Vol. 26, No. 8, 2003; 伊藤隆敏：“人民币对其他经济体汇率政策的影响”，《浦东美国经济通讯》，2007 年第 23 期；［日］渡边利夫：《中国制造业的崛起与东亚的回应》，倪月菊、赵英译，经济管理出版社，2003 年版。

② 郑永年：“美国‘重返亚洲’与亚洲秩序的巨变”，《东南亚南亚研究》，2013 年第 1 期，第 34 页。

高。美国通过亚太经合组织、太平洋岛国论坛及以东盟为中心的机制，扩大对亚太事务的参与力度。在强化与东盟关系上，美国签署《东南亚友好合作条约》，正式成为东亚峰会观察员国并参加东亚峰会，向东盟派驻大使。美国全面进入由东盟主导的区域性多边机制后，逐步反客为主，借助其对东盟主要国家的影响力，力图主导东亚多边议程。美国计划将东亚峰会建设为亚太地区最重要的政治安全论坛，将 TPP 建设为新的亚太经济合作机制，在幕后积极推动东盟与中国磋商“南海行为准则”。在香格里拉亚洲安全对话会、东盟防长扩大会等平台中，美国的兴趣点往往成为会议的主要议题，而这些议题往往与中国密切相关。

美国影响和塑造地区架构、引导亚太地区未来发展方向的意图，在推动 TPP 谈判进程中表现最为明显。伴随加拿大、墨西哥、日本的加入，TPP 成员国增加到 12 个，涵盖的经济规模达到 23 万亿美元，接近世界经济总量的 40%，美国在东亚经济一体化中的话语权将处于绝对优势。这使得美国不仅可以分享到亚洲高速的经济增长，还能掌握亚太地区经济一体化进程的主导权。美国前总统国家安全事务助理多尼隆指出，TPP 的最重要目标是战略上的，该协定将在巩固美国在亚洲领导地位的同时，与美国在欧洲进行的自由贸易协定谈判一道，共同使美国在下世纪全球经济规则制定中处于中心地位。[①] 尽管 TPP 谈判进展低于预期，但其战略溢出效应已经显现。TPP 的谈判进程在中短期拆解中国构建的东亚地区经济合作机制的效应正在体现，过去十年中国所致力推动的东亚区域经济合作进程有可能因此发生逆转。[②]

① Tom Donilon, “Obama is on the right course with his reorientation toward Asia,” *The Washington Post*, April 21, 2014.

② 李向阳：“跨太平洋伙伴关系协定：中国崛起过程中面临的重大挑战”，《国际经济评论》，2012 年第 2 期，第 17—27 页。

（二）其他力量竞相跟进

美国亚太战略调整，进一步提升了亚太地区在国际经济与安全格局中的地位。受美国影响并为了维护各自在亚太的利益，日本、澳大利亚对美国“再平衡”战略进行了一定程度的跟进，俄罗斯、欧盟、印度则主动进行亚太战略调整。

日本希望借助美国亚太战略的助推，借船出海。在民主党鸠山政府时期，日本提出排除美国的“东亚共同体”建设构想，试图以此树立其在地区的领导地位。在美国反对和国内政治纷争的干扰下，鸠山政府的“东亚共同体”构想昙花一现，随着鸠山黯然下台而被打入冷宫。此后的日本政府，特别是安倍政府上台以来，均希望借助美国之力实现其政治军事大国抱负。安倍晋三在接受《华尔街日报》采访时直言不讳地表示，“日本希望在亚太安全领域发挥领导作用”。[①] 对内，日本增加防务开支、出台“防务装备转移三原则”、解禁集体自卫权；对外，日本强化与中韩之外的亚太各国关系，在进一步拉近与印度、澳大利亚、菲律宾、蒙古等国关系的同时，重点与中国争夺东南亚。安倍在上台后 11 个月内五次出访东南亚，遍访东盟 10 国。日本着力扩大与中国在南海问题上搞对抗的菲律宾、越南的防务合作，增加对中国传统友好国家缅甸、柬埔寨等国的发展援助，前者着眼推动南海、东海问题联动，后者则是挖中国墙脚。

澳大利亚在强化澳美同盟的同时，将亚洲作为外交优先方向。澳大利亚视美国为国家安全的战略依托、对外战略的核心支柱和主要基础，坚定支持和配合美国“再平衡”战略的实施，同意在达尔文港接纳美国海军陆战队部署，并考虑开放西海岸及科科斯

---

① Trefor Moss, “Japan's New (Defensive) Attack Force,” *The Diplomat*, November 3, 2013.

群岛海军基地供美军使用。与此同时，澳大利亚出于经济与安全考虑，在外交上把亚洲放在优先位置。2012年10月，澳大利亚发布《亚洲世纪中的澳大利亚》白皮书，强调澳大利亚应有效利用亚洲快速发展机遇，搭乘“亚洲世纪”快车，促进澳大利亚未来发展。白皮书提出建立“亚洲世纪政策”部门，用以推动教育、基建、税收和法规等方面的改革。2013年1月，澳大利亚公布了首个“国家安全战略”，将新时代的安全战略重点放在自身所在的亚太地区，并在未来五年中加大在亚太地区的介入，以适应亚太地区国家经济实力崛起、军事现代化带来的地区战略形势的变化。2013年9月，澳大利亚自由党—国家党联盟取代工党上台执政后，力推“亚洲优先”的政策，总理阿博特上任后首访锁定亚洲国家，力促与中国、韩国和日本达成自由贸易协定。

俄罗斯积极推行新亚太战略。普京再次当选总统后，加大对亚太外交投入，将其视作俄罗斯经济复兴和提升大国地位的重要支点。2012年5月，俄罗斯成立远东地区发展部，意在促进远东开发，使俄融入快速发展的亚太市场；9月，俄罗斯在远东城市弗拉迪沃斯托克承办APEC峰会，投入逾200亿美元改善当地基础设施，彰显其力推“亚太战略”的决心。俄罗斯通过“东亚峰会”等平台，推动有关各方构建“亚太集体安全体系”。俄罗斯将中国、越南、印度等作为推行亚太战略的着力点，积极推动与这些国家的军事、能源合作。与此同时，俄罗斯加强或改善与韩国、日本、印尼等地区重要国家的关系。乌克兰危机爆发后，俄与美欧交恶。在西方的制裁下，俄罗斯对亚太外交的投入与期望倍增。

印度加快“东进”步伐。在美国“重返亚太”的大背景下，印度在美国对外战略中的地位不断上升。2012年美国《国防战略指南》指出：“美国正为与印度之间的长期战略伙伴关系进行投入，支持印度成为地区经济的中坚并具备作为广阔的印度洋地区的安全提供者的能力。”① 在美国支持下，印度海军频繁进入太平洋，与日本、东盟国家海军举行联合演习。印度还进一步加强与东盟、日本、韩国、澳大利亚、新西兰的经济与安全关系。2012年12月，“印度—东盟纪念峰会”在印度新德里举行，通过了指导印度与东盟未来20年关系发展的《印度—东盟纪念峰会愿景声明》，内容包括双方在政治、安全、经济、社会及文化发展等方面加强合作，如定期举行高官级安全对话以共享信息等。峰会最为引人注目的成果是印度与东盟升级为“战略伙伴”关系，宣布双方完成了有关服务贸易和投资领域的自由贸易协定谈判。双方还计划在2015年将双边贸易额由2012年的800亿美元提升到1000亿美元，在未来十年间，提升到2000亿美元。印度与日本、澳大利亚的关系不断提升，高层互访频繁，彼此不断为双边战略伙伴关系增添实质性防务合作内涵。

欧盟加大对亚太的重视力度，更新对东亚外交安全政策纲要。2012年4月，第19届东盟－欧盟部长级会议在文莱举行，会议通过了旨在强化东盟与欧盟伙伴关系的斯里巴加湾行动计划，以加强双方的战略合作与对话。双方在会后发表联合声明，重申双方加强政治和安全合作的重要性，其中涵盖双方在东盟地区论坛的合作，以及提升东盟机构管理和解决冲突的能力，并决定建立东盟和平与和解研究所。7月，欧盟与美国首次就亚洲事务发表联合声明，呼吁在涉及亚洲的外交、安全与贸易问题上加强协调。欧盟十分重视与东盟的各项关系，特别是经贸关系。

继2011年欧盟与韩国自贸协定正式生效后，2012年欧盟完成与新加坡的自贸谈判，与印度、马来西亚、越南的谈判进程加快。2013年3月，欧盟和泰国启动了双边自贸协定谈判。在第19届东盟经济部长非正式会议及第三次东盟—欧盟商业峰会上，均对东

① U. S. Department of Defense, “Sustaining U. S. Global Leadership: Priorities for 21st Century Defense,” January 5, 2012, http://www.defense.gov/news/Defense_ Strategic_ Guidance.pdf.

盟经济共同体建设路线图和东盟－欧盟自贸区谈判等相关问题进行了讨论。欧盟与日本启动了旨在签署双方有关政治、安全等领域协定的谈判及“经济合作协定”（EPA）谈判。2013 年 11 月，第 21 届日本与欧盟定期首脑峰会在东京举行，双方自贸谈判加速，政治关系得到进一步升级。2014 年 12 月，欧盟和日本开启第八轮自由贸易谈判，并计划于 2015 年年底或 2016 年春天结束自由贸易谈判。日本与欧盟领导人计划在 2015 年 5 月下旬在东京举行峰会。

大国亚太战略调整对亚太地区的总体面貌具有十分重要的塑造作用，并将影响亚太地区各国权力与利益的分配，对中国崛起的外部环境产生重要影响。中国作为全球第二大经济体、亚洲最大的国家，对地区事务和未来发展无疑具有无可比拟的影响力。但由于美国将战略竞争引入亚洲，中国经济优势的战略转化及对地区环境的塑造，都将面临日益增加的牵制与掣肘。

二、中国周边安全挑战增多

在美国“亚太再平衡”战略实施过程中，军事先行且举措众多，这其中固然有谋求使美国在亚太地区的军事存在“运作上更有弹性、地理分布更合理、政治上更可持续”的考虑，[①] 但威慑、防范中国军力发展是重要目标之一。因此，“再平衡”战略的出台，“标志着华盛顿重新聚焦中国及日益担心中国在亚太军事力量的增长”，[②] 它不但使中国面临的美国直接军事压力上升，而且随

① Michele Flournoy, the Under Secretary of Defense for Policy, Department of Defense, “Remarks at the Third Annual Engaging Asia Conference,” The National Bureau of Asian Research, September 17, 2010, http://nbr.org/downloads/pdfs/eta/EA_ Conf10 _ Flournoy_ Transcript.pdf.

② Richard A. Bitzinger, “Will the U.S. Pivot Trigger A New Regional Arms Race?” January 5, 2012, http://www.globalasia.org/V7N4_ Winter_ 2012/Richard_ A_ Bitzinger.html.

着美国与地区传统盟国和新伙伴的军事关系进一步加强，亚太地区国家“安全上靠美国”的局面更趋凸显，一些与中国存在领土争端的国家挟美自重，对华立场趋于强硬。“随着美国高调介入亚洲事务引发的连锁性反应，中国周边的安全环境趋于恶化，中国与周边国家关系的互动进程，正在告别过去十年的稳定态势，进入了一个战略摩擦期。”①

（一）美国增加对华军事压力

近年来，美国通过一系列重大调整，增加其在亚太的军事存在。业已完成的调整包括：以核动力航母“华盛顿”号代替部署在日本的常规动力航母“小鹰”号；更新在日本横须贺驱逐舰中队，使该中队拥有7艘“宙斯盾”驱逐舰；在冲绳部署24架“鱼鹰”运输机；在关岛部署3艘“洛杉矶”级核攻击潜艇；在关岛部署3架“全球鹰”无人机；将在日本佐世保部署的扫雷艇由2艘增加到4艘；加强美军在“印太”（Indo-Pacific）地区使用的机场、港口及其他基础设施的抗打击能力。

目前，美军在太平洋地区部署6艘航母、31艘核动力攻击潜艇，相关数量均已超过其他区域。2012年6月，美国国防部长帕内塔在香格里拉安全对话会上宣布，在2020年前，美国在太平洋和大西洋部署的军舰数量将从目前各占50%调整为60%对40%。②伴随逐步从阿富汗撤军，用于阿富汗战场的部分美军装备将转向亚太。这些装备包括：2架“火力侦察兵”无人机、数架电子监视机、MQ－9“收获者”无人攻击机、U－2侦察机、“全球鹰”无人侦察机、海军P－3c海上巡逻机。目前，美军已将EP－3信号

① 郭晓东：“美国‘重返亚洲’对中国外交的消极影响”，《学理论》，2012年第27期，第35页。

② “Remarks by Secretary Panetta at the Shangri-La Dialogue in Singapore,” June 2, 2012, http://www.defense.gov/transcripts/transcript.aspx?transcriptid=5049.

侦察机从中央司令部调到太平洋地区。2014 年 10 月，美国海军宣布在当年和 2017 年夏季分别在横须贺基地增加部署一艘宙斯盾舰，使该基地的核动力航母和宙斯盾舰等战舰到 2017 年达到 14 艘。截至目前，美军已将驻亚太地区的各类舰艇增加至 115 艘，空军包括 MQ-9“捕食者 B”（又称“死神”）、“全球鹰”和 U-2 等情报监视侦察力量在内的 60% 的海外部属力量已经部署在亚太。[①]

在海空军重返亚太的同时，美国陆军也增加在太平洋地区的存在，并提升与伙伴国的军事演习与合作。美国陆军已向韩国、日本、印度、新西兰和澳大利亚等国派出多达 1.5 万名士兵。此前，陆军已经 11 年没有参加太平洋司令部的行动。目前，陆军在亚太地区部属有 8 个现役旅、12 个“爱国者”导弹营以及大量战场感知单元约 9 万人。[②] 尽管预算紧缩，但陆军还是增加了拨给太平洋集团军用于军演和开展合作的经费。太平洋集团军每年用于演习与合作的经费约为 2200 万美元，其中 1400 万美元来自陆军。

美国的海空力量在亚太地区原本就具有相对优势，“再平衡”战略的实施使这种优势更为明显，这就打破了地区原有的脆弱的力量平衡，使中国面临的美国军事压力进一步加大。美国前国防部长帕内塔在香格里拉对话会的讲话中曾辩称，美国将大部分海军力量部署在亚太地区不是为了遏制中国，而是为了将中国纳入一种关系框架，以应对诸如人道主义援助、大规模杀伤性武器扩散、毒品走私、海盗、贸易、运输通道等问题的挑战。但正如美国学者一针见血地指出，应对上述挑战不需要超过一半的美国海军。如果中国用这种说法来为其部署过半海军在西半球，美国领导人压根儿不会相信。[③]“如果我们战略目标是与中国加强管理合

① “美国大力加强亚太地区军事部署　亚太安全局势堪忧”，新华网，2015 年 3 月 13 日，http://news.xinhuanet.com/world/2015-03/13/c_127576228.htm。

② 同上。

③ Justin Logan, “China, America, and the Pivot to Asia,” *Policy Analysis*, No. 717, January 8, 2013.

作，我们在太平洋的军队已经太多了。”①

美国亚太军事“再平衡”着眼于强化岛链战略中的薄弱环节，使中国海上“走出去”面临潜在危险增多。长期以来，美国在亚太地区的军事部署集中在东北亚，以应对朝鲜半岛和台湾海峡的军事冲突为要旨。在新的“再平衡”战略中，美军继续关注东北亚的同时，强化在东南亚和印度洋的军事存在。美军不再建设新的大型永久性基地，而是采取轮换部署或半永久性部署的方式，与盟友及伙伴国协作，通过接受临时任务，参加联合军演、训练和行动，确保伙伴国提供港口、机场和其他设施为其所用。为此，美国宣布将于2016年前在新加坡部署4艘濒海战斗舰（目前已有两艘到位）；在澳大利亚达尔文基地派驻2500人海军陆战队（2014年4月，1150名美国海军陆战队已正式进驻）。2012年，美军重返苏比克湾基地，实现半永久性驻扎。美军舰已获准在金兰湾维修和补给。2014年4月28日，美菲签署《强化防务合作协议》，该协议为美军轮换船舰和战机途经菲律宾设定了框架，同时加强菲军参与训练和协调的能力。此外，美国还准备在澳属科科斯群岛部署无人侦察机和无人攻击机。凭借海上优势，一些美国战略家提出对华“离岸控制”（offshore control）战略，拟在与中国发生冲突时，通过海上远程封锁，切断中国海上运输通道，逼迫中国就范。②“尽管美国政治领导人时常否认美军正在亚太地区努力遏制中国，美军战略家已设计将中国的海上商业活动置于危险之中。”③

为应对中国“反介入/区域拒止”（Anti-Access and Area-Denial）战略，美军提出“空海一体战”作战概念。2010年2月，美

① Bryan McGrath, “Estranged over A Rising China,” May 7, 2014, http://warontherocks.com/2014/05/estranged-over-a-rising-china/.

② T. X. Hammes, “Offshore Control: A Proposed Strategy,” *Infinity Journal*, Volume 2, Issue No. 2, Spring 2012.

③ Justin Logan, “China, America, and the Pivot to Asia,” *Policy Analysts*, No. 717, January 8, 2013.

国在《四年防务评估报告》中正式提出针对中国的“空海一体战”战略，该战略依托高度发达的情报、侦察、监视系统，整合美国以及盟国的海空军战力，意图削弱中国“反介入”和“区域拒止”系统的效能，重获战略和战役的主动权。[①] 为此，美国积极加强美军及盟友的导弹防御能力，采取措施更好地分散关键的军事资产和兵力（如将驻冲绳美军迁至“第二岛链”），加固军事设施，提高远程情报、侦察、监视能力，加强打击平台建设。目前，美国的亚洲导弹防御系统建设正在有条不紊地进行。2012 年 3 月，美国国防部助理部长马德琳·克里登表示，美国正在通过美日澳、美日韩两个三边对话，在亚洲建立与欧洲类似的导弹防御系统。2012 年 8 月，美国参联会主席邓普西与日本自卫队统合幕僚长岩崎茂会晤后称，美国计划大幅扩展亚洲反导网，已在日本北部的津轻市部署了一部“X 波段”预警雷达。2012 年 10 月，美韩安保会议达成协议，将以打击朝鲜导弹发射能力为目标构筑杀伤链体系，并推动构建韩国导弹防御系统。2014 年 5 月，美《华尔街日报》报道，美国正在酝酿在韩国境内部署较为先进的“萨德”系统（末端高空区域防御系统，THAAD）。美还利用朝鲜射星等事件，积极寻求在日本和菲律宾部署新的 X 波段雷达。2013 年 4 月，日本防卫相与美国国防部长达成了在京都部署 X 波段雷达的协议。该雷达基地建成后，可以实现日美两国的弹道导弹情报共享。2012 年 11 月，美澳“2 +2”会谈决定，美将一套 C 波段太空监测雷达和一套太空监测望远镜迁至澳，以全面加强对亚洲国家导弹及卫星发射的跟踪监控。2015 年初，美国将“空海一体战”概念更名为“全球公域介入与机动联合”，但其遏制中国战略的本质并无改变。

除军售、军援外，美国还通过联合军演来提升亚太盟友和伙

① U. S. Department of Defense, “Sustaining U. S. Global Leadership: Priorities for 21st Century Defense,” January 5, 2012, http: //www. defense. gov/news/Defense_ Strategic_ Guidance. pdf.

伴的军事能力及彼此之间对联合作战的熟悉性。近年来，美国与亚太国家的联合军演呈现参演国家多、规模大、军演科目实战性和指向性明显等特点。自 2011 年以来，美军与亚太国家每年联合军演总数保持在 170 次左右，一些联合军演如“卡拉特”（战备与训练合作，CARAT），持续时间长达半年，参演人数多达万人。

（二）激化海洋岛屿争端

美国要维持、加强亚太同盟体系，就必须维持地区国家在安全方面的裂痕，向盟国强调共同威胁，从而达到控制盟国、制衡中国的目的。中国与东亚邻国的领土与海洋权益争端为美国强化同盟体系提供了“抓手”。在美国力量重返亚洲的影响下，一些亚洲国家改变对美国的期望值，想提前选择站在美国一边，这尤其表现在那些和中国有海上领土主权纠纷的国家。[①] 这些国家试图趁中国将强未强之际，借助美国的支持，将对于争议海域和岛屿的实际控制上升为法理控制，由此引发中国与周边国家的领土与海洋权益争端急剧升温。美国在相关问题上的错误立场，无疑为争端火上浇油。

在钓鱼岛问题上，根据《开罗宣言》、《波茨坦公告》，二战后日本应将其在甲午战争中窃据的钓鱼岛归还中国。但二战后，美国却将钓鱼岛擅自划归琉球政府管辖，并在归还冲绳过程中，非法将钓鱼岛裹挟其中，留下中日争端的祸根。长期以来，美国虽公开宣称在钓鱼岛主权归属问题上不持立场，却多次表示《美日安保条约》适用于钓鱼岛，以此偏袒日本。2012 年日本的“购岛”闹剧与美国的纵容密不可分。2012 年 12 月 4 日，美国参议院

---

① 郑永年：“美国‘重返亚洲’与亚洲秩序的巨变”，《东南亚南亚研究》，2013 年第 1 期，第 32 页。

通过2013财年《国防授权法案》修正案，承认日本对钓鱼岛的管辖权。2013年11月23日，中国宣布划设东海防空识别区。美国军方措辞强硬地批评这是中国企图破坏地区现状的单边行动，并重申“尖阁列岛”（即中国钓鱼岛）适用于《美日安保条约》。同日，美国国务卿克里在声明中称，美国严重关切中国宣布已建立东海防空识别区，这种单边行为就是企图改变东海现状。11月26日，美军两架B－52远程轰炸机进入了中国新设立的东海防空识别区，并且飞越中日有争议的东海岛屿，事前并没有知会中国。此后美方多次声明，不承认中国的东海防空识别区，也不会向中方提交飞行计划。2014年4月，美国总统奥巴马访问日本期间，首次以总统身份宣布《美日安保条约》适用钓鱼岛，并表示“反对任何国家采取影响日本管理掌控钓鱼岛的单方面行动，反对武力解决钓鱼岛问题”。美国并未汲取在钓鱼岛问题上的教训，反而越走越远，投日本所好，为日本所绑架。

在南海问题上，美国以维护南海“航行自由”及支持在《联合国海洋法公约》框架下解决南海争端为借口，明显站在菲律宾、越南等东盟声索国一边，支持南海问题东盟化、国际化、司法化。美国务院2012年8月发表声明，无端指责中国“加剧了南海紧张”。美国官员还多次表示反对中国在南海设立防空识别区。美国国家安全委员会亚洲事务高级主管麦艾文还威胁称，如果中国这样做，美国将改变在亚洲的军事态势。[①] 更为重要的是，美国通过军援、军售和联合军演等手段，为菲律宾等国撑腰打气。由于美国的高调介入，东盟声索国立场更趋强硬。在这方面，菲律宾表现最为明显。

菲律宾南海政策的调整与美国高调介入南海地区事务，并加强与菲律宾军事安全关系有直接联系。2010年，菲律宾政府换

---

① Bill Gertz, “Inside the Ring: U. S., China in War of Words over South China Sea Air Zone,” *The Washington Times*, February 12, 2014.

届之后，美国竭力加强对菲律宾的各种援助，强化与菲律宾的安全关系。仅2010年，美国不仅向菲律宾提供了高达1.4亿多美元的直接经济与军事援助，[①] 而且与菲律宾签署了多达4.34亿美元的援助合同。[②] 菲律宾不但向美国购买了“汉密尔顿”级军舰、防空雷达系统，而且在美援的支持下制定了改造南沙机场以及投入50亿比索（约合1.18亿美元）强化南海卫戍军力的计划。[③] 2013年12月，美国务卿克里访问菲律宾，宣布将向菲律宾提供4000万美元资金，以提交海上安全能力。在中菲黄岩岛、仁爱礁对峙期间，美国均做出偏袒菲方的表态。2014年3月31日，美国务院副发言人哈尔夫称，中方试图阻拦菲方前往仁爱礁的补给船，这是挑衅和导致不稳定的行为。美方敦促中方避免进一步行动，允许菲保持在仁爱礁的存在。2015年2月，美国军方首次承认其最先进的P－8A“海神”侦察机已开始从菲律宾起飞巡航南海。

在美国的支持下，菲律宾彻底抛弃了之前支持“南海问题谈判应该严格地在东盟国家和中国之间举行，不需要美国或其他任何第三方介入”的态度，[④] 在南海问题上明确执行了激进且亲美政策。2011年，菲律宾与英国论坛能源（Forum Energy）公司签署了为期2年的在南海争议海域勘探油气资源的合约，[⑤] 对15块争议区域油气田区块进行国际能源合同招标；[⑥] 公开拍卖南沙争议海域油

① Thomas Lum, “The Republic of Philippines and U. S. Interests,” Congressional Research Service, January 3, 2011, p. 9.

② Ibid.

③ “Philippines Ups Spending to Guard South China Sea,” Agence France-Presse, September 7, 2011, http://www.dollar-rate.org/2011/09/philippines-ups-military-spending-to.html.

④ “美拉拢菲律宾　菲律宾回应南海不需要美国”，新华网，2010年8月12日，http://news.xinhuanet.com/mil/2010-08/12/content_14003259.htm。

⑤ Joseph Santolan, “Tensions escalate over the South China Sea,” May 3, 2011, http://www.wsws.org/articles/2011/may2011/phil-m03.shtml.

⑥ “Philippines to Ramp Up Oil Exploration,” *AFP*, April 4, 2011.

气资源勘探权；[①] 向联合国提交照会抗议中国有关南海主权声明，[②] 指责中国“九段线”主张是通过国际法解决南沙争端的巨大障碍；[③] 将南海更名为“西菲律宾海”；[④] 向“卡拉延”群岛（即我南沙群岛部分岛礁）增派军队强化岛屿实际控制。2012 年菲律宾海军在黄岩岛海域非法抓扣中国渔民，引发中菲黄岩岛对峙。2013 年 1 月菲单方面将黄岩岛争议提交国际仲裁。菲律宾学者约瑟夫·杉杜兰（Joseph Santolan）指出：“没有美国政府的支持，阿基诺三世政府是不会如此主动挑衅中国南海主权要求的。”[⑤]

越南在南海问题上不断挑战中国也与美国的拉拢扶持有关。随着美国加强对亚太地区的战略投入，越南在美国亚太战略中的地位大幅提升。2010 年美国《四年防务评估报告》称，越南是美国在亚太潜在的伙伴，将与其“发展新的战略关系”。[⑥] 2013 年 7 月，越南国家主席张晋创访问美国，两国宣布建立“全面伙伴关系”。随着对两国关系进行新的定位，美越合作在多方面取得突破性进展，其中最重要标志体现在军事安全领域。两国建立了政治、安全和战略对话机制，以及定期的国防部长级安全会议。两国海军往来频繁；美国航母访问越南呈现常态化；美军与越南海军在南海举行联合军演；美国海军舰队访问金兰湾，并在该港进行维修。与此同时，美越签署了正式的军事合作协议，决定在卫生保

① “中国企业没有参与菲有关能源项目竞标”，新华网，2011 年 8 月 6 日，http：//news. xinhuanet. com/energy/2011 – 08/06/c_ 121822409. htm。

② Joseph Santolan, “Tensions escalate over the South China Sea,” May 3, 2011.

③ Office of the President of the Philippines, “Secretary del Rosario says China's 9 – dash line is ‘crux of the problem’ in WPS, proposes ‘preventive diplomacy’ solutions,” August 5, 2011, press release from the Department of Foreign Affairs.

④ “非总统办称计划将南海更名为‘西菲律宾海’”，人民网，2011 年 6 月 14 日，http：//military. people. com. cn/GB/172467/14889186. html。

⑤ Joseph Santolan, “Tensions escalate over the South China Sea,” May 3, 2011, http：//www. wsws. org/articles/2011/may2011/phil – m03. shtml.

⑥ “Quadrennial Defense Review Report,” February 2010, http：//www. defense. gov/qdr/images/QDR_ as_ of_ 12Feb10_ 1000. pdf.

健、军队医疗交流与研究领域加强合作。美国还修改了《国际武器交易条例》（ITAR），允许以个案和许可证的贸易形式，向越南出售非致命性防御产品与服务。2013 年 12 月，克里访问越南期间，宣布美国将向越南海岸卫队提供 5 艘高速巡逻艇。2014 年 5 月，发生越南船只骚扰中国西沙近海石油勘探作业事件后，美国指责中国在西沙海域勘探是“挑衅性的和引发紧张”的行动，“破坏地区和平稳定”。[①] 2014 年 10 月，美国政府宣布将部分解除对越南出售杀伤性武器的禁令，以帮助越南加强海上安全。2015 年 3 月，美国向越南移交 6 艘高速巡逻艇。

（三）亚太地区安全困境凸显

美国炒作“中国威胁论”并针对中国崛起进行军事布局，迫使中国加强军事建设，由此引发亚洲各国竞相扩充军备。日本大力推动强军计划。2013 年初日本通过的新国防预算比上年度增长 0.8%，这是近 11 年军费的首次增长。日本防务省表示，下一年度将谋求 3% 的国防预算增长。除准备购买 F－35 战机外，正在购买 4 艘驱逐舰、1 艘绝气推进（AIP）潜艇、2 艘直升机母舰。韩国军队则正在增加 3 艘本国产的驱逐舰、3 艘“独岛”级两栖舰、9 艘绝气推进潜艇，购买 F－15K 战机，研发远程巡航导弹。新加坡已购买 6 艘前瑞典海军潜艇。越南从俄罗斯购买 6 艘“基洛”级潜艇、2 艘“猎豹”级护卫舰，并计划自行组装 2 艘同型舰。马来西亚已获得 2 艘法国－西班牙生产的“鲉鱼”级潜艇。菲律宾计划从意大利购买 2 艘二手“西北风”级护卫舰，从欧洲购买 10 架攻击型直升机，从法国购买 5 艘巡逻艇，从韩国购买 12 架 FA－50 战斗机。澳大利亚计划在 2023 年前从美国购买 72 架 F－35 战机，

① “Vietnam/China：Chinese Oil Rig Operations Near the Paracel Islands,” May 7, 2014, http://www.state.gov/r/pa/prs/ps/2014/05/225750.htm.

首批14架飞机将于2018年到位。

美国是亚洲“安全困境”的始作俑者，亚洲国家和地区进口的武器多来自美国。2012财年美国与亚太国家和地区的军售协议价值137亿美元，比上一年增加5.4%。[①] 奥巴马第一任期向台湾出售价值约120亿美元的武器装备，超过小布什执政8年对台军售价值总和。2014年4月，美国又批准向台湾出售4艘“佩里”级导弹护卫舰。2012年12月，美国向韩国出售价值12亿美元的RQ-4“全球鹰”无人机。美国将向日本出售价值50亿美元的F-35战机，并拟帮助日本升级“宙斯盾”舰载反导系统，以更好防护弹道导弹袭击。2014年4月美国防长哈格尔访问日本时表示，美国将在2018年前向日本移交另外两艘“宙斯盾”导弹驱逐舰。美国已向菲律宾移交2艘“汉密尔顿”级巡逻舰，并助其建设海岸监视中心。近年来，美国先后向印度出售P-8I海上巡逻机、鱼叉Ⅱ型导弹、“大力神”运输机、C-17战略运输机、“阿帕奇”直升机等。仅2011年，美国就向印度出售了69亿美元的军火。

（四）美国支持日本重新武装

近年来，日本国内政治右倾化明显。安倍政府不但在历史问题上公然挑衅中韩等国，而且在扩军问题上加快了步伐。美国由于削减防务开支，希望盟国，特别是拥有强大经济和科技实力的日本在牵制中国方面分担责任。基于此，美国要求日本在亚洲安全事务上发挥更大作用，对日本解禁集体自卫权给予鼓励，支持修改“日美防卫合作指针”，强化日本自卫队的职能和威慑力，扩大日本自卫队的作用，让日本人为美国而战。2015年1月，美国海军第七舰队司令托马斯表示，欢迎日本将空中巡逻范围扩至南海，

① Jim Wolf, “U.S. arms sales to Asia set to boom on Pacific ‘Pivot’,” *Reuters*, January 1, 2013.

以便对中国不断壮大的舰队力量形成制衡。此后不久，美国国防部发言人再次对上述言论表示支持。[①]

在美国支持下，安倍明确以遏制中国为目标展开地区外交攻势，试图通过强化对中国周边的外交布局，达到挤压中国战略空间并迫使中国在双边关系中就范的目的。2012 年底，安倍在世界报业辛迪加网发文，呼吁澳、印、日、（美）夏威夷组成“民主安全之钻”，与中国抗衡，并表示自己将为此不遗余力。[②] 2013 年 3 月，安倍在会见斯里兰卡总统兼国防部长拉贾帕克萨时表示，“中国的海上活动日益活跃，这是地区共同的关切”，[③] 并“希望海上自卫队随时停靠（斯里兰卡）港口”。[④] 日本对海洋通道的掌控当然包括和印度的合作。日本先是于 2013 年初与印度政府相关部门在新德里举行首次局长级“海洋对话”，之后又批准向印度出口海上自卫队的“US－2”水上飞机，希望借此促进与印度的交流，并制衡中国。[⑤] 鉴于日本对其历史问题至今缺乏正确认识，企图美化其侵略战争历史，因此，日本在强化其军事防务方面的一系列言行难以让亚洲邻国放心。

三、中国与周边经济合作遭遇新阻力

美国对亚太经济政策主要着眼于促进经济增长和就业、支持和

① “美军方再次声称：欢迎日本空巡南海”，凤凰网，2015 年 1 月 31 日，http：//news.ifeng.com/a/20150131/43068428_0.shtml。

② 『首相提唱「ダイヤモンド安保」中国の海洋進出けん制　かえって刺激、逆効果?』、『東京新聞』2013 年 1 月 16 日。

③ 『「中国は地域共通の懸念事項」首相、スリランカ大統領に』、『産経新聞』2013 年 3 月 14 日。

④ 「日スリランカ首脳会談（概要）」、日本外務省ホームページ、http：//www.mofa.go.jp/mofaj/kinkyu/20/H302013031515365201A/。

⑤ 「政府、海自飛行艇インド輸出へ　中国けん制、民間転用」、日本共同通信社、2013 年 3 月 25 日、http：//www.47news.jp/CN/201303/CN2013032501001975.html。

升级国际经济规则、支持美国在该地区的长期存在。[①] 奥巴马政府“再平衡”战略在经济上的举措主要体现在推动 TPP 谈判、批准美韩自贸协定、与东盟发起“美国—东盟扩大经济合作倡议”（E－3）。这些举措给中国与地区国家经济合作带来了复杂的竞争因素。除此之外，美国挑拨中国与周边国家的政治安全关系也给中国与地区国家的经济合作带来阴影。

（一）TPP 魔咒

TPP 是美国“亚太再平衡”战略在经济领域中最具冲击力的政策工具，给中国带来的冲击已经并将伴随 TPP 的进展而不断显现。

第一，TPP 将减缓中国亚太自贸区（FTA）战略布局的进度。中国的 FTA 战略是以亚太地区尤其是以东亚为核心向外发展。经过多年努力，中国的 FTA 战略已经初具规模，形成了自己的特色和发展思路，对自身及 FTA 伙伴国的经济发展发挥了显著的积极效果，尤其是在东亚区域经济一体化方面起到了举足轻重的促进作用。中国通过积极推动东盟领导下的东盟与中日韩的“10＋3”和“10＋1”合作机制，建立了稳定的东亚多边合作机制。巨大的市场规模和经济规模使得中国通过“10＋3”和“10＋1”合作机制在东亚一体化进程中获得了更多的话语权，对地区其他国家的 FTA 战略起到一定的引导作用。美国力推 TPP 将极大地增加东亚区域经济一体化进程中的不确定性，对中国在亚太地区特别是东亚地区的 FTA 战略形成巨大挑战。目前，中国积极推动中韩、中澳及中日韩自贸区谈判，而日本、澳大利亚已是 TPP 的谈判成员国，韩国正积极考虑加入。这些国家对 TPP 和美国的关注使得其

① Matthew P. Goodman, “U. S. Economic Engagement in East Asia and the Pacific,” Statement before the Senate Committee on Foreign Relations Subcommittee on East Asian and Pacific Affairs, December 18, 2013.

政府和民间资源从中国市场转投TPP成员，对与中国建设、分享FTA成果的兴趣大减。更重要的是，这些国家在拖慢与中国的FTA建设进程的同时，会把美国推崇的TPP的高标准拿来衡量与中国的FTA，要求中国在诸如环境、劳工和知识产权等原来被作为例外暂时搁置的方面做出明确的改进和回应，而这在客观上设置了中国难以“达标”的标准，增加了中国与这些国家的FTA建设难度。

第二，TPP将对中国力推的东亚一体化发展模式造成冲击。考虑到地区经济政治发展现实，中国一直倡导以“10+3”为主渠道推动东亚区域经济合作，支持东盟在东亚合作进程中处于“驾驶员”位置。美国对TPP的高调介入，对东盟自身的自由贸易区（AFTA）建设产生了很大程度的阻碍作用。这无疑会削弱东盟内部的凝聚力，不仅会在一定程度上干扰东盟经济共同体的建设进程，也使得东盟在东亚区域经济合作中的地位相应弱化，以“10+1”、“10+3”为主渠道的亚洲区域合作受到冲击。作为亚洲经济主力的中日韩三国的FTA战略对本地区的区域经济一体化走向起着向导作用。日本加入TPP谈判使中日韩FTA建设面临更大的挑战。由于美国通过TPP对日韩施加影响，中日韩FTA谈判将不会一帆风顺。目前，亚洲区域经济合作已经形成以TPP、RCEP与中日韩自贸区“三驾马车”并存的格局。日本是同时参加TPP、RCEP与中日韩自贸区谈判的唯一国家。日本加入TPP谈判将改变中美在亚洲区域经济合作中的天平，有可能吸引更多的亚洲国家加入到TPP。即便未来TPP与RCEP都成为现实，那么一个不包括中国的TPP与一个不包括美国的RCEP并存，也会大大降低形成亚洲统一市场的可能性。[①] 在TPP冲击下，中国在东亚地区推进多边合作的进程明显受阻。学者们纷纷开始对中国倡议的东亚合作前

① 李向阳：“如何认识中国和平发展面临的国际经济体系约束？”《现代国际关系》，2013年第4期，第26页。

景持悲观态度。[①] 个别观点甚至认为，由于美国积极领导东亚合作，使得建设“东亚共同体”的目标已经没有可行性。[②]

第三，TPP将冲击中国与相关国家的贸易。目前，外资企业进出口占中国进出口总量的50%，对中国整体对外贸易有着至关重要的作用，如果外资进出口企业母国加入TPP，那么必将导致这些企业和资金回流到面临更低关税和更优惠条件的母国，对中国外贸造成严重的负面冲击。2011年，中国进出口总额中，一般贸易出口首次超过加工贸易出口，一般贸易进出口占进出口总额的52%。加工贸易比例的降低，说明一些低端加工行业正在从中国转移到其他成本相对更低的亚太国家，如越南、墨西哥等。但是目前中国大部分企业的产业升级尚未完成，生产技术也并未得到根本性提升，所以，在中国对外贸易顺差出现增长缓慢的背景下，如果中国主要的东亚贸易伙伴国加入TPP，那么美国等发达国家将把从中国的进口转移到这些TPP成员。与此同时，即使美国能扩大在亚洲的出口，美国出于抑制中国发展的目的，也可能仍将维持甚至加强其对中国的出口管制，限制高科技产品出口到中国，也将使得中国的产品出口竞争力进一步降低。

（二）冲击地区经贸合作

进入新世纪以来，中国经济的快速发展带动与周边国家经贸合作的迅速增长。2013年中国与东亚和南亚国家贸易额超过1.14万亿美元，前十大贸易伙伴中半数来自亚洲，对外投资约七成投向亚洲国家和地区。中国已成为许多亚洲国家的最大贸易伙伴、最

---

① 宋伟：“中国的东亚区域一体化战略：限度、方式与速度的反思”，《当代亚太》，2011年第5期，第43—55页；徐进：“东亚多边安全合作机制：问题与构想”，《当代亚太》，2011年第4期，第92—106页。

② 张蕴岭：“寻找推进东亚合作的路径”，《外交评论》，2011年第6期，第11页。

大出口市场和重要投资来源地。[①]“经济上靠中国”是当前亚太格局二元结构的一大特点，但在美国“再平衡”战略冲击下，中国与亚洲国家的经贸合作也将受到不利影响。

首先，中国对周边国家的经济影响力面临美国的竞争。美国经济复苏及能源革命、再工业化带来的商机，使“10 年来国际商界领袖第一次宣布世界首选投资地点是美国而非中国”。[②] 美国学者认为，为保持对亚洲的经济影响，美国应维持和扩大其市场对亚洲国家的开放，以换取亚洲国家更好保护知识产权，提升美国在亚洲市场上的竞争力。[③] 为与中国争夺对亚太国家的影响力，并拓展经贸利益，美国加大对中国周边国家和地区的经济投入。据统计，美国对东亚—太平洋地区的投资存量在 2012 年达到 6220 亿美元，在 2008 年基础上增长 35%。美国对东亚—太平洋地区的货物和服务出口自 2008 年以来增长 31%，到 2012 年接近 5550 亿美元。[④] 在扩大对亚太投资和贸易的同时，美国还利用发展援助对相对落后的部分亚太国家施加影响。如，2009 年美国发起“湄公河下游倡议”，[⑤] 在 2010、2011 财年美国向湄公河下游地区国家提供了 4.41 亿美元的援助，用于该地区的环境治理、医疗、教育和基础设施建设。2012 年 11 月，奥巴马访问缅甸，期间宣布在未来两

---

① 刘振民：“坚持合作共赢　携手打造亚洲命运共同体”，《国际问题研究》，2014 年第 2 期，第 5 页。

② “President Barack Obama's State of the Union address,” January 28, 2014, http://www.whitehouse.gov/the-press-office/2014/01/28/president-barack-obamas-state-union-address.

③ Derek Scissors, “America's Best Resource is Our Market,” Statement before the Senate Committee on Foreign Relations subcommittee On East Asia and Pacific Affairs on “Rebalance to Asia,” December 18, 2013.

④ Scot A. Marciel, “Economic Aspects of the Asia Rebalance,” Statement before the Senate Committee on Foreign Relations Subcommittee on East Asian and Pacific Affairs, December 18, 2013.

⑤ “Lower Mekong Initiative FAQ's,” http://www.state.gov/p/eap/mekong/faq/index.htm; “Lower Mekong Initiative Progress 2010/2011,” July 22, 2011, http://www.state.gov/r/pa/prs/ps/2011/07/168944.htm.

年内向缅甸提供 1.7 亿美元的援助。

其次，周边国家和地区主动减少对中国的经济依赖。近年来，在与周边国家的政治博弈中，中国偶尔使用经济手段对挑战自身领土主权的国家施以颜色。面对中国的强劲崛起，个别周边国家开始酝酿改变与中国的不对称经济依赖关系。2012 年中日钓鱼岛争端升级后，政治考量及中国劳动力成本上升使日本投资向东南亚等地区转移。据日本对外贸易组织数据，2012 年底，日本在东盟国家的投资存量为 1220 亿美元，高于在中国的 932 亿美元。2013 年前三季度日本在东盟投资 130 亿美元，占同期日本对外投资的 12.5%，按年计算增长 140%，同期对华投资占比为 6.2%。[①] 日本国际合作银行 2013 年 11 月民调显示，中国自 1989 年以来首次失去日本海外投资首选目的地地位，下降为第四。在 2012 年，62.1% 的受访者认为中国是最有前途的投资国，但 2013 年这一比率锐降至 37.5%。[②] 上述动向已对中日双边贸易造成影响：2012 年双边贸易额为 3294.5 亿美元，同比下降 3.9%，日本降为中国第五大贸易伙伴；2013 年双边贸易额为 3125.5 亿美元，下降 5.1%；2014 年双边贸易额为 3066.4 亿美元，同比下降 1%。与 2013 年相比，两国贸易额降幅缩小了 4.1 个百分点。[③] 2011 年 5 月中越海上争端爆发后，越南一些反华分子号召在其国内抵制中国货，并称要对中国进行经济反制裁。

2014 年，围绕中建南钻探项目，中越在西沙海域对峙，越南国内发生了针对中国投资者和企业的打砸抢烧严重暴力事件。据报道，上述暴力事件得到越南国内反华势力的支持。在平时，越南媒体总在有意识地渲染中国产品的低劣以及中国食品给消费者

---

① “Japan Reinforces Economic Ties with Asean,” December 31, 2013, http://country.eiu.com/article.aspx? articleid = 161379200&Country = Japan&topic = Economy&subtopic = Forecast&subsubtopic = Economic + growth.

② Masayuki Tanimoto, “JBIC: China Is No Longer the Most Promising Destination for Japan FDI,” CSIS Japan Chair Platform, February 5, 2014.

③ “2014 年中日双边贸易额同比下降 1%”，《长江商报》，2015 年 1 月 14 日。

带来的不安全感，以期让越南民众不要过分依赖物美价廉的中国商品。2010年后，台湾企业对大陆的投资呈下降趋势，其原因之一就是美欧客户要求台商将生产基地放在东南亚国家。[①] 周边一些国家已开始积极争取与其他区域经济体签署自贸区协议，试图通过贸易转移的方式减轻对中国市场的依赖。

再次，美国因素导致中国与部分邻国关系不稳，间接影响双边经济合作。2011年，缅甸新政府上台后，推进民主化改革进程，并主动向西方示好，美国加快了与缅甸接触步伐，陆续解除对缅制裁，允许美国企业对缅甸投资，放宽对缅甸商品出口美国的限制，同意世界银行、国际货币基金组织和亚洲开发银行等国际金融机构赴缅评估，并提供技术援助。美国利用援助项目对缅甸社会施加政治影响，主要对象是缅甸境内的非政府组织、边远地区的少数族裔以及流亡海外的难民和政治流亡者。这些势力渲染中国投资带来环境污染等问题。2011年9月30日，即缅甸外长吴温纳貌伦访问华盛顿仅一天之后，缅甸总统吴登盛致信缅甸联邦议会，宣布根据“人民的意愿和要求”在其任期内停建中国援建的密松大坝，致使中国公司巨额前期投资血本无归。继密松水坝事件后，中国公司在缅甸又遭遇莱比塘铜矿事件。[②] 受上述事件影响，中国公司对缅甸投资趋于谨慎。缅甸出台的一份外

① 2013年7月2日，台湾中华经济研究院徐遵慈副研究员在中国国际问题研究所举办的“亚太安全形势发展与两岸合作”研讨会的讲话中提到这一点。

② 2012年下半年，缅甸发生了针对中缅合资蒙育瓦莱比塘铜矿的抗议事件，当地农民先是要求增加征地补偿，后又提出项目的环境污染等问题。11月，数百名当地农民、僧侣和维权人士进入莱比塘铜矿作业区抗议，工程施工被迫全部中断。一些抗议者提出与项目无关的政治要求。缅甸政府任命由昂山素季担任主席的调查委员会调查莱比塘铜矿。2013年3月，缅甸调查委员会公布调查报告，认为莱比塘铜矿项目在进行必要的改进措施后应继续推进。根据调查报告的建议，项目公司在增加土地赔偿、环保、山间佛塔搬迁、社区帮扶等方面做出相应的改善，已经符合项目建设的要求。2014年12月22日，莱比塘铜矿项目在缅甸政府的支持下进行围挡扩建工作，受到当地少数村民的阻拦，缅甸警方与示威群众发生冲突，导致1人死亡，20人受伤。

国投资报告显示，2012 年中国企业对缅甸的投资仅为 4.07 亿美元，而此前两年中国对缅投资额分别为 43.5 亿美元和 82.7 亿美元。

最后，中国企业“走出去”面临更多新的壁垒。近年来，美国多次以维护国家安全为由对中国企业在美投资进行限制，这种做法逐渐被其他亚太国家效法。2012 年 3 月，澳大利亚政府以担心来自中国的网络攻击为由，禁止华为技术有限公司参与总投资达 359 亿澳元的全国宽带网设备项目的投标。印度电信部也于 2013 年 1 月以“安全”为由驳回了华为和中兴两公司希望将其列入国内电信设备制造商名单的要求。

四、中国在意识形态领域面临新压力

美国亚太战略调整在优先重视军事、经济领域的同时，对拓展民主、人权也给予了必要关注，这种关注在奥巴马政府第二任期表现更为明显。美国在民主、人权领域的新攻势，一方面表现在对中国内政的直接干预和渗透，另一方面则表现在对中国友好邻邦的西化分化，使中国与相关国家关系面临新的变数。

（一）美国意识形态输出的主要方式

美国“价值观外交”的基本内容就是推广美式“民主”、“人权”、“自由”等价值观，具体看则主要集中在政治民主与自由问题以及包含宗教、少数民族、网络自由等在内的人权问题。由于赤裸裸输出“民主”容易引起对象国的反弹，所以美国的“民主”输出通常以隐性或诱导的方式进行，但也不乏直接向有关国家政府公开施压。

一是制定和开展各种文化教育交流项目。如支持东盟成员国学者赴美交流的“美国－东盟富布赖特计划”、赞助东盟成员国高中生和教育工作者到美国进行交流的“东南亚青年领袖计划”、“10万人留学中国计划基金会”等。

二是积极扶持“公民社会组织”开展活动。美国通过“民主共同体”、“开放政府伙伴关系计划”等政府间合作组织与机制，加强对亚太地区进行“民主”与“人权”价值观的意识形态输出。2013年5月，“民主共同体”部长级会议决定将民主共同体转变为在全球范围推进民主及加强公民社会的创新和行动平台，同时启动了“亚洲民主网络”（Asia Democracy Network）行动计划。美国国务院发言人办公室指出，“这是一项开创性的努力，将汇聚整个亚太地区的民主活动家和决策人士”。[①]

三是极力倡导网络自由。在互联网问题上，美国将互联网自由和安全问题提升到了“人权”高度。2010年1月，时任国务卿希拉里·克林顿就互联网自由发表演讲，严厉批评中国违反国际原则，对网络信息进行管制，并暗示中国必须尊重互联网使用者的基本权利。[②] 美国副国务卿霍马茨明确指出，“美国政府坚决支持对言论自由的尊重，包括因特网言论自由”，言论自由“适用于虚拟世界”。[③] 副助理国务卿贝尔表示，“我们必须继续证明，人权在网上网下同样适用”。[④] 美国国务院在《2012年度人权报告》中极力强调网络言论自由的重要性：“不受限制的媒体报道，包括所有

---

① 美国国务院国际信息局：“在蒙古举行的民主共同体会议简报”，2013年5月1日，http：//iipdigital. usembassy. gov/st/chinese/texttrans/2013/05/20130501146668. html。

② Hillary Rodham Clinton, “Remarks on Internet Freedom,” January 21, 2010, http：//www. state. gov/secretary/rm/2010/01/135519. htm.

③ 美国国务院国际信息局：“副国务卿霍马茨在美中因特网产业论坛上的讲话”，2013年4月17日，http：//iipdigital. usembassy. gov/st/chinese/texttrans/2013/04/20130417145989. html。

④ 美国国务院国际信息局：“亚洲再平衡中的民主和人权——副助理国务卿贝尔谈美国向亚太地区‘再平衡’”，2013年3月20日，http：//iipdigital. usembassy. gov/st/chinese/texttrans/2013/03/20130326144833. html。

新兴形式媒体，对民主社会的运作有着前所未有的重要功能”。[①] 美国已把保护因特网自由作为向公民社会提供支持的核心部分。例如，美国支持“数字卫士伙伴关系”（Digital Defenders Partnership），该伙伴关系向在网上讨论民主和人权问题并因此遭到骚扰、恐吓或逮捕的活动人士、博客作者、公民记者和普通公民提供紧急援助，并已投入1400多万美元，用于加强公民社会要求制定法律和政策为不受限制地上网提供便利的能力。[②]

四是直接谴责有关国家并施加压力。当其他手段不能发挥作用，或者美国认为某国的行为破坏了所谓民主与自由的“普世价值”时，就直接对相关国家加以指责甚至是制裁，以期通过施压使相关国家发生符合美国要求的改变。美国总统国家安全事务助理赖斯明确指出：“不论到哪里，奥巴马总统都在公开和非公开场合重点指出侵犯人权的行为，并帮助各国认识到保护其人民的权利最终符合它们自己的利益。我们运用经济实力对违反人权者施加包括制裁在内的经济压力。我们发挥军事援助和其他形式的双边支持的杠杆作用，鼓励各国履行其国际承诺。”[③]

（二）民主、人权在“再平衡”战略中的分量加重

尽管美国“重返”亚太给人感觉是军事优先，但扩张民主人

---

① 美国国务院国际信息局：“美国国务院《2012年度人权报告》导言”，2013年4月23日，http://iipdigital.usembassy.gov/st/chinese/texttrans/2013/04/20130423146324.html#axzz38fLXxnqM。

② 美国国务院国际信息局：“白宫发布关于美国支持公民社会的简报”，2013年9月25日，http://iipdigital.usembassy.gov/st/chinese/texttrans/2013/09/20130925283473.html#axzz38fLXxnqM。

③ 美国国务院国际信息局：“总统国家安全事务助理赖斯谈促进人权”，2013年12月11日，http://iipdigital.usembassy.gov/st/chinese/texttrans/2013/12/20131211288777.html#axzz38fLXxnqM。

权一直是如影随形。在美国决策层看来，开展“价值观外交”不仅是维系美国同亚太盟友关系的基础，也是影响亚太地区国家价值观取向、构建美国主导的地区规则与制度安排的重要前提。前国务卿希拉里·克林顿高度重视“价值观外交”在美国亚太战略中的地位和作用。她认为，对于民主和人权的宣扬是美国外交政策以及国家战略的基础，同样也是重返东亚战略的根基……推行美国的价值观将有助于从内部保持东亚地区的和平与稳定。[①] 总统国家安全事务助理赖斯指出：“对民主和人权的承诺绝对增强了我国的国家安全，对我国安全最大的威胁往往来自人权纪录最差的国家。”[②]“在这个新世纪初期，我们必须帮助巩固和扩大亚洲各地的民主，使越来越多的人能够充分参与各自国家的政治生活。”[③]针对“再平衡”战略执行中存在的偏重于传统安全领域的问题，助理国务卿贝尔强调“民主”和“人权”对于亚太“再平衡”战略的重要性，“作为美国外交政策中专门新增的内容，‘再平衡’是否也将人权和民主进步作为一个目标？人权和民主治理的进步或不足是否会影响作为更广泛的‘再平衡’初衷的各种目标的实现？当然，这两个问题互为相关，而且问题的答案都是明确肯定的。”[④] 助理国务卿帮办约瑟夫·云在参议院外委会的发言中强调，“尽管‘再平衡’反映了美国政府重视在亚太地区的战略和

① 金灿荣、刘宣佑、黄达：“‘美国亚太再平衡战略’对中美关系的影响”，《东北亚论坛》，2013 年第 5 期，http：//www. faobserver. com/Newsinfo. aspx？ id = 9224。

② 美国国务院国际信息局：“总统国家安全事务助理赖斯谈促进人权”，2013 年 12 月 11 日，http：//iipdigital. usembassy. gov/st/chinese/texttrans/2013/12/20131211288777. html。

③ 美国国务院国际信息局：“国家安全事务助理赖斯谈美国—亚洲关系”，2013 年 11 月 26 日，http：//iipdigital. usembassy. gov/st/chinese/texttrans/2013/11/20131126287931. html。

④ 美国国务院国际信息局：“副助理国务卿贝尔谈美国向亚太地区‘再平衡’”，2013 年 3 月 26 日，http：//iipdigital. usembassy. gov/st/chinese/texttrans/2013/03/20130326144833. html#axzz38fLXxnqM。

经济参与，但维系整个战略的却是我们对推进民主和人权的大力支持。”[①]

为配合美国政府在亚太拓展民主人权，美国国务院在机构设置和经费调拨上都做了调整。在奥巴马第二任期，国务院新任命了负责公民安全、民主和人权的副国务卿，协调并整合了八个职能局和职能办公室的活动和项目。同时，国务院还加强同美国国际开发署（USAID）等其他政府部门的合作，共同推进在亚太地区的价值观外交。根据2013财年预算，美国在亚太地区的“民主投入”相比2012财年同比增长25%。[②] 在2014财年，美国国务院在2012财年拨款基础上，为亚太地区“公正与民主治理”（Governing Justly and Democratically）项目追加30%资金（9860万美元）。亚太局获得的民主、人权和劳工项目资金居美国对各地区援助之首。[③]

（三）因国施策的民主、人权外交

美国在亚太地区促进“人权”和“民主”主要以中国、缅甸、柬埔寨和朝鲜等为目标，因而对中国及友好邻邦的政治社会稳定构成威胁。

奥巴马政府利用民主、人权问题对中国内政进行干涉是全方位的。在西藏问题上，奥巴马自入主白宫以来，不顾中方反对，先后三次会见达赖喇嘛。美国白宫国家安全委员会发言人海登表示，美国强烈支持中国人权与宗教自由，对中国治下西藏地区日益恶化的人权形势表示担忧，“美国将继续敦促中国政府在无先决条件

① 美国国务院国际信息局：“民主、人权和‘亚洲再平衡’”，2013年3月22日，http://iipdigital.usembassy.gov/st/chinese/texttrans/2013/03/20130322144715.html。

② 李铮：“‘温柔’的背后——警惕美国新一轮民主输出”，《世界知识》，2014年第3期，第46页。

③ U. S. Senate Committee on Foreign Relations, “Re-balance the Rebalance: Resourcing U. S. Diplomatic Strategy in the Asia-Pacific Region,” April 17, 2014, p. 20.

前提下恢复与达赖及其代表的对话”。[①]

在香港问题上，针对2017年香港特区行政长官选举问题，2013年11月，美国国会美中经济与安全评估委员会发表长达400多页的年报，其中以40多页篇幅讲述香港及澳门的情况。该报告无视中国领导人多次表达“真心希望香港落实普选”，毫无事实根据地妄言“中共中央无意在香港建立真正的民主，香港2017年可以普选行政长官的机会越来越低”。2014年2月，美国众议院外交事务委员会主席罗伊斯（Ed Royce）等八名成员访港，期间包括公民党、民主党的多名成员获邀举行“密会”。4月4日，在香港政治改革的敏感期，美国副总统拜登在白宫会见访美的香港前政务司司长陈方安生与民主党创党主席李柱铭，称美国将“长期支持香港民主发展”。据美国学者卡塔卢奇披露，陈方安生和李柱铭还与美国国务院辖下的“美国国家民主基金会”及“美国国际民主研究院”开会，阐述“占中”行动的计划、参与人物及诉求等。“占中”事件发生后，2014年10月15日，美国国务院发言人普萨基表示，美国对有关香港警察殴打示威者的报道表示“深切关注”，“我们呼吁香港当局对事件展开迅速、透明、彻底的调查。我们再次向香港当局呼吁展现克制，同时也呼吁示威者继续和平表达意见”。

在人权问题上，美国每年发表国别人权报告，对中国的人权问题说三道四。人权问题有时也成为美方在中美战略与经济对话中对华发难的议题。在互联网自由问题上，美国操控制造了“谷歌事件”。国务卿希拉里·克林顿多次在讲话中批评中国的互联网管理政策。

对缅甸，奥巴马政府以接触和制裁两手并用，促使缅甸转向民主政治，帮助昂山素季重返该国政治舞台。美国希望能将缅甸的

---

① “奥巴马执意会见达赖　外媒：美中关系将怨恨陡增”，《环球时报》，2014年2月23日。

“成功案例”复制到其他国家。[①] 继缅甸之后，柬埔寨成为美国扩展民主的目标。2012 年 11 月，奥巴马总统访问柬埔寨，在与总理洪森的会面中提到了自由选举、政治犯关押等议题。奥巴马向洪森表示，这些问题是美国和柬埔寨发展更深层次关系的“阻碍”。2013 年 7 月，柬埔寨举行大选，由美等西方支持的柬埔寨救国党获得国会 123 个席位中的 55 个，初步实现与执政党平分秋色的局面。但以桑兰西为领导的救国党并不满足，以选举舞弊为由举行长达数月的街头抗议，美国公开为桑兰西说项，并为其提供安全庇护。

对朝鲜，人权问题成为美国政治施压的手段。美国不但在每年的国别人权报告中批评指责朝鲜的人权状况，还支持联合国人权理事会成立朝鲜人权状况调查委员会，发表朝鲜人权报告，指责朝鲜“存在广泛的、有系统的反人类罪”，甚至建议把朝鲜问题提交到国际刑事法院。

需要指出的是，美国一定程度上汲取了在中东地区推广民主人权而引发地区政治动荡及一些国家反美情绪上升的教训，在亚太推进民主人权时立足长远，注意节奏和力度，并避免与对象国现政权彻底搞砸关系，通过接触和经济、外交方面的“奖赏”促使对象国立场松动。此外，新形势下美国在亚太推行民主人权也有争取“民心”的色彩，为其“再平衡”战略争取当地民意支持。因此，美国的民主人权战略在相对“温柔”的外表掩映下，发挥渗透和树立形象的双重作用，对中国的挑战是隐性的，却无时无刻不在。

---

① 美国国务院国际信息局：“克里国务卿关于 21 世纪太平洋伙伴关系的讲话”，2013 年 4 月 19 日，http：//iipdigital. usembassy. gov/st/chinese/texttrans/2013/04/20130419146134. html。

五、中国在国际规则领域面临美国竞争

通过掌控国际规则整合力量和保持优势，是美国不同于以往帝国或霸主国的治理方式。[①] 现有的国际机制或制度主要体现了美国的商业和文化观念，反映着美国式的政体结构和组织原则。美国按照这些政治结构和价值观念，为其他国家制定行为规范，并诱导或敦促其遵循美国的意志，按照美国制定的游戏规则出牌。[②] 进入21世纪以来，以中国为代表的新兴国家在体系内崛起的现实和趋势正在逐渐改变现有的开放、多边规则网络平台的功效。美国感觉其二战后构建的国际规则体系运转效率越来越低，而其控制国际交易网络和交换渠道的成本不断上升，于是开始重塑国际机制和规则，提高其在联盟体系和多边世界中的影响力。[③]

亚太作为新兴经济体最为集中的地区，自然是美国重塑国际规则的施力重点。奥巴马政府相信，在亚太地区力量对比发生重大变化的背景下，掌握游戏规则的制定权是确保美国在本地区主导地位的关键，同时也是美国“软实力”和“巧实力”的体现。因此，“建立与美国价值观和利益一致的、以规则为基础的地区秩序是美国亚洲政策的首要目标。”[④] 前总统国家安全事务助理多尼隆表示，“再平衡”战略的最终目的是“通过塑造亚太地区的行为和游戏规则，保证国际法和惯例获得尊重、商业和航行的自由不被

① 高程：“新帝国体系中的制度霸权与治理路径——兼析国际规则‘非中性’视角下的美国对华战略”，《教学与研究》，2012年第5期，第57页。

② 约瑟夫·奈：《硬权力与软权力》，门洪华译，北京大学出版社，2005年版，第108页。

③ 高程：“从规则视角看美国重构国际秩序的战略调整”，《世界经济与政治》，2013年第12期，第87—90页。

④ Ely Ratner, “Rebalancing toward a Rules-Based Security Order in Asia,” Testimony before the House Armed Services Subcommittee on Seapower and Projection Forces, February 27, 2014.

违背、新兴大国同邻国树立信任感以及保障分歧通过和平手段而不是威胁或胁迫得以解决来促进美国的利益”。[①] 美国重塑国际规则主要集中在经济、安全以及全球公域（Global Commons）等领域。

在经济领域，美国打造新规则的主要平台是 TPP 谈判。TPP 原本只是一个处于雏形的区域合作机制，美国的介入及其通过对 TPP 的诸多方面进行调整和改进，使得 TPP 的目标演变为重新构建新世纪国际贸易和投资规则的新载体，制定 21 世纪贸易自由化新模式。美国的加入提高了 TPP 已有的准入标准，主要表现在：其一，TPP 规定所有商品都要实现自由化，其要求的自由化程度在当前世界上的 FTA 中是最高的。其二，涉及的自由化领域广泛。TPP 不仅包括传统的商品自由化协定，更考虑了劳工、环境、食品安全和国有企业等具有前瞻性和时代性的议题。其三，TPP 要求申请国必须与当前已有成员首先达成双边一致。这一要求也在很大程度上提高了后来国家加入 TPP 的难度。目前，多数参与 TPP 谈判的国家希望中国加入，包括美国在内的少数国家则是希望相关条款谈成后，中国只有接受协定的高标准条款才能加入。为针对中国的国有企业竞争优势，美澳等国将“竞争中立”原则作为协定的重要条款。而且有学者建议，为约束中国，美国必须在现阶段谈判中说服存在类似问题的新加坡、越南达成强有力的竞争中立条款。[②] 在美国通过 TPP 来整合亚太经济谈判的进程中，中国将受到莫大的压力，因为这可能确立以美国为主导的 TPP 模式，从而超越“10＋3”，成为达到亚太自由贸易区的主要路径。并将使得以中国为首的先前未能加入 TPP 协商的亚太经合组织（APEC）会员

① Tom Donilon, “America Is Back in the Pacific and Will Uphold the Rules,” *Financial Times*, November 27, 2011.

② Derek Scissors, “American's Best Resource is Our Market,” Statement before the Senate Committee on Foreign Relations Subcommittee On East Asia and Pacific Affairs on “Rebalance to Asia,” December 18, 2013.

被迫接受由美国利益所主导而制定的TPP规范。[①] 美国希望借助TPP这个全新的制度规范，消解中国在亚太区域经济一体化进程中不断增强的影响力，进而确保美在亚太的地缘政治利益和安全利益。

在地缘政治方面，美国试图插手区域行为准则的构建。早在2010年的美国—东盟峰会上，美国就提出支持东盟和中国制定具有法律约束力的“南海行为准则”。美国高官在与东盟相关国家人员会见时，就此问题不断向中国施加压力。美国政要在多个场合试图为行为准则定调：确保航行自由、合法的商业活动不受阻碍、尊重国际法和规范、和平解决领土争端。[②] 除推动“南海行为准则”外，美国还利用西太平洋海军论坛，与澳大利亚、加拿大等国推动制定《海上意外相遇规则》（CUES），规范亚太地区日益频繁的海上军事行动。

在“全球公域”方面，美国认为，随着中国军事、科技力量的不断增强，中国开始采用非对称手段对美国在海洋、太空和数字空间等领域的自由行动形成挑战。为此，美国一方面强化自身能力，实施“联合行动介入构想”（Joint Operational Access Concept）和“空海一体战”等新军事战略；[③] 另一方面则试图通过或软或硬的手段施压，使中国建立或接受美国主导的全球公域的制度、规则或行为规范。在网络安全领域，美国不断炒作所谓中国黑客攻击。在2013年6月的“习奥会”上，奥巴马明确提出了

① 陈雅莉：“美国的‘再平衡’战略：现实评估和中国的应对”，《世界经济与政治》，2012年第11期，第70页。

② John Kerry, Sectary of State, “Remarks at the ASEAN Ministerial Meeting,” September 27, 2013, http://www.state.gov/secretary/remarks/2013/09/214868.htm; “Remarks by Vice President Joe Biden on Asia-Pacific Policy,” July 19, 2013, http://www.whitehouse.gov/the-press-office/2013/07/19/remarks-vice-president-joe-biden-asia-pacific-policy.

③ Department of Defense, “Sustaining US Global Leadership: Priorities for 21st Century Defense,” http://www.defense, gov./news/defense_ strategic_ guidance.pdf.

“私营部门如何保护网络数据不受剽窃，如何保护开放的强大的互联网机制”问题。为此，双方商定在中美战略与经济对话机制下，专门设立一个网络安全问题工作小组。在同年7月举行的第一次工作组会议上，美国刻意回避“斯诺登事件”中曝光的美国对华网络攻击和监控行为，而在所谓商业盗窃方面向中国施压。[①] 2014年5月19日，美方以所谓网络窃密为由宣布起诉5名中国军官。在太空安全领域，美国认为，随着中国航天技术的进步，中国军力会在相对于美国处于劣势时，发展各种非对称手段遏阻美国，例如使用反卫星武器打击美国的太空和卫星通信。因此美国不但大肆炒作中国的反卫星武器威胁，且开始积极推动建构太空活动的制度和规范。2011年6月，美国表示愿意在联合国和平利用外空委员会担当领导责任。[②] 2012年1月希拉里·克林顿提出，美国准备与欧盟一道制定“太空活动国际行为准则”，以应对不负责任的行为者对太空安全环境带来的挑战。[③] 2012年2月，美国希望与中国建立一条关于太空废弃物的热线电话，以避免飞行器碰撞和太空出现不稳定事件。[④] 2013年4月，美国国务院负责太空和防务政策的副助理国务卿弗兰克·罗斯（Frank Rose）呼吁中美建立太空安全对话机制。[⑤] 罗斯还透露，美国正在努力就太空安全问题与中国进行双边和多边接触。

值得注意的是，美国针对中国运用规则战略的重点并非通过规

① 张喆：“中美网络安全对话进展顺利”，《东方早报》，2013年7月11日，http://www.dfdaily.com/html/51/2013/7/11/1031015/shtml。

② Frank A. Rose, “Defining Space Security for the 21st Century,” June 13, 2011, http://www.state.gov./t/avc/rls/165995.htm.

③ Hillary Rodham Clinton, “International Code of Conduct for Outer Space Activites,” January 17, 2012, http://www.m.state.gov/md180969.htm.

④ “U.S Wants a Space Debris Hotline with China Patterned on the One with Russia,” February 13, 2012, http://www.spacenews.com/article/us-wants-space-debris-hotline-china-patterned-one-russia-0.

⑤ “美国官员呼吁中美建立太空安全对话”，路透中文网，2013年4月12日，http://cn.reuters.com/article/cnBizNews/idCN3S0CZ1K920130412。

则的竞争去消解中国的实力，而是通过操纵国际组织、国际规则和国际社会评价体系，约束中国运用和发挥实力的空间和效果，阻止中国将上升的实力转化为相应的国际地位和影响力。其首要战略目标是，遏制中国在国际规则体系中的权力增长，避免中国在现有国际交易渠道中利用积累的财富和市场规模改变国际秩序和利益分配现状。这一方向性变化使中国开始从西方规则体系的被接纳对象逐渐转变为被钳制对象。[①] 因此，有学者指出，美国希望通过规则的制定把中国不断增强的区域影响力“关进制度的笼子”。[②] 美国还通过操纵规则的解释权和国际舆论，削弱中国崛起的合法性，贬损中国国际形象。美国把中国的海上维权活动描绘成“扩张主义”、“危害航行自由”等言论即是明显的例证。当然，美国还会以此为借口增加其“再平衡”战略针对中国的合理性。

① 高程：“从规则视角看美国重构国际秩序的战略调整”，《世界经济与政治》，2013年12期，第91页。

② 郑安光：“美国对华‘灵活推回’战略评析”，《现代国际关系》，2014年第3期，第3页。

第七章 中国发展战略的升华与“反平衡”

2015年是三个70年叠加：即中国人民抗日战争胜利70周年、世界反法西斯战争胜利70周年和联合国成立70周年。

面对咄咄逼人的美国“亚太再平衡”战略，中国怎么办？战后大西洋体系的二元对立会否在亚太地区重演？中国不可能是美国的盟友，但是应避免成为美国的敌人。自出台“亚太再平衡”战略以来，美国拿班作势，针对、对冲、防范中国的色彩甚浓。对此中国一直从容应对，与其进行巧博弈、巧周旋，该合作的时候就合作，该说“不”的时候就说“不”，既避免因噎废食，又避免迎头相撞。无论合作与斗争，两者或交叉或平行，都是出于维护中国利益的需要。

作为一个正在快速上升的力量，中国崛起大业还差“最后一公里”，不能操之过急，不能随他人起舞，而是应该增加战略定力，保持战略耐心，扎实做好自己的事。中国正基于自身发展的长远需要，运筹国内外两个大局，深化改革，主动进取，推动中国自身发展战略的升级与外交转型，跳出亚太看亚太，跳出周边经略周边。

与中国国内深化改革相向而行的是，中国外交正在经历重要转型，全球着眼，周边着力，气势恢宏，锐意进取。继2012年中国共产党十八大之后，2013年3月“两会”成功召开，确立了以习近平为核心的新一届中央领导集体，随后十八届三中、四中全会为深化改革、依法治国划出了新蓝图。新一届中央领导集体在保持外交大政方针延续性和稳定性的基础上，加强了顶层设计。中国拥有众多周边国家，建国以来第一次周边外交工作会议于2013年成功召开，突出了经略周边在中国发展大局和外交全局中的关键作用，这无论从理论建构，还是从实际效果看，都增强了与美国亚太战略博弈的筹码。

王毅外长说，在继承新中国外交传统和大政方针基础上，以习近平同志为总书记的党中央主动谋划，积极进取，勇于担当，开拓创新，推动中国外交实现良好开局。中国的国际地位得到进一步提升，中国的战略影响得到进一步增强。新形势下的中国外交，以更为宽广的视野、更富进取的姿态，在全球范围内展开。① 从纵向看，此轮中国外交的转型，堪与20世纪70年代末中国迈向改革开放阶段的外交转型相提并论。从横向看，此轮中国外交转型处于“后危机时代”多极化加速发展的新阶段。从内涵看，此轮外交转型则是建立在中国30多年改革开放巨大成果之上，是中国特色大国外交的升华。习近平主席在出席金砖国家领导人第六次会晤并发表重要讲话时强调，中国外交有原则、重情谊、讲道义、谋公正，走和平发展道路。②

习近平主席在2014年11月的中央外事工作会上指出：“我们要坚持合作共赢，推动建立以合作共赢为核心的新型国际关系，坚持互利共赢的开放战略，把合作共赢理念体现到政治、经济、安全、文化等对外合作的方方面面。”③ 这是中国第一次如此鲜明地提出建立“新型国际关系”的宏大构想，为未来中国外交指明了方向，对推动国际关系的演变具有深远的历史和现实意义。

---

① “开启中国外交新征程——王毅外长在‘新起点、新理念、新实践——2013中国与世界’研讨会上的演讲”，2013年12月16日，http://www.fmprc.gov.cn/mfa_chn/zyxw_602251/t1109156.shtml。

② “习近平主席出席金砖国家领导人第六次会晤并发表重要讲话”，2014年7月16日，http://www.fmprc.gov.cn/mfa_chn/zyxw_602251/t1174939.shtml。

③ “习近平在中央外事工作会议发表重要讲话强调，高举和平、发展、合作、共赢旗帜”，载《人民日报》（海外版），2014年12月1日，第一版。

一、实现“中国梦”，拓展更大国际空间

今天的中国正处于一个爬坡过坎的时期，而内外形势要求中国要从谋利到谋势，加强谋篇布局，更加进取有为。国际社会对中国也有更多期待，希望中国不光输出普通商品，还要贡献思想方案。中国能否及时做出积极回应，是对中国能否担当的考验，中国不能以藏着掖着的方式，而是应当自信地把中国的发展方向和意图告诉世界，对与世界各国的合作持开放态度。中国不仅要稳住东面，还要“走西口”。从丝绸之路经济带到中孟印缅经济走廊、中巴经济走廊，再到21世纪海上丝绸之路、中国—东盟自贸区升级版、亚太梦想。亚太自贸区等等，无一不体现了中国外交开拓进取的新态势。

(一)“中国梦”需要和平稳定的国际环境

中国新一届中央领导集体执政伊始，便提出了新理念，展现了新视野。习近平在一系列重大外交活动和讲话中，深刻阐述了中国梦的丰富内涵，着重指出中国梦就是要实现国家富强、民族复兴、人民幸福。中国梦的提出基于习近平对国际与国内两个大势的判断，即和平、发展、合作、共赢的国际大势与富强、民主、文明、和谐的国内大势，充分体现了与时俱进的中国观和中国的世界观。习近平说：“实现中华民族伟大复兴，就是中华民族近代以来最伟大的梦想。到中国共产党成立100年时全面建成小康社会的目标一定能实现，到新中国成立100年时建成富强民主文明和谐的社会主义现代化国家的目标一定能实现，中华民族伟大复兴的梦想一定能实现。”如何为实现中国梦，以及“两个一百年”的阶段性目标，创造更加友善的国际和周边环境，已成为中国外交的

灵魂。

2013年6月，习近平与奥巴马会晤时，重申中国坚定不移走和平发展道路，坚定不移深化改革、扩大开放，努力实现中华民族伟大复兴的中国梦。中国梦要实现国家富强、民族振兴、人民幸福，是和平、发展、合作、共赢的梦，与包括美国梦在内的世界各国人民的美好梦想相通。中国梦的实现需要一个和平、稳定的国际和周边环境。中国将在实现自己梦想的过程中，为亚太地区和世界的和平、稳定与繁荣作出贡献。① 这一思想与十八大报告强调“弘扬平等互信、包容互鉴、合作共赢的精神，共同维护国际公平正义”，提出中国将继续高举和平、发展、合作、共赢的旗帜，坚定不移致力于维护世界和平、促进共同发展的思想一脉相承。由此可见，在进入21世纪第二个十年之际，中国外交的新动力就是要为中国梦的实现创造更加广阔的国际空间。

2013年10月24日至25日，中国周边外交工作座谈会在北京召开。习近平主席说，做好周边外交工作，是实现“两个一百年”奋斗目标、实现中华民族伟大复兴的中国梦的需要，要更加奋发有为地推进周边外交，为我国发展争取良好的周边环境，使我国发展更多惠及周边国家，实现共同发展。准确把握周边外交工作面临的新形势、新目标、新任务，不断增强工作的积极性、主动性、创造性，齐心协力、真抓实干，切实把中央对周边外交工作的大政方针和各项部署落到实处。习近平主席的重要讲话，使中国外交进入了“周边时间”，将周边前所未有地置于中国战略框架顶端，既增加了中国做好周边外交的忧患意识，也为新时期如何切实做好中国周边外交画出了蓝图。

2012年12月5日，习近平在当选中共中央总书记后的首场外事活动中，就对在华工作的外国专家代表说，中国走的是和平发

---

① 杨洁篪谈习近平主席与奥巴马总统安纳伯格庄园会晤成果，2013年6月9日，http：//www.fmprc.gov.cn/mfa_ chn/wjdt_ 611265/gjldrhd_ 611267/t1048973.shtml。

展道路，中国的发展不是自私自利、损人利己、我赢你输的发展，对他国、对世界绝不是挑战和威胁。中国决不会称霸，绝不搞扩张。这本身就是对世界和平的有力维护。习近平这番讲话是有针对性的，特别是针对一些舆论对于中国未来走向的怀疑。随着中国的发展强大，有人担心中国会放弃或偏离和平发展。当然，中国走和平发展道路不会牺牲核心利益，而且其他国家也应走和平发展道路。中国梦的实现需要中国坚定不移地走和平发展道路，需要夯实和平稳定的国际环境。

中国梦是“超级大国”梦吗？中国30多年改革开放的伟大进程，就是对内改革、对外开放，融入国际体系，成为建设者，而不是颠覆者。尽管这一体系并不完美，还有不少需要改进之处，特别是西方发达国家仍把控着联合国、国际货币基金组织和世界银行等重要国际机构的主导权，发展中国家的代表性和发言权不足的矛盾日益突显。中国并非要另起炉灶，而是一直努力融入这一国际体系，这既是对现存体系的肯定与接受，也受益于此，当然，中国的加入大大增强了国际体系的合法性和代表性。尽管这个体系还有不少瑕疵，然而保持它的稳定与开放，对中国仍是利大于弊。反观苏联在冷战时期与以美国为代表的西方世界分庭抗礼而失败，这是一大历史教训。中国改革开放的实践说明，中国可以与这一体系和平相处，并建立更紧密的合作关系，使之为中国的发展服务，而且它还预留了可供中国进一步发展成长的空间。这一判断至关重要，说明中国从自身发展实践得出这样的结论：中国可以与现存的国际体系互利共处，而且中国的融入还将使这一体系更加平衡完善。

中国自身发展就是推动国际体系转型的重要力量。中国已成长为世界第二大经济体，在未来10年左右，中国整体实力将有更大发展，将改写世界力量格局的面貌。中国在政治、外交、军事领域的影响也将扩大，将在许多国际和地区问题上发出更加清晰、响亮的声音。为了回应国际社会对中国的期待，中国坚持奉行独立自主的和平外交政策，将更有想象力地、更主动地参与国际地区热点问题以及跨界问题的解决，顺应时代潮流。

中国所进行的深化改革需要进一步扩大对外开放，而更大的开放将为中国未来的调整与发展提供新助力。改革与开放双轮驱动必将在新的历史时期激发出更加强劲的动力。然而，中国今天的影响力和自身实力还有待进一步提高。对中国而言，还面临着如何让中国经济实力凝聚为外交力量并转化为制度性力量的艰巨任务。中国必须跨越增信释疑的障碍，即如何确保这种力量的转化，是引导国际体系朝着更加公正合理的方向演进的正能量，是对国际体系现代化的贡献，而不被误读为对国际体系的削弱，甚至颠覆。

正如跳探戈需要双方相互配合一样，要实现上述目标，需要中国与外面的世界相互适应，即中国需要适应世界的变化，世界需要时间适应一个不断成长的中国；国际社会需要更加客观公正地理解和看待中国的发展，世界也需要中国发挥更多的建设性作用。总之，中国将继续做国际秩序和国际关系准则的建设者和实践者，同时将更积极有为地参与国际体系的变革与完善，使之更具代表性和合理性。

在这场世纪大博弈中，逆水行舟不进则退，中国没有退路，必须壮士断腕，革故鼎新，才能赢得未来。中国在过去30多年改革开放实践中，走的是发展自己、建设世界的路，中国自己发展，也让别人发展。再给中国30年，中国必将复兴自己，塑造世界。中国正开启新一轮的全面深化改革的事业，苦练内功，巧借外力，内外兼顾，相互促进，平行推进中国的跨越式发展。只有紧密联系国内国际两个大局，才能更深入领会中国在新的历史起点上，实施这场全面深化改革的重大意义。

（二）推进“四个全面”建设，固本强基

党的十八届三中全会通过的《中共中央关于全面深化改革若

干重大问题的决定》（简称《决定》）指出，全面深化改革的总目标是完善和发展中国特色社会主义制度，推进国家治理体系和治理能力现代化。必须更加注重改革的系统性、整体性、协同性，加快发展社会主义市场经济、民主政治、先进文化、和谐社会、生态文明，让一切劳动、知识、技术、管理、资本的活力竞相迸发，让一切创造社会财富的源泉充分涌流，让发展成果更多更公平惠及全体人民。[①] 对此，中国需要重新解放思想，大胆实践。

中国的改革已经进入深水区，低垂之果已经摘光，必须向全面深化改革要发展和振兴的动力。《决定》鲜明提出“三个进一步解放”，即进一步解放思想、解放和发展社会生产力、解放和增强社会活力，全面深化改革能极大增强中国特色社会主义的生机和活力。“我们讲增强‘三个自信’，自信从何而来？就要靠中国特色社会主义比资本主义在发展社会生产力上更有效率，在实现人民权益上更有保障，在激发全体人民的积极性、主动性、创造性和社会活力上更有办法，从而在竞争中赢得比较优势。强调‘三个进一步解放’，也使得改革的价值取向和目标任务更加全面、更加明确，有利于进一步增强党和国家活力，体现中国特色社会主义制度优越性，增强人民对中国特色社会主义的道路自信、理论自信、制度自信。”[②]

向改革要动力、向开放要动力，全面深化改革将是中国新一轮发展的动力所在，其意义不亚于30多年前中国开启的那场改变中国面貌的革命。中国前30年改变自己，后30年将改变世界。那么，今天如何站在全球的角度来看中国改革的地位和作用？

从历史经纬度来看，中国的改革开放是现代人类发展史上最成功的故事之一。发端于上世纪70年代末的改革开放，改变了中国，

---

① “十八届三中全会公报的十大看点”，新华网，2013年11月13日，http://news.xinhuanet.com/politics/2013-11/13/c_118114122.htm。

② 郑必坚：“全面深化改革的重大意义”，《人民日报》，2013年12月4日，第7版。

也改变了世界对中国的看法，它所取得的成就，是当时任何一个伟大预言家没有预见到的。“在过去30多年间，有6亿多中国人摆脱了贫困，对全球减贫事业贡献率达70%。中国经济占世界经济总量的比重从1%提高到12%，目前中国经济增长对全球经济增长贡献率将近30%。中国取得如此巨大的发展成就，最重要的一条经验就是我们坚持立足本国国情，坚持改革开放，走出了一条中国特色社会主义道路。”[①] 这是对人类发展的卓越贡献，联合国及诸多发展中国家对中国在消除贫困等方面的努力与取得的成就赞赏有加。中国的发展向世界提供了一个新的选择，新的可能，尤其对不少发展中国家是一个巨大的激励。它所传递的强大信息是：13亿人的中国能做到，为什么我们不能？世界会因为中国的成功，带动更多人类发展梦想的实现。这正是中国的软实力所在。

其实，改革已经是当下中国的一种生活方式，现在必须要挑战摘取高垂之果。十八届三中全会倡导要深化改革，强调要向改革要动力，向改革要增长。习近平主席多次强调，打铁还需自身硬。李克强总理2014年4月在博鳌亚洲论坛的主旨演讲中特别强调改革的重要意义。但是改革的动力在哪里？改革已经成为当前世界各国在新世纪的一场大竞争、大比拼，新一轮的大国竞争，实质上是改革的竞争，在未来的国家与国家之间、地区与地区之间的竞争当中，谁改革最彻底、最完整、最顺利，那么它将占据未来国际体系的制高点。中国把自己的事情做好，就是要大力推进这场举足轻重的深化改革任务，夯实21世纪这个高耸入云的中国大厦的基础。中国一直马不停蹄地完善自己，影响世界，改革是中国取得成功的钥匙，也是赢得未来的关键。

---

① “习近平接受拉美四国媒体联合采访”，2014年7月15日，http：//www. fmprc. gov. cn/mfa_ chn/zyxw_ 602251/t1174255. shtml。

当今世界不仅是拼发展的时代，也是拼改革的时代。改革比拼是大国竞争的新边疆。环顾全球，谁都需要改革，但又不是谁都能改的。谁改得彻底，谁改得顺利，谁就将占据未来发展的优势地位。习近平说：“中国全面深化改革，不仅将为中国现代化建设提供强大推动力量，而且将为世界带来新的发展机遇。”[①] 中国梦不仅仅是让中国人过上更加美好的生活，而且也是要与亚洲及世界人民共同分享中国发展的机遇。

中国正致力于“四个全面”建设，这是中国治国理政的主要目标与方向。习近平在博鳌亚洲论坛的主旨演讲中说，中国人民正在按照全面建成小康社会、全面深化改革、全面依法治国、全面从严治党的战略布局，齐心协力为实现“两个一百年”奋斗目标、实现中华民族伟大复兴的中国梦而奋斗。这是习近平第一次在国际场合阐述“四个全面”的观点。今天国际社会关注中国，也关注中国国内的政策形势，因为这会影响到中国的对外政策，利用博鳌论坛的机会，阐述中国国内现在在做什么，传递出中国信心，即中国决心把自己的事情做好，以便引领亚洲和世界的和平发展。

（三）确立大安全观，走中国特色国家安全道路

中国国家安全体制机制不断完善。十八届三中全会决定“设立国家安全委员会，完善国家安全体制和国家安全战略，确保国家安全”。[②] 全会提出，创新社会治理，必须着眼于维护最广大人民的根本利益，最大限度增加和谐因素，增强社会发展活力，提高社会治理水平，维护国家安全，确保人民安居乐业、社会安定

---

① “习近平在布鲁日欧洲学院的演讲”，2014 年 4 月 1 日，http：//www. fmprc. gov. cn/mfa_ chn/zyxw_ 602251/t1143288. shtml。

② “中共中央关于全面深化改革若干重大问题的决定”，2013 年 11 月 16 日，《人民日报》（海外版），第 1 版。

有序。要改进社会治理方式，激发社会组织活力，创新有效预防和化解社会矛盾体制，健全公共安全体系。设立国家安全委员会，完善国家安全体制和国家安全战略，确保国家安全。[①] 设立国家安全委员会是中国国家安全体制机制的一大创新举措。为何在此时设立？关于设立国安委的讨论由来已久，现在终于登场亮相，形势使然，水到渠成。它有助于强化中央对国家安全的垂直领导、有助于强化内部协调、有助于强化决策的效率，必将对中国国家安全的维护提供强有力的机制保障。

显然，中国的国安委与其他国家的国安会有所不同，其特点在于强调内外安全的有机结合，即“既重视国土安全，又重视国民安全”。当前中国面临恐怖活动高发的挑战，而恐怖主义就是一种内外联动的安全威胁。

2014 年 4 月 15 日，中共中央总书记、国家主席、中央军委主席、中央国家安全委员会主席习近平，主持召开中央国家安全委员会第一次会议并发表重要讲话强调，要准确把握国家安全形势变化新特点新趋势，坚持总体国家安全观，走出一条中国特色国家安全道路。

习近平指出，当前我国国家安全内涵和外延比历史上任何时候都要丰富，时空领域比历史上任何时候都要宽广，内外因素比历史上任何时候都要复杂，必须坚持总体国家安全观，以人民安全为宗旨，以政治安全为根本，以经济安全为基础，以军事、文化、社会安全为保障，以促进国际安全为依托，走出一条中国特色国家安全道路。贯彻落实总体国家安全观，必须既重视外部安全，又重视内部安全，对内求发展、求变革、求稳定、建设平安中国，对外求和平、求合作、求共赢、建设和谐世界；既重视国土安全，又重视国民安全，坚持以民为本、以人为本，坚持国家安全一切

---

① “十八届三中全会公报的十大看点”，新华网，2013 年 11 月 13 日，http://news.xinhuanet.com/politics/2013-11/13/c_118114122.htm。

为了人民、一切依靠人民，真正夯实国家安全的群众基础；既重视传统安全，又重视非传统安全，构建集政治安全、国土安全、军事安全、经济安全、文化安全、社会安全、科技安全、信息安全、生态安全、资源安全、核安全等于一体的国家安全体系；既重视发展问题，又重视安全问题，发展是安全的基础，安全是发展的条件，富国才能强兵，强兵才能卫国；既重视自身安全，又重视共同安全，打造命运共同体，推动各方朝着互利互惠、共同安全的目标相向而行。[①] 习近平的上述讲话全面阐述了中国的综合国家安全观，高屋建瓴，充分体现了着眼两个大局、运筹内外安全的广阔视野。

中国人民解放军副总参谋长孙建国撰文说：“习主席从世情国情实际出发，突出强调必须毫不动摇地坚持中国共产党对国家安全工作的绝对领导，以人民安全为宗旨，以政治安全为根本，以经济安全为基础，以军事、文化、社会安全为保障，以促进国际安全为依托，在发展和改革开放中促安全，走出一条中国特色国家安全道路。”[②]

中国积极倡导亚洲新安全观，并成功地将这一理念社会化，在2014年5月中国主办的《亚洲相互协作与信任措施会议第四次峰会上海宣言》（简称“亚信”）上获得通过，转化为亚洲国家的共同诉求。要树立新的安全观，首先必须厘清有关亚洲安全的迷思。目前有种观点大行其道，认为只有通过强化亚洲地区的军事同盟关系，才能维护该地区的和平与稳定。美国及其盟友就一直宣扬说，美日军事联盟是亚洲安全的“基石”。这种谎言有意误导了人们对亚洲安全形势的看法，必须戳破。

第一，以军事同盟定义安全的思路，以同盟划线的做法，是以

① “习近平：坚持总体国家安全观　走中国特色国家安全道路”，新华网，2014年4月15日，http://news.xinhuanet.com/politics/2014-04/15/c_1110253910.htm。

② 孙建国：“坚定不移走中国特色国家安全道路”，《国际问题研究》，2015年第2期，第2页

牺牲多数国家的安全来追求少数人的安全。在以和平发展为时代主流的21世纪，作为冷战时期的陈旧思维，以军事同盟求安全的观点已然不合时宜，其合理性早被大大削弱。军事同盟存在的最大“理由”就是要树敌、抗敌，而今天是一个全球化、区域化的时代，相互利益与安全交织，企图将自身安全建立在牺牲别人安全的基础上是缘木求鱼。

第二，为了证明联盟的合理性，往往有关国家需要故意制造对立与冲突。因此一些国家执意在亚洲拉帮结伙，激化地区矛盾，制造紧张与动荡，严重干扰并延缓了亚洲地区的经贸整合进程与经济增长势头，也削弱了政治互信的基础。

第三，美国不再约束日本，而且有意放虎归山，公开高调支持、绥靖日本修宪扩军，如解禁集体自卫权、修改武器出口三原则、在有关领土争端问题上公然偏袒日本立场，对日本的历史修正主义言行听之任之，实则在怂恿日本重新武装。日本的所作所为已经导致东亚地区局势的紧张。与其说美日同盟是东亚安全的“基石”，不如说，它是东亚安全的定时炸弹。

近来年，正是在以美国为首的军事同盟思维的影响下，东亚个别国家自恃有强大盟友做后盾，不惜在敏感问题上铤而走险，采取示强、挑衅的冒险行为，在地区内大肆制造矛盾与分裂。事实胜于雄辩，这种具有鲜明排斥性、对抗性的军事同盟，不仅没能给亚洲带来安全，还强化了亚洲地区的“安全困境”，让亚洲的安全形势变得脆弱而动荡。这已经严重影响、并损害到亚洲国家在政治经济等其他层面的合作成果，打乱了东亚地区经济一体化进程，对亚洲地区和平与稳定构成严峻挑战。

在此情形下，中国正积极推动亚洲命运共同体的建设，旨在建构新的安全内涵，传递各国命运相关、安危与共的信念，以地区的共同安全代替单一国家的绝对安全，以寻求共赢的积极立场淘汰你输我赢的狭隘思维。亚洲事务应由亚洲人民主导解决，亚洲地区的安全应当也完全能够通过亚洲国家间的合作来实现。[①] 2014年5月21日，中国国家主席习近平在上海举行的“亚信”峰会上作主旨讲话，提出积极树立亚洲安全观，共创安全合作新局面。习近平说：“要跟上时代前进步伐，就不能身体已进入21世纪，而脑袋还停留在冷战思维、零和博弈的旧时代。我们认为，应该积极倡导共同、综合、合作、可持续的亚洲安全观，创新安全理念，搭建地区安全和合作新架构，努力走出一条共建、共享、共赢的亚洲安全之路。”习近平强调：“亚洲的事情归根结底要靠亚洲人民来办，亚洲的问题归根结底要靠亚洲人民来处理，亚洲的安全归根结底要靠亚洲人民来维护。亚洲人民有能力、有智慧通过加强合作来实现亚洲和平稳定。”[②]

这一新安全观的思想体现在“亚信”峰会通过的《宣言》中，成为亚洲国家的共识。《宣言》说：“在全球化大背景下，安全的涵义已演变为一个综合概念，安全的跨国性、综合性和联动性日益突出。本地区各国不仅利益与共，而且安危与共。任何一国在安全问题面前都难以独善其身。各国应在迄今已达成共识基础上，谋求共同、综合、合作、可持续安全。”[③] 中国倡导的新安全观并非中国版的“门罗主义”，而是反映了亚洲各国人民的心声，是亚洲新的安全合作选择。

二、发力“一带一路”，构建命运共同体

美国“再平衡”的用意之一，就是企图在中国与周边国家之

① 阮宗泽：“厘清迷思，推动亚洲安全合作”，《人民日报》，2014年5月11日，第2版。

② “习近平：积极树立亚洲安全观　共创安全合作新局面”，2014年5月21日，http：//www. fmprc. gov. cn/mfa_ chn/zyxw_ 602251/t1158070. shtml。

③ “亚洲相互协作与信任措施会议第四次峰会上海宣言”，2014年5月21日，ttp：//www. fmprc. gov. cn/mfa_ chn/zyxw_ 602251/t1158307. shtml。

间打进楔子，从中渔利。鉴此，中国将拓展周边关系作为新时期中国对外政策的优先方向，大力改善同周边国家的友好合作关系，为我国的发展塑造更加和平、稳定、繁荣的周边环境，也推动我国的发展更多惠及周边国家。经略周边，打造中国周边关系的升级版。随着自身的发展，除了贡献经济增长和繁荣之外，中国还要贡献思想与方案，以赢得国际社会的理解与认同。

中国周边外交正在经历华丽的转身。2013 年 10 月中央召开周边外交工作座谈会以来，中国周边外交着力贯彻落实习近平总书记讲话精神，奉行与邻为善、以邻为伴的周边外交方针和睦邻、富邻、安邻的周边外交政策，贯彻亲、诚、惠、容的周边外交理念，愿意同所有邻国和睦相处。中国经济同亚太和世界经济的相互联系、相互依存不断加深。中国将集中精力做好自己的事情，也要努力使自身发展更好惠及亚太和世界。在此思想的指导下，中国周边外交呈现出从经略中寻求稳定的新气象。

（一）“一带一路”助推亚欧非大陆腾飞

中国已进入“丝路时代”，这是因为“丝绸之路经济带”和“21 世纪海上丝绸之路”的畅想，成为推动中国大开放、大发展的两只翅膀，为中国跟亚欧非等国家以及世界其他国家的共同发展找到了对接点。

自 2013 年以来，丝绸之路经济带和 21 世纪海上丝绸之路（简称“一带一路”）无疑是一个高频率的词汇，折射出中国扩大开放，以开放倒逼改革的战略思路。2015 年 3 月 28 日，国家发展改革委、外交部、商务部联合发布了《推动共建丝绸之路经济带和 21 世纪海上丝绸之路的愿景与行动》。[①] 文件勾勒出了“一带一

① 国家发展改革委、外交部、商务部：《推动共建丝绸之路经济带和 21 世纪海上丝绸之路的愿景与行动》，《人民日报》，2015 年 3 月 29 日，第 4 版。

路”的路线图：“一带一路”贯穿亚欧非大陆，一头是活跃的东亚经济圈，一头是发达的欧洲经济圈，中间广大腹地国家经济发展潜力巨大。丝绸之路经济带重点畅通中国经中亚、俄罗斯至欧洲(波罗的海)；中国经中亚、西亚至波斯湾、地中海；中国至东南亚、南亚、印度洋。21世纪海上丝绸之路重点方向是从中国沿海港口过南海到印度洋，延伸至欧洲；从中国沿海港口过南海到南太平洋。文件强调“‘一带一路’建设是一项系统工程，要坚持共商、共建、共享原则，积极推进沿线国家发展战略的相互对接。”

“一带一路”必将重新定义21世纪中国与周边国家和地区的关系。

2013年9月7日，中国国家主席习近平在哈萨克斯坦纳扎尔巴耶夫大学演讲时，提出了共建“丝绸之路经济带”的重要倡议。同年10月3日，习近平在印度尼西亚国会的演讲中阐述了共建21世纪“海上丝绸之路”构想。这“一带一路”的合作理念与倡议，陆海统筹，既传承了古代丝绸之路的精神，又赋予其新的时代内涵，与周边国家中长期发展战略的契合度较高，表达了沿线各国加深国际经济合作的愿望，得到积极回应。

21世纪全球化迅猛发展的大潮，又赋予了丝绸之路新的内涵，那就是开放包容、互利共赢，让欧亚各国经济联系更紧密、贸易空间更广阔、民众往来更便利，形成紧密的利益共同体和命运共同体。“一带一路”沿途多数国家都处于经济转型和经济发展的关键期、成长期，大都制定了针对未来的发展战略，因此加强横向联系，取长补短，有助于密切中国同周边国家在经贸领域的合作。“一带一路”倡议充分反映了地区国家扩大对外经济合作的诉求，符合有关各国共同利益、顺应时代发展潮流，引领了区域合作方向，在地区和国际上反响热烈。

“一带一路”符合中国自身发展的实际需要。当前，中国面临的最大问题就是发展不平衡，特别是东部和中西部发展的不平衡。为解决中西部发展的问题，中国提出了西部大开发战略。现在中国倡议建设丝绸之路经济带，相信随着它的推进，会有大量的资源从东部转移到中西部，带动中西部的发展。因此，丝绸之路经济带的建设将在解决中西部发展失衡问题上发挥积极的作用。

中国致力于构筑一个全方位开放格局。如果说三十多年来，中国更注重的是向东、向海洋的开放，今后中国还要向西开放、向亚欧非大陆开放，该地区具有巨大的发展潜力和发展空间。只有统筹兼顾，发挥好海洋和陆地两个优势，才能更坚实地构建中国全方位的对外开放的布局。这也完全符合亚欧非大陆很多国家的需求，也是它们的愿望，因此，中国提出的想法与各国不谋而合。此外，中国与这些国家本来就有良好的合作基础，丝绸之路经济带的建设就是水到渠成的事，必将提升中国与本地区国家的合作水平，促使各方都从中获益。

当然，由于“一带一路”跨度大，覆盖的地区广阔，情况复杂，因此要未雨绸缪，排除干扰。“一带一路”是新形势下加强互利合作的宏伟构想，涉及许多国家和众多领域，需要参与国之间政策的协调和支持，为经济带建设开绿灯；需要相关合作领域的深入探讨和细致安排。目前，欧亚地区经济发展并不平衡，各国经济实力和发展水平的阶段性差异较大，对参与区域经济合作的诉求不一，难免有人担心，“一带一路”可能冲击或削弱现有的合作机制，损害自身利益。也有人会怀疑中国将其作为地缘战略工具等等。

事实上，无论是丝绸之路经济带，还是海上丝绸之路，都不是要另起炉灶，建立的新机制或新组织，更不是一个固定、封闭、排外的联盟。它是一种合作理念，更是一个发展倡议，它对本地区的其他机制与组织不挂钩、不排斥、不冲突，与该区的其他机制不是零和关系；相反，它是地区国家务实合作的延续与升级，会发挥相互连接、相互补充、相互促进、相辅相承的作用，只会丰富地区合作的内涵，扩大多边合作的平台，拓展多元共生的空间，因此需要沿线各国共同出谋划策，共同努力，共同受益。

“一带一路”是发展倡议，而非地缘政治角力的工具。它给沿线国家带来的是更紧密的关系与合作机会，而非竞争与排斥，是合作共赢，而非你输我赢。“一带一路”有助于建立或营造一个长期稳定的地区安全环境。当前欧亚地区政治风云多变幻，安全形势复杂而严峻。中东北非地区政治动荡，阿富汗安全形势在“后撤军时代”如何演变仍是未定之数；受外部安全形势影响，中亚地区内部“三股势力”回流，宗教极端势力抬头，地区恐怖事件和突发事件增多，有组织跨国犯罪和毒品贩运猖獗；中国与东盟关系也受到一些域内外因素的干扰。在此形势下，尤其需要各方妥善处理分歧，积极扩大合作面，扩大务实合作，以便让好处更快、更多地惠及民众。

“一带一路”无疑是中国新形势下对外开放的优先方向。2013年12月，中央经济工作会议提出，不断提高对外开放水平，推进丝绸之路经济带建设，建设21世纪海上丝绸之路。中国将本着“不主导、不寻求势力范围、不干涉内政”原则，发展与周边国家关系，分享中国发展的机遇，深化与周边国家的睦邻友好。

2015年3月28日，国家主席习近平出席博鳌亚洲论坛2015年年会开幕式并发表题为《迈向命运共同体　开创亚洲新未来》主旨演讲时指出：“‘一带一路’建设秉持的是共商、共建、共享原则，不是封闭的，而是开放包容的；不是中国一家的独奏，而是沿线国家的合唱。‘一带一路’建设不是要替代现有地区合作机制和倡议，而是要在已有基础上，推动沿线国家实现发展战略相互对接、优势互补。目前，已经有60多个沿线国家和国际组织对参与“一带一路”建设表达了积极态度。‘一带一路’建设、亚洲基础设施投资银行都是开放的，我们欢迎沿线国家和亚洲国家积极参与，也张开臂膀欢迎五大洲朋友共襄盛举。”[①] 随着“一带一

① “习近平：迈向命运共同体　开创亚洲新未来”，《人民日报》，2015年3月29日，第2版

路”建设的愿景与行动文件的出台，亚洲基础设施投资银行筹建工作迈出实质性步伐，丝路基金已经顺利启动，一批基础设施互联互通项目已经在稳步推进，“一带一路”正迎来早期收获。

（二）中国与周边守望相助，命运与共

周边外交一直占据中国外交棋局的优先、首要地位。不论是过去、现在还是将来，中国都需要一个和平发展的周边。

从历史经验看，周边的和平与发展对中国的改革开放是最有利的，或者说是一种必要的条件。周边不稳必然会拖累中国的发展或打乱中国的发展进程，新中国成立之后，中国曾被迫卷入了几场冲突与战争，难以集中精力发展经济。自1979年中越自卫反击战后，中国得以有机会将精力转移到国内经济建设上来，而正是这一时期，中国踏上了改变中国命运的改革开放伟大实践征程。这得益于邓小平卓越的战略判断。当十一届三中全会决定将中心任务转移到发展经济上来时，世界还处于冷战后期，而在上世纪80年代，美苏对抗一度还有升级之势，尽管如此，邓小平前瞻性地做出关于和平与发展是时代主题的论述，让中国获得了10年关键的大发展期。换言之，当冷战在90年代终结时，中国已经有了10年改革开放宝贵的发展探索的经验积累，这为中国的腾飞打下了坚实的基础。[①] 可见，对国际形势做出准确的判断能够为中国自身发展赢得更宝贵的机会。新形势下，中国新一届中央领导集体再一次提出“经略周边的重要战略思想，筑牢我国发展的周边战略依托”。[②] 这一战略判断将为实现中国梦指明方向。

中国领导人坚持不懈地推动着亚洲的合作和发展进入新局面。

① 阮宗泽：“中国需要构建怎样的周边”，《国际问题研究》2014年第2期，第12页。

② 杨洁篪：“在纷繁复杂的国际形势下开创中国外交新局面”，《国际问题研究》，2014年第1期，第5页。

无论是习近平，还是李克强的第一次出访，都不约而同地选择周边国家为第一站。中国同周边几乎所有国家开展国家元首和政府首脑级别交往，基本实现了高层交往全覆盖。这并非巧合，说明新一届中央领导集体对中国周边外交的格外重视。仅2013年，习近平主席访问了印尼、出席亚太经济合作领导人会议，李克强总理出席第16次中国－东盟领导人会议、第16次东盟与中日韩领导人会议和第八届东亚峰会，并对文莱、泰国、越南进行正式访问。同时，中国与东盟国家讲信修睦，坚持与邻为善、以邻为伴，主动与周边国家分享中国发展的红利，愿与东盟成为兴衰相伴、安危与共、同舟共济的好邻居、好朋友、好伙伴。

中国领导人注重宣介中国睦邻友好的政策，传递中国和平发展理念，而且不回避问题，努力打消周边国家的疑虑。2013年9月8日李克强接受亚洲国家记者采访时说，理解周边国家的担心，但中国不会重蹈“强国必霸”的历史。他说：“时代不同了，世界进入21世纪，和平与发展的大势更加稳固。中国正是在一个和平大环境中成长起来的，也是以和平方式走向复兴，我们没有理由改变自己和平发展的轨迹。中华民族没有扩张称霸的传统，几千年来形成了亲仁善邻、以和为贵、和而不同的理念，这也是中国与邻为善、以邻为伴周边外交方针的历史根基。”①

中国领导人分别提出多项倡议，释放善意，体现了中国的负责任态度。中国愿意同东盟国家“商谈缔结睦邻友好合作条约”，打造中印缅孟经济走廊、中巴经济走廊，2＋7构想，并提议在东盟建立21世纪“海上丝绸之路”等等。陆海两条“丝绸之路”应运而生，有利于加强周边的互联互通。在这一背景下，中国倡议筹建“亚洲基础设施投资银行”和丝绸之路基金，向本地区发展中国家基础设施建设提供资金支持。这是在以实际行动表明，中国

① “李克强接受东盟国家媒体联合采访”，新华网，2013年10月8日，http://news.xinhuanet.com/world/2013－10/08/c_125496913.htm。

将以自身的发展带动地区的发展，促进本地区互联互通建设和经济一体化进程。

中国与东盟关系保持良好发展势头。这要求中国与东盟始终坚持从战略高度和长远角度看待双方关系，加强对话，积累互信，充实双方关系的战略内涵；坚持通过务实合作促进共同发展；在遇到分歧时，坚持协商一致、互谅互让等原则。下一步，打造中国东盟自贸区的升级版，加强互联互通，以及在区域全面经济伙伴关系（RCEP）的框架下，达成全面、优质和互利的经济合作协议，这将为中国与东盟的企业带来巨大的商机。

不言而喻，周边国家同样需要一个坚持走和平发展道路的中国。历史上，中国与周边枯荣相连，命运与共，中国稳则周边稳，中国兴则周边兴。今天，中国已经成为周边国家的主要市场，是众多国家最大的贸易伙伴。中国在上世纪90年代东亚金融危机中的表现可圈可点，当时中国咬住牙关，坚持人民币不贬值，而且扩大进口，为东亚国家的经济复苏创造了有利的条件，危机转化为合作的契机。东亚国家看到中国在关键时刻勇于担当，增强了与中国合作的动力，带动了东亚区域合作的蓬勃发展。2008年金融危机袭来时，中国再次挺身而出，既保持中国自身经济的稳定增长，又加强与东亚国家的互利合作。2010年中国与东盟自由贸易区诞生，使中国与东南亚国家的合作有了更加坚实的平台，同舟共济。

2013年10月，中国召开了建国以来首次周边外交工作座谈会，确立了今后5—10年中国周边外交的战略目标、基本方针和总体布局，统合思想认识，为周边外交注入了新的活力，开辟了更广阔的前景。习近平在会议上说，“我国周边外交的基本方针，就是坚持与邻为善、以邻为伴，坚持睦邻、安邻、富邻，突出体现亲、诚、惠、容的理念”。他强调：“要着力维护周边和平稳定大局。走和平发展道路，是我们党根据时代发展潮流和我国根本利益做出的战略抉择，维护周边和平稳定是周边外交的重要目标。”①

亚洲已成为促进世界经济复苏的重要引擎，而中国是亚洲发展的重要引擎。中国与周边讲信修睦，致力于把中国梦同周边各国人民过上美好生活的愿望、同地区发展的前景连接起来，让命运共同体意识在周边国家落地生根。

习近平主席强调：“‘远亲不如近邻’。这是中国人很早就认识到的一个朴素的生活道理。中国坚持与邻为善、以邻为伴，坚持睦邻、安邻、富邻，秉持亲诚惠容的理念，不断深化同周边国家的互利合作和互联互通，努力使自身发展更好惠及周边国家。中国已经同8个周边国家签署睦邻友好合作条约，正在商谈签署中国—东盟睦邻友好合作条约，并愿同所有周边国家商签睦邻友好合作条约，为双边关系发展和地区繁荣稳定提供有力保障。”②

当然，中国与周边国家关系还有硬币的另一面，随着中国的发展壮大，周边国家的心态悄然生变。周边国家不仅要适应中国力量的增长所带来的新环境，还要应对中国这一进取外交态势产生的外溢效应。它们一方面期待上升，希望更多分享中国发展的红利，要中国承担更多责任；另一方面担忧滋长，害怕中国在亚洲“一家独大”，挤占其发展空间，走“国强必霸”的老路。在这种双重变化的作用之下，有人深感不适，甚至做出误判，搬起石头砸自己的脚。因为他们觉得无论对中国做什么，中国都只能忍气吞声，似乎习惯了中国的“被动反应”或“息事宁人”，因此还想继续蚕食中国的领土、侵犯中国的核心利益，且中国不能做任何反应，反之就责怪中国不走和平发展道路。有人不适应中国的外交转型，将中国维护国家主权与领土完整的合法行为视为“威胁”，有意渲染中国的“示强外交”。有人滋生一种“只许我动手，

---

① “习近平：让命运共同体意识在周边国家落地生根”，新华网，2013年10月25日，http://news.xinhuanet.com/2013-10/25/c_117878944.htm。

② “习近平：迈向命运共同体　开创亚洲新未来”，《人民日报》，2015年3月29日，第2版

不许你还手”的心理，自恃形势有利，可以得寸进尺。中国将坚定不移地走和平发展道路，但其他国家也要走和平发展道路，如若不然，中国将采取果断的反制措施，维护中国的合法利益，维护亚洲的稳定与和平发展大局。

（三）创新中美邻三边共赢模式

经略周边要求中国妥善处理中美邻三边关系，创新中国、美国与邻国三方合作共赢的模式。如何应对美国的亚太战略新调整，需要减少或消除第三方因素对中美关系的下拉影响。美国将其“重返”亚太称为回应亚太盟友和伙伴的呼声，以增强其合理性。不能不重视的是，与之相伴的是中国一些周边国家对中国的疑虑增多，有的是出于对中国的误解或不了解，有的则是有意渲染中国威胁。一方面，一些国家希望以美制华，让自己左右逢源；而一些国家却又担心中美摊牌，自己左右为难。因此，中美新型大国关系需要经得起第三方的挑拨。中美关系如何处，说到底应当是由中美两家来定义，而不能让任何第三方喧宾夺主。

中国周边正在经历阶段性的大变革，既是矛盾的高发期，也是格局演变的活跃期。一方面，中国的周边几乎汇集了当今世界最为突出的矛盾与冲突隐患，如大国博弈，核不扩散，领土争端，三股势力，社会转型，能源、水资源安全等。另一方面，中国周边亦是世界经济振兴的未来所在，亚洲世纪呼之欲出，吸引着全球的目光。如果说前者是挑战，那么后者必然是机遇，两者相互交织。与此同时，中国的崛起、美国的焦虑和日本的失落三者的变化几乎同时发生，对地区生态产生异常复杂的影响。

中国改革开放顺应了时代潮流，抓住了全球化的机遇，革故鼎新，融入全球体系，取得举世瞩目的成就。正是中国艰苦卓绝的努力，30 多年来中国经济以年均 10% 左右的速度快速增长推动了对外贸易的发展，书写了一个引人入胜的中国故事。

在中国致力于和平发展、聚精会神搞建设的时候，美国却在享受“历史的假期”，后来发动了阿富汗战争和伊拉克战争，2008 年华尔街又爆发了金融危机，这使美国的硬实力和国际形象遭受重创，信心跌落。而日本泡沫破灭，增长停滞，陷入了“失去的 20 年”，加剧了日本的迷失。于是东亚地区出现了结构性的变迁，中国实现了对日本美国的“双超越”：中国 GDP 在 2010 年超过日本，中国在 2013 年超过美国成为世界最大贸易国家。中国官方的数据显示，2013 年全年，中国进出口贸易总额达 4. 16 万亿美元，冲破 4 万亿美元，这是具有里程碑意义的重要关口，意味着中国取代美国成为全球最大贸易国。全年中国贸易总额有望超出美国 2500 亿美元左右。预计在未来几年，中美贸易总额的差距还将不断扩大。[①] 结果是东亚地区由过去的美国一超独大，变成了以中国和美国为代表的两个力量中心，五雀六燕。

尽管中国的超越式发展基于自身的改革开放，然而，有关国家滋生了一种前所未有的焦虑感，甚至有人干脆指责中国吃掉了他们的“午餐”，企图将其国内矛盾转嫁于中国，让中国为其错误埋单。在此情形下，美国的“亚太再平衡”向该地区发出了错误信号，刺激了一些国家铤而走险，挑衅滋事，特别是一些过去的争端被解冻，有的甚至放话要“围堵中国”，周边矛盾高发。而中国所采取的正当防御行为均被渲染成“咄咄逼人”、“过度反应”，甚至进而指责中国要将美国从亚洲赶走，主宰西太平洋。与此相呼应，日本不甘心看到其在东亚地区结构变迁中所处的地位逐渐边缘化，力图以实现“国家正常化”为目标，对外以美国为靠山，对内走民粹主义钢丝，以“中国威胁”为恫吓，企图“逆袭”失去的辉煌。美国与日本同病相怜，惺惺相惜，不约而同地向中国发难。

① “中国超越美国成全球最大贸易国引发强烈关注”，新华网，2014 年 1 月 11 日，http：//www. sn. xinhuanet. com/2014 －01/11/c_ 118924721. htm。

面对美国、日本等挑战，中国没有退缩。2013 年 11 月 23 日，中国政府根据 1997 年 3 月 14 日《中华人民共和国国防法》、1995 年 10 月 30 日《中华人民共和国民用航空法》、2001 年 7 月 27 日《中华人民共和国飞行基本规则》，宣布划设东海防空识别区。[①] 此举有利于中国更有效地维护领空安全和海洋权益，并为中国在钓鱼岛及其附属岛屿进行海空常态化监视、监测及宣誓主权提供法理依据。设立防空识别区，只是中国在回应其他国家对中国核心利益的挑战，与中国致力于和平发展的目标并不矛盾。中国设立防空识别区，表明中国到底是怎么想的，目标是什么，增加了透明度，有利于降低误判的风险，对地区安全是有积极意义的。

但在美国、日本看来，中国的行为仿佛动了其“奶酪”。美国太平洋司令部司令洛克利尔 2014 年 1 月在弗吉尼亚州出席一个海军会议时表示，美国在太平洋不受挑战地控制蓝水及其空域的时代正在终结。在太平洋上，中国的崛起是将美国海军军舰及服役人员置于险境的关键因素。[②] 可见，中国逐渐被描述成美国太平洋霸权的“终结者”。美国日本均表示不承认中国划设的防空识别区。其实中国并非东亚地区第一个防空识别区的划设者，早在 40 多年前，日本就在美国的帮助下设立了防空识别区。它们当时划设防空识别区的时候，从未想过中国的感受，也从未征询过中国的意见，今天却对中国暴跳如雷，百般恐吓威胁。正如中国官方所言，若要中国撤销防空识别区，那日本等国先要撤销后，中国才可以考虑。

由于日本在历史问题、钓鱼岛问题上挑起争端，中日关系跌入低谷。2014 年 11 月 7 日，中国国务委员杨洁篪与日本国家安全保

---

① “中华人民共和国政府关于划设东海防空识别区的声明”，新华网，2013 年 11 月 23 日，http://news.xinhuanet.com/mil/2013-11/23/c_125750439.htm。

② “美太平洋司令谈中国崛起　叹主导优势正在削减”，环球网，2014 年 1 月 17 日，http://world.huanqiu.com/depth_report/2014-01/4764368.html。

障局长谷内正太郎举行会谈，就处理和改善中日关系达成四点原则共识。[①] 这是朝着缓和与改善中日关系的方向迈出的一步。然而，急欲摆脱“战后体制”的日本，弥漫着的焦灼与不安、自大与自卑，将为中日关系增添愈益复杂的因素。中日之间在双边、地区层面的博弈将长期存在。

中国改革开放成功的条件之一就是中国确保了一个和平的周边环境，中国要实现中国梦同样需要一个长期稳定的国际环境。全国人大外事委员会主任委员傅莹表示，中国需要并将致力于构建一个和平的外部环境。过去的几十年中国没有卷入大的国际冲突。在周边，中国积极倡导包容精神，努力通过对话增信释疑，推动各种经济金融合作，为促进亚洲的安全与繁荣作出了贡献。近两年，中国在领土问题上受到个别邻国的挑衅。在历史遗留的领土和领海争议问题上，中国主张搁置争议、共同开发，主张通过对话和平解决，反对制造紧张和冲突。同时，也有必要对一些挑衅行为做出有力反应，目的是促使问题回到对话解决的正确轨道，防止造成溢出效应，威胁地区安全。[②]

诚然，中国和一些邻国存在领土和海洋权益争端。对这些历史遗留下来的复杂问题，中国真诚希望通过协商谈判的和平手段，逐步加以解决，以驱散影响中国与周边国家合作的阴霾。但树欲静而风不止。一些国家不断挑起争端，导致南海、东海波澜起伏。

---

① 这四点共识包括：1. 双方确认将遵守中日四个政治文件的各项原则和精神，继续发展中日战略互惠关系；2. 双方本着“正视历史、面向未来”的精神，就克服影响两国关系政治障碍达成一些共识；3. 双方认识到围绕钓鱼岛等东海海域近年来出现的紧张局势存在不同主张，同意通过对话磋商防止局势恶化，建立危机管控机制，避免发生不测事态；4. 双方同意利用各种多双边渠道逐步重启政治、外交和安全对话，努力构建政治互信。参见杨洁篪会见日本国家安全保障局长谷内正太郎，中日就处理和改善中日关系达成四点原则共识。2014/11/07，http://www.fmprc.gov.cn/mfa_chn/zyxw_602251/t1208349.shtml。

② “傅莹出席慕尼黑安全会议并参加‘全球力量与地区稳定’专题讨论”，新华网，2014 年 2 月 2 日，http://news.xinhuanet.com/2014-02/02/c_119201574.htm。

虽然南海问题并非中国与东盟之间的问题，而是中国与少数声索国之间的分歧，但是越南、菲律宾等国企图利用一切机会，挑拨或绑架东盟与中国关系，增加其在南海问题上与中国讨价还价的筹码。

域外势力对南海及东海的介入并未收敛，其实，在中国与某些周边国家较量的背后是中美角力。在2014年8月东盟外长会议上，美国提议“冻结”南海的行动，然而，除菲律宾外，应者寥寥。针对南海问题，中国提出了“双轨思路”，同时警告域外力量好自为之。李克强总理在东亚峰会上说：“我们明确了处理南海问题‘双轨思路’，即有关具体争议由直接当事国在尊重历史事实和国际法基础上，通过谈判协商和平解决，南海和平稳定由中国和东盟国家共同加以维护。”① 此前，王毅在缅甸内比都出席中国—东盟（10+1）外长会后的记者会上表示，中方赞成并倡导以“双轨思路”处理南海问题。这表明，中国将解决南海争端和维护南海和平与稳定区分处理，强调有关争议应由直接当事国通过友好协商和平解决，南海的和平稳定则由中国与东盟国家共同维护，体现了原则的坚定性与策略的灵活性，得到本地区多数国家理解支持。同时，中国还积极开展磋商，争取在协商一致基础上早日达成“南海行为准则”。

中国将继续推进中国与东盟的互利合作，特别是通过共建21世纪海上丝绸之路，提升中国与东盟国家的合作水平，让更多好处惠及周边。但同时，中国将坚定不移地维护国家的主权、安全和发展利益。中国需要建立自己的信誉，而建立信誉有两种方式：一是以合作的方式；二是以斗争的方式，两者缺一不可。实际上，只要相互尊重，中美邻三边完全可以实现共赢。

---

① “李克强在第九届东亚峰会上的发言（全文）”2014/11/14，http：//www.fmprc.gov.cn/mfa_chn/zyxw_602251/t1210824.shtml。

三、开展中国特色大国外交

全球化的迅猛推进催生了世界力量消长分布的新常态，其特点是由单个霸权国向多个力量中心扩散，世界权力体系正向网络化、扁平化嬗变。由于“其他力量的崛起”，世界的多极化比以往任何时候都显而易见，世界从未出现如此之多的力量中心或潜在的力量中心。以金砖国家为代表的新兴力量的崛起，同时，以印度尼西亚、土耳其、韩国等为代表的中等强国的崛起，使全球政治经济版图正在经历历史性洗牌。然而，全球治理机制却明显滞后，跟不上现实变化的步伐与时代要求。国际上要求改革现行国际机制体制的呼声日益高涨，尽管西方既得利益者不愿放弃丝毫好处，但面对新兴经济体的崛起，不得不做出一些姿态性的妥协。换言之，与历史上国际秩序转型以战争为导向不同，当前这种国际秩序的转型基本上以和平的方式进行，这为大国的合作提供了可能，而合作成为实现自身利益的重要方式。

中国正在构建有中国特色的大国外交。中国将积极构建新型大国关系，为实现世界持久和平不懈努力。① 中国提出建立不冲突、不对抗，相互尊重，合作共赢的新型大国关系，这本身就具有鲜明的时代特征和历史的针对性。这种主动塑造周边、大国、发展中国家以及多边外交，兼具聚同化异，管控分歧内涵的转型外交，将在建立可持续发展的世界新秩序、优化全球治理模式、维护世界的公平正义等方面打上“习式外交”的烙印。

---

① “王毅谈中国特色大国外交”，2013 年 6 月 27 日，http://www.fmprc.gov.cn/mfa_chn/zyxw_602251/t1053777.shtml。

(一) 构建中美新型大国关系

奥巴马政府推出“亚太再平衡”战略，对亚太地区形势的变化，对中美关系以及对中国与周边关系都有着不可忽视的影响。中国如何应对同样会对亚太地区形势、中美关系以及中国与周边国家关系产生至关重要的影响。对于美国高调“重返亚洲”，其动因是复杂而多变的，中国并未惊慌失措，相反，中国沉着应对，以努力构建中美新型大国关系为契机，以包容对待排斥，以双赢应对零和，主动塑造中美关系，维护两国关系健康稳定发展。

当前面对美国的亚太战略新调整，中国一再强调“太平洋之大足以容纳崛起的中国与美国”。2012 年 2 月 13 日，中国国家副主席习近平在访问美国前夕接受《华盛顿邮报》书面采访时表示，宽广的太平洋两岸有足够空间容纳中美两个大国。中国欢迎美国为本地区和平、稳定、繁荣发挥建设性作用，同时希望美方充分尊重和照顾亚太各国的重大利益与合理关切。[①] 这反映了中国寻求在太平洋与美国和平共处的想法，而不是像有的美国人所担心的那样，中国强大后将把美国赶出亚洲。其实，恰恰是美国只想独霸太平洋，而不愿与中国分享。

中国主动为中美关系设置议程是大势所趋。习近平 2013 年 6 月初，在加州安纳伯格庄园与奥巴马会晤。两国元首强调了中美关系的重要性，并在如何推进中美关系未来发展方面达成重要共识，即中美两国不走历史上大国冲突的老路，展现了努力开创大国关系新模式的政治智慧和历史担当。关于中美新型大国关系的内涵，习近平归纳为三句话：一是不冲突、不对抗。就是要客观理性看待彼此战略意图，坚持做伙伴、不做对手；通过对话合作、

---

① “习近平：宽广的太平洋有足够空间容纳中美”，中国新闻网，2012 年 2 月 13 日，http：//www. chinanews. com/gn/2012/02 – 13/3665577. shtml。

而非对抗冲突的方式，妥善处理矛盾和分歧。二是相互尊重。就是要尊重各自选择的社会制度和发展道路，尊重彼此核心利益和重大关切，求同存异，包容互鉴，共同进步。三是合作共赢。就是要摒弃零和思维，在追求自身利益时兼顾对方利益，在寻求自身发展时促进共同发展，不断深化利益交融格局。①

如今，中美关系的内涵与外延已经大大拓展，双边与多边的合作与挑战交织，这种多种特质要求在处理中美关系时，要超越旧式思维。特别是中美如何在亚太地区共处，将是中美能否建立互利共赢的新型大国关系的严峻考验。今天中美之间已经有100多个对话机制，这是前所未有的，在国际上也是独一无二的。两国贸易额2013年已超过5210亿美元，至2013年底，中美双向投资额累计已经超过了1000亿美元。双边互利合作为中美两国人民带来了实实在在的好处，为两国经济发展和世界经济复苏也注入了动力。② 中美正在进行双边投资协定谈判，核心内容包括负面清单等。两国有望在可见的将来，成为彼此最大的贸易伙伴。

世界的未来要求中美两国以负责的态度，确保两国关系不要大起大落，以便为世界和亚洲地区的发展提供公共产品。中美关系不能、也不应当重复历史上大国零和对抗的老套路，只有超越大国必然对抗的历史，创新思路，走互利共赢之路，才能共享未来。一个稳定发展的中美关系有助于东亚秩序的和平转型，有助于管控亚太地区的矛盾分歧，说到底，这才是对世界负责的表现。

如果说前景难以预测，但历史却不能更改。

2015年是中美建交36周年。从过去的敌对、隔阂，到接触、交往、友好，再到今天的互利共赢、建立新型大国关系，中美关

① “杨洁篪谈习近平主席与奥巴马总统安纳伯格庄园会晤成果”，2013年6月9日，http://www.fmprc.gov.cn/mfa_chn/wjdt_611265/gjldrhd_611267/t1048973.shtml。

② “商务部：2013年中美双边贸易额5210亿美元”，中国经济网，2014年1月16日，http://intl.ce.cn/specials/zxxx/201401/16/t20140116_2138950.shtml。

系所取得的巨大成就，是任何人都没能预测到的。中美关系的发展动力是什么？这个动力经历了怎样的变化？回顾中美关系所走过的 36 个春秋，可以看出，推动中美关系发展的动力经历了从外到内的演变进程。

1972 年 2 月 21 日，美国总统尼克松到访北京。尼克松从专机走下舷梯后，主动同前来迎接他的周恩来总理握手。周总理说：“你的手伸过了辽阔的太平洋。”这就是中美关系史上最有名的“跨越太平洋的握手”。它开启了中美关系的新时代。1979 年 1 月 1 日中美正式建交，从此改变了中美关系，也改变了世界政治和大国关系发展的轨迹。

什么原因促成中美的接近？在冷战期间，中美两国能走到一起是因为有一个外部强大的压力，这就是“苏联威胁”，中美需要共同应对。中美两国共同发表了三个联合公报，即 1972 年 2 月 28 日签订的《中华人民共和国和美利坚合众国联合公报》（《上海公报》）、1978 年 12 月 16 日中美两国发表的《中华人民共和国和美利坚合众国关于建立外交关系的联合公报》（《中美建交公报》），1982 年 8 月 17 日签订的《中华人民共和国和美利坚合众国联合公报》（《八·一七公报》）。三个联合公报确立了“一个中国原则”，奠定了中美关系的政治基础。这使得即使在冷战期间，中美关系也一路飚升，合作富有成效。

但是到了上世纪 80 年代末 90 年代初，苏联解体，冷战结束，过去把中美关系粘合在一起的针对“苏联威胁”的战略基础消失了，加上“六四”事件的冲击，美国相当一部分人认为中美关系不再重要了，美国可以为所欲为了，这使中美关系“失速”，进入了一个艰难起伏的时期。直至“9·11”事件发生后，反恐一度成为中美合作的推力，中美关系取得一定的恢复与发展。但是恐怖主义毕竟不及冷战期间“苏联威胁”那种生死存亡的程度，随着反恐逐渐走向疲软，中美开始寻找两国关系所需的替代动力。一度有人认为经贸可以成为中美关系的新动力。应当说，经贸合作取得的巨大成就是中美关系最耀眼的故事。在可见的将来，中美将互为最大的经贸伙伴，前景乐观。但对习惯于地缘战略竞争的决策者而言，经济上的合作固然重要，却仍不能替代冷战时期共同抵御“苏联威胁”的战略需要。由此可见，由于“战略粘合剂”的缺乏，中美关系经历了一段漂移磨合的时期。

面对新形势，中国主动提出“构建新型大国关系”，即“不冲突、不对抗、相互尊重、合作共赢”，这完全可以成为中美在21世纪关系发展的新动力。随着中国的崛起，作为世界第一和第二的两大力量如何相处，是一个绕不开的话题。如果说过去中美关系的动力是靠两国联合起来反对一个外部的威胁，那么现在中美关系的发展动力已经质变——从过去共同“反对”外来敌人，到现在“共建”一个新的合作共赢世界。

2014年3月24日，习近平在海牙会见奥巴马时强调：“去年以来，我们通过各种方式保持密切沟通，达成了一系列重要共识，推动中美关系取得了重要积极进展。你日前给我来信，表示始终致力于发展中美新型大国关系，我对此表示赞赏。双方应该坚持不冲突不对抗、相互尊重、合作共赢原则，以更加积极的姿态、更加有力的行动，加强双边、地区、全球各层面协调合作，有效管控分歧和敏感问题。”[①] 习近平这一讲话，着眼大局，但也向美国提出了要求。他特别指出，美国在东海南海问题上，要采取客观公允态度，分清事非。这是对美国介入东海南海问题的善意警告。

中美关系有多重要，就有多复杂。这从美国对中美共同构建新型大国关系的复杂心态上也能窥探一二。首先，美国认为过去一直是美国在定义中美关系，现在却轮到中国为中美关系定调，美国还一时难以接受，心有不甘。其次，要美国接受中国的大国地

---

① “习近平会见美国总统奥巴马”，2014年3月25日，http：//www. fmprc. gov. cn/mfa_ chn/zyxw_ 602251/t1140458. shtml。

位尚需时日，虽然表面不反对新型大国关系提法，但内心的抵触溢于言表，认为如完全接受中国的提法，就等于承认中国的大国地位，接受中国想与美国平分秋色的诉求。如当中国说太平洋之大足以容纳中美两国时，有人就迟疑不决，担心中国要与美国划洋而治。第三，美国有人对“相互尊重”表示不解。原因在于他们对两国意识形态差异的担心无处不在，而且对这种差异的容忍度小于中国。中国更加务实，强化合作共赢，超越意识形态，随着中国力量的增强，中国更显得大度包容，而美国却显得小气排斥。针对上述担心和疑虑，习近平提出了“相互尊重、聚同化异”的思想，重申对建立中美新型大国关系的坚定信心。2014 年 7 月 9 日至 10 日，中美第六轮战略与经济对话在北京举行，双方进一步确认了维护中美关系战略稳定、建立新型大国关系的承诺。

毫无疑问，中美关系是当今世界最重要的双边关系，机遇前所未有，挑战也前所未有。习近平就建立新型大国关系，与奥巴马进行深入“对表”，旨在加强对两国关系未来的引领与塑造，为中美即将来临的权力转移拓展战略缓冲。两国元首不仅通过面对面的直接交流与对话，也保持电话和书信沟通，多次重申共建新型中美关系、建设性地管控分歧，共同规划中美关系的路线图，这对两国关系下一个关键十年的发展，具有定调的作用。正如习近平在第六轮中美战略与经济对话开幕式上所讲：“只要我们双方坚持相互尊重、聚同化异，保持战略耐心，不为一事所惑，不为一言所扰，中美关系大局就能任凭风浪起、稳坐钓鱼台。”[①] 2015 年 2 月，中美提前 7 个多月就宣布习近平主席定于 9 月下旬对美国进行国事访问，表明双方均想以此妥善规划中美关系，特别是在美国进入选举季之后，确保两国关系顺利过渡到下届政府。

① “习近平：努力构建中美新型大国关系——在第六轮中美战略与经济对话和第五轮中美人文交流高层磋商联合开幕式上的致辞”，2014 年 7 月 9 日，http: //www. fmprc. gov. cn/mfa_ chn/zyxw_ 602251/t1172747. shtml。

（二）中俄关系展现高水平与特殊性

中俄互为最大邻国，互为战略依托，双方均把对方的发展视作机遇，中俄战略协作伙伴关系的内涵不断丰富，两国关系呈现高水平与特殊性。俄罗斯兼具大国与周边国家的双重属性，在中国外交布局中地位独特。中俄日益走近的动力主要原因来源于两国的自身发展需要，两国合作潜力巨大，在投资、能源、高科技创新等领域尤其突出。2001 年 7 月 16 日，双方签署《中俄睦邻友好合作条约》，在维护主权、领土完整、国家安全等涉及两国核心利益的问题上相互坚定支持。普京在 2012 年第三次当选俄罗斯总统后，一如既往地重视发展对华关系，中俄关系进入快车道。

中俄领导人保持着密切的高层交往。2013 年 3 月，习近平就任国家主席后首访即选择俄罗斯。之后，中俄元首频频会面，有力地强化了两国的全面战略协作伙伴关系。2014 年中俄元首会晤实现新年“开门红”。2 月 7 日，习近平主席应邀专程出席索契冬奥会开幕式，并与普京总统进行了亲切会见。这是中国国家元首首次出席在境外举办的大型国际体育赛事开幕式，在一些西方领导人抵制索契冬奥会的情况下，习近平的到来体现了中俄全面战略协作伙伴关系的高水平和特殊性，使普京有一种患难见真情的感慨。“邻居办喜事，我当然要专程来当面向你贺喜。”习近平在索契会见俄罗斯总统普京时的这番讲话，真诚朴实、打动人心。这是习近平 2013 年 3 月就任国家主席以来，连续第二年首次出访即到访俄罗斯，也是两国元首在不到一年的时间内第六次晤谈。

2014 年 5 月 20 日至 21 日，普京对中国进行国事访问，并出席在上海举行的亚洲相互协作与信任措施会议第四次峰会。这是在克里米亚并入俄罗斯之后，普京展开的一次重要外交活动，使得中俄关系如何发展备受关注。3 月 16 日，克里米亚就是否加入俄罗斯联邦进行了全民公决。根据投票的最终统计结果，约96.77%的选民赞成加入俄罗斯。3月17日，克里米亚最高委员会向俄罗斯提出申请，请求作为联邦主体加入俄罗斯。同日，普京签署总统令，承认克里米亚共和国为独立的主权国家。第二天，普京签署文件，批准关于克里米亚加入俄罗斯联邦的国家间协议草案。一石激起千层浪。美国欧洲旋即宣布了对俄罗斯一系列的政治外交经济制裁措施，俄罗斯与西方关系急转直下。

普京正是在此背景下到访中国，并借此向西方表明，俄罗斯并不孤立，西方不亮东方亮。5月20日，习近平同普京举行会谈，就中俄关系及重大国际和地区问题深入交换意见，达成高度一致。两国元首对当前中俄关系全方位、多层次顺利发展表示满意，决定不断扩大和深化务实合作，把中俄全面战略协作伙伴关系推向更高水平。习近平强调，中俄是友好邻居，也是世界舞台上的重要力量。中俄进一步发展全面战略协作伙伴关系，是促进国际公平正义、维护世界和平发展的需要，是两国共同发展繁荣的需要，也是世界多极化发展的必然选择。2015年是世界反法西斯战争暨中国人民抗日战争胜利70周年。“我和普京总统商定，举行庆祝和纪念活动，同世界各国人民一道，致力于维护二战胜利成果和战后国际秩序，决不允许法西斯主义和军国主义野蛮侵略的悲剧重演。”①

引人注目的是，中俄在普京访华期间签署了一份“世纪合同”。2014年5月21日，习近平和普京在上海共同见证中俄两国政府《中俄东线天然气合作项目备忘录》、中国石油天然气集团公司和俄罗斯天然气工业股份公司《中俄东线供气购销合同》的签署。根据双方商定，从2018年起，俄罗斯开始通过中俄天然气管道东线向中国供气，输气量逐年增长，最终达到每年380亿立方

① “习近平同俄罗斯总统普京举行会谈，强调扩大和深化务实合作，把中俄全面战略协作伙伴关系推向更高水平”，2014年5月20日，http：//www.fmprc.gov.cn/mfa_ chn/zyxw_ 602251/t1157753.shtml。

米，累计 30 年。[①] 尽管中俄早在 10 多年前，就开始了有关谈判，但囿于价格分歧，一直没有谈妥。此次双方均展现了灵活性，特别是领导人关键时刻拍板，使这一旷日持久的谈判尘埃落定，达成了被称为“世纪大单”的合同，夯实了中俄的能源战略联盟关系。

中俄还发表了《关于全面战略协作伙伴关系新阶段的联合声明》，强调反对单边安全：“双方始终不渝地捍卫国际关系中安全不可分割的原则。单方面在全球范围内发展反导系统不利于国际局势的稳定，只能损害全球战略稳定和国际安全。应通过所有相关国家共同采取政治外交努力，防止弹道导弹和导弹技术扩散，不能试图靠牺牲其他国家的安全来保障本国和某个国家集团的安全。”[②]

中俄关系更加紧密，主要是双方面临共同的发展与振兴经济的重任，但俄罗斯在国际上受到美国的挤压，增加了俄罗斯深化与中国合作的战略取向。乌克兰危机爆发和克里米亚并入俄罗斯，使俄罗斯与西方关系遭遇“滑铁卢”，西方将俄罗斯开除出“八国集团”，加大对俄罗斯的经济制裁与外交孤立，让俄罗斯身处欧亚却心向西方的幻想破灭。其实以前俄罗斯虽然加入了八国集团，但仍然被排除在西方核心圈之外。而八国集团早已式微，二十国集团的崛起已经埋葬了八国集团，此次西方将俄罗斯开除出八国集团，不过是黔驴技穷。

当然，美国并未放松在亚太地区的“再平衡”，针对中国的意图愈益明显，特别是不断强化与日本、菲律宾等国的关系，介入东海和南海，企图对中国形成多点多线的压制。这在客观上，使中俄相互借重，加快了共同应对美国的步伐。中俄将共同构建一种新型的关系，这一关系不是结盟却胜似结盟。美国同时在亚欧

① “习近平和普京共同见证中俄东线天然气合作协议签署”，人民网，2014 年 5 月 22 日，http://politics.people.com.cn/n/2014/0522/c1024-25048256.html。

② “中俄关于全面战略协作伙伴关系新阶段的联合声明”，2014 年 5 月 20 日，http://www.fmprc.gov.cn/mfa_chn/zyxw_602251/t1157763.shtml。

大陆对中俄两线作战，是一个错误。2015 年是世界反法西斯战争暨中国人民抗日战争胜利 70 周年。中俄两国作为第二次世界大战亚洲和欧洲的两个主战场，将共同举办一系列庆祝活动，包括安排两国领导人相互出席对方举办的相关庆祝和纪念活动。这将进一步加强中俄的战略协作。

（三）中欧关系更上层楼

中欧关系是中国开展大国外交的重要组成部分。中欧作为最具代表性的新兴市场国家和发达国家集团，对构建多极世界拥有重要的战略共识，是维护世界和平的两大力量。中欧经济总量占全球的三分之一，是促进共同发展的两大市场。中欧作为东方文明的重要代表和西方文明的发祥地，人口相加占世界的四分之一，是推动人类进步的两大文明。中欧之间不存在根本利害冲突，共同点远大于分歧，而且双方都处在改革和发展的关键阶段，中欧关系面临新的历史机遇。深化互利共赢的中欧全面战略伙伴关系，将为双方各自发展提供助力，并为世界的和平与繁荣作出重要贡献。

2014 年 3 月底 4 月初，习近平对欧洲进行了访问，对未来的中欧关系的发展规划了蓝图。期间，习近平出席在荷兰海牙举行的第三届核安全峰会，对荷兰、法国、德国、比利时进行国事访问，并访问了联合国教科文组织总部和欧盟总部。习近平在访问中，着重向欧洲、向世界说明中国。比如他在中法建交 50 周年纪念大会上的讲话中提出了“醒狮论”：“拿破仑说过，中国是一头沉睡的狮子，当这头睡狮醒来时，世界都会为之发抖。中国这头狮子已经醒了，但这是一只和平的、可亲的、文明的狮子。”[①]

---

① “习近平在中法建交 50 周年纪念大会上的讲话”，2014 年 3 月 28 日，http：//www. fmprc. gov. cn/mfa_ chn/zyxw_ 602251/t1141773. shtml。

习近平在比利时布鲁日欧洲学院发表重要演讲，耐心细致地向欧洲听众介绍中国。他说：第一，中国是有着悠久文明的国家。第二，中国是经历了深重苦难的国家。第三，中国是实行中国特色社会主义的国家。第四，中国是世界上最大的发展中国家。第五，中国是正在发生深刻变革的国家。[①] 习近平刻画出了当下中国所表现的“五位一体”的多元属性，有助于推销中国的国际形象。

2014 年 3 月 28 日，习近平在柏林同德国总理默克尔举行会谈，双方决定将两国关系提升为全方位战略伙伴关系，为中德关系发展进一步确定了方向。习近平指出，未来几年是中德各自改革发展的关键时期，也是两国实现共同增长进步的关键时期。中德不仅仅是经济伙伴，更是政治伙伴和战略合作伙伴。我们决定建立全方位战略伙伴关系，着手制定中德中长期行动纲要，这是重大举措。中方愿同德方一道，本着精雕细琢和开拓创新精神，共同规划和设计各领域合作，塑造两国关系美好未来。[②]

2013 年中欧领导人会晤顺利举行，并达成面向 2020 年的合作方案。欧洲理事会主席赫尔曼·范龙佩和欧盟委员会主席若泽·曼努埃尔·巴罗佐于 2013 年 11 月 20 日至 21 日来华出席第十六次中国欧盟领导人会晤。双方就战略伙伴关系、各自国内发展和经济形势、贸易和投资关系、双边合作、国际和全球性问题坦诚交流，并取得积极成果。双方共同宣布启动中欧投资协定谈判，共同制定《中欧合作 2020 战略规划》，确定了中欧在和平与安全、繁荣、可持续发展、人文交流等领域加强合作的共同目标，这必将促进中欧全面战略伙伴关系在未来数年的进一步发展。中国—中东欧国家领导人会晤于 2013 年 11 月 26 日在罗马尼亚首都布加勒斯特举行，李克强总理率团出席，围绕“合作共赢，共同发展”

---

① “习近平在布鲁日欧洲学院的演讲”，2014 年 4 月 1 日，http://www.fmprc.gov.cn/mfa_chn/zyxw_602251/t1143288.shtml。

② “习近平同默克尔举行会谈，宣布建立中德全方位战略伙伴关系”，2014 年 3 月 29 日，http://www.fmprc.gov.cn/mfa_chn/zyxw_602251/t1142148.shtml。

的主题，共商合作发展大计。这既是新兴力量之间的合作，也是增强中欧合作的重要组成部分。

2014年7月德国总理默克尔访问中国，这是默克尔蝉联德国总理后首次访华。习近平指出，中德互为战略伙伴，又都是大国，双方应该在世界大棋局里审视和运筹中德关系，相互尊重，相互谅解，交流互鉴，不断增进战略沟通与互信，加强战略协调与合作，共同推动全球经济治理和国际体系变革发展，促进世界和平、稳定、繁荣。[①]

总的看，中欧关系正处于发展的快车道上，中国在全面深化改革，而欧洲正处于主权债务危机后的“疗伤”阶段，双方都有加强合作的强烈愿望，这将推进中欧关系向前迈进。自2003年10月中国政府发表首份对欧盟政策文件以来，中欧全面战略伙伴关系实现首个十年的重要发展。中国与欧盟以年度领导人会晤为重要引领，以政治、经贸、人文为三大支柱，发展全方位、多层次、宽领域合作，深入推进全面战略伙伴关系。中国是欧盟第二大贸易伙伴，欧盟连续十年保持中国第一大贸易伙伴地位，双方2013年年度贸易额突破5500亿美元，人员往来超过每年500万人次。双方合作应对国际金融危机，推进全球治理改革，就重大国际和地区问题加强沟通协调，为促进世界和平、发展、合作作出重要贡献。

2014年4月2日，就在习近平主席结束欧洲之行时，中国发表了对欧盟的政策文件——《中国对欧盟政策文件：深化互利共赢的中欧全面战略伙伴关系》。该文件说，在中欧全面战略伙伴关系步入第二个十年的重要时刻，中国政府制订第二份对欧盟政策文件，目的是在总结过去十年中欧关系发展成就的基础上，结合国内外形势发展，昭示新时期对欧盟政策目标，规划今后五到十

---

① “习近平会见德国总理默克尔”，2014年7月7日，http://www.fmprc.gov.cn/mfa_chn/zyxw_602251/t1172246.shtml。

年合作蓝图，推动中欧关系实现更大发展。[①] 习近平的访问和该文件的发表，体现了中国对欧洲的重视，并且将与其深化合作确立为中国重要的外交方向。

（四）结伴不结盟，完善全球经济治理

构建全球伙伴关系网络是中国外交的一大特色。冷战是以结盟对抗为标志的时期。在后冷战时代，需要有超越冷战思维的国际关系，才能给世界以新的希望。中国及时总结历史经验教训，探索走出了一条结伴而不结盟的新路。习近平指出，“志同道合，是伙伴；求同存异，也是伙伴”。截至目前，中国已同67个国家、5个地区或区域组织建立了72对不同形式、不同程度的伙伴关系，基本覆盖了世界上主要国家和重要地区。伙伴关系有三个基本特征，即平等性、和平性与包容性。可见，伙伴关系与军事同盟最大的区别是不设假想敌，不针对第三方，排除了军事因素对国家间关系的干扰，致力于以合作而非对抗的方式，以共赢而非零和的理念处理国与国关系。[②] 广结善缘的伙伴关系使中国能超越意识形态、地缘政治的束缚，在国际上占据更加主动灵活的地位。

2008年爆发的全球金融危机催生了20国集团，使之成为全球经济治埋主要机制，它的诞生意味着八国集团寿终正寝，一批新兴市场国家的崛起。虽然20国集团在2010年达成推动国际货币基金组织（IMF）份额和治理改革方案，却迟迟得不到美国的批准而引发广泛不满。习近平2014年在参加20国集团会议时呼吁：“我们要以此为契机，建设公平公正、包容有序的国际金融体系，提高新兴市场国家和发展中国家的代表性和发言权，确保各国在国

---

① “深化互利共赢的中欧全面战略伙伴关系——中国对欧盟政策文件”，2014年4月2日，http：//www. fmprc. gov. cn/mfa_ chn/zyxw_ 602251/t1143397. shtml。

② “王毅：2014，中国特色大国外交风生水起”，2014/12/31，http：//www. fmprc. gov. cn/mfa_ chn/zyxw_ 602251/t1224950. shtml。

际经济合作中权利平等、机会平等、规则平等。要加快并切实落实国际货币基金组织改革方案，加强全球金融安全网。”[①]

近来，中国同新兴市场国家团结协作和战略沟通不断加强，打造开放、包容、合作、共赢的金砖精神，宣布成立金砖国家开发银行和应急储备安排。中国倡导建立的亚洲基础设施投资银行（简称“亚投行”），广受世界追捧，出现一股炙手可热的“亚投行现象”。中国国家主席习近平、国务院总理李克强 2013 年 10 月访问东南亚时先后提出，筹建亚投行的倡议，旨在以此满足亚洲地区基础设施融资的巨大需求。亚投行旨在支持亚洲国家基础设施建设，促进地区互联互通，推动区域经济发展。亚投行的法定资本为 1000 亿美元。

作为第一个七国集团成员，英国在 3 月 12 日表示将加入亚投行成为创始成员。美国白宫指责英国“不断迁就”中国。[②] 越来越多的国家争先恐后地赶在 4 月 1 日前向亚投行递交申请，以便成为意向创始成员国，截至 4 月 15 日，亚投行意向创始成员国共有 57 个。因此，各意向创始成员同意以国内生产总值衡量的经济权重作为各国股份分配的基础，中国将持有最大股份。西方七国集团中五国已加入了亚投行，而美国和日本担心亚投行将与美国与日本主导的世界银行（WB）和亚洲开发银行（ADB）展开竞争，不过是自寻烦恼。实际上，亚投行不仅不会削弱现行的国际金融体系，相反会增强其作用。

四、“义”字当头，夯实发展中国家基础

综观中国外交，深化同发展中国家的合作格外引人注目。习近

① “习近平在二十国集团领导人第九次峰会第一阶段会议上的发言（全文）”，2014 年 11 月 15 日，http：//www.fmprc.gov.cn/mfa_chn/zyxw_602251/t1211452.shtml。

② US attacks UK over China stance，The Financial Times，13 March 2015，p. 1.

平主席与李克强总理的出访都将非洲、拉美、亚洲等发展中国家放在相当显赫的位置。无论是在政治、经济、人文交流等方面都有了新的突破。尤其引人注目的是，中国领导人适时提出了中国在对外交往中，要坚持“正确的义利观”，这已经成为中国与发展中国家深化合作的重要指导思想。习近平在接受拉美四国媒体联合采访时，特别讲到如何坚持“正确的义利观”。他说：“我们将更加积极有为地促进共同发展，坚持正确义利观，义利并举、以义为先，促进南北对话和南南合作，特别是帮助发展中国家实现自主和可持续发展。”①

2013 年习近平主席访问坦桑尼亚等非洲三国，会见十多位非洲国家领导人，习主席分别在多场演讲中充分阐述了中国对非洲、拉美、东盟的关系，宣布了一系列支持非洲的新措施，签署了 40 多个合作文件，包含了一批有利非洲国计民生的大项目。习近平主席特别提出，要以正确的义利观为指导，加强与发展中国家的务实合作。非洲国家领导人有力批驳所谓中国在非洲推行“新殖民主义”的谬论，高度赞赏中国奉行的对非政策。习近平主席出访墨西哥等拉美三国，签署 24 项合作文件，与加勒比地区 8 国领导人分别举行双边会谈，宣布支持加勒比国家经济和社会发展的一系列新举措，受到各方热烈欢迎。王毅外长说：“中国将大力弘扬新型义利观，构建与发展中国家的命运共同体，当发展中国家需要时，中国就在身边。”②

当然，中国重视多边外交的作用，并积极参与其中。金砖国家、上海合作组织和 20 国集团，都是中国参与创立的重要国际机制，均是中国主要借重的国际多边平台，对拓展和塑造中国与世界的关系颇具特殊意义。2014 年 7 月 15 日，金砖国家领导人第

① “习近平接受拉美四国媒体联合采访”，2014 年 7 月 15 日，http：//www. fmprc. gov. cn/mfa_ chn/zyxw_ 602251/t1174255. shtml。

② “王毅谈中国特色大国外交”，2013 年 6 月 27 日，http：//www. fmprc. gov. cn/mfa_ chn/zyxw_ 602251/t1053777. shtml。

六次会晤在巴西福塔莱萨举行。习近平发表了题为《新起点　新愿　景新动力》的主旨讲话，习近平强调：“金砖国家在许多重大国际和地区问题上共同发声、贡献力量，致力于推动世界经济增长、完善全球经济治理、推动国际关系民主化，是国际关系中的重要力量和国际体系的积极建设者。”①

“正确的义利观”是中国历来所坚持的“和平共处五项原则”、“建立公平合理的国际政治经济新秩序”、“促进国际关系民主化”等一系列立场原则在新时期的反映和升华。在可预见的将来，中国的国力将进一步提高，也可能在某些方面取得突破。尽管如此，中国仍将长期属于发展中国家，正缘于此，加强同发展中国家、新兴经济体的合作友好关系更具战略性和持久力。

五、探索中国特色解决国际热点的方式

当前国际热点此起彼伏，中国在维护世界和平与安全、促进人类发展和进步以及解决全球性问题和挑战等方面，认真履行自己应尽的国际责任。中国作为安理会常任理事国，积极参与斡旋，在国际热点问题上不缺席，不失声，勇于担当，积极作为。2014年12月31日，习近平主席在2015年新年贺词中说：“中国人民关注自己国家的前途，也关注世界的前途。非洲发生了埃博拉疫情，我们给予帮助；马尔代夫首都遭遇断水，我们给予支援，许许多多这样的行动展示了中国人民同各国人民同呼吸、共命运的情怀。”② 面对埃博拉疫情这一公共卫生危机，中国第一时间向非洲兄弟伸出援手，向疫区国及周边国家先后提供总计7.5亿元人民币

---

① “习近平主席出席金砖国家领导人第六次会晤并发表重要讲话”，2014年7月16日，http://www.fmprc.gov.cn/mfa_chn/zyxw_602251/t1174939.shtml。

② “国家主席习近平发表二〇一五年新年贺词”，2014年12月31日，新华网，http://news.xinhuanet.com/2014-12/31/c_1113846581.htm。

援助，派出1000多人次的中国传染病专家和医疗人员赶赴一线参与救援，在疫区及时援建治疗中心。

在朝核、叙利亚、伊核等问题上，中国都坚定维护国际关系基本准则，维护公平正义，反对战争和强权，为东北亚安全和稳定、叙利亚问题重回政治解决轨道、六国与伊朗达成协议发挥了积极作用。在应对气候变化、能源、粮食、网络安全等跨界问题上，中国也发挥了积极的建设性作用。

在维护朝鲜半岛的和平稳定上，中国与各方共同努力，缓解了朝鲜半岛的紧张局势，积极推动重启六方会谈，为维护地区和平稳定发挥了至关重要的作用。就在2013年初朝鲜半岛形势剑拔弩张之时，习近平主席在博鳌亚洲论坛2013年年会开幕式主旨演讲中说，“不能为一己之私把一个地区乃至世界搞乱”。[①] 外交部部长王毅4月6日同联合国秘书长潘基文通电话，在谈及朝鲜局势时说，我们反对任何一方在这一地区的挑衅言行，不允许在中国的家门口生事。

中国在推动叙利亚问题的对话上也表现出了负责任的态度与立场。中国支持“以化武换和平”的努力。王毅强调，政治途径解决叙利亚问题是唯一现实出路，要在叙国内、地区、国际三个层面作出努力，推动尽快举行第二次叙利亚问题日内瓦会议，全面落实日内瓦公报。叙问题政治进程与销毁化武工作应并行推进。中国将继续为此发挥积极和建设性作用。[②]

伊核问题的谈判一波三折，无疑是一场马拉松。进入2015年3月以来，谈判取得重要进展，达成框架协议。中国为推进伊核谈判发挥着建设性作用。中国就有关焦点、难点问题提出了一系列

---

① “习近平出席博鳌亚洲论坛2013年年会开幕式并发表主旨演讲时指出，不能为一己之私把一个地区乃至世界搞乱”，新华网，2013年4月8日，http：//news. xinhuanet. com/mrdx/2013 -04/08/c_ 132290755. htm。

② “王毅：要在叙国内、地区、国际三个层面推动政治解决叙利亚问题”，2013年10月31日，http：//www. fmprc. gov. cn/mfa_ chn/zyxw_ 602251/t1094523. shtml。

“中国方案”和“中国思路”，以弥合各方分歧。

中国支持阿富汗和平重建进程。2014 年中国主办阿富汗问题伊斯坦布尔进程第四次外长会，推动阿富汗平稳实现政治、安全和经济的三重过渡。中国还是国际发展事业的贡献者，积极参与制定 2015 年后发展议程，为应对气候变化等全球性问题提出中国方案、做出中国应有的贡献。中国还应联合国邀请，决定派遣一个 700 人的维和步兵营，赴南苏丹执行维和任务。迄今为止，联合国安理会五个常任理事国中，中国是向冲突地区派遣联合国蓝盔部队最多的国家，以自身行动坚定支持联合国的维和行动。

习近平在谈到中国发展对中国外交政策意味着什么、中国希望在全球扮演何种角色时说：“随着中国发展，中国将更好发挥负责任大国作用。我们将更加积极有为地维护世界和平，倡导共同、综合、合作、可持续的安全观，致力于通过协商谈判和平解决争端。我们坚定维护以联合国为中心的战后国际秩序，积极参与联合国维和行动和地区安全对话合作。我们将更加积极有为地参与国际事务，致力于推动完善国际治理体系，积极推动扩大发展中国家在国际事务中的代表性和发言权。我们将更多提出中国方案、贡献中国智慧，为国际社会提供更多公共产品。”①

六、捍卫主权安全和发展利益，建设海洋强国

中国共产党的十八大报告提出要建立海洋强国，这是中国在 21 世纪的奋斗目标，这说明建设海洋强国已经升级为国家战略，是中国制订新时期海洋战略的指导方针。建立一个跨部门、多层次的议事协调机构国家海洋委员会，是中国在海洋强国战略中的

① “习近平接受拉美四国媒体联合采访”，2014 年 7 月 15 日，http：//www. fmprc. gov. cn/mfa_ chn/zyxw_ 602251/t1174255. shtml。

一项重要顶层设计，旨在更有效地推动发展海洋经济，维护海洋权益。

近年来，中国有力地维护了领土主权和海洋权益，并开创了海上维权的新模式。比如中国在黄岩岛问题上，采取了非军事手段，切实维护了中国的海洋权益，打击了菲律宾的嚣张气焰，创造了“黄岩岛模式”。在钓鱼岛问题上，中国针对日本政府的非法“购岛”行为，采取了坚决有力的反制措施，中国的公务船和飞机实现了对钓鱼岛海空的常态化巡航，打破了日本的所谓排他性存在以及对钓鱼岛拥有“绝对施政权”的假象，使钓鱼岛的局面发生了转折性的变化。中国“坚决打破日本对钓鱼岛海域单方面排他性管控，进一步掌握战略主动。”①

尽管如此，中国海洋权益的维护面临诸多挑战，未来中国海洋权益的斗争形势会更加复杂、任务会更加艰巨。菲律宾仍企图固化对中国岛礁的非法占领。菲律宾外交部发表声明称，菲律宾自1999年起将一艘菲律宾现役军舰作为永久设施部署在仁爱礁，以回应中方1995年对美济礁的“占领”，并狡辩说，此事发生在2002年《南海各方行为宣言》签署之前，言外之意就是可以不受《南海各方行为宣言》的限制。菲律宾此番表白无异于不打自招，可谓图穷匕现，充分暴露了菲律宾长期觊觎我南海岛礁的野心。中国外交部对此回应说：“1999年，菲方曾多次向中方明确承诺将拖走因故障‘坐滩’船只。2003年，菲方又向中方郑重承诺在仁爱礁问题上不会成为违反《南海各方行为宣言》的首个国家。目前，菲方不仅拒绝拖走该船，还试图运送钢筋和水泥等材料，在该礁上修建设施，这一做法违背菲方自身承诺和《南海各方行为宣言》。更令人震惊的是，菲方日前公开宣称其15年前‘坐滩’军舰是要对仁爱礁非法占领。菲律宾现政府与15年前的政府不同，

---

① 孙建国：“坚定不移走中国特色国家安全道路”，《国际问题研究》，2015年第2期，第5页。

但菲律宾作为一个国家，要对自己的承诺负责。”中国政府警告“菲方必须承担由此产生的一切后果”。[①] 菲律宾却一意孤行，将南海争端提交国际仲裁，推动南海问题的司法化，影响恶劣。

针对中国与一些国家存在的领土和海洋权益争议，王毅外长说：“我们愿意在尊重历史事实和国际法的基础上，坚持通过平等协商谈判，以和平的方式妥善处理，这一点今后也不会改变。我们绝不会以大压小，但也绝不接受以小取闹。在涉及领土和主权的问题上，中国的立场坚定而明确：不是我们的，一分不要；该是我们的，寸土必保。”[②] 中国在涉及领土与海洋权益争端方面态度十分清晰而坚定，亮出了底牌，划出了红线，这是中国负责任的态度的体现。

域外国家蠢蠢欲动，不断染指南海，只能使局势更加复杂，无助于解决问题。日本与有关国家的勾连增多，企图在南海浑水摸鱼，转移矛盾，减轻其在东海面临的压力。针对美国近年来出现逐步乘机卷入东海、南海争端的动向，中国国防部说，中方不希望美国成为钓鱼岛、南海问题的第三方。中方在中美国防部防务磋商时，就如何落实习近平主席在与奥巴马总统会见期间提出的两点重要倡议，即探讨建立中美两军重大军事行动相互通报机制、公海海域海空军事安全行为准则，提出了中方的具体建议。美方对习近平主席关于深化两军互信的两点重要倡议表示欢迎，愿与中方积极探讨两军重大军事行动相互通报机制，继续研究有关海空军事安全行为准则，就上述机制的建设问题进行政策和专业层面的讨论。[③] 中美两军加强接触与沟通，有利于管控风险。

诚然，中国正在努力加强海洋维权执法能力建设，重点对有争

① “2014 年 3 月 17 日外交部发言人洪磊主持例行记者会”，2014 年 3 月 17 日，http://www.fmprc.gov.cn/mfa_chn/fyrbt_602243/t1137990.shtml。

② “外交部部长王毅就中国外交政策和对外关系回答中外记者提问”，2014 年 3 月 15 日，http://www.fmprc.gov.cn/mfa_chn/zyxw_602251/t1135388.shtml。

③ “国防部：中方不希望美成钓鱼岛、南海问题第三方”，新华网，2013 年 9 月 13 日，http://japan.xinhuanet.com/jpnews/2013-09/13/c_132717982.htm。

议的岛屿进行强化执法并宣示主权，遏制任何侵权行为的发生，切实维护中国领土主权与海洋权益。2013 年 11 月 23 日，中国政府宣布划设东海防空识别区。此举有利于中国更有效地维护领空安全和海洋权益，并为中国在钓鱼岛及其附属岛屿进行海空常态化监视、监测及宣誓主权提供法理依据。中国将坚定不移地走和平发展道路，愿意与其他国家开展海上合作，共同建设 21 世纪海上丝绸之路，前提是其他国家也需要相向而行。

◇　　◇　　◇

作为一个“摇摆的力量”，美国在推进“亚太再平衡”战略时，不得不东张西望、左顾右盼。尽管美国仍可能继续实施“再平衡”，然而，由于美国决策者抱残守缺，试图以 20 世纪的方式应对 21 世纪的快速变化的现实，无论是“再平衡”的出发点、动机，还是方式等诸多方面，均存在严重瑕疵与漏洞。加上推进过程中还受到美国国内外因素的严重掣肘，心有余而力不足的张力拉扯更加突出，美国或许已经滑向“再平衡”战略陷阱，只是华盛顿还浑然不觉。

自 2014 年初乌克兰危机爆发以来，美国与俄罗斯之间的矛盾激化。克里米亚的去留并非问题的终结，而是新问题的开始。乌克兰危机充分说明，尽管冷战已经结束 20 多年了，但美国与俄罗斯之间的地缘性政治博弈仍在延烧。无论对美国还是俄罗斯来说，这场迟早要来的战略较量是谁也输不起的。普京称“苏联的解体是 20 世纪最大的地缘灾难”，不再掩饰其大国的雄心，不甘愿做“安静的小熊”；而美国却难以重现冷战辉煌，色厉内荏，既有中东“伊斯兰国”的挑战，还要兼顾亚太，已经显得“过度伸张”。这将是一场旷日持久的角力。美国不可能长期同时与中俄两国为敌，疲于两线作战。事实上，这场危机客观上抬升了中国的作用与影响，普京、奥巴马、默克尔分别与习近平通电话，就乌克兰事态交换看法，竞相争取中国的支持。中国秉持客观公正立场，积极劝和促谈。乌克兰危机虽然在欧洲，但对美国的“亚太再平衡”战略冲击不容忽视。

纵观历史上每一次全球财富与力量的乾坤大挪移，都会在世界秩序的转换过程中留下烙印。今天亚洲已经觉醒，呼唤亚洲的事应当由亚洲人作主。

作为亚洲当仁不让的大国，中国外交正深耕细作，谋篇布局，经历从应对向塑造的蜕变与升华，中国梦、亚太梦、一带一路、亚投行等主张与倡议，展现了中国再次腾飞的意志。中国梦必将在历史的转角处绽放。

后　记

本书是2012年国家社科基金重点项目“美国亚太战略新变化及发展趋势与我国对策研究”（批准号：12AGJ002）的研究成果。三年来，课题组成员齐心协力，既有实地调研考察、开会研讨、又有“头脑风暴”、数易其稿，为的是倾力向读者奉献出高质量的观察与思考。

本书作者如下：

第一章：刘飞涛；

第二章：刘　卿；

第三章：杜　兰；

第四章：沈雅梅；

第五章：崔　磊；

第六章：赵青海　李　静；

第七章：阮宗泽；

附录：欧阳红兵。

作为本课题项目负责人，阮宗泽负责全书的策划和最终定稿。

感谢国家社科基金的资助，使本课题研究成为可能。

感谢时事出版社和苏绣芳副社长的勉励，他们的专业精神对提升此书的品质功不可没。

在此要特别感谢课题组的每一位成员，他们对这一课题均投入了巨大的热情，正是他们的执着与认真，才使本书得以呈现。

本书观点不代表任何机构，仅为作者看法。文中错漏由作者负责。

附录：美国“亚太再平衡”战略大事记

时间	事件
2009 年	
1 月 20 日	奥巴马宣誓就任美国总统。
2 月 15 日	希拉里就职国务卿后首次外交出访即锁定亚洲，先后访问了日本、印度尼西亚、韩国和中国。国务院副发言人伍德对记者说，亚洲是世界非常重要的组成部分。希拉里计划访问该地区表明美国外交政策对亚洲特别重视。
7 月 21 日	国务卿希拉里·克林顿率团到泰国普吉岛参加东盟会议，她在泰国机场宣称“美国回来了”，表示美国重视亚洲，要认真纠正过去“脱离亚洲”的趋势。
7 月 22 日	作为多年来首次出席东盟系列会议的美国国务卿，希拉里·克林顿第二天就与东盟方面签署了《东南亚友好合作条约》，意味着美国“重返”东南亚地区。
7 月 23 日	美国国务卿希拉里借参加第 42 届东盟外长会议之机，与湄公河流域国家泰国、越南、老挝和柬埔寨等四国外长举行首届“美国—湄公河下游国家部长会议”，提出“湄公河下游倡议”。后逐渐将湄公河地区作为其东南亚战略的重点。
10 月 12 日	印度和美国开始在新德里以南的巴比纳举行代号为“作战训练－09”的联合军事演习，美方投入了 300 名官兵，并首次在军演中动用了 17 辆先进的“斯特赖克”轮式装甲车，演习持续到本月 26 日。《印度时报》将此次军演比喻为“美印军事探戈舞”。
11 月 14 日	到访日本的美国总统奥巴马在东京发表亚洲政策演说，表示将积极参与亚洲事务，并自称是首位出身太平洋的美国总统；美国作为太平洋国家，要增强并继续保持在太平洋地区的“主导地位”，表明了美国深入参与亚太地区事务的强烈意愿。他明确表态将加入“跨太平洋战略经济伙伴协定”（TPP）：“美国将与 TPP 伙伴接触，以打造一个既可广纳成员、素质高，又适用于 21 世纪的区域贸易协定。”TPP 一时间声名鹊起，全球瞩目注目。此后，美国说服澳大利亚、秘鲁、越南和马来西亚相继加入，力图将之塑造成美国“重返亚太”的经贸支撑平台。

续表

时间	事件
2010 年	
1 月 12 日	美国国务卿希拉里·克林顿在夏威夷檀香山市杰斐逊纪念厅伊民中心（Imin Center），发表题为“亚洲的地区性架构：原则与重点”的演讲，明确表示发展同亚太地区的关系是美国对外政策的重点。希拉里称，“美国的前途与亚太地区的前途紧密相连”。美国将巩固同日本、韩国、泰国、菲律宾和澳大利亚的同盟关系，加强同中国在应对全球挑战方面的合作，强化同印度的战略伙伴关系，深化同东南亚国家的合作。
1 月 27 日	总统奥巴马发表 2010 年美国国情咨文，其中两次提到中国，重申中国是美国在全球的最大竞争对手，以此激励国民奋进，誓言绝不做世界第二。
2 月 1 日	奥巴马政府发布任内首份《四年防务评估报告》，把“帮助伙伴国建立防卫能力”列为 6 项关键任务之一，整份报告中“伙伴”一词出现 180 次，“伙伴关系”出现 38 次，“同盟”出现 148 次。报告还对中国反介入能力和弹道导弹能力的提升以及“军事不透明”感到担忧；提出“空海一体战”理论，要依托高度发达的情报、侦察、监视系统，整合美国以及同盟国的海空军战斗力，竭力削弱中国“反介入”和“区域拒止”系统的效能，重获战略和战役主动权。
2 月 1 日	东南亚地区最大规模的联合军事演习“金色眼镜蛇－2010”，在泰国中部罗勇府乌塔堡海军机场展开，美国、泰国、印度尼西亚、新加坡、日本、韩国等国约 1.4 万名军事人员参加，演习持续到 11 日，内容包括救生、登陆、转移战区居民、维和等。自 1982 年以来，“金色眼镜蛇”联合军演每年举行一次，最初由美泰两国举行，近年来军演重心转为维和行动，日本、印尼和新加坡等国也陆续参与，发展成由美国太平洋司令部和泰国武装部队司令部共同举行的多国联合军事行动。
3 月 8 日	美韩两国举行年度例行军演“关键决心 2010”，持续至 18 日。此次韩美两军参演人数超过 3.8 万名，其中驻韩美军 1 万，增援美军 8000。韩方有陆军的军团级部队、海军舰队司令部、空军飞行团共计 2 万余名士兵。演习期间，韩美两国还实施了代号为“秃鹫”的野外机动训练。
3 月 15 日	美国与澳大利亚、文莱、智利、新西兰、新加坡、越南、秘鲁在澳大利亚墨尔本举行首轮“跨太平洋伙伴关系协定”谈判。之后马来西亚、墨西哥、加拿大和日本等相继加入。

续表

时间	事件
4月23日	美国、印度两国海军开始在阿拉伯海举行“马拉巴尔－2010”年度联合军演，印度海军参演部队来自西部舰队，包括导弹驱逐舰、护卫舰以及“海鹞”垂直起降战斗机等，美国海军参演兵力来自西太平洋的第七舰队，包括导弹巡洋舰、驱逐舰、护卫舰和核潜艇以及P－3C远程反潜巡逻机等。演习为期10天，进行了包括反潜、水面射击、防空、海上搜索和拦截等一系列科目的联合训练。印美海军“马拉巴尔”联合演习始于1992年的美国和印度海军年度双边军演，名称源自最初举行这一系列演习的海域为印度西海岸城市马拉巴尔附近。经过多年的发展，演习项目已从最初的海上救援、联合反恐等，逐渐向联合作战方向发展，也从美印双边海军演习变成了多边联合军演，新加坡、澳大利亚、日本等国的军队陆续参加。演习的海域也从最初的马拉巴尔附近海域扩展到孟买海域，甚至从阿拉伯海西北部水域扩展到日本冲绳以东海域。此外，演习的规模、参演设备也在不断升级。
5月3日	由1600名美军组成的特混编队与文莱海军编队，在文莱斯里巴加湾开始了“卡拉特－2010（CARAT）”军演，这也标志着美国与东南亚国家的“卡拉特－2010”系列联合军演正式开始，此后这支美军特混编队陆续与菲律宾、泰国、印尼、新加坡、马来西亚、柬埔寨和孟加拉等国举行双边军演。此演习全称“海上战备与训练合作”演习（Cooperation Afloat Readiness and Training，缩写CARAT），是美国与东南亚国家之间的年度双边系列军事演习，1995年首次举行。每年的6、7月份，美军会为此专门组建一支特混编队，与上述国家展开约10天的军演，总共历时数月。主要演习科目有预警、扫布雷、海上侦察与反侦察、反潜作战、水面作战、海上搜救与救援、海上巡逻、舰队防空、舰队编队航行、实弹射击、两栖登陆、特种作战、城市作战、反海盗、反空袭、后勤支援、通信管制、电子战、战场救护以及人道主义救援等。演习目的旨在提高美军与东南亚国家军队之间的联合作战能力，维持美国在该地区的军事存在。
5月27日	奥巴马发布《国家安全战略报告》，将美国的合作对象从传统盟友扩展到中国、印度等正在崛起的大国，并提出美国将和中国在共同关切的问题上进行合作，还要确保美国在地区和全球的利益及盟友不会受到负面影响。
6月14日	美国、日本在南中国海举办“太平洋伙伴2010”军演，美方派出了海军军事补给部队“仁慈”号医院船，日本海上自卫队则派出“国东”号船坞登陆舰和2艘大型气垫登陆船。

续表

时间	事件
6月16日	美国、澳大利亚举办“鳄鱼2010”军演，在东帝汶举行的这次联合军演持续至26日，美国海军和海军陆战队派人参加。演习科目包括“武器射击技能、两栖登陆、丛林战、飞行作战、直升机突袭遗弃监狱等。2009年10月，2500名美国和澳大利亚军人在东帝汶参加了首次军演，美军就此将在东帝汶的演习年度例行化。
6月23日	此次“环太平洋2010”军演，有来自美国、澳大利亚、加拿大、智利、哥伦比亚、法国、印度尼西亚、日本、马来西亚、荷兰、秘鲁、韩国、新加坡和泰国14国海军，34艘战舰、5艘潜艇、170架军机和2万多人参加，历时40天。演习在夏威夷海域进行，科目包括反潜战、水雷战以及登陆演习，其中25艘各国军舰参与实弹射击。为此，美国海军专门调集了3艘退役舰艇作为靶船，更派出了海陆空各种精锐装备。“环太平洋”联合军演始于1971年，1974年起改为每两年举行一次。演习时间通常选在每年5月至7月，演习长达一个半月至两个月，是目前太平洋地区最大规模的海上联合演习。它是美国和盟国海上实力的展示，以此提高它们的海上协同作战能力，以确保海上重要交通线的安全与太平洋地区的稳定。
7月1日	以美国为首的多国特种部队首次进入柬埔寨，联合英国、法国、德国、意大利、澳大利亚、印度、印度尼西亚、日本、蒙古和菲律宾等国部队，举行了“安科尔侦察兵2010”指挥所与实战军演。值得注意的是，柬埔寨传统上和中国保持密切的政治、军事关系，美国的军事进入冲击中国的意图明显。
7月23日	美国国务卿希拉里·克林顿在越南河内出席东盟地区论坛外长会议，表示美国深切关注中国与东盟“在南沙群岛和西沙群岛的争端”，因为“争端妨碍了海上贸易的开展”，阻碍（他人）进入该地区的国际性水域，也违背了联合国海洋法，争端的解决“涉及美国的国家利益”，“美国支持所有提出主权要求的各国展开合作与协商，我们反对任何国家使用或威胁使用武力”。这是美国政府首次公开明确表示介入南海争端，并把本属于双边问题的南海问题推向国际化，使“南海问题”成为中美关系中一个新的摩擦点。
7月25日	美国、韩国在朝鲜半岛和日本之间的海域举行了为期4天“不屈意志”的军演，出动美国海军“乔治·华盛顿”号航母、韩国“独岛号”运输舰等20余艘舰艇和F-22、F-16等战斗机200多架，韩美共投入兵力8000多人，被称为34年来规模最大的美韩联合军演。演习科目包括网络防御战、燃料供给和指挥管制、反潜演习、空中加油和实弹打击等。

续表

时间	事件
8月8日	美国“乔治·华盛顿”号航空母舰参加韩美联合军事演习之后，率队前往越南岘港进行访问，越南高层军方人士登舰参观。10日，美国海军伯克级导弹驱逐舰“约翰·麦凯恩”号到达岘港，并与越南海军展开了为期四天的联合训练。
8月8日	“可汗探索2010”军演，美国、蒙古、德国、法国、日本、韩国、新加坡、印度、加拿大等派部队参与。此次军演持续到21日，地点在距蒙古国首都乌兰巴托以西65公里的武装力量培训中心，300余名士兵参演。蒙美“可汗探索”联合军演始于2003年，此后每年在蒙古国举行一次。2006年开始发展成为多国军事演习。
8月11日	美国、越南两国在南海地区展开有史以来首次海军联合演习，为期一周，美军出动“华盛顿”号核动力航母、搭载290名官兵且具反导弹能力的“约翰—麦凯恩”号驱逐舰等舰只。
8月16日	至26日，美国、韩国举行“乙支自由卫士”军演。据称这次演习共有来自海陆空各军种逾5.6万名韩国军人参加，另有3万余名美军参加，其中部分美军在美国本土利用电脑参与演习。
8月19日	美国以及菲律宾等东盟多国在南海举行东南亚反恐2010联合军演（Southeast Asia Cooperation Against Terrorism 2010，简称“SEACAT2010”），号称菲律宾最强特种部队的海军特种部队也登台亮相。
9月12日	美国展开“勇敢之盾2010”军演，事隔三年后重启的这一军演从帕劳岛附近开始，然后向东移，直至关岛附近水域结束，为期10天。美军在亚太的所有演习中，“勇敢之盾”与台湾的关系最密切：演习区域是离台湾很近的关岛；演习是专为假想的台海危机而设计，2006年首次举行。2008年后暂停。事隔三年后，台海两岸局势稳定，美军却突然再度重开这项演习，被普遍认为与美国“重返亚太”的战略布局有关，而且演习的区域也由气氛和谐的台海迁至南海区域。不过，和前两次3支航母战斗群、两万以上兵力参演相比，此次演习的规模小得多，只有“乔治·华盛顿”号一支航母战斗群和1.4万兵力参加，但特别之处是美驻日美军基地调派大批军机、战舰、兵力前来参演，显示美军未来处理包括台海和南海危机时，将调派大批驻日美军的海军陆战队支援作战。
9月24日	美国总统奥巴马与东盟10国领导人参加在美国本土（纽约）召开的首次美国-东盟峰会，会后发表联合声明，强调“海上安全”、“自由航行”的重要性。在会谈开始前，奥巴马还承诺将深化美国和东盟的关系，将在亚洲事务方面扮演更加重要的角色。

续表

时间	事件
10月11日	美国国防部长盖茨访问越南，声称亚洲国家应该通过多边渠道解决领土争端。他向亚洲国家保证，美国仍将参与亚洲的安全事务，保护东南亚国家，将会支持中国周边的那些“感受到压力”的小国。
10月12日	首届东盟防长扩大会议在越南河内开幕。美国国防部长盖茨在会上表示，区内的核心议题包括领土纠纷、打击恐怖主义活动和反海盗，但依靠双边关系已经很难解决这些问题，需要由多边组织处理。
10月15日	至22日美韩举行“超级雷霆－2010（Max Thunder10－2）”军演，两国空军在朝鲜半岛西部空域举行了此次“常规空军演练”，演习历时8天。这是韩美针对“天安号”事件实施的系列联合军演之一。包括韩国空军F－15K和KF－16系列战斗机、美国空军F－16型“战隼”式在内，大约50架战斗机、250多名飞行员参加演习。此次演习旨在提高韩美空军的联合作战能力。韩国空军F－15K、KF－16、F－4E等战机和C－130、CN－235运输机、美国空军F－16、KC－135空中加油机等50多架飞机参加了演习。
10月28日	国务卿希拉里·克林顿在夏威夷州首府火奴鲁鲁（檀香山），就美国在亚太地区的战略发表演说，题为“美国的亚太接触政策”，强调美应在这一地区发挥“领导作用”，还提出了实施“前沿部署外交”的构想。
11月5日	美国总统奥巴马开始他就任总统后最长时间的海外出访活动，展开为期10天的“创造美国就业之旅”，访问印度、印尼、日本和韩国，并参加两个主要峰会：在日本举行的亚太经济合作组织（APEC）峰会及在韩国举行的20国集团（G20）峰会。美国媒体认为，本次外交行动很明智，奥巴马既可借助贸易订单挽回中期选举失败的颜面、提升支持率，又能用高科技产品撬开亚洲市场，令出口成为美国经济未来的新增长点；此次行程安排还表明，白宫正在发出一个明确信号：美国正在脱欧入亚，亚洲将成为美国的外交重心。
11月28日	至12月1日，美、韩两军在韩国西部海域（黄海）举行联合军事演习，美国“乔治·华盛顿”号航空母舰、“考彭斯”号导弹巡洋舰、“斯特蒂姆”号导弹驱逐舰、韩国的“世宗大王”号宙斯盾驱逐舰、警戒艇、护卫舰、战斗支援舰、反潜飞机等参加演习，进行航母战斗群的护送和对空防御、海上自由攻防演练。
12月3日	至10日，美国、日本两军举行“利剑 Keen Sword”军演，这次演习的规模是刚结束的美韩联合军演的6倍以上，也是美日两国最大规模的联合演习。演习在冲绳以东海域及日本各军事基地举行，日本出动了34000名士兵、40艘战舰、250架战机。美国参与演习的有11000名士兵、20艘战舰及150架战机，“华盛顿”号航母，B52轰炸机。

续表

时间	事件
12月6日	美国总统奥巴马在北卡罗来纳州的一所社区大学发表演讲，提到中国多达10次，并称美国正迎来新的“卫星时刻”。
12月6日	至15日，美国、日本两军举行名为“夺岛行动”的离岛作战军演，此海空联合军演以探索和检验“空海一体战”概念为目的，地点是日本宫崎县和鹿儿岛县境内的雾岛演习场，参演方为日本陆上自卫队和美海军陆战队。美国“华盛顿”号航母和日本航空自卫队第6航空团等也参加了这一次演习。
2011年	
2月7日	至2月18日，“金色眼镜蛇－2011”年度例行军演，泰国、美国、印度尼西亚、新加坡、日本、韩国、马来西亚均派兵参加。这场东南亚地区最大规模的联合军演在泰国北部清迈府展开，约1.1万名军事人员参加，马来西亚是首次派员参加，另有中国、印度等10个观察员国的代表观摩。军演内容包括反恐、人道主义救援、指挥所演习、野战训练演习以及维和等，其中联合实施人道主义救援被定为本次演习的重点。
1月9日	至10日，日本、美国两国军队在距离日本五岛列岛西南约160公里的海域进行了各种演练。美军的“卡尔·文森”号航母与2艘驱逐舰、1艘巡洋舰组成舰队，同日本自卫队的“鞍马”号驱逐舰进行了通讯演练和舰载直升机起降等演习。
1月27日	美日两军举行“山樱”军演，此次联合军事演习在日本九州岛展开，共有1500名美军士兵和4500名日本自卫队队员参演，旨在应对“包括朝鲜导弹攻击在内的各种威胁”。“山樱”军演以指挥部模拟演练为主，演习的大多数科目由基地内的计算机模拟完成。美陆军驻太平洋的“新型作战部队”借此机会练兵，其每个作战单元约100人，可在危机爆发时快速部署，用于构建作战指挥司令部，并可用于人道主义救援任务，是典型的多功能部队。
2月28日	至3月10日，美国、韩国的“关键决心”年度例行联合军演，演习地点在韩国东部海域。“关键决心”军演是韩美两国“旨在加强防御准备”的年度例行指挥演习，包括驻韩美军在内的2300名士兵，以及韩国部分师团级以上的部队参演。
2月28日	至4月30日，美国、韩国的“秃鹫”年度例行联合军演。与“关键决心”同天开场的“秃鹫”演习是韩美大规模野外机动军演，有1.05万名美军士兵参演。韩方共投入约20万兵力。

续表

时间	事件
3月14日	至24日，美国、泰国、新加坡举行“天虎（COPE TIGER）”军演，此次大型空战联合军演为飞行作战训练演习（FTX），三国空军混合编队展开空对空、空对地实战演练。美派出C－130、F－150、F－18和A－10型战斗机群和260名官兵参演，新加坡有400名官兵、F16和F15战机参演，泰方共有500多名官兵参加，派出F16、F－15、L－39以及阿尔发7型战机。
4月5日	至15日，美国、菲律宾举行“肩并肩2011”军演，这是第27次“肩并肩”双边联合军演，包括驻韩美军约500人在内的3000名美军士兵参加，举行了迄今为止双方最大规模的野战训练演习，训练科目包括简易爆炸装置防范、爆炸性军械处理、实弹演练、意外事故疏散及伤员护理等科目。美军《星条旗报》称，自1991年美军关闭在菲基地并撤出菲律宾以来，“肩并肩”演习已成为美菲维持军事同盟关系的“柱石”。
5月12日	至20日，泰国、美国举行“卡拉特（CARAT）2011”军演，这一双边系列年度海军联合海上战备训练演习进入第17年，演习在泰国春武里府梭桃邑海军基地展开，约有1800名美国海军与陆战队人员参与，美国海军陆战队两栖登陆部队、海军工兵营、海岸警卫训练队、P－3C猎户座反潜巡逻机（P－3C Orion）、SH－60海鹰式直升机等加入演习。
6月2日	美国防部长盖茨在去新加坡参加第十届香格里拉对话会的专机上，对随行记者谈到“不相信中国有在各个方面挑战美军的实力”，含蓄地警告中国“不要学习苏联”和美国展开军备竞赛，并重申美国的军费缩减不会导致在亚太地区军事力量的削弱。“盖茨：美国没想遏制中国发展”随即成为6月2日美联社、法新社、BBC等各大媒体的标题。
6月14日	“东南亚反恐合作SEACAT”军演。美国联合菲律宾、印度尼西亚、马来西亚、新加坡、泰国和文莱6个东盟国家，在马六甲海峡、西里伯斯海和苏禄海举行持续10天的联合军演。菲律宾海军发言人称此次军演是为了“提高协同能力、分享演练”。演练目的是对抗恐怖主义、跨国犯罪及海事威胁，而演习主要内容包括实时情报交换、协同监视行动、追踪、登舰搜捕等。
6月25日	美国参议院通过一项没有法律约束力的决议案，“重申美强烈支持和平解决亚太海域领土、主权和司法争议”，谴责通过强迫、威胁、武力手段对争议海洋或领土提出主张或改变现状，支持美国军队在南海地区采取一切连续性行动、甚至直接军事介入中国与菲律宾等国纷争与摩擦。

续表

时间	事件
6月28日	美国、菲律宾举行“卡拉特CARAT2011”两国联合军演，军演在菲律宾巴拉望省以东的苏禄海展开，双方共投入7艘军舰，近1300名兵力。演习分为海上和岸上两大环节，包括舰炮射击、海域封锁、海上巡逻、情报共享、联合作战、登船搜查、船只打捞、医疗救护等内容。
7月9日	日、美、澳三国军队在濒临南海的文莱近海海域举行联合军演。美日澳三国进行的海上联合军演始于2007年，之前只在日本九州西部海域和冲绳近海进行过两次联合军演。在南海地区举行军演还是三国联合军演的第一次。
7月15日	在美军参谋长联席会议主席马伦访华后两天，美国第七舰队“钟云”号、“普雷贝尔”号驱逐舰和“哨兵”号护卫舰，与越南海军在南海举行为期七天的联合军演。指挥此次演练的美国海军少将汤姆·卡尔内接受美联社采访时表示，美国在西太平洋和南中国海的军事存在已有五六十年的历史，“我们无意轻易终止亚太地区的军事活动”。
7月31日	至8月12日，美国、蒙古国、韩国、印尼、柬埔寨、印度举行“可汗探索-2011”演习，此次这一多国维和军事演习在距蒙古国首都乌兰巴托以西65公里处的蒙古国武装力量培训中心拉开帷幕，各国派出600多名士兵参演。军演内容包括营级指挥部训练、坦克训练、野外流动医疗小组作业、人道救援等4个部分。
8月8日	哈萨克斯坦、美国、英国、立陶宛、吉尔吉斯斯坦举行“草原之鹰2011”联合演习，这次演习为期3周，地点在哈萨克斯坦东南部的阿拉木图州伊犁训练场，参演军人约1400名。演习的主要目的是演练多国军队在参与维和行动中的相互协作与战术协同能力。根据哈国防部发布的消息，此次演习的国家由过去的哈美英三国扩大为五国，演习地域也由过去的一个训练场增加为四个。
8月16日	至26日，韩国、美国联合举行“乙支自由卫士”的军演，这一韩美年度联合军演的内容包括演练高级军事指挥官的决策能力，训练韩美两国指挥官和参谋的计划、指挥、管制、情报、补给等协同作战能力。韩美联合司令部麾下的所有主要部队、驻韩美军和3000名来自美国本土和太平洋基地的增援部队参加了此次演习。韩国媒体援引韩国军方的消息报道说，在韩国参加演习的包括5.6万多名韩国军人和3万多名美国军人。
8月25日	阔别38年后，美国海军舰队自越战后首次访问金兰湾。
9月21日	美国宣布对台军售计划，包括为台“改装”其现有F-16A/B型战斗机、售台军用飞机零配件并提供有关训练项目，军售总计58.52亿美元。

续表

时间	事件
10月11日	当天出版的第11期《外交政策》杂志上，美国务卿希拉里发表《美国的太平洋世纪》一文，论述21世纪的亚太地区对美国的重要性，以及美国对该地区投入的重要性。她将美国建设亚太体系的战略重要性与美国在二战后建立跨大西洋机构和关系网络的努力相比，认为现在正是美国作为一个太平洋大国作出同样投入的时候：“未来的政治将决定于亚洲……美国将置身于行动的中心……随着伊拉克战争接近尾声以及美国开始从阿富汗撤军，美国现在处于一个转折点……今后10年美国外交方略的最重要的使命之一，将是把大幅增加的投入——在外交、经济、战略和其他方面——锁定于亚太地区”。
10月17日	美国、菲律宾举行“PHIBLEX2011”军演，约1000名菲律宾士兵和2000名美国海军士兵在菲律宾全国多地开始了为期两周的军事演习，包括在南沙群岛附近进行对敌方海岸抢滩登陆的演习。这是代号为“PHIBLEX”的第28次演习。
10月24日	日本《读卖新闻》24日刊登美国国防部长帕内塔题为“面向21世纪不动摇的日美同盟”的文章，强调美日同盟的重要性，称中国和朝鲜“不顾后果地展示军事自信值得关注”；“中国快速军事现代化，但缺乏透明度，同时在东海和南海展示自信，令人困扰”。帕内塔还在文中称，“如果美国在亚太地区的力量要发生任何变化，那就是加强”。
10月27日	至11月4日，日美海上联合军演于日本九州、冲绳附近海域举行，共出动美日舰艇约50艘、飞机130架、士兵1.5万名，美海军“乔治·华盛顿”号核动力航母也参演，演习设想日本受到“其他国家”的武力攻击，“华盛顿”号前往距离冲绳本岛约300公里的太平洋上迎战。
11月11日	美国国务卿希拉里·克林顿再次以“美国的太平洋世纪”为题，在美国夏威夷东西方中心发表演讲，重申太平洋世纪将是美国世纪。她系统地提出了美国21世纪的外交战略、致力构建跨太平洋体系的构想。这是一个全方位的体系，包括民主、繁荣与集体安全等环节。她还强调，在构建这一体系的过程中，美国必须起主导作用，21世纪是美国的亚太世纪。在面临经济挑战的当下，随着亚太地区逐渐成为21世纪全球战略与经济重心，“这里也将成为美国外交战略的重心，美国外交在未来十年最重要的任务就是在亚太地区增大投入”。美国决不能让别的国家决定其未来，美国在确保南海航行自由等方面，必须发挥重要的作用，“这正是美国转向亚太地区的原因所在”。

续表

时间	事件
11月13日	美国总统奥巴马利用主办的亚太经合组织第19次领导人非正式会议，在夏威夷举行记者招待会，称美国现在及将来永远都会是一个亚太国家。谈到在塑造美国经济的未来方面，没有哪个地区比亚太地区更重要；作为全球经济增长最快的地区，亚太地区对于实现美国出口翻番的目标至关重要。在这个地区美国的出口额最多，支撑了500万美国人的就业。
11月13日	美国总统奥巴马宣布9国领导人已经就TPP达成基础框架，2012年形成整个协定的法律文本。TPP将降低贸易和投资壁垒，有助于美国实现出口倍增目标，推动经济增长，并创造更多就业机会。
11月16日	美国总统奥巴马访澳期间，与澳大利亚总理吉拉德举行记者会，宣布美澳安全新协议：美国在澳大利亚的永久性驻军计划——从2012年年中开始，在达尔文部署一个连（200至250人）的海军，5年内增加到2500人，并增加进出澳大利亚的军机架次，分步扩大在澳大利亚的军事活动，包括与澳大利亚军队的联合训练和演习。意味着美国将在澳大利亚永久驻军。
11月16日	美国国务卿希拉里到访菲律宾，与菲律宾外交部长德尔罗萨里奥在马尼拉签署了旨在加强菲美合作的《马尼拉宣言》和《菲美关于增长伙伴原则的联合声明》。据称希拉里此次访菲是为纪念《美菲共同防御条约》签订60周年。她将南海称作“西菲律宾海”，声称对某个地域拥有主权的任何国家，都有权力争取它们的有关权益，但它们没有权力通过恐吓与胁迫的手段这么做。
11月17日	总统奥巴马在澳大利亚议会发表演讲，称美国是太平洋大国，并将扎根于该地区；保持在亚太地区的存在，是美国政策的重中之重，而且该目标不会因削减国防开支而受影响。美国将通过坚持核心原则和与盟国保持良好关系，在塑造地区格局和未来方面发挥更大和长期的作用。美国将信守与盟友之间的承诺，保持在日本和朝鲜半岛的强大军事存在，同时强化在东南亚的军事存在，以提升美国在亚太的防卫态势。
11月18日	总统奥巴马与国务卿希拉里·克林顿二人同时出席第三届美国和东盟领导人会议，由此可见美国政府对亚洲的重视程度，被认为是美国“重返亚太”的重要标志。美国向东盟领导人阐明了美国“返回”亚洲的重要战略；奥巴马与菲律宾总统阿基诺举行会谈，声称由于美国和菲律宾的关系，在安全事务上，两国会“彼此照应”。
11月30日	希拉里的缅甸“破冰之旅”，成为50年以来首位现职访问缅甸的美国国务卿。
12月19日	美日印在华盛顿就有共同利益的地区和全球性问题，举行首次三边安全磋商，除涉及印度洋－太平洋海上交通安全，还包括如何协调三国对缅甸政策等。

续表

时间	事件
2012 年	
1 月 5 日	美国总统奥巴马在五角大楼与国防部长帕内塔和参谋长联席会议主席登普西一道举行记者会，公布一份酝酿了七年之久的美国新军事战略报告：《维持美国的全球领导地位：21 世纪国防的优先任务》，暗示美国将大幅削减全球范围内的军事存在，却唯独要加强在亚太地区的军事存在，以维护亚太的“安全与繁荣”。此报告正式提出亚太“再平衡”概念，确立亚太、中东双重战略重点及资源部署将向亚太地区倾斜的战略指针。
1 月 30 日	美国、日本举行“山樱 61”军演，美日两军在日本兵库县伊丹市通过电脑进行了模拟联合军演，设中朝为假想敌。日方参与者约 4500 人，美方约 1500 人。
2 月 6 日	美国及其 8 个盟国在美国东海岸举行十年来最大规模海军舰队两栖军演，代号“凶猛美洲鳄”，军演中沿海水域的水雷、反舰导弹和小型船只的部署令人联想到伊朗海军部队。
2 月 7 日	由美、泰主办的，迄今为止亚太最大规模的第 31 次“金色眼镜蛇”联合军演在泰国举行，内容包括两栖作战演练、居民疏散演练、伞降和特种作战演练等，美国、泰国、日本、韩国、印尼、新加坡、马来西亚等 7 国约 1.3 万多名军人参演，其中近 9000 人来自美国，另有超过 3600 人来自东道主泰国。
2 月 11 日	来自美国空军、日本航空自卫队和澳大利亚空军的 1000 多名官兵和多型主力战机，在关岛举行为期三周的多项联合演练，代号“对抗北方—2012”。美国空军第 18“侵略者中队”还将客串“红色空军”与友军展开“空战”。此次军演的规模和实战化程度，极易让人猜想美国联合日本和澳大利亚两个地区盟友要对抗的东北亚地区“潜在对手”到底是谁。
2 月 27 日	美、韩举行“关键决心”军演，约有 20 万名韩军士兵和 2100 名美军士兵参演，演习持续了 11 天。
3 月 1 日	美国、韩国举行“秃鹫”军演。此次韩美联合野外机动演习持续整整一个月，有约 1.1 万名美、韩军人参与地面、空中、海上、远征以及特殊作战等演习。
3 月 1 日	美国国防部助理马德伦·克里顿在华盛顿政治论坛上演讲时说，美国在亚太地区将通过两个“三边论坛”（即美日澳和美日韩），建立与欧洲反导防御系统相似的地区反导防御基础设施。
3 月 18 日	至 23 日，美国、泰国、新加坡联合举行“擒虎 12”军演，每年一度的“擒虎”军演始于 1995 年，演练内容包括人道救援、救火反应，以及应对可能出现的地区安全威胁。此场三国联合军演于泰国呵叻空军基地举行。

续表

时间	事件
3月13日	美国、印度两国陆军举行“准备战争（印度语 Yudh Abhyas）2012”联合军演，以交换双方在特殊地带作战的经验和技能。美军除派出战斗部队外，还出动了斯特瑞克战车与战斗机器人参演。此年度军演为两国隔年轮流主办。
4月3日	当天夜里，根据美国总统奥巴马访澳时与澳大利亚总理吉拉德共同宣布的协议，第一批驻扎澳大利亚的美国海军陆战队官兵200人抵达达尔文港，这是美国实施“亚太战略”的重要举措。澳大利亚国防部长史密斯在4日的欢迎仪式上称，“这是澳美联盟开始的新篇章”。
4月7日	美国、印度两国海军举行“马拉巴尔12”军演。两国海军在孟加拉湾周边举行为期10天的联合军演，美国海军派遣了第七舰队的一个航母战斗群，包括“卡尔文森”号航母、17舰载机联队、一艘“邦克山”号巡洋舰和“哈尔西”号导弹驱逐舰。印军派出“萨特普拉”号导弹护卫舰、“兰维杰伊”号导弹驱逐舰、“兰沃”号导弹驱逐舰和“沙克蒂”号远洋补给舰等参加演习。该演习分岸上和海上演习两阶段；岸上部分7日到9日在钦奈进行，主要对防空、反潜作战、舰载机作战和反海盗活动进行讨论。而海上部分则包括联络官交流和登舰、通信演习、海上编队活动等。
4月10日	国务卿希拉里·克林顿在美国海军学院发表演讲，主题为“美国亚太战略”，再次诠释美国亚太战略调整。希拉里表示今日美国必须立足亚太，21世纪将是“美国的太平洋世纪”，更极言之“美国的领导独一无二，前无古人，不可替代”。她还说，美国在亚太地区的“前沿部署”具有政治、经济、外交、军事的全方位特点。鉴于这一点，“我们的工作将遵循六个关键的行动方针：加强双边安全联盟；深化我们与新兴大国的工作关系，其中包括中国；参与区域性多边机构；扩大贸易和投资；打造一种有广泛基础的军事存在；促进民主和人权”。
4月16日	至27日，美国、菲律宾举办“肩并肩2012”军演，约4500名美军士兵和2300名菲律宾士兵，在12天里参加了60多场演习活动，在南海巴拉望海域进行了两栖作战、保卫及夺回石油钻井平台等科目演习，地点涉及菲律宾巴拉望、邦板牙、新怡诗夏、甲米地、塔拉克以及首都大马尼拉等多个省份。此次演习日期距菲海军巡逻舰闯入中国黄岩岛海域造成双方对峙风波还不到一星期；也是美国参加历届“肩并肩”军演出动兵力最多的一次，足见美国的重视程度。美菲还首次邀请日本、韩国、澳大利亚等国军队派出观察员参与指挥所桌面救灾演习，以营造“多国参与”氛围。

续表

时间	事件
4月30日	美国总统奥巴马同日本首相野田佳彦在华盛顿举行会谈，并发表联合声明，题为《面向未来的共同愿景》。这是继2006年之后，美日首脑首次发表联合声明，声明强调“美日同盟是亚太地区和平与安全保障的基石”，“为了亚太地区和世界的和平与繁荣，将驱使所有能力发挥作用和责任”。
5月7日	美国、韩国举行“超级雷霆 Max Thunder12－1”军演。2008年首演以来，名为“MAX THUNDER”的韩美联合军演每年举行两次。2012年5月这一次，从7日至18日，韩美举行空军联合空战演习，重点在于精确打击敌方发起攻击的老巢以及空中加油，集中检验发生突发情况时的应对态势。此次演习出动的战机达60架，创历史最高纪录，还在飞机轰炸训练及搜救训练中首次投入特种兵部队。
5月15日	美国、约旦及该地区其他15个国家举行大规模联合军演“渴狮2012”，地点在约旦与叙利亚、以色列的交界地带，超过12000名多国军人参加，美军出动包括其陆、空、海军陆战队和特种部队在内的精锐参演。演习为期三周。
5月18日	美国国会众议院表决通过一项法案，要求美国政府至少向台湾出售66架F—16C/D战机。同日，美国国防部向国会提交并发表了2012年度《中国军事与安全态势发展报告》。报告指责中国在网络安全等方面仍是美国的“威胁”，并特别指出，“解放军在过去的一年里继续发展应对台海潜在冲突的三种能力：震慑台独的能力；威慑、阻滞及抵消美国干预的能力；军事对抗中打败台军的能力”，散布“中国威胁论”。
5月29日	国防部长帕内塔在马里兰州安纳波利斯美国海军学院毕业典礼上发表演讲时指出，“美国是海洋国家，我们正在回归我们的海洋根基”。他说：“美国未来的繁荣与安全系于我们在自西太平洋、东亚延伸至印度洋、南亚的弧形地带推进和平与安全的能力，这对美国和美军来说是不可逃避的现实……新一代海军务必要引领美国实现在亚太地区乃至全世界的海上军事力量的复兴。”
6月2日	香格里拉对话会上，美国防部长帕内塔宣布，作为“再平衡”战略的一个组成部分，美国将在2020年以前把60%的海军舰艇部署在亚太地区。
6月2日	美国与新加坡达成协议，确定美军将以轮换的方式，在新加坡部署4艘濒海战斗舰，每艘舰艇的核心团队包括40名成员，必要时乘员也可增加到75人。2013年4月18日，首艘“自由号”进驻新加坡樟宜军港。按照美国海军的说法，这些濒海战斗舰的主要使命是“执行海事安全行动、参与国际多边演练，并凸显美国的战略意图”。美国向新加坡部署新型战舰，是其“重返亚太”战略的一部分。

续表

时间	事件
6月2日	国防部长帕内塔在国际战略研究所组织的年度亚洲安全大会暨第十一届香格里拉对话会上，发表题为“美国对亚太的‘再平衡’”的演讲，重点谈及美国在亚太地区的作用以及如何推进“再平衡”的新军事战略，称要把六成海军力量部署到亚太地区。
6月3日	国防部长帕内塔抵达越南军港金兰湾，开始对越南进行为期3天的访问。这是继2010年美国国务卿希拉里·克林顿访越后，又一位重量级美国官员到访。刚刚在第十一届香格里拉对话暨亚洲安全会议上阐述过“美国在亚太地区‘再平衡’”战略的帕内塔，将越南之行的首站选在昔日的美军基地金兰湾，引起外界对美国欲深化同越南军事关系的猜测。
6月5日	美国国防部长帕内塔访问印度，称“21世纪美国国防战略的核心特征是向亚太地区‘再平衡’，尤其是美国将扩大从西太平洋和东亚到印度洋和南亚这一弧形地带的军事存在和伙伴关系，与印度的防务合作是该战略的一个关键”。
6月6日	在香格里拉对话会上，美军参谋长联席会议主席登普西与菲律宾国防部主管防务的次长阿兹奎塔（Honorio Azcueta）达成协议，美军将在苏比克海军基地和克拉克空军基地存储装备，进行后勤补给，以半永久性驻扎的形式，实现了对这两个基地的重返，以牵制中国对第一岛链的“武力扩张”。
6月6日	日、美、澳三国部队举行军演，持续三天，地点在日本九州以东的太平洋海域，内容包括探测、跟踪潜艇等。日本海上自卫队参演的是“岛风”号护卫舰、潜艇和反潜机，美国则派出驱逐舰、潜艇和反潜机，澳大利亚派出了一艘导弹护卫舰。日美澳三国自2007年以来举行过四次联合军演，前三次演习地点均在日本周边海域，2011年在文莱近海海域。
6月21日	这是有史以来美、韩、日三国首次举行联合军演，也是三国第一次在半岛南部海域举行联合军演，被媒体称作有“破冰式”的意义。日本海上自卫队和美韩两国海军参与了为期两天的演习，还出动了美国海军部署在日本横须贺基地的核动力航母“乔治·华盛顿”号。日本海上自卫队派出“宙斯盾”舰、“雾雨”、搭载直升机的大型护卫舰“鞍马”等3艘舰艇参加训练。韩国方面也派出数艘舰艇参加。此前三国军队曾在美国夏威夷海域进行过数次联合搜救训练，但有美国航母及三国舰艇参加的正式军演尚属首次。此次演习分成两个阶段：21至22日，为美日韩三国的“联合救灾”演习，演习地点放在朝鲜半岛南部海域；23至25日为第二阶段的军事演习，只有美韩两国军队参加，地点转移到黄海海域。虽然日本海上自卫队的护卫舰队不会跟着驶入黄海海域，但是不排除自卫队参加情报收集和通讯等部分演习的可能。

续表

时间	事件
6月29日	“环太平洋－2012”多国联合军事演习在夏威夷海域举行，包括澳大利亚、加拿大、英国、美国等22个国家的42艘水面舰艇、6艘潜艇、超过200架飞机以及25000名官兵参加。军演持续40多天，是40多年环太平洋军演史上规模最大的一次。
7月2日	至10日，美国、菲律宾举办“卡拉特2012”军演。两国海军官兵及海岸警卫队人员在菲律宾南部的棉兰老海举行年度军事演习。美方派遣了350名海军官兵和150名海岸警卫队员，菲方投入了400名海军官兵和50名海岸警卫队员。内容主要包括战地指挥所演习、海上拦截和登船临检、潜水打捞和海上搜救等。
7月6日	国务卿希拉里·克林顿在短短13天内展开旋风式外交，到访的9个国家中有6个位于中国周边，包括阿富汗、蒙古、日本、越南、老挝和柬埔寨，并在金边出席了东盟系列外长会议。英国《金融时报》评论说：“希拉里的亚洲之行烙上深深的中国印记，她做了一个完全针对中国的讲话，却对‘中国’只字未提。”她反复强调美国在南海拥有“基本利益”，公开支持个别东盟成员国将南海问题多边化和复杂化的图谋，进一步插手南海事务。希拉里还在访日期间公然表示，虽然美国对钓鱼岛主权归属不采取立场，但钓鱼岛属于《美日安保条约》适用对象。
7月23日	美国和台湾签署了38亿美元的军售合约，美国空军将为台湾升级145架洛克希德－马丁公司生产的F－16A/B战机，合同还包括为台湾提供先进的主动电子搜索雷达，升级飞机结构，升级航空电子设备，增加电子战吊舱。
8月3日	美日同意再次修改“日美防卫合作指针”，计划将重点放在提高海洋监视、潜水艇探知能力等情报搜集、监视、侦察的能力建设上，强化共同对付中国的能力。日方称，“日美防卫合作指针”是在1997年修订的，当前的东亚局势发生了很大变化，尤其是中国海军的“海洋战略”日益活跃，在东海地区的高压姿态越来越明显，不排除其对尖阁列岛（即我钓鱼岛及其附属岛屿）和冲绳附近的西南诸岛的侵攻，因此有必要针对中国修改“日美防卫合作指针”，以防不测。
8月20日	韩国、美国举行“乙支自由卫士”军演，演习在韩国境内举行，持续到8月31日，参加者包括约5.6万名韩国军人和3万多名美国军人，演习由韩美联合司令部负责。澳大利亚、英国、加拿大、新西兰、丹麦、挪威和法国等国家的军事要员观摩了此次军演。

续表

时间	事件
8月21日	美国、日本联合举行夺岛作战演习，本次军演一直持续到9月26日，共进行了37天，是两国之间第一次针对岛屿防卫进行联合演习。演习区域包括从冲绳至北马里亚纳群岛海域，关岛和提尼安岛（又称天宁岛）均在军演锁定范围，这是日美两国首次在这两岛上举行夺岛演习，提高了夺岛作战背景的逼真性。双方出动了直升机、登陆舰、橡皮艇等，表面上不以特定国家为假想敌，但日本防卫省官员透露，事实上是假想钓鱼岛受到中国军队进攻时，日方将如何夺岛的情况。
8月30日	国务卿希拉里·克林顿出席在库克群岛拉罗汤加岛召开的太平洋岛国论坛，这也是首位美国国务卿和迄今最高级别的美国官员出席太平洋岛国论坛。美国国务院此前发表声明称，希拉里·克林顿此次出访是美国与太平洋岛国“加强接触”和“继续合作”的努力的组成部分，有利于加强双方在经济、民间交流、战略、环境和安全问题上保持接触的“深度和广度”。这被外界解读为同中国争夺影响力，将遏制策略扩展至太平洋边缘地区的举措。
9月6日	国务卿希拉里·克林顿访问东帝汶，成为东帝汶独立以来到访的首位美国国务卿。希拉里在与东帝汶总理古斯芒举行会谈时说，她的东帝汶之行本身就发出了“明确信息”，那就是美国“一直是、并且将继续成为太平洋的常驻力量”。
10月9日	美国、菲律宾举行联合军演，美军出动约2200名士兵、菲军出动1600名士兵，在菲律宾苏比克湾开始为期10天的两栖登陆演习，内容包括人道主义救助、灾难应对方案、海洋安全及地区开发。
10月26日	美国、日本举行“东方之盾”军演，此次演习在中日就钓鱼岛主权争端最激烈之时举行，两国军队各派出部队参与这次联合战术培训演习，演习中特别加入了“斯特赖克”移动火炮系统、装甲车和狙击作战的陆上战术训练科目。
10月31日	韩国、美国的“超级雷霆 Max Thunder12－2”军演。此次演习在全罗北道群山举行，韩国方面共出动了34架F－15K和KF－16战斗机与直升机等，美国空军则出动了28架F－16CM战斗机和A－10等。此外，配置在韩国的E－737预警机“和平之眼”（Peace Eye）也首次参加，进行了作战演练。
11月8日	日本、美国举行“利剑”军演，此次两年一度的“利剑”演习，在日本周边海域和空域展开，参与者包括日本自卫队约3.74万名官兵，约1万名美军官兵，另有约50艘舰艇、400架飞机。参与了演习根据日本防卫省统合幕僚监部的消息，这一规模与此前创下纪录的2010年度军演基本持平。演习中原定的夺岛训练计划因故取消。

续表

时间	事件
11 月 14 日	美澳达成太空合作协议，美国把部署在印度群岛的一部 C 波段雷达和位于美国本土新墨西哥州的太空望远镜迁往澳大利亚西部，用于监测亚洲地区的卫星、导弹发射和近地轨道卫星的运行。
11 月 11 日	美国国家安全事务助理多尼伦在美国战略与国际问题研究中心，就美国的亚洲政策发表演说，首次明确提出，美国“亚太再平衡”战略的“总体目标是维持稳定的安全环境和基于经济开放、和平解决争端、民主治理和政治自由等原则的地区秩序”。具体而言，包括以下几个要素：“新兴大国和平崛起，出入海洋、天空、外空和网络空间的行动自由和充满活力商业活动，多国论坛能够促进共同利益，公民越来越多地拥有影响政府的能力，尊重普遍的人权。”
11 月 15 日	美国总统国家安全事务助理多尼伦 11 月在华盛顿一所战略与国际问题研究中心提出“再平衡”战略的五大重点，即“升级”美国与亚太传统盟国的关系、深化与印度和印尼等新兴大国的战略伙伴关系、参与并支持东盟以及东亚峰会等区域性组织、寻求与中国建立稳定和建设性关系、推动区域性经济架构的发展。
11 月 14 日	美澳两国外交部长和国防部长年度“2 + 2”战略安全对话，达成最主要的成果是美国把两套太空监测的关键设备部署到澳大利亚境内，构筑紧盯亚洲、监视太平洋、印度洋的太空防线。按照协议，美国定于 2014 年首次在南半球设立空军 C 波段大功率雷达地面监测站，地点是澳大利亚埃克斯茅斯市附近的一座原美国海军通信基地。这些举措旨在全面加强对亚洲国家导弹及卫星发射的跟踪监控。这是自去年两国就在澳大利亚北部达尔文港驻扎 2500 名美海军陆战队队员达成协议之后，美澳密切战略和防务关系迈出的又一步。
11 月 15 日	国务卿希拉里·克林顿到澳大利亚参加澳美部长级年度会议，当天前往南澳大利亚首府阿德莱德访问并发表演讲，警告澳大利亚不要在牢固的澳美关系和新兴的澳中关系上作出“错误的选择”。
11 月 17 日	美国总统奥巴马将连任后的首次出访锁定东南亚的柬埔寨、缅甸和泰国，并出席在柬埔寨首都金边举行的东亚峰会；他成为首个到访缅甸的美国总统，并宣布在未来两年内向缅甸提供 1.7 亿美元的援助。此举措被视为美国亚太政策的重要一步，将东盟纳入了一个大国合作与竞争的竞技场，也显示美国“亚太再平衡”战略的继续推进和深化。
12 月 20 日	美众议院通过 2013 财年《国防授权法案》修正案，法案包括两个涉华条款，但在措辞上都表明仅是国会“意向”，对总统没有强制力。其中一条称，美虽然对钓鱼岛主权最终归属不持立场，但承认日本对该岛屿的行政管辖权，并重申《美日安保条约》第五条规定的美对日本的安全承诺；另一条款则呼吁美向中国台湾地区出售先进的 F-16C/D 或类似机型战机。

续表

时间	事件
	2013 年
1 月 22 日	日本自卫队与美国海军陆战队举行了代号为“铁拳作战”的年度夺岛实战演习。演习的地点从日本国内转移到美国加利福尼亚南部，此次演习包括机械化行动训练、两栖行动训练和多兵种联合训练。约 1000 名美军和 200 名日本自卫队队员参加。
2 月 22 日	美国与日本政府在华盛顿达成协议，决定在日本部署美军早期警戒雷达“X 波段雷达”，以应对来自朝鲜的导弹威胁。2006 年，美军在日本青森县的航空自卫队基地内部署了这一雷达，这也是美军在海外部署的第一部“X 波段雷达”。第二部雷达将部署在京都府京丹后市的航空自卫队经之岬基地，并计划于当年夏季部署完毕。美军称，在日本部署“X 波段雷达”，是在日美军实施整编的一个重要环节。
2 月 4 日	美日澳展开“对抗北方 2013”军演，由美国海空军、日本航空自卫队、澳大利亚空军联合举行，其中美国出兵 100 人，日本出兵 450 人，澳大利亚出兵 300 人。演习分为两部分，持续两周。
2 月 11 日	泰国、美国、日本、韩国、印尼、马来西亚和新加坡举行“金色眼镜蛇 2013”军演，来自 7 个国家的 1.3 万名军人参加了这次为期 11 天的军事演习，演习主要场所包括泰国中部和北部主要海陆空军事基地以及演练场。主要内容有人员培训、反恐、指挥演习、人道主义援助项目、实弹训练和非作战疏散演习的野战演习、以及维和任务演练等。自 1982 年以来，这已是第 32 次举办这一联合军演。
3 月 1 日	至 4 月 30 日，韩国、美国举行“秃鹫”（又译鹞鹰，Foal Eagle）军演，此次野外战术机动军演有 20 万余名韩军士兵和 1 万余名美军士兵联合进行地面、海上、空中以及特殊作战训练。
3 月 11 日	美国总统国家安全事务助理多尼伦在纽约亚洲协会发表演讲，阐述美国的亚太政策，表示欢迎一个和平崛起的、繁荣的中国。他称亚洲的未来和美国的未来日益紧密相连，亚洲的经济、外交和政治规则正在形成，这关系到太平洋两岸人民的重大利益。他介绍了美国亚太地区政策的五大支柱。第一，持续加强地区盟友之间的关系，以应对朝鲜问题等挑战；第二，加深与新兴大国之间的伙伴关系；第三，与中国建立一个稳定的、富有成果的和建设性的关系；第四，加强地区组织的力量；第五，建设一个经济架构，允许包括美国人民在内的亚太地区民众从贸易和增长中获益。

续表

时间	事件
3月11日	韩国、美国的“关键决心2013”军演，此次韩国联合参谋本部和韩美联合司令部举行的联合军演，共有1.35万韩国军人和3500多名美军士兵参加，美军F－22战斗机、B－52轰炸机和核动力航空母舰也参与了军演。
3月15日	美国防部部长哈格尔在五角大楼举行的新闻发布会上通报，到2017年，美国将在阿拉斯加州格里利堡空军基地增设14枚陆基拦截导弹，并派两艘配备“宙斯盾”防空系统的驱逐舰抵达太平洋海域，应对导弹威胁。加上已经部署在格里利堡和加利福尼亚州范登堡空军基地的30枚导弹，美国在本土部署的反导导弹数量将增至44枚。
3月21日	在美国参议院外交关系委员会东亚和太平洋事务小组委员会听证会上，美国代理助理国务卿约瑟夫·云把美国“亚太再平衡”战略的目标进一步细化为：“深化美国在这一地区的同盟，促进经济增长贸易，强化美国与新兴大国的关系，扩大善政、民主与人权，建设区域架构以及通过威慑防止冲突”六项目标。
4月5日	美国、菲律宾的“肩并肩2013”军演，这是两国第29次举行“肩并肩”（Balikatan2013）联合军事演习。来自菲美的8000多名官兵和30架军机齐聚吕宋岛中部，美国海军陆战队出动“鱼鹰”MV－22B飞机，并执行“舰到岸”连接者的任务，这也是此次军演的独特之处。菲美两国军方人士强调军演中人道主义援助与灾难响应部分，标榜这是继2008年、2010年、2011年之后，菲美“肩并肩”联合军演第四次“聚焦人道主义援助和灾难响应”。
4月15日	美国国务卿克里在东京工业大学发表演说，提出共同塑造亚太未来的“太平洋梦想”以及实现梦想应当遵循的四条原则：强劲增长，公平增长，明智增长及公正增长。一是指太平洋梦想发展所需要的和平、稳定环境，二是指市场公平，即公平、透明和问责；三是指开发新能源以应对气候变化并实现可持续发展；四是指该地区的人民能够充分享受到民主的益处、法治和普遍人权。
5月6日	至30日，以美国为首、英德法等多个国家参与，在波斯湾和阿曼湾水域举行为期25天的军事演习，意在保护海湾石油运输航道的通畅和安全。此次“国际反水雷演习”也是本地区最大规模的一次海军演习，参与国派出海军和空军的约35艘舰艇、18个无人潜水器以及100多位爆炸物处置潜水员参与。演习还首次使用德国公司设计的“海狐”微型无人潜艇，英国方面派出了无人飞机。

续表

时间	事件
6月1日	在新加坡国际战略研究所亚洲安全峰会上，美国国防部长哈格尔利用“美国的地区安全政策”这一主题，再次阐释“亚太再平衡”战略，被称为“亚太再平衡”战略2.0版。他明确表示，即使在缩减开支的情况下，美国政府仍将向亚太地区增加7%的额外投入。海空力量方面，要将其本土以外60%的空军力量部署到亚太地区，此举将有助于提升美国空军的机动性、作战范围和灵活性。地面力量方面，除了从伊拉克和阿富汗战场撤回的美国海军陆战队第1、第3远征军和美国陆军第25步兵师将返回太平洋战区的基地，美国陆军第1军也要部署到亚太地区。这将大大强化美军在亚太地区的前沿力量存在。在高科技武器装备投入方面，哈格尔宣布美国目前正在研制的新型高科技武器，将对未来保护亚太地区和平起到重要作用。
6月10日	美国、日本举行“黎明闪电”军演，日本自卫队与美军在加利福尼亚的圣迭戈附近展开演习，演练当地的圣克利门蒂岛遭敌军占领，美日发动联合“夺岛”行动的情形。日本出动了约1000人和两艘战舰参与此次演习，旨在提高其登陆作战能力。这是2009年该军演实施以来日本自卫队首次参加。
6月16日	美、英、法、约旦等19个国家举行“渴狮2013（Eager Lion 2013）”军演，此次演习在约旦境内举行，8000余名士兵参加。
6月27日	美国、菲律宾举行“卡拉特”军演，此次演习在吕宋岛与黄岩岛之间的海域进行，美国海军舰艇、海军陆战队员与战机，菲律宾海军与海岸警卫队舰艇、战机，菲海军陆战队、海军与海岸警卫队的特别行动队等参加了演习。美菲除了保留通讯、海军海面行动、反恐与海事安全等传统项目外，还特别针对南海局势新增了反潜协作、水下爆破、夺岛抢修等有实战性质的科目。菲海军及海岸警卫队还参加了实弹射击、夺取岛礁等两栖登陆演习。其中，夺岛作战与夺岛抢修成为今年军演的两大重点。
7月15日	美国、澳大利亚举行“护身军刀2013（Exercise Talisman Sabre）”军演，演习在南太平洋珊瑚海海域展开，持续3个星期，澳美两国共派出约2.8万名军人，使得这次军演成为美澳有史以来最大规模的双边军事演习，美国海军还派出了“华盛顿”号航母。
7月29日	美参议院通过一项涉及南海、东海问题的没有法律约束力的决议案，声称中国为“改变领土现状”，在钓鱼岛周边及南海“威吓和动用武力”，并称亚太地区的航行自由“事关美国国家利益”，重申美强烈支持和平解决亚太海域领土、主权和司法争议，就南海、东海问题向中方施压。

续表

时间	事件
8月3日	蒙古国、美国、澳大利亚、加拿大、法国、德国、日本、印度、印度尼西亚、尼泊尔、韩国、塔吉克斯坦、英国和越南联合举行“可汗探索2013”军演，演习在蒙古国内举行，持续至14日。参演国共派出1000多名官兵参加，演习的主要内容包括维和部队的指挥训练、人道救援等。巧合的是，中俄“和平使命2013”联合军演于7月27日至8月15日在俄罗斯举行。
8月10日	哈萨克斯坦、美国、英国、立陶宛、瑞士、意大利、吉尔吉斯斯坦和塔吉克斯坦举行“草原之鹰—2013”军演，这次的年度联合维和战术军事演习，在哈萨克斯坦阿拉木图州的“伊利斯基”靶场内举行。来自8个国家的共1680名军人参加了为期两周的演习。
8月18日	美、日、韩、澳举行“红旗Red Flag Alaska”军演。今年的这一跨国战术军演仍由美国太平洋空军司令部主办，参演部队共同进行了航空阻止、防御控制上空、紧急目标攻击等训练。“Red Flag Alaska”于1976年在菲律宾克拉克空军基地以“Cope Thunder”（“对抗雷”）之名首次实施，1992年演习地点被改为阿拉斯加的埃里克森空军基地。“Red Flag Alaska”名称从2006年起投入使用。
10月10日	美国、韩国和日本举行为期两天的联合海上军事演习，包括“乔治·华盛顿”号核动力航母在内的多艘美韩日舰艇参加。美韩官员称，演习以搜救为内容，旨在改进人道主义救援准备工作。据新华社电，针对美韩日举行的联合海上军事演习，朝鲜官方11日予以强烈抨击，称将把美国“乔治·华盛顿”号核动力航空母舰“葬入大海”。
11月20日	国家安全事务助理赖斯在乔治城大学发表“美国的未来在亚洲”的演说，提出美国在亚洲的最终目标是：“建立一个更加稳定的安全环境，一个开放和透明的经济环境，一个尊重所有人普世权利和自由的公允的政治环境。实现这样的未来将必须是今后几届政府持久的努力。在近期内，奥巴马总统将继续在四个关键领域为持久的进步奠定关键的基础——加强安全、扩大繁荣、增进民主价值观以及促进人类尊严。”
11月23日	中国23日宣布设立东海防空识别区几小时后，白宫表示“关切”，而美国国务卿克里用了“严重关切”一词。他说，“这一单边行为企图改变东海现状”，升级行动只会加剧地区紧张，制造事故风险；美国不支持任何国家针对没有意图进入其领空的外国飞机使用防空识别区程序。克里称，美国敦促中国不要对未被识别和未遵守中国指令的飞机实施威胁或采取行动，希望“中国保持克制”。

续表

时间	事件
11月25日	针对中国宣布设立东海防空识别区，美国五角大楼发言人史蒂夫·沃伦说，美国不会遵守中国新的东海防空识别区，这个空域是国际空域，美国时刻准备在“中国攻击美国军机”时保护美国飞机：“我们的行动将不会有任何方式的改变。”他补充说，美国飞行员不会向中国通报他们的飞行计划、确认雷达或飞行频率等。沃伦认为中方的决定“是在惹是生非”，并表示美国飞行员一直以来都拥有自卫能力。白宫副发言人乔希·欧内斯特对记者说：“中国政府的这一决定是不必要的煽动之举。”
11月27日	美国国防部长哈格尔当天就东海区域安全局势致电日本防卫大臣小野寺五典。他表示，中国所划定的东海防空识别区改变了区域的现状，并且加大了误解与误判的风险。哈格尔对小野寺五典保证，美国的军事行动将不会因为中国的宣布，而有任何的改变，并且他表示，美军25号派遣两架B52长程轰炸机进入区域的行动，是早前就规划好的，并且在东海防空识别区被宣布后还是照常进行。哈格尔重申，《美日安保条约》的第五条适用于钓鱼岛，他也保证密切与日方磋商，以避免意料之外的事故。此外，哈格尔也与小野寺五典讨论了美军基地在冲绳搬迁的进展，哈格尔表示，解决相关事宜是五角大楼的首要任务，因为这是美国“亚太再平衡”的一环。
12月2日	美国国务院发言人普萨基在当天的发言中强调：“美国政府的基本立场是，我们不接受中方的要求。”普萨基指责中方在宣布设立东海防空识别区的决定前，没与相关国家磋商，她还说，“中方的做法令人疑惑且增加了事故风险，这一事实进一步凸显出我们有理由感到担忧而且中国需要取消相关规则”。
12月2日	美国白宫发言人卡尼说，为保障乘客安全，美航空管理部门上周建议美民航公司遵守中方的东海防空识别区规则，“但这绝不意味美国政府接受中国东海防空识别区的要求，而且绝不影响美国政府在这一问题上坚定且一贯的立场，即我们不承认中国的要求具有合法性”，中方此举“似乎是旨在最终改变东海现状的挑衅之举”，这增加了误算、对峙和事故的风险。
12月2日	美国海军两架新型P-8A“海神”侦察机抵达冲绳嘉手纳空军基地，另外4架P-8A侦察机也在几周内陆续抵达，执行首次部署任务的P-8A侦察机已取得初步行动能力。美海军称，P-8A“海神”反潜巡逻机旨在加强海军远程海上巡逻能力。P-8A“海神”反潜巡逻机是美国海军逐步淘汰P-3C“猎户座”海上巡逻机努力的一部分。这款飞机技术上比其前任更先进，飞行高度更高，机组人员可达9人，还可携带鱼雷、巡航导弹、炸弹和地雷。

续表

时间	事件
12月3日	正在日本访问的美国副总统拜登与日本首相安倍晋三举行了会谈，会后共同出席记者会，拜登称：“我们不应接受中国使用武力单方面改变现状，我们会基于强有力的日美同盟，紧密合作并处理事态。”拜登还说，华盛顿对“重返亚洲”战略“坚定不移”。
12月16日	美国务卿克里访问越南和菲律宾，表示：“我们支持仲裁，我们支持法治，我们不支持挑衅性并为潜在冲突加温的单方面行动。”他还宣布美国将向越南海岸卫队提供5艘高速巡逻艇，“提高越现在近海的警戒能力”，向菲律宾提供4000万美元，改善海上安全能力。
12月17日	
2014年	
1月8日	美国政府宣布，美国陆军第1骑兵师第1骑兵营的800名官兵，将进驻位于朝鲜半岛中西部的美军霍维营和斯坦利营，并明确宣称，这是美国向亚太“再平衡”的一部分。
1月30日	白宫国家安全委员会负责亚洲事务的高级主管埃文·梅代罗斯（中文名麦艾文），在接受日本媒体记者采访时说，“我们反对中国在包括南海在内的其他地区划设防空识别区。……我们已向中国方面非常清楚地表明，（如果它再设一个防空识别区），我们将视为挑衅性的、破坏稳定的行为，那会导致我们改变在该地区的部署和军事态势。”他还说：“我们不接受、不承认、不认同中国宣布的防空识别区。”
1月31日	日本《朝日新闻》1月30日报道，中国正计划在南海划设防空识别区。针对此未经证实的消息，美国国务院副发言人哈尔夫第二天就在记者会上强硬表态：“我们认为在南海部分上空划设防空识别区是挑衅、单方面行为，会加剧紧张局势，并且令人质疑中国通过外交方式管控南海领土纠纷的承诺。我们已经很清楚地表示，各方必须避免宣布划设防空识别区或者其它对争议领土进行行政管理的行为，我们当然呼吁中国不要这么做。”

续表

时间	事件
2月5日	美国负责东亚和太平洋事务的助理国务卿丹尼·拉塞尔，当天在国会众议院外交委员会作证时称，根据国际法，对海洋主权提出主张应当基于拥有陆地主权，“中国任何没有陆地主权作为基础的海洋主权要求，都不符合国际法”。拉塞尔还宣称，中国在南海“模糊的领土要求”已经在邻国间带来不确定、不安全和不稳定；中国对南海的主权主张不符合国际法，应该进行“澄清”或“调整”。在谈及东海防空识别区，以及有关中方可能在南海划设防空识别区的问题时，拉塞尔表示：“中国在东海划设防空识别区是向错误的方向迈出了一步，我们已向中国表明，不应落实已经划定的防空识别区，同时应避免在该地区的其他地方采取类似行动。”
2月9日	美国海军陆战队第13远征队与日本陆上自卫队在美国加利福尼亚州南部举行代号为“铁拳”的年度军事演习。
2月11日	至2月底，美国和泰国联合主办“金色眼镜蛇”军事演习，各国派出了近9000兵力参加。由美泰主导的“金色眼镜蛇”演习是东南亚规模最大的联合军演，到今年已进行了33年。常规的“金色眼镜蛇”演习分为指挥所演习、人道主义救援演习和野外作战演习三个主要部分。中国自2002年开始以观察员的身份参与，今年首次派出17人的分队，主要参与跟7国军队联合的人道主义救援演练，不参与任何战斗性演练。分析人士称，此次演习的战略目标是向中国展示，美国可以快速而有效地支持其亚洲盟友，包括印度、尼泊尔、新加坡、马来西亚、印度尼西亚、韩国和日本。
2月17日	美日澳韩展开“对抗北方2014”军演，演习在在美国关岛安德森空军基地举行，一直持续到本月28日。美军出动了1200人，日本出动430人、澳大利亚出动240人，韩国首次派出了25人和一架运输机参加这一传统军演。
2月24日	美韩举行代号为“关键决心”和“秃鹫”联合军演。“关键决心”大约有1万名韩军和5200名美军士兵参加，其中大约1100名美军士兵来自韩国以外的美军基地，演习主要以计算机模拟方式进行。2014“秃鹫”军演预计持续时间为2月24日到4月18日。此次军演以合成和联合野外训练为主，涉及地面、空军、海军、特种部队等行动，共计7500名美军士兵参加，其中5100名来自韩国以外地区。
4月23日	奥巴马开始对日本的访问。奥巴马在之前接受日本《读卖新闻》书面专访时明确表示，美国的政策是明确的：钓鱼岛由日本管理，因此属于《美日安保条约》第五条的范围之内；这是在任的美国总统首次明确表示钓鱼岛问题适用于《日美安保条约》。奥巴马同时表示，支持安倍政权解禁集体自卫权。这也是美国在任总统首次表明支持日本行使集体自卫权。

续表

时间	事件
4月28日	菲律宾国防部长加斯明与美国驻菲大使古德博格，在菲首都马尼拉正式签署为期十年的加强防务合作协议，菲方准许美国军队今后可“在菲方邀请下”使用菲国军事基地、在菲境内兴建军事设施。当日下午，美国总统奥巴马到访菲律宾。他宣称，刚刚签订的两国防务协定，为美菲两国军方协调合作提供了极好机会，也让美国能与东盟国家、澳大利亚、日本等国合作应对新的威胁，“希望将来也能与中国一起合作”。
5月5日	在美国总统奥巴马结束对菲律宾的访问后，美菲两国5月5日开始“肩并肩”年度大规模联合军事演练。演习持续2周，参加者有5500名美国和菲律宾士兵。此次两国联合军事演习旨在进一步锻炼菲律宾军队在危机应对中的能力，提高部队反恐行动的效率以及与美军合作的协调性。
5月11日	韩美空军在韩国领空举行大规模空中联合作战演习，演习代号“超级雷霆”，持续至25日。美韩双方投入了103架飞机和1400余名飞行员，是近年来规模最大的韩美联合空中演习，以提高战时双方空中协同作战能力。
5月28日	美国总统奥巴马面对西点军校毕业生发表演讲：“美国是一个不可或缺的国家，而且至今仍然如此。这是上一个世纪的现实，也将是下一个世纪的现实……我的底线是：美国必须一如既往在世界舞台上发挥领导作用。我们如果不领导世界，谁来领导？”
6月26日	菲律宾与美国海军开始在南海举行代号为“卡拉特”的联合军事演习。军演持续到7月1日，美菲两国海军共派出1000人参加，其中美军约700人、菲军300人。
6月26日	“2014环太平洋军事演习”开始。演习分两部分，分别在夏威夷和加州举行，中国海军首次应邀参演，但只参加夏威夷的活动，军演的一些核心项目并未对中国开放。中国的参与使得环太军演的参演国家数量达到创纪录的23个。
7月11日	亚太事务助理国务卿帮办富克斯在一家智库的研讨会上，呼吁南海争端方自愿“冻结”加剧南海紧张局势的挑衅行动，并提出美国的“南海三不建议”：各方不再夺取岛礁与设立前哨站，不改变南海的地形地貌，不采取针对他国的单边行动。这是美国首次就“各方冻结当前行动”提出具体建议。
7月24日	美印日三国举行“马拉巴尔2014”联合军演。此军演通常在孟加拉湾举行，今年却移师太平洋日本海。这是日本第三次参加美印的这一常规演习。
8月18日	韩美“乙支自由卫士”联合军事演习正式启动，演习将持续至29日。韩国和美国各派出5万余名和3万余名士兵参加，首次正式采用“针对性遏制战略”，以“应对朝鲜核武器等大规模杀伤性武器威胁”。

续表

时间	事件
9月22日	美国国家安全顾问苏珊·赖斯在美国布鲁金斯学会，就美国和东南亚各国关系发表讲话，称“东南亚国家面临着如何适应几个大国在亚太地区更活跃的严肃问题：中国的崛起、日本的重新崛起、印度的复兴，当然还有美国的“再平衡”战略。东南亚国家不应该在大国之间选择一方，特别是在美国和中国之间。”她还表示，东南亚国家是美国“重返亚太”战略中的重点，保护美国亚太地区盟友的独立自主是美国政策的核心，而在亚太事务中，东南亚国家应该保持自己的立场。
11月8日	美日展开代号为“利剑”的大规模联合军事演习，地点在日本西南诸岛，日方出动3万余兵力参加这次演习，美方则派出1.1万人参演，主要演习反登陆作战等，期间美军F-22隐形战机专门从阿拉斯加赶来参演。演习持续到19日。
11月17日	美国国防部长哈格尔推出了一项雄心勃勃的新计划，目的是在预算紧缩时期维持美国的军事技术优势。这一新的“国防创新计划”被称之为“第三次抵销战略”，旨在投资尖端技术与系统，特别是机器人、自主系统、小型化、大数据，以及包括3D打印在内的先进制造业等领域。
2015年	
1月13日	为期两天的韩美2015年度首场联合军演在韩国周边海域举行。这是在朝鲜于1月9日要求以中断韩美军演为条件暂停核试验之后，韩美2015年首次军事演习。韩国出动了驱逐舰、潜艇和P3C侦察机，美军则派出阿利·伯克级驱逐舰参演，主要内容为反潜演习。
1月21日	美国总统奥巴马发表国情咨文，其中三次提到中国，并称“中国正想给世界上经济增速最快的地区确立规则。这会给我们的工人和商业带来不利。我们为什么要让这一切发生？我们应该来书写规则，我们应该来定义游戏规则。”
1月25日	美国总统奥巴马访问印度，两国同意从2015年起延长印美防务合作框架协议，决定在两国军方之间开展更频繁的对话，美国将与印度共同研发和制造先进的美国武器系统，扩大联合演习规模，实施“更宏大的防务计划和活动”，这标志着印美防务合作取得重大突破，将助推两军关系以及印军现代化。
2月4日	美国国防部长卡特4日在出席参议院军事委员会提名审议听证会时强调，美方应加强在亚太地区的军事存在和军事能力，并继续深化美国与中国在军事和防务方面的合作。“美国欢迎一个繁荣、和平、稳定、尊重国际法、不通过威胁或使用武力解决争议的中国崛起。”

续表

时间	事件
2月6日	美国国家安全事务助理赖斯宣布，美方已正式邀请中国国家主席习近平对美国进行国事访问，也已向日本首相安倍晋三、韩国总统朴槿惠、印尼总统佐科发出访美邀请，美方将借此推进“亚太再平衡”战略，提升与地区各国合作水平。谈到美中关系时，她声称美方希望扩大与中国的各领域务实合作，认为美中关系是对21世纪“起决定性作用”的伙伴关系之一。
2月6日	白宫发布《国家安全战略》报告，先后10余次提及中国，宣称美国依然对中国军事现代化保持“警觉”，并反对任何通过恐吓解决领土纠纷的做法，“虽然会有竞争，但美方反对‘两国对抗不可避免’的说法”。报告还提出，在从实力的立场出发管控竞争的同时，美方坚持中方应当在国际贸易、海上安全等领域遵守国际规则和规范；美国将密切关注中国军事现代化进程和中国扩大在亚洲存在的努力，同时“想方设法降低误解和误判的风险”。
3月2日	2015年度韩美联合军演“关键决断”开始，有8600多名美军官兵和1万多名韩军官兵参加，演习在假设朝鲜袭击韩国的情况下，用电脑模拟等方式进行联合指挥所演习。
3月2日	韩美联合军演“鹞鹰”从3月2日开始，持续到4月24日，有3700名美军官兵和20万余名韩军官兵参加。“鹞鹰”是动用实际兵力和装备的野战训练演习。美国海军濒海战斗舰“沃斯堡”号首次参加了“鹞鹰”军演。

图书在版编目（CIP）数据

权力盛宴的黄昏：美国“亚太再平衡”战略与中国对策/阮宗泽等著. —北京：时事出版社，2015.10（重印）

ISBN 978-7-80232-849-5

Ⅰ.①权… Ⅱ.①阮… Ⅲ.①美国对外政策—研究—亚太地区②对外政策—研究—中国 Ⅳ.①D871.20②D820

中国版本图书馆 CIP 数据核字（2015）第 115583 号

出版发行：时事出版社

地　　址：北京市海淀区万寿寺甲 2 号

邮　　编：100081

发行热线：（010）88547590　88547591

读者服务部：（010）88547595

传　　真：（010）88547592

电子邮箱：shishichubanshe@ sina. com

网　　址：www. shishishe. com

印　　刷：北京昌平百善印刷厂

开本：787×1092　1/16　印张：24.25　字数：310 千字

2015 年 7 月第 1 版　2015 年 10 月第 2 次印刷

定价：88.00 元

（如有印装质量问题，请与本社发行部联系调换）